U0052634

張大可
韓兆琦 等 注譯

新譯資治通鑑

（三十九）

後晉紀三—六
後漢紀一—二

三民書局 印行

國家圖書館出版品預行編目資料

新譯資治通鑑(三十九) / 張大可,韓兆琦等注譯.－－初版一刷.－－臺北市: 三民, 2017
冊; 公分.－－(古籍今注新譯叢書)
ISBN 978-957-14-6258-5 (平裝)
1. 資治通鑑 2. 注釋

610.23　　105022866

 新譯資治通鑑(三十九)

注 譯 者　張大可　韓兆琦等
責任編輯　陳榮華
美術設計　李唯綸

發 行 人　劉振強
著作財產權人　三民書局股份有限公司
發 行 所　三民書局股份有限公司
地址　臺北市復興北路386號
電話　(02)25006600
郵撥帳號　0009998-5
門 市 部　(復北店) 臺北市復興北路386號
(重南店) 臺北市重慶南路一段61號

出版日期　初版一刷　2017年1月
編　　號　S 034410
行政院新聞局登記證局版臺業字第〇二〇〇號

ISBN 978-957-14-6258-5 (平裝)

http://www.sanmin.com.tw 三民網路書店

新譯資治通鑑 目次

第二十九冊

卷第二百八十二 後晉紀三 西元九三九至九四一年……一
卷第二百八十三 後晉紀四 西元九四二至九四四年……六九
卷第二百八十四 後晉紀五 西元九四四至九四五年……一二九
卷第二百八十五 後晉紀六 西元九四五至九四六年……一八五
卷第二百八十六 後漢紀一 西元九四七年……二四三
卷第二百八十七 後漢紀二 西元九四七至九四八年……二九九

卷第二百八十二

後晉紀三

起屠維大淵獻（己亥　西元九三九年），盡重光赤奮若（辛丑　西元九四一年），凡三年。

【題解】本卷記事起西元九三九年，迄西元九四一年，凡三年。當後晉高祖天福四年至天福六年。本卷多載南唐與閩兩國事務。南唐主徐知誥復姓李，改名李昪，令有司編造族譜為大唐吳王李恪之後裔，建立宗廟合祭李、徐兩姓，尊徐溫為義祖，在宗廟位列唐高祖、唐太宗之後。李昪保境安民，薄賦稅，勤政事，南唐稱治，江、淮安定。閩主王昶篤信道士，不理政事，福州政變，王延義取代王昶為閩主，義弟王延政據建州，兄弟二人大交兵。後晉成德節度使安重榮以反抗契丹為名蓄謀異志，山南東道節度使安從進亦蓄謀反叛，兩安南北勾結。劉知遠恥與杜重威同列。范延光以太子太師職致仕回河陽，西京留守楊光遠殺范奪財，晉高祖優容不治，後晉危機四伏。其時晉節度使李金全反叛投南唐，二安繼其後皆反。高行周撲滅安重榮，安從進兵敗困守襄州。

高祖聖文章武明德孝皇帝中

天福四年（己亥　西元九三九年）

春，正月辛亥❶，以澶州防禦使太原張從恩為樞密副使。

朔方節度使張希崇卒，羌胡❷寇鈔，無復畏憚❸。甲寅❹，以義成節度使馮暉為朔方節度使。党項酋長拓跋彥超最為彊大。暉至，彥超入賀，暉厚遇之❺。因為於城中治第❻，豐其服玩，留之不遣❼。封內❽遂安。

唐羣臣江王知證等累表請唐主復姓李，立唐宗廟。乙丑❾，唐主許之。羣臣又請上尊號，唐主曰：「尊號虛美，且非古。」遂不受。其後子孫皆踵❿其法，不受尊號。又不以外戚輔政，宦者不得預事。皆他國所不及也。

二月乙亥⓫，改太祖廟號⓬曰義祖。己卯⓭，唐主為李氏考妣⓮發哀，與皇后斬衰居廬⓯，如初喪禮⓰，朝夕臨⓱凡五十四日⓲。江王知證、饒王知諤請亦服斬衰，不許⓳。李建勳之妻廣德長公主⓴假衰絰㉑入哭盡哀[1]，如父母之喪㉒。辛巳㉓，詔國事委齊王璟詳決㉔，惟軍旅以聞㉕。庚寅㉖，唐主更名昪。

詔百官議二祚合享禮㉗。辛卯㉘，宋齊丘等議以義祖居七室之東。唐主命居高祖於西室，太宗次之，義祖又次之，皆為不祧之主㉙。羣臣言：「義祖諸侯㉚，不宜與高祖、太宗同享，請於太廟正殿後別建廟祀之。」帝曰：「吾自幼託身義祖㉛，曏㉜非義祖有功於吳，朕安能啟此中興之業？」羣臣乃不敢言。唐主欲祖吳王恪㉝，或曰：「恪誅死，不若祖鄭王元懿㉞。」唐主命有司考二王苗裔㉟。以吳王孫禕㊱有功，禕子峴㊲為宰相，遂祖吳王㊳。云自峴五世至父榮，其名率皆有司所撰㊴。唐主又以歷十九帝㊵、三百年，疑十世㊶太少。有司曰：「三十年為世，陛下生於文德㊷，已五十年㊸矣。」遂從之。

【章旨】以上為第一段，寫唐主徐知誥復姓李，改名李昪，命有司編造族譜為大唐太宗子吳王李恪之後裔，合徐、李兩姓立宗廟，奉唐高祖為始祖，唐太宗次其位，徐溫為義祖，位次唐太宗之後。

【注釋】❶辛亥　正月初九日。❷羌胡　羌族和其他北方少數民族。❸畏憚　畏忌和懼憚。❹甲寅　正月十二日。❺厚遇之　厚禮招待他。❻治第　為拓跋彥超修建府第。❼留之不遣　留下他不送他回部落。實際上是作為人質。❽封內　轄境內。胡三省注曰：「質彥超於城中，則党項諸部不敢鈔暴於外，故安。」❾乙丑　正月二十三日。❿踵　繼承。⓫乙亥　二月初三日。⓬廟號　皇帝死後，在太廟立室奉祀，特立名號叫廟號。徐知誥初受禪，尊徐溫為太祖，今復姓李，以徐溫為義父，故改廟號為義祖。⓭己卯　二月初七日。⓮考妣　已死的父母。⓯斬衰居廬　穿孝服，居喪廬。斬衰為五服中最重的喪禮，子女為父母所服，為三年之喪。喪服上衣曰衰，下衣曰裳。衰為不緝的粗麻衣。⓰如初喪禮　像初次發喪的禮制。⓱朝夕臨　早晚臨奠。⓲五十四日　依漢、晉制，以日易月，居父、母喪各二十七日，故為五十四日。⓳不許　不允許徐知證、徐知諤服斬衰。因二人為徐溫之子。⓴廣德長公主　徐溫之女。㉑衰絰　喪服。㉒如父母之喪　如同哭自己的父母一樣。長德公主是徐溫的親生女，哭李氏考妣，如同自己的父母，並沒有直接的血親關係，胡三省注曰：「勢利所在，非血親之親而親。」㉓辛巳　二月初九日。㉔詳決　具體處理。㉕惟軍旅以聞　只有軍事向徐知誥報告。㉖庚寅　二月十八日。㉗二祚合享禮　徐、李二姓祖先祭享之禮。㉘辛卯　二月十九日。㉙不祧之主　不遷廟的神主。古代立廟祭祖，世數過遠者則須遷廟，稱之為「祧」。唯獨始祖廟永遠不遷，謂之「不祧」。主，神主牌位。㉚義祖諸侯　徐溫僅封侯，未曾稱帝。㉛託身義祖　把身子寄託於徐溫，即蒙徐溫撫養。㉜鼂 過去。㉝欲祖吳王恪 想要以吳王李恪為始祖。吳王恪，唐太宗第三子，為房遺愛所誣引，死於高宗朝。《舊五代史・僭偽傳》記載為唐玄宗第六子永王李璘之後裔，《新唐書・南唐世家》記載為唐憲宗子建王李恪之後裔。㉞鄭王元懿 唐高祖李淵第六子。㉟考二王苗裔 考察唐代吳王李恪、鄭王李元懿兩王的後代世系。苗裔，後代。㊱禕 李禕，吳王李恪孫，仕唐中宗、睿宗、玄宗三朝，任朔方節度使，有邊功，封信安王。傳見《舊唐書》卷七十六、《新唐書》卷八十。㊲峴 李峴，李禕子，肅宗朝宰相。㊳遂祖吳王 於是以唐太宗子吳王李恪為始祖。㊴自峴五世至父榮二句 從李峴以下至李昪之父李榮，都是主管族籍的官員撰擬的假名。榮，李榮，徐知誥命有司給自己生父取的假名。率，一律。因徐知誥自幼流落，不知其祖姓為何氏，先為吳將李神福養子，取名昪，後為徐溫養子取名知誥，為了應驗「東南鯉魚飛上天」的讖語以冒姓李氏興唐，故杜撰祖上姓名以為李恪後裔。㊵十九帝 指唐代從高祖李淵至哀帝李柷為十九帝，未計睿宗李旦與殤帝李重茂。㊶十世 十代。從李恪至李峴四代，李峴以下至李榮五代，加上李昪共十代。㊷文德 唐僖宗年號。㊸五十年 徐知誥是年五十歲，用以論證十代三百年為合理。

【校 記】[1]哀 原作「禮」。據章鈺校，十二行本、乙十一行本、孔天胤本皆作「哀」，張敦仁《通鑑刊本識誤》同，今據改。

【語 譯】高祖聖文章武明德孝皇帝中

天福四年（己亥 西元九三九年）

春，正月初九日辛亥，任命澶州防禦使太原人張從恩為樞密副使。

朔方節度使張希崇去世，羌胡入侵搶劫，不再顧忌。正月十二日甲寅，任命義成節度使馮暉為朔方節度使。党項族的酋長拓跋彥超最為強大。馮暉到達朔方，拓跋彥超前來祝賀，馮暉厚禮相待。隨即為他在城中修建了宅第，給他很多的服飾、器玩，把他留在朔方城中不送他回去。朔方境內於是安定下來。

唐國群臣江王徐知證等人多次上表請求唐主恢復姓李，建立唐國的宗廟。正月二十三日乙丑，唐主答應了這一請求。群臣又請求加上帝王的尊號，唐主說：「帝王的尊號是一種虛美，而且也不合古制。」於是沒有接受。他以後的子孫都繼承他的做法，不接受尊號。又不任用外戚輔佐朝政，宦官不能參與政務。這些都是其他國家所比不上的。

二月初三日乙亥，把太祖徐溫的廟號改稱義祖。初七日己卯，唐主為李氏已故父母發喪舉哀，自己和皇后穿上斬衰喪服住進喪廬，像父母剛剛去世發喪的禮節，早晚臨奠共五十四天。江王徐知證、饒王徐知諤也請求穿斬衰孝服，唐主沒有答應。李建勳的妻子廣德長公主穿著衰絰孝服進入靈堂哭喪盡哀，如同哭臨自己的父母之喪。初九日辛巳，唐主下詔把國事委任齊王李璟具體處理，只有軍事上的事情奏報唐主。十八日庚寅，唐主改名為昪。

唐主下詔書讓百官討論徐、李二姓祖先祭享禮儀。二月十九日辛卯，宋齊丘等人商議說要讓義祖徐溫的牌位供奉在第七室的東側。唐主命令把唐高祖李淵供奉在西室，唐太宗李世民居其次，義祖徐溫又在太宗之下，都是不遷廟的神主。群臣說：「義祖是大唐的諸侯，不應該和唐高祖、唐太宗同享祭祀，請求在太廟正殿後面另外建廟祭祀。」唐主說：「我從小託身於義祖，過去要不是義祖有功於吳國，我哪能開闢這番中興大業？」群臣便不敢多說了。

唐主想以吳王李恪為祖先，有人說：「李恪是被誅殺而死，不如以鄭王李元懿為祖先。」唐主命令有關官員考查吳王和鄭王的後代。因為吳王李恪的孫子李禕有功於國，李禕的兒子李峴曾任宰相，於是以吳王李恪為祖先。說從李峴以後五代至於唐主的父親李榮，他們的名字全都是有關官吏所撰擬。唐主又認為從唐初到現在經歷了十九個皇帝、三百年，懷疑十世太少。有關官員說：「三十年為一世，陛下生於文德年間，到現在已有五十年了。」於是便接受了這些說法。

盧損至福州，閩主稱疾❶不見，命弟繼恭主之❷。遣[1]其禮部員外郎鄭元弼❸奉繼恭表，隨損入貢。閩主不禮於損❹，有士人林省鄒❺私謂損曰：「吾主不事其君❻，不愛其親，不恤其民，不敬其神，不睦其鄰，不禮其賓❼，其能久乎！余將僧服而北逃，會當[2]相見於[3]上國❽耳。」

三月庚戌❾，唐主追尊吳王恪為定宗孝靜皇帝，自曾祖以下皆追尊廟號及諡。己未❿，詔歸德節度使劉知遠、忠武節度使杜重威並加同平章事。知遠自以有佐命功⓫，重威起[4]外戚⓬無大功，恥與之同制⓭。制下數日，杜門⓮四表辭不受⓯。帝怒，謂趙瑩曰：「重威朕之妹夫，知遠雖有功，何得堅拒制命⓰！可落軍權⓱，令歸私第。」瑩拜請曰：「陛下昔在晉陽，兵不過五千，為唐兵十餘萬所攻，危於朝露⓲。非知遠心如金[5]石，豈能成大業！柰何以小過棄之！竊恐此語外聞，非所以彰人君之大度也。」帝意乃解，命端明殿學士和凝詣知遠第諭旨。知遠惶恐，起受命。

靈州戍將王彥忠據懷遠城⓳叛。上遣供奉官齊延祚往招[6]諭⓴之，彥忠降，延祚殺之。上怒曰：「朕踐阼㉑以來，未嘗失信於人。彥忠已輸仗出迎㉒，延祚何得擅殺之！」除延祚名，重杖配流㉓。議者猶以為延祚不應免死。○辛酉㉔，冊回鶻可汗仁美為奉化可汗。

夏，四月，唐江王徐知證等請亦姓李，不許。辛巳㉕，唐主祀南郊。癸未㉖，大赦。

梁太祖以來，軍國大政，天子多與崇政㉗、樞密使議之[7]。宰相受成命㉘，行制敕㉙，講典故㉚，治文事㉛而已。帝懲㉜唐明宗之世安重誨專橫，故即位之初，但命桑維翰兼樞密使。及劉處讓為樞密使，奏對多不稱旨㉝。會處讓遭母喪，甲申㉞，廢樞密院，以印付中書，院事皆委宰相分判。以副使㉟張從恩為宣徽使，直學士㊱、倉部郎中司徒詡㊲、工部郎中顏衎㊳並罷守本官㊴。然勳臣近習㊵不知大體，習於故事，每欲復之。

帝以唐之大臣除名㊶在兩京者皆貧悴㊷，復以李專美為贊善大夫㊸。丙戌㊹，以韓昭胤為兵部尚書，馬胤孫為太子賓客㊺，房暠為右驍衛大將軍㊻，並致仕㊼。

【章旨】以上為第二段，寫劉知遠恥與杜重威同列。晉高祖裁抑相權，優禮舊朝遺臣。

【注釋】❶稱疾　說是有病。❷主之　負責接待盧損。❸鄭元弼　（？—西元九四四年）官至閩禮部尚書、判三司，抗辭不屈，為朱文進所殺。傳見《十國春秋》卷九十六。❹不禮於損　不按應有的禮節接待盧損。❺林省鄒　福州（今福建福州）人，累舉不第，慷慨好直節。傳見《十國春秋》卷九十六。❻不事其君　不侍奉他的國君。指不朝晉。❼不禮其賓　不禮遇賓客。此處指對盧損不以禮相待。❽上國　指晉朝。❾庚戌　三月初八日。❿己未　三月十七日。⓫佐命功　協助登基稱帝的功勞。⓬起外戚　因外戚而任高官。杜重威為石敬瑭妹夫。⓭同制　同在麻制上宣布新職。⓮杜門　閉門。⓯四表辭不受　四次上辭表，表示不接受新職。⓰堅拒制命　堅決拒絕皇帝的詔令。⓱可落軍權　可以削去兵權。劉知遠當時統領宿衛諸軍。⓲危於朝露　像早上露水一樣，太陽一出即消失。意謂危在旦夕。⓳懷遠城　懷遠，縣名，在今寧夏銀川市。其西九十餘里即賀蘭山。⑳招諭　招撫曉諭。㉑踐阼　即位。㉒輸仗出迎　放下武器出來迎降。㉓重杖配流　重杖責打，然後發配流放。㉔辛酉　三月十九日。㉕辛巳　四月初十日。㉖癸未　四月十二日。㉗崇政　崇政使，即樞密使。後梁改樞密使為崇政使。㉘受成命　秉承決定的命令執行。㉙行制敕　頒布皇帝的命令。㉚講典故　講述典制和掌故。㉛治文事　處理文書案牘事務。㉜懲　鑑戒，指吸取教訓。㉝不稱旨　不符合旨意。㉞甲申　四月十三日。㉟副使　指樞密副使。㊱直學士　即樞密院直學士。㊲司徒詡（西元八九四－九五九年）字德普，清河郡（今河北清河縣）人，官後漢禮部侍郎。傳見《舊五代史》卷一百二十八。㊳顏衎　官後晉兵部郎中。㊴本官　指倉部、工部郎中。㊵近習　近臣；帝王的親信。㊶除名　開除公職；削除官籍。㊷貧悴　貧困。㊸贊善大夫　官名，東宮官，正五品上，掌輔導太子。㊹丙戌　四月十五日。㊺太子賓客　官名，東宮官，正三品，掌輔導太子。㊻右驍衛大將軍　禁衛軍統兵官。㊼並致仕　即讓李專美等被罷免的後唐官員帶著新朝後晉的官銜致仕，可領取俸祿以免去貧困。致仕，退休。

【校　記】 [1]遣　「遣」下原有空格。據章鈺校，十二行本、乙十一行本、孔天胤本皆無空格，今據刪。[2]當　原無此字。據章鈺校，十二行本、乙十一行本、孔天胤本皆有此字，今據補。[3]於　據章鈺校，十二行本、乙十一行本、孔天胤本皆無此字。[4]起　「起」下原有「於」字。據章鈺校，十二行本、乙十一行本、孔天胤本皆無「於」字，今據刪。[5]金　原作「鐵」。據章鈺校，十二行本、乙十一行本、孔天胤本皆作「金」，今據改。按，《御批歷代通鑑輯覽》亦作「心如金石」。[6]招　原作「詔」。據章鈺校，十二行本、乙十一行本、孔天胤本皆作「招」，張敦仁《通鑑刊本識誤》同，今據改。[7]之　原無此字。據章鈺校，十二行本、乙十一行本、孔天胤本皆有此字，今據補。

【語　譯】 盧損到達福州，閩王說是有病不肯接見，命令自己的弟弟王繼恭主持接待。派遣禮部員外郎鄭元弼帶著王繼恭的表章，隨著盧損入朝進貢。閩王對盧損不加禮遇，有位叫林省鄒的士人私下對盧損說：「我們閩主不侍奉自己的君主，不仁愛自己的親戚，不體恤自己的百姓，不恭敬本地的神祇，與自己的鄰國不和睦，不禮遇自己的賓客，這樣還能長久嗎！我準備穿上僧人服裝逃往北方，我們應當會在晉國相見的。」

三月初八日庚戌，唐主追尊吳王李恪為定宗孝靜皇帝，從自己的曾祖父以下的祖先都追尊了廟號和謚號。

三月十七日己未，詔令歸德節度使劉知遠、忠武節度使杜重威一起加授同平章事。劉知遠自認為有輔佐登基稱帝的功勞，杜重威以外戚起家又沒有大功，恥於和杜重威同受制命。制令下達了好幾天，劉知遠閉門不出，四次上表推辭不肯接受。晉高祖發怒了，對趙瑩說：「杜重威是我的妹夫，劉知遠雖然有功勞，怎能堅決拒絕制命！可以削除他的軍權，讓他回自己的府第。」趙瑩下拜請求說：「陛下過去在晉陽時，士兵不過五千，被十多萬唐軍所圍攻，危在旦夕。要不是劉知遠心如金石一樣堅定，怎能成就帝業！怎麼能因為他有點小過錯就拋棄他！臣擔心這些話被外人聽見，這可不是用來彰顯皇上寬宏大量的言辭。」晉高祖心情這才寬緩，命令端明殿學士和凝前往劉知遠府宅說明旨意。劉知遠心中驚恐，起來接受制令。

靈州守將王彥忠佔據懷遠城叛變。晉高祖派遣供奉官齊延祚前往招撫曉諭，王彥忠投降，齊延祚殺死了他。晉高祖發怒說：「朕即帝位以來，未曾失信於人。王彥忠已繳械出來迎接你，你齊延祚怎麼能擅自把他殺了！」削除齊延祚的官籍，重杖責打後發配流放。議論的人還是認為齊延祚不應被免除死罪。〇三月十九日辛酉，冊封回鶻可汗仁美為奉化可汗。

夏，四月，唐國江王徐知證等請求也姓李，唐主不允許。初十日辛巳，唐主在南郊祭祀。十二日癸未，大赦。

自從梁太祖以來，軍國大政，晉高祖大多同崇政使、樞密使商議。宰相只是接受成命，頒行制敕，講述典制和掌故，處理文書案牘而已。晉高祖鑑於唐明宗之世安重誨專橫，所以即位初期，只令桑維翰兼任樞密使。等到劉處讓任樞密使，奏對多不稱皇帝心意。適逢劉處讓遭遇母親去世，四月十三日甲申，廢除樞密院，把印信交給中書省，樞密院的事務都委託宰相分別判理。任命樞密副使張從恩為宣徽使，直學士・倉部郎中司徒詡、工部郎中顏衎一起罷守本官。然而有功的大臣和皇帝身邊的近臣不識大體，習慣舊的一套，常常想恢復樞密院。

晉高祖因為唐在東、西兩京已經除名的大臣都很貧困，又任命李專美為贊善大夫。四月十五日丙戌，任命韓昭胤為兵部尚書，馬胤孫為太子賓客，房暠為右驍衛大將軍，一起退休。

閩主忌其叔父前建州刺史延武❶、戶部尚書延望❷才名。巫者❸林興❹與延武有怨，託鬼神語云：「延武、延望將為變。」閩主不復詰❺，使興帥壯士就第殺之❻，并其五子。閩主用陳守元言，作三清殿❼於禁中。以黃金數千斤鑄寶皇大帝❽、天尊❾、老君❿像，晝夜作樂，焚香禱祀，求神丹。政無大小，皆林興傳寶皇命決之。

戊申⓫，加楚王希範天策上將軍，賜印，聽⓬開府置官屬。○辛亥⓭，唐徙吉王景遂為壽王，立壽陽公景達為宣城王。○乙卯⓮，唐鎮海節度使兼中書令梁懷王徐知諤卒。

唐人遷讓皇之族⓯於泰州，號永寧宮，防衛甚嚴。康化⓰節度使兼中書令楊珙⓱稱疾，罷歸永寧宮。乙丑⓲，以平盧節度使兼中書令楊璉為康化節度使。璉固辭，請終喪⓳，從之。

唐主將立齊王璟為太子，固辭。乃以為諸道兵馬大元帥、判六軍諸衛、守太尉、錄尚書事、昇．揚二州牧⓴。

閩判六軍諸衛建王繼嚴㉑得士心，閩主忌之。六月，罷其兵柄，更名繼裕。以弟繼鏞㉒[1]判六軍，去諸衛字。林興詐覺㉓，流泉州。望氣者㉔言宮中有災，乙未㉕，閩主徙居長春宮。

【章旨】以上為第三段，寫閩主王昶篤信道士，猜忌宗室。唐主嗣子齊王李璟不願為太子。

【注釋】❶延武（？—西元九三九年）王審知子，官建州刺史。傳見《十國春秋》卷九十四。❷延望（？—西元九三九年）王審知子，官戶部尚書。傳見《十國春秋》卷九十四。❸巫者 借助鬼神替人祈禱的人。❹林興（？—西元九三九年）以巫見幸，與陳守元相表裡，蠱惑閩主。傳見《十國春秋》卷九十八。❺詰 審問；取證。❻就第殺之 在他們的家裡殺了他們。❼三清殿 供奉道教教主的大殿。道教以上清、玉清、太清為三清。❽寶皇大帝 即玉皇大帝，道教所奉之神。❾天尊 即元始天尊。❿老君 即太上老君李耳。⓫戊申 五月初七日。⓬聽 任憑。⓭辛亥 五月初十日。⓮乙卯 五月十四日。⓯讓皇之族 楊溥全族人。⓰康化 方鎮名，南唐昇元二年（西元九三八年）升池州為康化軍節度。治所池州，在今安徽池州。⓱楊珙 楊溥姪子，封建安王。傳見《十國春秋》卷四。⓲乙丑 五月二十四日。⓳請終喪 請求服完楊溥之喪。⓴昇揚二州牧 南唐以昇州（金陵，即今南京）為西都，揚州為東都，故二州置州牧，均由李璟兼任。㉑繼嚴 王延鈞子，封建王。傳見《十國春秋》卷九十四。㉒繼鏞 繼嚴之弟，官判六軍。傳見《十國春秋》卷六十四。㉓詐覺 欺騙伎倆被發覺。㉔望氣者 觀望雲氣以預測人事活動的人。㉕乙未 六月二十五日。

【校記】①繼鏞 原作「繼鎔」。據章鈺校，十二行本、乙十一行本、孔天胤本皆作「繼鏞」，《新五代史》本傳同，今據改。

【語譯】閩主忌妒其叔父前建州刺史王延武、戶部尚書王延望的才幹和名望。巫師林興與王延武有仇怨，假託鬼神的話說：「王延武、王延望即將叛變。」閩主不再審問，讓林興率領強壯士兵到王延武、王延望家中殺了他們，連同他們五個兒子也殺了。閩主採用了陳守元的建議，在宮禁中修建三清殿。使用數千斤黃金鑄造寶皇大帝、元始天尊和太上老君像，日夜奏樂，焚香祈禱，尋求神丹。政無大小，全都由林興傳遞寶皇大帝的命令來決定。

五月初七日戊申，加封楚王馬希範為天策上將軍，賜與官印，聽任他開府設置官屬。〇初十日辛亥，唐國徙封吉王李景遂為壽王，冊封壽陽公李景達為宣城王。○十四日乙卯，唐國鎮海節度使兼中書令梁懷王徐知諤去世。

唐國人把吳國讓皇楊溥的族人遷移到泰州，稱為永寧宮，防守極為嚴密。康化節度使兼中書令楊珙說是有病，罷官回到永寧宮。五月二十四日乙丑，任命平盧節度使兼中書令楊璉為康化節度使。楊璉堅決推辭，請求服完讓皇的喪期後上任，唐主聽從了。

唐主將要立齊王李璟為皇太子，李璟堅決推辭。於是任命李璟為諸道兵馬大元帥、判六軍諸衛、守太尉、錄尚書事、昇・揚二州牧。

閩國判六軍諸衛建王王繼嚴深得將士之心，閩主嫉恨他。六月，解除了王繼嚴的兵權，把他改名為繼裕。任用自己的弟弟王繼鏞判六軍，去掉了官名中「諸衛」兩個字。林興的詐術被察覺，把他流放到泉州。望氣的人說閩國宮中有災異，二十五日乙未，閩主遷居長春宮。

秋，七月庚子朔❶，日有食之。

成德節度使安重榮出於行伍❷，性粗率，恃勇驕暴❸。每謂人曰：「今世天子，兵彊馬壯則為之耳❹。」府廨❺有幡竿❻高數十尺，嘗挾弓矢謂左右曰：「我能中竿上龍首❼[1]者，必有天命❽。」一發中之，以是益自負❾。

帝之遣重榮代祕瓊❿也，戒之曰：「瓊不受代，當別除汝一鎮。勿以力取，恐為患滋⓫深。」重榮由是以帝為怯，謂人曰：「祕瓊匹夫耳，天子尚畏之。況我以將相之重，士馬之眾乎！」每所奏請多踰分⓬，為執政所可否⓭，意憤憤不快。乃聚亡命，市戰馬，有飛揚之志[14]。帝知之。義武節度使皇甫遇與重榮姻家，甲辰[15]，徙遇為昭義節度使[16]。

乙巳[17]，閩北宮火，焚宮殿殆盡。○戊申[18]，薛融等上所定編敕[19]，行之。○丙辰[20]，敕「先令天下公私鑄錢，今私錢多用鉛錫[21]，小弱缺薄[22]，宜皆禁之，專令官司自鑄。」

西京留守楊光遠疏[23]中書侍郎、同平章事桑維翰遷除不公[24]，及營邸肆[25]於兩都與民爭利。帝不得已，閏月壬申[26]，出維翰為彰德節度使兼侍中。

初，義武節度使王處直子威，避王都之難[27]，亡[28]在契丹。至是，義武缺帥[29]，契丹主遣使來言：「請使威襲父土地，如我朝[30]之法。」帝辭以「中國之法，必自刺史、團練、防禦序遷[31]乃至節度使。請遣威至此，漸加進用[32]。」契丹主怒，復遣使來言曰：「爾自節度使為天子，亦有階級[33]邪！」帝恐其滋蔓不已[34]，厚賂契丹，且請以處直兄孫彰德節度使廷胤為義武節度使以厭其意[35]。契丹怒稍解[36]。

【章旨】以上為第四段，寫成德節度使安重榮蓄謀異志，契丹主頤指石敬瑭。

【注　釋】❶庚子朔　七月初一日。❷出於行伍　出身於士兵。❸恃勇驕暴　依仗勇力驕橫暴虐。❹今世天子二句　現在的皇帝，兵強馬壯的人就可以做。❺府廨　節度使廨署。❻幡竿　旗桿。❼竿上龍首　旗桿頂上紮有龍頭。❽必有天命　一定能做皇帝。❾自負　自詡；自己認為了不起。❿遣重榮代祕瓊　指晉高祖於天福三年正月以安重榮代祕瓊為成德節度使，徙祕瓊為齊州防禦使。事見上卷天福二年。⓫滋　甚；很。⓬踰分　超越本分。⓭可否　可與不可。可則從之，不可則不從。⓮有飛揚之志　有飛揚跋扈、稱王稱帝的野心。⓯甲辰　七月初五日。⓰徙遇為昭義節度使　成德治所在鎮州，義武治所在定州，二者連界，擔心皇甫遇與安重榮聯合作亂，所以調走皇甫遇，使兩人分離。⓱乙巳　七月初六日。⓲戊申　七月初九日。⓳所定編敕　天福三年令薛融等審定編敕，今編定上奏。⓴丙辰　七月十七日。㉑私錢多用鉛錫　私鑄的錢大多摻用鉛、錫。㉒小弱缺薄　既小又薄。㉓疏　上疏陳奏。㉔遷除不公　對官吏或升或免不公平。㉕營邸肆　經營店鋪。㉖壬申　閏七月初三日。㉗王都之難　王都囚王處直，奪節度使位。見本書卷二百七十一梁均王龍德元年。㉘亡　逃亡。㉙義武缺帥　原義武帥皇甫遇徙潞，故定州缺節度使。㉚我朝　契丹自稱。㉛序遷　按次序升遷。㉜漸加進用　慢慢地、一步一步地加以提升。㉝階級　升遷的次第。㉞滋蔓不已　滋生蔓延，沒完沒了。㉟以厭其意　用來滿足他的願望。㊱稍解　稍為緩解。

【校　記】[1]首　原無此字。據章鈺校，十二行本、乙十一行本、孔天胤本皆有此字，張敦仁《通鑑刊本識誤》、張瑛《通鑑校勘記》同，今據補。

【語　譯】秋，七月初一日庚子，發生日蝕。

成德節度使安重榮出身行伍，性情粗率，依仗勇武驕橫暴虐。他常常對人說：「如今天下的皇帝，兵強馬壯的人就可以當。」節度使廨署裡有旗桿高幾十尺，安重榮曾帶著弓箭對身邊的人說：「我能射中竿上的龍頭的話，一定是有天子之命。」一箭射中龍頭，因此更加自負了。

晉高祖派遣安重榮替代祕瓊的職務，告誡安重榮說：「祕瓊不接受你替代他，我自當別處任你為一鎮節度使。你不要用武力奪取祕瓊之職，這樣恐怕會造成更大的後患。」安重榮因此以為晉高祖膽小怕事，對人說：「祕瓊一介匹夫，天子還怕他。何況我這擁有將相重職，兵馬眾多的人呢！」安重榮每次上朝奏請大多超越本分，被主管官員裁決後，心中憤憤不平。於是就招集亡命之徒，購買戰馬，有飛揚跋扈之心。晉高祖知道了這一情況。義武節度使皇甫遇與安重榮有兒女姻親關係，七月初五日甲辰，調遷皇甫遇為昭義節度使。

七月初六日乙巳，閩國北宮發生火災，把宮殿焚燒殆盡。○初九日戊申，薛融等人奏上他們所編定的敕制，頒行於世。○十七日丙辰，敕令說「早先命令天下公家和私人都可鑄錢，現在私人鑄錢大多使用鉛、錫，錢又小又薄，應全都禁止鑄造，專門讓官方鑄造。」

西京長安留守楊光遠上疏說中書侍郎、同平章事桑維翰升降官吏不公平，並在東、西兩京經營店鋪與民爭利。晉高祖迫不得已，閏七月初三日壬申，把桑維翰外任為彰德節度使兼侍中。

當初，義武節度使王處直的兒子王威，躲避王都之難，逃亡在契丹。到這時，義武鎮缺節度使，契丹主派遣使者來說：「請讓王威繼承他父親的領地，如同我們契丹的法律規定。」晉高祖推辭說「中原的辦法，一定要從刺史、團練使、防禦使依次升遷才到節度使。請把王威送回這裡，逐步加以晉升錄用。」契丹主很生氣，又派使者來說：「你從節度使做了天子，也有升遷次第嗎！」晉高祖恐怕事情沒完沒了地蔓延，就多給契丹賄賂，並且請任用王處直哥哥的孫子彰德節度使王廷胤來擔任義武節度使以滿足契丹的願望。契丹人的憤怒才稍微緩解。

初，閩惠宗❶以太祖元從❷為拱宸、控鶴都❸。及康宗❹立，更募壯士二千人[1]為腹心，號宸衛都❺，祿賜❻皆厚於二都❼。或言二都怨望，將作亂，閩主欲分隸❽漳、泉二州，二都益怒。閩主好為長夜之飲❾，強❿羣臣酒⓫，醉則令左右伺其過失⓬。從弟繼隆⓭醉失禮，斬之。屢以猜怒⓮誅宗室，叔父左僕射、同平章事延羲⓯陽⓰為狂愚以避禍，閩主賜以道士服，置武夷山⓱中。尋復召還，幽⓲於私第。

閩主數侮拱宸、控鶴軍使永泰朱文進⑲、光山連重遇⑳，二人怨之。會北宮火，求賊不獲㉑。閩主命重遇將內外營兵掃除餘燼㉒，日役萬人，士卒甚苦之。又疑重遇知縱火之謀，欲誅之，內學士㉓陳郯㉔私告重遇。辛巳㉕夜，重遇入直㉖，帥二都兵焚長春宮以攻閩主㉗。使人迎延義於瓦礫㉘中，呼萬歲。復召外營兵共攻閩主。獨宸衛都拒戰，閩主乃與李后如宸衛都。比明㉙，亂兵焚宸衛都，宸衛都戰敗，餘眾千餘人奉閩主及李后出北關㉚。至梧桐嶺㉛，眾稍逃散。延義使兄子前汀州刺史繼業㉜將兵追之，及於村舍。閩主素善射，引弓殺數人。俄而追兵雲集㉝，閩主知不免，投弓謂繼業曰：「卿臣節㉞安在！」繼業曰：「君無君德，臣安得[2]有臣節！新君，叔父也，舊君，昆弟㉟也，孰親孰疏？」閩主不復言。繼業與之俱還，至陀莊㊱，飲以酒，醉而縊之，并李后及諸子、王繼恭皆死。宸衛餘眾奔吳越。

延義自稱威武節度使、閩國王，更名曦，改元永隆，赦繫囚，頒賚中外㊲。以宸衛弒閩主赴㊳於鄰國，諡閩主曰聖神英睿文明廣武應道大弘孝皇帝，廟號康宗。遣商人間道㊴奉表稱藩于晉㊵。然其在國，置百官皆如天子之制。以太子太傅致仕李真為司空兼中書侍郎、同平章事。

連重遇之攻康宗也，陳守元在宮中，易服㊶將逃，兵人㊷殺之。重遇執蔡守蒙，數㊸以賣官之罪而斬之。閩王曦既立，遣使誅林與於泉州。

【章旨】以上為第五段，寫閩國政變，王延羲取代王昶為閩王，改年號曰永隆。

【注釋】❶閩惠宗　閩惠皇帝王璘，據《新五代史》卷六十八本傳，惠皇帝廟號太宗。❷太祖元從　太祖王審知的親兵。即閩建國老兵。❸拱宸控鶴都　禁衛軍名號。都，禁衛軍編制，一百人為一都。❹康宗　惠皇帝王璘之子王昶。❺宸衛都　康宗新募的禁衛軍名號。❻祿賜　俸祿和賞賜。❼二都　拱宸、控鶴都。❽分隸　分別隸屬。❾長夜之飲　通宵達旦地飲酒。❿強　強迫。⓫酒　飲酒，作動詞用。⓬伺其過失　察看他的過錯。⓭繼隆　閩惠宗堂弟王延羲姪子。傳見《十國春秋》卷九十四。⓮猜怒　猜疑發怒。⓯延羲　（？—西元九四四年）王審知第二十八子。王繼鵬被殺，連重遇擁之為閩王。西元九三九—九四四年在位。被朱文進、連重遇所殺，廟號景宗。傳見《舊五代史》卷一百三十四、《新五代史》卷六十八。⓰陽　通「佯」。假裝。⓱武夷山　山名，在今福建武夷山市北三十里。⓲幽　禁閉；囚禁。⓳朱文進　（？—西元九四四年）永泰（今福建永泰）人，閩拱宸都將，西元九四四年殺閩王王延羲稱帝，後晉封之為閩王，被福州人所殺。傳見《十國春秋》卷九十八。⓴連重遇　（？—西元九四四年）光山（今河南光山縣）人，閩控鶴都將，殺閩康宗王繼鵬（即王昶），又殺王延羲。傳見《十國春秋》卷九十八。㉑求賊不獲　尋找縱火犯沒有抓到。㉒餘燼　火燒後的剩餘物。㉓內學士　官名，掌宮內文書、奏章。㉔陳郯　泉州莆田（今福建莆田）人，通《五經》。傳見《十國春秋》卷九十八。㉕辛巳　閏七月十二日。㉖入直　進宮值班。㉗閩主　閩王王繼鵬。㉘瓦礫　碎石、碎瓦堆。㉙比明　剛剛天亮。㉚北關　福州的北門。㉛梧桐嶺　地名，在今福建閩侯北九峰山西北。㉜繼業　（？—西元九四一年）延宗子，殺閩王王繼鵬。傳見《十國春秋》卷九十四。㉝雲集　像雲一樣聚集。形容人數很多。㉞臣節　臣子的節操。㉟昆弟　兄弟。㊱陀莊　地名，在福州北郊。㊲頒賚中外　頒賜朝廷內外。頒，分。賚，賜。㊳赴　通「訃」。訃告。㊴間道　小路。㊵稱藩于晉　向後晉稱藩臣。㊶易服　改換服裝。㊷兵人　兵眾。㊸數　列舉。

【校記】[1]人　原無此字。據章鈺校，十二行本、乙十一行本、孔天胤本皆有此字，今據補。[2]得　原無此字。張敦仁《通鑑刊本識誤》有此字，當是，今據補。

【語譯】當初，閩惠宗把太祖原先的隨從士卒編為拱宸、控鶴二都。等到康宗即位，另外招募了二千名壯士作為心腹，名叫宸衛都，俸祿和賞賜都比拱宸、控鶴二都豐厚。有人說二都心懷怨恨，準備發動叛亂，閩主想把二都分隸漳、泉二州，二都愈加憤怒。閩主喜歡通宵達旦地飲酒，強迫群臣喝酒，喝醉了就命令身邊人尋察他們的過失。閩主的堂弟王繼隆醉酒失禮，閩主把他殺了。一再因為猜疑發怒誅殺皇室親族，閩主的叔父左僕射、同平章事王延羲假裝發瘋痴呆以逃避災禍，閩主賜給他道士服裝，安置到武夷山中。不久又召回，幽禁在家中。

閩主多次侮辱拱宸、控鶴二都的軍使永泰人朱文進、光山人連重遇，二人怨恨閩主。適逢北宮失火，搜尋縱火犯沒有抓到。閩王命令連重遇率內外營士兵掃除大火的餘燼，每天役使一萬人，士兵們對此深以為苦。閩主又懷疑連重遇知道北宮縱火陰謀，想殺了連重遇。內學士陳郯私下告訴了連重遇。閏七月十二日辛巳夜晚，連重遇進宮值班，率領二都士兵焚燒了長春宮來進攻閩主。派人在瓦礫中接來王延羲，對王延羲呼喊萬歲。又叫來外營兵一起進攻閩主。只有宸衛都進行抵抗，閩主就和李皇后前往宸衛都。等到天亮，亂兵焚燒宸衛都住地，宸衛都戰敗，剩餘的部眾一千多人簇擁著閩主和李皇后從北關出去。抵達梧桐嶺，部眾漸漸逃散了。王延羲派自己的姪兒前汀州刺史王繼業率兵追趕閩主，趕到了村民的屋子旁。閩主一向善於射箭，引弓射殺了幾個人。不久追兵雲集，閩主知道不能免於禍，扔掉弓箭對王繼業說：「你做人臣的節操在哪裡！」王繼業說：「國君沒有君德，臣子哪裡有臣子的節操！我們的新國君是我的叔父，舊國君是我的兄弟，哪個親哪個疏？」閩主不再說話。王繼業和閩主一起返回，到了陀莊，給閩主酒喝，喝醉後勒死了他，連同李皇后及他幾個兒子、王繼恭都被處死。宸衛都剩餘的人逃往吳越國。

王延羲自稱為威武節度使、閩國王，改名為曦，改年號為永隆，赦免關押的囚犯，賞賜朝廷內外官吏。以宸衛都弒殺閩主訃告鄰國，給閩主加謚號為聖神英睿文明廣武應道大弘孝皇帝，廟號為康宗。派遣商人走小路奉表向後晉稱藩國。但在自己國內，設置文武百官都和天子的制度相同。任命已退休的太子太傅李真為司空兼中書侍郎、同平章事。

連重遇進攻康宗的時候，陳守元在宮中，改換了衣服將要逃走，兵眾把他殺了。連重遇抓住了蔡守蒙，歷數他賣官鬻爵的罪過，把他殺了。閩王王曦即位後，派遣使臣在泉州殺了林興。

河❶決博州[1]。

八月辛丑❷，以馮道守司徒兼侍中。壬寅❸，詔中書知印❹止委上相❺。由是事無巨細❻，悉委於道。帝嘗訪以軍謀❼，對曰：「征伐大事❽，在聖心❾獨斷。臣書生，惟知謹守歷代成規而已。」帝以為然❿。道嘗稱疾求退，帝使鄭王重貴詣第省之⓫，曰：「來日⓬不出，朕當親往。」道乃出視事。當時寵遇，羣臣無與為比⓭。

己酉⓮，以吳越王元瓘為天下兵馬元帥。

黔南⓯巡內溪州⓰刺史彭士愁引獎[2]、錦州⓱蠻萬餘人寇辰、澧州⓲，焚掠鎮戍，遣使乞師于蜀。蜀主以道遠，不許。九月辛未⓳，楚王希範命左靜江指揮使劉勍⓴、決勝指揮使廖匡齊帥衡山㉑兵五千討之。

癸未㉒，以唐許王從益㉓為郇國公，奉唐祀。從益尚幼，李后㉔養從益於宮中，奉王淑妃如事母。

冬，十月庚戌㉕，閩康宗所遣使者鄭元弼至大梁。康宗遺㉖執政書曰：「閩國一從興運㉗，久歷年華㉘，見北辰之帝座頻移㉙，致東海之風帆多阻㉚。」又求用敵國禮㉛致書往來。帝怒其不遜㉜，壬子㉝，詔卻㉞其貢物及福、建諸州綱運㉟，並令元弼及進奏官林恩部送㊱速歸。兵部員外郎李知損㊲上言：「王昶僭慢㊳，宜執留使者，籍沒其貨。」乃下元弼、恩獄。

吳越恭穆夫人馬氏㊴卒。夫人，雄武節度使綽㊵之女也。初，武肅王鏐禁中外畜聲伎㊶。文穆王元瓘年三十餘無子，夫人為之請㊷於鏐。鏐喜曰：「吾家祭祀㊸，汝實主之。」乃聽元瓘納妾。鹿氏㊹生弘僔㊺、弘倧㊻，許氏㊼生弘佐㊽，吳氏㊾生弘俶㊿，眾妾生弘偡、弘億、弘儀[3]、弘偓、弘仰、弘信，夫人撫視慈愛如一。常置銀鹿於帳前，坐諸兒於上而弄之。

十一月戊子(51)，契丹遣其臣遙折來使，遂如吳越。

楚王希範始開天策府(52)，置護軍都尉[4]、領軍司馬等官，以諸弟及將校為之。又以幕僚拓跋恆、李弘皋(53)、廖匡圖(54)、徐仲雅(55)等十八人(56)為學士。

劉勍等進攻溪州，彭士愁兵敗，棄州走保山寨。石崖四絕(57)，勍為梯棧(58)上圍之。廖匡齊戰死，楚王希範遣弔其母(59)。其母不哭，謂使者曰：「廖氏三百口受王溫飽之賜，舉族效死，未足以報，況一子乎！願王無以為念(60)。」王以其母為賢，厚恤(61)其家。

十二月丙戌(62)，禁刱造(63)佛寺。○閩王作新宮，徙居之。

是歲，漢門下侍郎、同平章事趙光裔言於漢主曰：「自馬后崩，未嘗通使於楚。親鄰舊好(64)，不可忘也。」因薦諫議大夫李紓(65)可以將命(66)，漢主從之。楚亦遣使報聘。光裔相漢二十餘年，府庫充實，邊境無虞。及卒，漢主復以其子翰林學士承旨、尚書左丞損(67)為門下侍郎、同平章事。

【章　旨】以上為第六段，寫閩王使者傲慢被晉高祖下獄。楚國蠻夷騷亂，南漢遣使與楚和好。契丹通使後晉與吳越。

【注　釋】❶河　黃河。❷辛丑　八月初三日。❸壬寅　八月初四日。❹知印　掌印。❺止委上相　只委託首相。舊制，凡宰臣隔日知印，現只允首相知印。❻事無巨細　事情不管大小。❼訪以軍謀　諮詢軍事謀略。❽征伐大事　用兵的大事。❾聖心　皇帝內心。❿然　對。⓫省之　探望他。⓬來日　明日。⓭無與為比　沒有一個能同他相比。⓮己酉　八月十一日。⓯黔南　方鎮名，唐末升黔中觀察為黔南節度，唐昭宗大順元年（西元八九〇年），賜號武泰軍節度。治所黔州，在今重慶市彭水苗族土家族自治縣。⓰溪州　州名，治所在今湖南古丈東北。⓱獎錦州　獎，州名，在今湖南芷江侗族自治縣西。錦州在今湖南麻陽西。⓲澧州　州名，治所在今湖南澧縣。⓳辛未　九月初三日。⓴劉勍　官至楚錦州刺史。傳見《十國春秋》卷七十三。㉑衡山　縣名，在今湖南衡山縣。㉒癸未　九月十五日。㉓從益　後唐明宗之子，王淑妃所生。㉔李后　唐明宗曹皇后之女，於從益為姐。㉕庚戌　十月十三日。㉖遺　致；送。㉗一從興運　自從國運昌盛以來。㉘久歷年華　已經過了很多年。㉙見北辰之帝座頻移　看到中原王朝不斷改換。北辰，北極星，指代皇帝。㉚阻　阻隔。說明不修職貢原因。㉛敵國禮　平等的禮數。㉜不遜　不敬；不禮貌。㉝壬子　十月十五日。㉞卻　退回；辭卻。㉟綱運　分批起運的貨物。㊱部送　押送。㊲李知損　字化機，大梁（今河南開封）人，少輕薄，利口無行。傳見《舊五代史》卷一百三十一。㊳僭慢　僭越傲慢。㊴馬氏　（西元八九〇—九三九年）安國（今浙江餘杭）人，錢元瓘妻。性聰慧，勤於職守。卒諡恭穆。傳見《十國春秋》卷八十三。㊵綽　馬綽，餘杭（今浙江餘杭）人，為人淳直，官雄武軍節度使。傳見《十國春秋》卷八十四。㊶禁中外畜聲伎　禁止朝廷內外豢養樂伎。㊷請　請求准許納妾。㊸祭祀　奉祀祖宗；有人接續香火祭祀。㊹鹿氏　元瓘妃，封魯國夫人。㊺弘僔　（西元九二五—九四〇年）元瓘世子，特受鍾愛，卒諡孝獻。㊻弘倧　（西元九二八—九六九年）字隆道，元瓘第七子。西元九四七年在位，卒諡忠遜。㊼許氏　（西元九〇二—九四五年）名新月，台州（今浙江天台）人，善音律，封吳越國夫人。㊽弘佐　（西元九二八—九四七年）字元祐，元瓘第六子。西元九四一—九四七年在位，卒諡忠獻。㊾吳氏　（西元九一三—九五二年）名漢月，錢塘（今浙江杭州）人，性慈惠節儉，尚黃老學，封順德太夫人。卒諡恭懿。㊿弘俶　（西元九二九—九八八年）字文德，元瓘第九子。西元九四八—九七八年在位。太平興國三年（西元九七八年）納土歸宋，封淮海國王。有詩數百首，集為《政本集》，陶穀作序。以上諸子傳均見《十國春秋》卷八十、八十一、八十三。(51)戊子　十一月二十一日。(52)開天策府　後晉加馬希範為天策上將軍，今開府治事。(53)李弘皋　（？—西元九五〇年）官都統掌書記、天策府學士，曾作溪州記平蠻功銅柱銘文。傳見《十國春秋》卷七十四。(54)廖匡圖　虔州虔化（今江西寧都）人，善文辭，官江南觀察判官、天策府學士。傳見《十國春秋》卷七十三。(55)徐仲雅　字東野，長沙（今湖南長沙）人，有雋才，長於詩文。官天策府學士。傳見《十國春秋》卷七十三。(56)十八人　十八學士，即李鐸、潘起、曹梲、李莊、徐牧、彭繼英、裴頔、何仲舉、孟玄暉、劉昭禹、鄧懿文、李弘節、蕭洙、彭繼勳、拓跋恆、李弘皋、廖匡圖、徐仲雅。(57)四絕　四面絕壁。(58)梯棧　雲梯棧道。(59)弔其母　向他的母親表示慰問。(60)無以為念　不必記在心上。(61)恤　撫恤。(62)丙戌　十二月丁酉朔，無丙戌。疑為丙辰，十二月二十日。(63)刱造　新造；始建。刱，通「創」。(64)親鄰舊好　既有婚姻關係，又有鄰國關係，本來是和好的。(65)李紓　有文采，官諫議大夫。傳見《十國春秋》卷六十三。(66)將命　完成使命。(67)損　趙損（？—西元九四〇年），趙光裔長子。光裔死，代執南漢政。傳見《十國春秋》卷六十二。

【校記】①博州　原作「薄州」。胡三省注云：「『薄州』當作『博州』。」據章鈺校，乙十一行本作「亳州」。按，史無「薄州」，「亳州」去河遠，當以「博州」為是，《御批歷代通鑑綱目》引此亦作「博州」，今據改。博州，在今山東聊城。②獎　原作「蔣」。胡三省注云：「『蔣』當作『獎』。」唐所置州也。嚴衍《通鑑補》改作「獎」，當是，今據改。③弘儀　原無此二字。據章鈺校，十二行本、乙十一行本、孔天胤本皆有此二字，張敦仁《通鑑刊本識誤》同，今據補。④都尉　原作「中尉」。據章鈺校，十二行本、乙十一行本、孔天胤本皆作「都尉」，今據改。

【語譯】黃河在博州決口。

八月初三日辛丑，任命馮道行使司徒兼侍中職權。初四日壬寅，晉高祖詔令中書掌印只委託首相。從此事情不論大小，全都交給馮道辦理。晉高祖曾向馮道諮詢軍事謀略，馮道回答說：「用兵的大事，全在於皇上內心決斷。臣是個書生，只知道謹守歷代的成規而已。」晉高祖認為他說得對。馮道曾聲稱有病請求退職，晉高祖派鄭王石重貴前往馮家府上探望他，說：「明天還不肯出來，朕將親自前往。」馮道才出來處理政事。當時馮道受到的恩寵和待遇，群臣中沒有人能和他相比。

八月十一日己酉，任命吳越王錢元瓘為天下兵馬元帥。

黔南節度使屬內的溪州刺史彭士愁帶領獎州、錦州蠻族一萬多人侵犯辰州、澧州，焚燒搶劫邊鎮，邊鎮向蜀國請求派兵。蜀主藉口道路遙遠，沒有答應。九月初三日辛未，楚王馬希範命令左靜江指揮使劉勍、決勝指揮使廖匡齊率領衡山士兵五千人前往討伐。

九月十五日癸未，冊封唐許王李從益為郇國公，以承奉唐的祭祀。李從益年齡還小，李皇后把他養在宮中，他侍奉王淑妃像侍奉自己的母親一樣。

冬，十月十三日庚戌，閩康宗派遣的使者鄭元弼到達大梁。康宗寫信給晉朝執政大臣說：「閩國自從國運興盛以來，經歷了很多年，看到北方不斷易主，以致從東海上貢的帆船一再受阻。」又請求用對等國家的禮節通信往來。晉高祖對他的不禮貌很生氣，十五日壬子，下詔辭卻閩國的貢物以及福州、建州等州分批起運的貨物，並且命令鄭元弼及其進奏官林恩安排馬上回去。兵部員外郎李知損上書說：「王昶僭越傲慢，應該扣留閩國使臣，沒收他們的貨物。」晉高祖就把鄭元弼、林恩二人關進了監獄。

吳越王的恭穆夫人馬氏去世。馬夫人是雄武節度使馬綽的女兒。當初，吳越武肅王錢鏐禁止朝廷內外蓄養樂伎。文穆王錢元瓘年紀三十多歲沒有兒子，馬夫人替丈夫向錢鏐請求讓他納妾。錢鏐高興地說：「我家的香火，實際是由你做主。」於是允許錢元瓘納妾。鹿氏生下弘僔、弘倧，許氏生下弘佐，吳氏生下弘俶，其他眾妾生下弘偡、弘億、弘儀、弘偓、弘仰、弘信，馬夫人撫養慈愛他們一視同仁。常常在帳前安放銀鹿，讓孩子們坐在上面，逗他們玩。

十一月二十一日戊子，契丹派遣他們的使臣逶折來晉朝，接著前往吳越國。

楚王馬希範開始設置天策將軍府，設置護軍都尉、領軍司馬等官，任用他的各位弟弟及將校來擔任。又任命幕僚拓跋恒、李弘皋、廖匡圖、徐仲雅等十八人為學士。

劉勍等人進攻溪州，彭士愁兵敗，拋棄溪州逃進山寨自保。山寨四周懸崖絕壁，劉勍製造雲梯棧道上去圍攻。廖匡齊戰死，楚王馬希範派人去慰問廖匡齊的母親。廖匡齊的母親沒有哭泣，對使者說：「廖氏一族三百多口人受大王賜予溫飽，全族人獻出生命，也不足以報答恩賜，何況只是獻出了一個兒子呢！希望大王不要把此事放在心上。」楚王認為廖母賢德，豐厚地撫恤了她家。

十二月丙戌日，禁止新建佛寺。○閩王建造了新宮殿，搬進新宮居住。

這一年，漢國門下侍郎、同平章事趙光裔對漢主說：「從馬皇后去世，我國不曾和楚國互通使者。親戚鄰國之間原來的友好關係，不可忘記。」乘機推薦諫議大夫李紓可以完成這一使命，漢主聽從了。楚國也派遣使臣來答謝。趙光裔任漢國宰相二十多年，國庫充實，邊疆沒有憂患。等到去世後，漢主又任命他的兒子翰林學士承旨、尚書左丞趙損為門下侍郎、同平章事。

五年（庚子　西元九四〇年）

春，正月，帝引見閩使鄭元弼等。元弼曰：「王祖蠻夷之君❶，不知禮義。陛下得其善言不足喜，惡言不足怒。臣將命無狀❷，願伏鈇鑕❸以贖祖罪。」帝憐之，辛未❹，詔釋❺元弼等。

楚劉勍等因大風❻，以火箭焚彭士愁寨而攻之，士愁帥麾下逃入獎、錦深山。乙未❼，遣其子師暠帥諸酋長❽納溪、錦、獎三州印，請降於楚❾。

二月庚戌⑩，北都⑪留守、同平章事安彥威入朝。上曰：「吾所重者信與義。昔契丹以義救我，我今以信報之⑫。聞其徵求不已⑬，公能屈節奉之⑭，深稱朕意⑮。」對曰：「陛下以蒼生⑯之故，猶⑰卑辭厚幣以事之，臣何屈節之有⑱！」上悅。

劉勍引兵還長沙。楚王希範徙溪州於便地⑲，表彭士愁為溪州刺史，以劉勍為錦州刺史。自是羣蠻服於楚。希範自謂伏波⑳之後，以銅五千斤鑄柱㉑，高丈二尺，入地六尺，銘誓狀於上㉒，立之溪州。

唐康化節度使兼中書令楊璉謁㉓平陵㉔還，一夕，大醉，卒於舟中，唐主[1]追封諡曰弘農靖王㉕。

閩王[2]曦既立，驕淫苛虐㉖，猜忌宗族，多尋舊怨㉗。其弟建州刺史延政㉘數以書諫之，曦怒，復書罵之。遣親吏鄴翹[3]監建州軍，教練使杜漢崇監南鎮軍㉙，二人爭捃㉚延政陰事告於曦，由是兄弟積相猜恨㉛。一日，翹與延政議事不叶㉜，翹訶㉝之曰：「公反邪！」延政怒，欲斬翹。翹奔南鎮，延政發兵就攻之，敗其戍兵。翹、漢崇奔福州，西鄙㉞戍兵皆潰。

二月，曦遣統軍使潘師逵、吳行真將兵四萬擊延政。師逵軍㉟於建州城西，行真軍於城南，皆阻水置營，焚城外廬舍㊱。延政求救於吳越，壬戌㊲，吳越王元瓘遣寧國㊳節度使、同平章事仰仁詮、內都監使薛萬忠將兵四萬救之。丞相林鼎㊴諫，不聽。三月戊辰㊵，師逵分兵三千，遣都軍使蔡弘裔將之出戰，延政遣其將林漢徹等敗之於茶山㊶，斬首千餘級。

【章　旨】以上為第七段，寫楚王平定蠻夷之亂。閩國內亂，閩主王曦與其弟建州刺史王延政大交兵，吳越王出兵助王延政。

【注　釋】❶蠻夷之君　邊遠化外的國君。❷將命無狀　執行使命若有失禮。❸願伏鈇鑕　願意被處死。鈇，斧。鑕，鐵椹。均為行斬刑之具。❹辛未　正月初五日。❺釋　釋放。❻因大風　乘著大風。❼乙未　正月二十九日。❽酋長　部落首領。❾請降於楚　請求向楚國投降。❿庚戌　二月十四日。⓫北都　太原。⓬報之　回答他。⓭徵求不已　索取沒有止境。⓮屈節奉之　卑躬屈節侍奉他。⓯深稱朕意　非常符合我的心意。⓰蒼生　老百姓。⓱猶　還。⓲何屈節之有　又有什麼折節呢。⓳便地　接近楚國的地方，便於控制。⓴伏波　東漢伏波將軍馬援。㉑鑄柱　冶鑄一根銅柱。㉒銘誓狀於上　在銅柱上銘刻著攻克溪州功勳。其中有云：「五溪之眾不足平，我師輕躡如春冰。」㉓謁　拜謁。㉔平陵　楊溥墳墓。㉕弘農靖王　追封弘農王，謚曰靖。㉖驕淫苛虐　驕縱、淫逸、苛刻、暴虐。㉗多尋舊怨　多次找尋過去結怨的人而加以報復。㉘延政　天德帝。王延羲弟，西元九四三年以建州自立為帝，國號大殷，西元九四五年降南唐。西元九四三—九四五年在位。傳見《舊五代史》卷一百三十四、《新五代史》卷六十八、《十國春秋》卷九十二。㉙南鎮軍　方鎮名，閩置，在今福建福鼎。㉚捃　搜集。㉛積相猜恨　互相深深地猜疑怨恨。㉜不叶　不協調；不統一。叶，通「協」。㉝訶　大聲斥責。㉞西鄙　西邊。㉟軍　駐紮。㊱廬舍　房屋。㊲壬戌　二月二十六日。㊳寧國　方鎮名，吳升宣州為寧國節度。治所宣州，在今安徽宣州。時屬南唐，仰仁詮為遙領。㊴林鼎　（西元八九一—九四四年）字渙文，侯官（今福建閩侯）人，官至吳越國丞相。著有《吳江應用集》二十卷。卒謚貞獻。傳見《十國春秋》卷八十六。㊵戊辰　三月初二日。㊶茶山　地名，在建州東。

【校　記】①唐主　原無此二字。據章鈺校，十二行本、乙十一行本、孔天胤本皆有此二字，今據補。②王　原作「主」。據章鈺校，十二行本、乙十一行本、孔天胤本皆作「王」，今據改。③鄴翹　原作「業翹」。胡三省注云：「『業』當作『鄴』。」嚴衍《通鑑補》改作「鄴翹」，當是，今據改。

【語　譯】五年（庚子　西元九四〇年）

春，正月，晉高祖接見閩國的使者鄭元弼等人。鄭元弼說：「王昶是一個蠻夷國的君主，不曉得禮義。陛下得到他的好話不值得高興，得到他的惡語不值得生氣。臣執行使命若有失禮，願意被處死，以贖王昶的罪過。」晉高祖很同情他。初五日辛未，下詔釋放鄭元弼等人。

楚國劉勍等人乘著大風，用火箭焚燒彭士愁的營寨，向他進攻，彭士愁率領部下逃進獎州、錦州的深山裡。正月二十九日乙未，派他的兒子彭師暠率領各酋長交出溪州、錦州、獎州三個州的大印，向楚國請求投降。

二月十四日庚戌，北都留守、同平章事安彥威入朝。晉高祖說：「我所看重的是信和義。過去契丹人以義救我，我今天用信來回報他們。聽說他們沒完沒了地索取，你能屈節侍奉他們，這非常符合我的心意。」安彥威回答說：「陛下為了百姓的緣故，還用謙卑的言辭和豐厚的財物來侍奉契丹，臣又有什麼折節的呢！」

晉高祖很高興。

劉勍帶兵返回長沙。楚王馬希範把溪州州治遷徙到便於控制的地方，上表奏請彭士愁為溪州刺史，任命劉勍為錦州刺史。從此各部落蠻族都臣服於楚國。馬希範自稱是伏波將軍馬援的後人，用五千斤銅鑄造柱子，高一丈二尺，入地六尺，在上面銘刻誓詞，豎立在溪州。

唐國康化節度使兼中書令楊璉拜謁平陵回來，一天晚上，大醉，死在船上，唐主追封諡號為弘農靖王。

閩王王曦即位後，驕奢淫逸，苛刻暴虐，猜忌宗族，多次尋找舊時結怨的人。他的弟弟建州刺史王延政多次寫書信勸諫他，王曦很生氣，回信罵王延政。派遣他的親信官員鄴翹監視建州軍，派教練使杜漢崇監視南鎮軍。兩人爭相搜集王延政的陰私之事向王曦報告，因此兄弟二人相互深為猜疑怨恨。有一天，鄴翹與王延政商議事情，意見不一，鄴翹呵斥他說：「你想造反嗎！」王延政很生氣，想殺了鄴翹。鄴翹逃往南鎮，王延政調發部隊去攻打他，打敗了南鎮的守兵。鄴翹、杜漢崇逃往福州，西部邊境的守兵都潰散了。

二月，王曦派遣統軍使潘師逵、吳行真率軍四萬人攻打王延政。潘師逵駐軍在建州城西，吳行真駐軍在城南，都背水紮營，焚燒了城外的房舍。王延政向吳越求救。二十六日壬戌，吳越王錢元瓘派遣寧國節度使、同平章事仰仁詮，內都監使薛萬忠，率軍四萬人救援王延政。丞相林鼎勸阻，不聽從。三月初二日戊辰，潘師逵分兵三千，派遣都軍使蔡弘裔率兵出戰，王延政派遣他的部將林漢徹等人在茶山把敵軍打敗，殺死一千多人。

安彥威、王建立皆請致仕，不許。辛未❶，以歸德節度使、侍衛馬步都指揮使、同平章事劉知遠為鄴都留守，徙彥威為歸德節度使，加兼侍中。癸酉❷，徙建立為昭義節度使，進爵韓王。以建立遼州人，割遼、沁❸二州隸昭義。徙建雄❹

節度使李德珫⑤為北都留守。

山南東道節度使、同平章事安從進恃其險固，陰蓄異謀。擅邀取湖南貢物⑥，招納亡命，增廣甲卒。元隨都押牙王令謙、押牙潘知麟諫，皆殺之。及⑦王建立徙潞州，帝使問之曰：「朕虛青州⑧以待卿，卿有意則降制。」從進對曰：「若移青州置漢南⑨，臣即赴鎮。」帝亦[1]不之責。

丁丑⑩，王延政募敢死士⑪千餘人，夜涉水，潛入潘師逵壘，因風縱火，城上鼓譟⑫以應之，戰棹都頭⑬建安陳誨殺師逵，其眾皆潰。戊寅⑭，引兵欲攻吳行真寨，建人未涉水，行真及將士棄營走，死者萬人。延政乘勝取永平⑮、順昌⑯二城。自是建州之兵始盛。

夏，四月，蜀太保兼門下侍郎、同平章事趙季良請與門下侍郎、同平章事毌昭裔、中書侍郎、同平章事張業分判三司⑰。癸卯⑱，蜀主命季良判戶部，昭裔判鹽鐵，業判度支。○庚戌⑲，以前橫海節度使馬全節為安遠節度使⑳。○甲子㉑，吳越孝獻世子㉒弘僔卒。

吳越仰仁詮等兵至建州，王延政以福州兵已敗去，奉牛酒犒之㉓，請班師。仁詮等不從，營于城之西北。延政懼㉔，復遣使乞師㉕于閩王。閩王以泉州刺史王繼業㉖為行營都統，將兵二萬救之。且移書責㉗吳越，遣輕兵㉘絕吳越糧道。會久雨，吳越軍[2]食盡。五月，延政遣兵出擊，大破之，俘斬以萬計。癸未㉙，仁詮等夜遁㉚。

【章　旨】以上為第八段，寫山南東道節度使安從進陰蓄異謀，晉高祖優容之。閩國建州刺史王延政偷襲吳越國援兵。

【注　釋】❶辛未　三月初五日。❷癸酉　三月初七日。❸沁　州名，在今山西沁源。❹建雄　方鎮名，晉置，治所白馬城，在今山西臨汾。❺李德珫　應州金城（今山西應縣）人，少善騎射，官至廣晉尹，為將廉潔。傳見《舊五代史》卷九十。❻邀取湖南貢物　攔截馬希範進貢朝廷的財物。湖南貢物，馬希範所進獻。❼及　等到。❽青州　平盧軍節度使治所。❾若移青州置漢南　如果把青州遷移到漢水南岸。即婉言謝絕。❿丁丑　三月十一日。⓫敢死士　敢於自我犧牲的士兵。⓬鼓譟　擊鼓大叫。⓭都頭　都一級的統兵官。⓮戊寅　三月十二日。⓯永平　縣名，在今福建南平。⓰順昌　縣名，在今福建順昌。⓱分判三司　分別兼任戶部、鹽鐵、度支三司長官。判，級別高的官員擔任級別低的職任。⓲癸卯　四月初八日。⓳庚戌　四月十五日。⓴馬全節為安遠節度使　晉高祖用馬全節取代李金全。㉑甲子　四月二十九日。㉒世子　古代諸侯的嫡長子。㉓奉牛酒犒之　拿了牛、酒犒勞他們。㉔延政懼　仰仁詮逼近建州紮營，有圖建州之意，所以王延政害怕。㉕乞師　請求軍援。㉖王繼業　（?—西元九四一年）王延宗子。殺康宗王繼鵬，被景宗王延羲所殺。傳見《十國春秋》卷九十四。㉗責　責問。㉘輕兵　輕裝部隊。㉙癸未　五月十八日。㉚夜遁　夜間逃走。

【校　記】[1]亦　原無此字。據章鈺校，十二行本、乙十一行本、孔天胤本皆有此字，今據補。[2]軍　原無此字。據章鈺校，十二行本、乙十一行本、孔天胤本皆有此字，今據補。

【語　譯】安彥威、王建立都請求退休，晉高祖不同意。三月初五日辛未，任命歸德節度使、侍衛馬步都指揮使、同平章事劉知遠為鄴都留守，調遷安彥威為歸德節度使，加官兼任侍中。初七日癸酉，調遷王建立為昭義節度使，進爵位為韓王。因為王建立是遼州人，所以劃割遼州、沁州兩個州隸屬於昭義節度。調遷建雄節度使李德琉為北都留守。

山南東道節度使、同平章事安從進依仗他鎮守之地險要堅固，暗懷異圖。擅自截取湖南進貢的物品，招收亡命之徒，增擴兵力。元隨都押牙王令謙、押牙潘知麟勸諫他，把他們都殺了。等到王建立遷往潞州，晉高祖派人問他說：「朕空著青州地區等待你前來，你有意去，我就降旨。」安從進回答說：「如果把青州遷移設置在漢水南邊，臣立刻赴任。」晉高祖也沒有責備他。

三月十一日丁丑，王延政招募敢死隊一千多人，夜裡渡過河水，潛入潘師逵的營壘，乘著風勢放火，城上擊鼓吶喊呼應，戰棹都頭建安人陳誨殺了潘師逵，他的部眾都潰散了。十二日戊寅，帶兵打算攻打吳行真的營寨，建州兵馬沒有渡過河水，吳行真和他的將士棄營逃走，死了一萬人。王延政乘勝奪取了永平、順昌二城。從此，建州的軍隊開始強盛。

夏，四月，蜀國太保兼門下侍郎、同平章事趙季良請求與門下侍郎、同平章事毌昭裔、中書侍郎、同平章事張業分別掌管三司。初八日癸卯，蜀主命令趙季良掌管戶部，毋昭裔掌管鹽鐵，張業掌管度支。〇十五日庚戌，任命前任橫海節度使馬全節為安遠節度使。〇二十九日甲子，吳越國孝獻世子錢弘僔去世。

吳越國仰仁詮等人的部隊到達建州，王延政因為福州軍隊已經敗退，就奉獻牛肉、酒食犒勞吳越軍隊，請求他們班師返回吳越。仰仁詮等人不同意，紮營於城的西北。王延政害怕了，又派遣使者向閩王請求援軍。閩王任命泉州刺史王繼業為行營都統，統率士兵二萬人救援王延政。並且寫信責問吳越，又派遣輕裝士兵斷絕吳越的糧道。適逢久雨，吳越軍隊的糧食吃完了。五月，王延政派兵出擊，大敗吳越軍隊，俘虜及殺死的人數以萬計。十八日癸未，仰仁詮等人趁黑夜逃走。

胡漢筠既違詔命不詣闕❶，又聞賈仁沼二子欲訴諸朝❷。及除❸馬全節鎮安州代李金全，漢筠紿❹金全曰：「進奏吏❺遣人倍道來言，朝廷俟公受代，即按❻賈仁沼死狀，以為必有異圖。」金全大懼。漢筠因說金全拒命❼，自歸於唐。金全從之。

丙戌❽，帝聞金全叛，命馬全節以汴、洛、汝、鄭、單、宋、陳、蔡、曹、濮、申、唐之兵討之，以保大節度使安審暉❾為之副。審暉，審琦之兄也。

李金全遣推官張緯奉表請降於唐，唐主遣鄂州屯營使李承裕、段處恭將兵三千逆之❿。

唐主遣客省使尚全恭如閩，和⓫閩王曦及王延政。六月，延政遣牙將及女奴持誓書⓬及香爐⓭至福州，與曦盟于宣陵⓮。然兄弟相猜恨猶如故。

癸卯⓯，唐李承裕等引兵[1]至安州。是夕，李金全將麾下⓰數百人詣唐軍，妓妾資財皆為承裕所奪，承裕入據安州。甲辰⓱，馬全節自應山⓲進軍大化鎮⓳，與承裕戰于城南，大破之。承裕掠安州南走，全節入安州。丙午⓴，安審暉追敗唐兵於黃花谷，段處恭戰死。丁未㉑，審暉又敗唐兵於雲夢澤㉒中，虜承裕及其眾。唐將張建崇據雲夢橋拒戰，審暉乃還。馬全節斬承裕及其眾千五百人于城下，送監軍杜光業等五百七人于大梁。上曰：「此曹㉓何罪！」皆賜馬及器服而歸之。

初，盧文進之奔吳㉔也，唐主命祖全恩將兵逆之，戒㉕無入安州城，陳㉖于城外，俟文進出，殿㉗之以歸，無得剽掠。及李承裕逆李金全，戒之如㉘全恩。承裕貪剽掠，與晉兵戰而敗，失亡四千人。唐主惋恨累日㉙，自以戒敕之不熟㉚也。杜光業等至唐，唐主以其違命而敗，不受㉛，復送於淮北㉜。遣帝書曰：「邊校㉝貪功，乘便據壘。」又曰：「軍法朝章㉞，彼此不可㉟。」帝復遣之歸，使者將自桐墟㊱濟淮，唐主遣戰艦拒之，乃還。帝悉授唐諸將官，以其士卒為顯義都㊲，命舊將劉康領之。

臣光曰：「違命者將也，士卒從將之令者也，又何罪乎！受而戮其將以謝敵，弔士卒而撫之，斯可矣。何必棄民以資敵國乎！」

唐主使宦者祭廬山㊳，還，勞㊴之曰：「卿此行甚精潔㊵。」宦者曰：「臣自奉詔，蔬食㊶至今。」唐主曰：「卿某處市魚㊷為羹，某日市肉為胾㊸，何為蔬食？」宦者慚服㊹。倉吏歲終獻羨餘㊺萬餘石，唐主曰：「出納有數㊻，苟非掊民刻軍㊼，安得㊽羨餘邪！」

秋，七月，閩主曦城㊾福州西郭以備建人。又度民為僧㊿，民避(51)重賦多為僧，凡度萬一千人。○乙丑(52)，帝賜鄭元弼等帛，遣歸。

李金全之叛也，安州馬步副都指揮使桑千、威和(53)指揮使王萬金、成彥溫不從而死，馬步都指揮使龐守榮詬(54)其愚，以徇(55)金全之意。己巳(56)，詔贈賈仁沼及桑千等官，遣使誅守榮於安州。李金全至金陵，唐主待之甚薄(57)。

丁巳(58)，唐主立齊王璟為太子，兼大元帥，錄尚書事(59)。

【章　旨】以上為第九段，寫晉安遠節度使李金全反叛投南唐。

【注　釋】❶不詣闕　不到朝廷。❷欲訴諸朝　想要向朝廷申訴父親被殺一事的真相。諸，之於。❸除　任命。❹紿　欺騙。❺進奏吏　安遠軍進奏院的負責官員，住在京城，以通信息。❻按　按問；查問。❼拒命　不接受朝廷受代的命令。❽丙戌　五月二十一日。❾安審暉　（西元八九〇—九五二年）字明遠，安審琦之兄。官至後周太子太師致仕，封魯國公。卒諡靜。傳見《舊五代史》卷一百二十三。❿逆之　迎接他。逆，迎。⓫和　調和；講和。⓬誓書　結盟誓言。⓭香爐　結盟祭天時女奴二人執香爐焚香。⓮宣陵　王審知墓名。⓯癸卯　六月初九日。⓰麾下　部下。麾，指揮作戰用的旗子。⓱甲辰　六月初十日。⓲應山　縣名，在今湖北應城市。⓳大化鎮　地名，在當時應山縣境內。⓴丙午　六月十二日。㉑丁未　六月十三日。㉒雲夢澤　地名，在今湖北安陸南。㉓此曹　這些人；他們。㉔盧文進之奔吳　事見本書卷二百八十後晉高祖天福元年。㉕戒　告誡。㉖陳　列陣。㉗殿　走在最後面。㉘如　同。㉙惋恨累日　惋惜憤恨了好幾天。㉚不熟　不仔細、周詳。有自責之意。㉛不受　唐主不接受杜光業等回朝。㉜淮北　指後晉。㉝邊校　邊防將校。㉞軍法朝章　軍法與朝廷章程。㉟彼此不可　意謂兩國都不能容忍，都不可以讓他們再立朝為官。㊱桐墟　地名，在今安徽宿州蘄縣集。㊲顯義都　宿衛軍名。㊳廬山　山名，在今江西九江市。㊴勞　慰勞。㊵精潔　虔誠潔淨。此為反語。㊶蔬食　吃蔬菜，不食葷腥。㊷市魚　買魚。㊸市肉為胾　買肉燒成大塊肉。胾，大塊的肉。㊹慚服　慚愧而佩服。㊺羨餘　積餘；多餘。㊻出納有數　輸出和收入有一定數量。㊼掊民刻軍　剝削人民，剋扣軍隊。㊽安得　哪能；怎能。㊾城　築城。㊿度民為僧　剃度民眾做和尚。(51)避　逃避；躲避。(52)乙丑　七月初二日。(53)威和　禁衛軍名。(54)詬　責備；譏詬。(55)徇　順從。(56)己巳　七月初六日。(57)待之甚薄　接待他禮數很輕。58丁巳 八月二十四日。59錄尚書事 官名，為宰相之職。

【校記】1引兵 原無此二字。據章鈺校，十二行本、乙十一行本、孔天胤本皆有此二字，今據補。

【語譯】胡漢筠違抗詔令不入朝後，又聽說賈仁沼的兩個兒子想要向朝廷申訴其父被殺一事的真相。等到朝廷任命馬全節鎮守安州以代替李金全，胡漢筠就欺騙李金全說：「進奏吏派人兼程趕回來說，朝廷等您接受替代，立刻查問賈仁沼死去的情況，認為這裡面一定有反叛的意圖。」李金全大為恐懼。胡漢筠藉機勸說李金全抗拒朝廷的命令，自動歸順於唐。李金全聽從了。

五月二十一日丙戌，晉高祖聽說李金全反叛，命令馬全節率領汴、洛、汝、鄭、單、宋、陳、蔡、曹、濮、申、唐等各州的軍隊討伐他，任命保大節度使安審暉做馬全節的副手。安審暉，是安審琦的哥哥。李金全派遣推官張緯攜帶表章請求投降於唐，唐主派鄂州屯營使李承裕、段處恭領兵三千人迎接李金全。唐主派遣客省使尚全恭前往閩國，調解閩王王曦和王延政。六月，王延政派遣牙將及女奴拿著誓書和香爐到達福州，與王曦在宣陵結盟。然而兄弟二人相互猜忌怨恨依然如故。

六月初九日癸卯，唐國李承裕等人率軍到達安州。這天晚上，李金全率領部下幾百人前往唐軍駐地，伎妾資財都被李承裕奪取。李承裕進城佔領了安州。初十日甲辰，馬全節從應山進軍大化鎮，與李承裕在城南交戰，把他打得大敗。李承裕掠奪安州後南逃，馬全節進入安州。十二日丙午，安審暉追趕唐軍，在黃花谷打敗他們，段處恭戰死。十三日丁未，安審暉又在雲夢澤中打敗唐軍，俘虜了李承裕和他的部眾。唐將張建崇佔據雲夢橋抵抗，安審暉才帶兵返回。馬全節在城下斬殺了李承裕和他的部眾一千五百人，把監軍杜光業等五百零七人押送到大梁。晉高祖說：「這些人有什麼罪過！」便都賜給他們馬匹及器物、衣服，讓他們回去。

當初，盧文進投奔吳國時，唐主命令祖全恩率軍迎接他，告誡祖全恩不要進入安州城，列陣城外，等盧文進出來後，就讓他尾隨部隊回來，不許抄掠。等到李承裕迎接李金全，告誡他也像告誡祖全恩一樣。但李承裕貪圖抄掠，與晉兵交戰失敗，損失逃亡的有四千人。唐主惋惜憤恨了好幾天，自己認為告誡敕令部將不周詳。杜光業等人到達南唐，唐主因他違反命令而遭致失敗，不接納他們，把他們又送到淮北。給晉國皇帝寫了一封信說：「邊境的將校貪圖功利，乘著方便佔據了堡壘。」又說：「依照軍法或朝廷的章程，兩國都是不能容忍的。」晉高祖又把他們遣送回去，使者將要從桐墟渡過淮河，唐主派戰艦阻擋他們，他們又折回去。晉高祖一一授予南唐各位將領官職，把他們的士卒組成顯義都，命令舊將劉康統率他們。

司馬光說：「違反命令的是將領，士卒聽從將領的命令，又有什麼罪過呢！接受遣返而殺掉他們的將領以向敵國謝罪，同情士卒並安撫他們，這就可以了。何必拋棄民眾來幫助敵國呢！」

唐主派宦官祭祀廬山，回來後，唐主慰勞他說：「你這次出行非常虔誠潔淨。」宦官說：「臣自從接受詔命，素食到今天。」唐主說：「你在某處買魚做羹，某日買肉做成大塊肉，怎麼說吃素呢？」宦官又慚愧又佩服。倉吏年終進獻多餘的糧食一萬多石，唐主說：「支出收入有一定的數量，如果不是剝削百姓，剋扣軍糧，怎能有多餘的糧食呢！」

秋，七月，閩主王曦修築福州西面的城郭，以防備建州人。又剃度民眾當和尚，民眾為了逃避沉重的賦稅很多人去做和尚，共剃度了一萬一千人。〇初二日乙丑，晉高祖賞賜鄭元弼等人布帛，遣送他們返回閩國。

李金全反叛時，安州馬步副都指揮使桑千、威和指揮使王萬金、成彥溫因不相從而死，馬步都指揮使龐守榮譏諷他們愚蠢，以此來迎合李金全的意思。七月初六日己巳，晉高祖下詔追贈賈仁沼及桑千等人官職，派使者在安州殺了龐守榮。李金全到達金陵，唐主接待他禮數很輕。

八月二十四日丁巳，唐主立齊王李璟為太子，兼大元帥、錄尚書事。

太子太師致仕范延光請歸河陽私第❶，帝許之。延光重載❷而行。西京留守楊光遠兼領河陽，利其貨❸，且慮為子孫之患❹，奏：「延光叛臣，不家汴、洛而就外藩，恐其逃逸入敵國，宜早除之！」帝不許。光遠請敕延光居西京❺，從之。光遠使其子承貴❻以甲士圍其第，逼令自殺。延光曰：「天子在上，賜我鐵券，許以不死。爾父子何得如此？」己未❼，承貴以白刃❽驅❾延光上馬，至浮梁❿，擠于河。光遠奏云自赴水死⓫，帝知其故，憚⓬光遠之彊，不敢詰⓭。為延光輟朝，贈太師。

唐齊王璟固辭⓮太子。九月乙丑⓯，唐主許之，詔中外致牋⓰如太子禮。○丁卯⓱，以翰林學士承旨、戶部侍郎和凝為中書侍郎、同平章事。○己巳⓲，鄴都留守劉知遠入朝。○辛未⓳，李崧⓴奏：「諸州倉糧，於計帳㉑之外所餘頗多。」上曰：「法外稅民㉒，罪同枉法。倉吏特貸㉓其死，各痛懲之。」○翰林學士李澣，輕薄㉔，多酒失㉕，上惡之㉖。丙子㉗，罷翰林學士㉘，併其職於中書舍人。

澣，濤之弟也。

楊光遠入朝，帝欲徙㉙之他鎮，謂光遠曰：「圍魏之役㉚，卿左右皆有功，尚未之賞。今當各除一州以榮之㉛。」因以其將校數人為刺史。甲申㉜，徙光遠為平盧節度使，進爵東平王。

冬，十月丁酉㉝，加吳越王元瓘天下兵馬都元帥、尚書令。○壬寅㉞，唐大敕，詔中外奏章無得言「睿」、「聖」，犯者以不敬㉟論。

【章　旨】以上為第十段，寫致仕太子太師范延光回歸河陽私第，西京留守楊光遠貪其財物，令其子楊承貴殺之。楊光遠入朝，被徙為平盧節度使。

【注　釋】❶私第　私人的宅第。❷重載　車上裝載重重的財物。❸利其貨　貪圖他的財物。❹且慮為子孫之患　而且擔心范延光記恨報復其子孫。因范延光投降時，楊光遠為元帥，受過楊光遠侵陵。❺西京　洛陽。❻承貴　（？—西元九四七年）初名承貴，後避石重貴名改為承勳。官至後晉汝州防禦使。傳見《舊五代史》卷九十七。❼己未　八月二十六日。❽白刃　鋒利的刀。❾驅　迫使；驅趕。❿浮梁　浮橋。⓫自赴水死　自己投水而死。⓬憚　畏懼。⓭詰　責問。⓮固辭　堅決辭讓。⓯乙丑　九月初三日。⓰致牋　寫呈文。⓱丁卯　九月初五日。⓲己巳　九月初七日。⓳辛未　九月初九日。⓴李崧　（？—西元九四八年）深州饒陽（今河北饒陽）人，幼聰敏，能文章。官至後晉宰相。傳見《舊五代史》卷一百八、《新五代史》卷五十七。㉑計帳　指每年計數造帳，報送三司審查的帳冊。㉒法外稅民　法律以外向民眾徵收賦稅。㉓貸　寬貸；饒恕。㉔輕薄　輕佻浮薄。㉕酒失　飲酒誤事。㉖惡之　厭惡他。㉗丙子　九月十四日。㉘罷翰林學士　裁撤翰林學士官位。㉙徙　遷移；調動。㉚圍魏之役　指平范延光的叛亂。㉛以榮之　用以使之光榮。㉜甲申　九月二十二日。㉝丁酉　十月初五日。㉞壬寅　十月初十日。㉟不敬　法律中十惡罪之一。

【語　譯】退休的太子太師范延光請求返回河陽的私人宅第，晉高祖同意了。范延光裝載了很重的財物上路。西京留守楊光遠兼管河陽，貪圖他的財貨，並且考慮到他會成為自己子孫後代的禍患，就上奏說：「范延光是個叛臣，不住在汴州或洛陽，而遷往外地的藩鎮，恐怕他逃入敵國，應當早些除掉他！」晉高祖不允許。楊光遠請求敕令范延光住在西京洛陽，晉高祖聽從了。楊光遠讓他的兒子楊承貴帶領甲士包圍了范延光的宅第，逼令他自殺。范延光說：「天子在上，賜給我鐵券，答應我不被殺死。你們父子為什麼能這樣做？」八月二十六日己未，楊承貴用鋒利的刀子逼使范延光上馬，到了浮橋上，把他擠落黃河。楊光遠上奏說是范延光自己投河死了，晉高祖知道其中的緣故，因害怕楊光遠勢力強大，不敢責問他。晉高祖為范延光之死而停止上朝，追贈他為太師。

唐齊王李璟堅決辭讓太子的封號。九月初三日乙丑，唐主同意了，詔令朝廷內外向他寫呈文如同太子的禮節。〇初五日丁卯，任命翰林學士承旨、戶部侍郎和凝為中書侍郎、同平章事。〇初七日己巳，鄴都留守劉知遠入朝。〇初九日辛未，李崧上奏：「各州的倉庫糧食，在帳冊數量之外，餘額很多。」晉高祖說：「在法定以外向民眾徵稅，罪過與枉法相同。倉庫官吏特免其一死，但每人要痛加懲罰。」〇翰林學士李澣為人輕佻浮薄，常常醉酒誤事，晉高祖很厭惡他。十四日丙子，撤銷翰林學士，把它的職掌併入中書舍人。李澣，是李濤的弟弟。

楊光遠入朝，晉高祖想把他調往其他軍鎮，便對楊光遠說：「圍攻魏州的那次戰役，你的身邊人都有功勞，還沒有賞賜他們。現在應當各自任官一州，以使他們榮耀。」因此任命他的幾個將校為刺史。九月二十二日甲申，調遷楊光遠為平盧節度使，進爵東平王。

冬，十月初五日丁酉，加任吳越王錢元瓘為天下兵馬都元帥、尚書令。〇初十日壬寅，唐國大赦，詔令朝廷內外奏章不得稱「睿」、「聖」，違犯者以不敬的罪名論處。

術士孫智永以四星聚斗❶，分野有災❷，勸唐主巡東都❸。乙巳❹，唐主命齊王璟監國。光政副使、太僕少卿陳覺以私憾❺奏泰州刺史褚仁規貪殘。丙午❻，罷仁規為扈駕都部署❼，覺始用事❽。庚戌❾，唐主發金陵。甲寅❿，至江都。

閩王曦因商人奉表自理⓫。十一月甲申⓬，以曦為威武節度使兼中書令，封閩國王。

唐主欲遂⑬居江都，以水凍，漕運不給，乃還。十二月丙申⑭，至金陵。唐右僕射兼門下侍郎、同平章事張延翰卒。

是歲，漢門下侍郎、同平章事趙損卒。以寧遠⑮節度使南昌王定保⑯為中書侍郎、同平章事，不踰年⑰亦卒。

初，帝割鴈門之北以賂契丹，由是吐谷渾⑱皆屬契丹，苦其貪虐⑲，思歸中國⑳。成德節度使安重榮復誘之㉑，於是吐谷渾帥部落千餘帳㉒自五臺㉓來奔。契丹大怒，遣使讓㉔帝以招納叛人。

【章旨】以上為第十一段，寫唐主李昪巡幸江都，太子李璟監國。

【注釋】❶四星聚斗　歲星、熒惑、填星、太白聚集在斗宿。❷分野有災　與天象對應的地區有災情。分野，古代占星術者認為，地上各州郡邦國和天上的一定區域相對應。該天象發生變化，預示著對應區的凶吉。揚州為斗、牛、女對應區。❸東都　江都，在今江蘇揚州。❹乙巳　十月十三日。❺私憾　私人之間的不滿。❻丙午　十月十四日。❼扈駕都部署　官名，保衛、隨從皇帝出行的總指揮。❽用事　掌權。❾庚戌　十月十八日。❿甲寅　十月二十二日。⓫自理　為自己申訴。這裡指未曾稱帝一事。⓬甲申　十一月二十三日。⓭遂　就。⓮丙申　十二月初五日。⓯寧遠　方鎮名，南漢升容州為寧遠軍節度。治所容州，在今廣西壯族自治區容縣。⓰王定保　（？—西元九四〇年）南昌（今江西南昌）人，唐光化三年進士，官至南漢宰相。著《摭言》十五卷。傳見《十國春秋》卷六十二。⓱不踰年　沒超過一年。⓲吐谷渾　古族名，原為鮮卑的一支，游牧於今遼寧錦州西北。五代時，餘部散居於今河北蔚縣一帶。⓳貪虐　貪婪暴虐。⓴中國　當時指後晉。㉑誘之　引誘他。㉒千餘帳　游牧民族以帳幕逐水草而居，因而以帳計。㉓五臺　縣名，在今山西五臺。㉔讓　責備。

【語譯】術士孫智永因為四顆星聚集在斗宿，分野有災害，勸說唐主巡視東都。十月十三日乙巳，唐主命令齊王李璟監國。光政副使、太僕少卿陳覺因為私人間的不滿奏言泰州刺史褚仁規貪婪殘暴。十四日丙午，罷免褚仁規，改任扈駕都部署，陳覺開始當權。十八日庚戌，唐主從金陵出發。二十二日甲寅，到達江都。閩王王曦通過商人攜帶表章向朝廷申訴自己不曾稱帝。十一月二十三日甲申，晉高祖任命王曦為威武節度使兼中書令，封為閩國王。

唐主想就此居住江都，因為河水冰凍，漕運供應不上，只好返回。十二月初五日丙申，到達金陵。唐右僕射兼門下侍郎、同平章事張延翰去世。

這一年，漢國門下侍郎、同平章事趙損去世；任命寧遠節度使南昌人王定保為中書侍郎、同平章事，沒有超過一年也去世了。

當初，晉高祖割讓雁門以北的地區用來賄賂契丹，因此，吐谷渾全都隸屬契丹，他們苦於契丹人的貪婪暴虐，想回歸中國。成德節度使安重榮又誘使他們，於是吐谷渾率領部落一千多帳從五臺來投奔中國。契丹大怒，派遣使者責備晉高祖招降納叛。

六年（辛丑　西元九四一年）

春，正月丙寅❶，帝遣供奉官張澄將兵二千索❷吐谷渾在并❸、鎮、忻、代四州山谷者，逐之使還故土。

王延政城❹建州，周二十里，請於閩王曦，欲以建州為威武軍，自為節度使。曦以威武軍福州也，乃以建州為鎮安軍❺，以延政為節度使，封富沙王❻。延政改鎮安曰鎮武而稱之。

二月壬辰⑦，作浮梁於德勝口⑧。

彰義節度使張彥澤欲殺其子，掌書記張式素⑨為彥澤所厚⑩，諫止之。彥澤怒，射之。左右素惡式，從而讒之⑪。式懼，謝病去⑫，彥澤遣兵追之。式至邠州，靜難節度使李周以聞，帝以彥澤故，流⑬式商州⑭。彥澤遣行軍司馬鄭元昭詣闕求之，且曰：「彥澤不得張式，恐致不測⑮。」帝不得已，與之。癸巳⑯[1]，式至涇州，彥澤命決口⑰、剖心⑱、斷其四支⑲。

涼州⑳軍亂，留後李文謙閉門自焚死。

蜀自建國以來㉑，節度使多領禁兵，或以他職留成都㉒，委僚佐知留務㉓，專事聚斂㉔，政事不治㉕，民無所訴㉖。蜀主知其弊㉗，丙辰㉘，加衛聖馬步都指揮使・武德節度使兼中書令趙廷隱、樞密使・武信節度使・同平章事王處回、捧聖控鶴都指揮使・保寧節度使・同平章事張公鐸檢校官，並罷其節度使。三月甲戌㉙，以翰林學士承旨李昊知㉚武德軍㉛[2]，散騎常侍劉英圖知保寧軍㉜，諫議大夫崔鑾知武信軍㉝，給事中謝從志知武泰軍㉞，將作監張讚知寧江軍㉟。

夏，四月，閩王曦以其子亞澄㊱同平章事、判六軍諸衛。曦疑其弟汀州刺史延喜㊲與延政通謀㊳，遣將軍許仁欽以兵三千如汀州，執延喜以歸。○唐主以陳覺及萬年常夢錫㊴為宣徽副使。

辛巳㊵，北京留守李德珫遣牙校以吐谷渾酋長白承福等③入朝。○唐主遣通事舍人㊶歐陽遇求假道㊷以通契丹，帝不許。

自黃巢犯長安㊸以來，天下血戰㊹數十年，然後諸國各有分土㊺，兵革㊻稍息。及唐主即位，江、淮比年豐稔㊼，兵食有餘。羣臣爭言：「陛下中興，今北方多難，宜出兵恢復舊疆㊽。」唐主曰：「吾少長軍旅㊾，見兵之為民害深矣，不忍復言㊿。使彼民安，則吾民亦安矣，又何求焉！」漢主遣使如唐(51)，謀共取楚，分其地。唐主不許。

【章旨】以上為第十二段，寫彰義節度使張彥澤兇殘。唐主李昇保境安民。

【注釋】❶丙寅　正月初六日。❷索　搜索。❸并　并州，州名，在今山西太原。❹城　築城。❺鎮安軍　方鎮名，閩王王曦以建州為鎮安軍，治所建州，在今福建建甌。王延政改為鎮武軍。❻富沙王　王延政。因州內有富沙驛、富沙里，故封富沙王。❼壬辰　二月初二日。❽德勝口　黃河津渡名，即澶州德勝渡口，在今河南濮陽北。黃河改道，今已不在黃河岸上。❾素　向來。❿厚　厚待；尊重。⓫從而譏之　乘此機會講他的壞話。⓬謝病去　請病假離開。⓭流　流放。⓮商州　州名，在今陝西商州。⓯恐致不測　恐怕導致反叛。以造反要挾晉帝。⓰癸巳　二月初三日。⓱決口　撕開嘴巴。⓲剖心　挖出心臟。⓳支　通「肢」。⓴涼州　州名，治所姑臧，在今甘肅武威。㉑蜀自建國以來　後蜀建國於後唐清泰元年（西元九三四年）。㉒或以他職留成都　沒有領禁兵的節度使用別的職務留在京師成都。或，有的人。指趙廷隱、王處回、張公鐸等。他職，其他的朝中兼職。㉓委僚佐知留務　委託僚屬處理節鎮事務。㉔專事聚斂　專門從事搜刮、積累財物。㉕不治　不治理。㉖訴　申訴。㉗弊　弊端；弊病。㉘丙辰　二月二十六日。㉙甲戌　三月十四日。㉚知　知節度事，非正帥。㉛武德軍　蜀以東川為武德軍，取武有七德以為軍號。治所梓州，在今四川三臺。㉜保寧軍　方鎮名，治所閬州，在今四川閬中市。㉝武信軍　方鎮名，治所遂州，在今四川遂寧。㉞武泰軍　方鎮名，治所黔州，在今重慶市彭水苗族土家族自治縣。㉟寧江軍　方鎮名，治所夔州，在今重慶市奉節。㊱亞澄　（？—西元九四四年）閩王王曦子，封琅邪王。傳見《十國春秋》卷九十四。㊲延喜　（？—西元九四四年）閩王王曦弟。傳見《十國春秋》卷九十四。㊳通謀　串通謀劃；勾結策劃。王延喜與王延政轄地接壤，所以閩王王曦懷疑他們相通為謀。㊴常夢錫　（西元八九八—九五八年）字孟圖，扶風（今陝西興平東南）人，南唐翰林學士，以鯁直聞。傳見《十國春秋》卷二十三。㊵辛巳　五月二十二日。㊶通事舍人　官名，屬閤門司，隸中書省，掌傳宣贊謁之事。㊷假道　借路。假，借。㊸黃巢犯長安　事在唐僖宗廣明元年（西元八八〇年）。㊹血戰　浴血戰鬥。這裡指唐末軍閥混戰。㊺分土　一份土地。㊻兵革　指戰事。㊼比年豐稔　連年豐收。稔，莊稼成熟。㊽恢復舊疆　南唐自稱承襲李唐，此謂恢復李唐時國土。㊾少長軍旅　年少時在軍隊中長大。㊿不忍復言　不忍心再說用兵打仗。(51)如唐　到南唐。

【校　記】[1]癸巳　原作「癸未」。嚴衍《通鑑補》改作「癸巳」，當是，今據以校正。按，二月辛卯朔，無癸未。[2]武德軍　原作「武寧軍」。據章鈺校，十二行本、乙十一行本、孔天胤本皆作「武德軍」，今據改。[3]等　原無此字。據章鈺校，十二行本、乙十一行本、孔天胤本皆有此字，今據補。

【語　譯】六年（辛丑　西元九四一年）

春，正月初六日丙寅，晉高祖派遣供奉官張澄率領部隊二千人搜尋吐谷渾在并、鎮、忻、代等四州山谷中的人，驅逐他們，讓他們返回故土。

王延政修築建州城，周長二十里，向閩王王曦請求，想以建州為威武軍，自己做節度使。王曦因為威武軍是福州，就以建州為鎮安軍，任命王延政為節度使，封為富沙王。王延政把鎮安改稱曰鎮武。

二月初二日壬辰，在德勝口建造浮橋。

彰義節度使張彥澤想要殺死他的兒子，掌書記張式一向被張彥澤所厚待，勸諫制止他。張彥澤很生氣，拿箭射張式。左右的人平時就厭惡張式，乘機說他的壞話。張式害怕了，請病假離去，張彥澤派兵追趕他。張式到達邠州，靜難節度使李周把這事報告了朝廷。晉高祖因為張彥澤的緣故，把張式流放到商州。張彥澤派遣行軍司馬鄭元昭前往朝廷要人，並且說：「張彥澤得不到張式，恐怕會引起預料不到的事情。」晉高祖不得已，把張式交給了他。二月初三日癸巳，張式到達涇州，張彥澤命令撕開他的嘴，挖出心臟，斷裂四肢。

涼州軍叛亂，留後李文謙閉門自焚而死。

蜀自從建國以來，節度使大多統領禁兵，有的人因其他的職務留在成都，委派僚屬佐吏管理軍府的事務，這些人專門從事聚斂財物，不治理政事，百姓無處申訴。蜀主知道其中的弊端，二月二十六日丙辰，加任衛聖馬步都指揮使・武德節度使兼中書令趙廷隱、樞密使・武信節度使・同平章事王處回、捧聖控鶴都指揮使・保寧節度使・同平章事張公鐸為檢校官，同時罷免他們三人節度使的職務。三月十四日甲戌，任命翰林學士承旨李昊掌管武德軍，散騎常侍劉英圖掌管保寧軍，諫議大夫崔鑾掌管武信軍，給事中謝從志掌管武泰軍，將作監張讚掌管寧江軍。

夏，四月，閩王王曦任命他的兒子王亞澄為同平章事、判六軍諸衛。王曦懷疑他的弟弟汀州刺史王延喜與王延政勾結策劃，便派遣將軍許仁欽率兵三千人前往汀州，把王延喜抓了回來。〇唐主任命陳覺及萬年人常夢錫為宣徽副使。

五月二十二日辛巳，北京留守李德珫派遣牙校帶著吐谷渾酋長白承福等人入朝。〇唐主派遣通事舍人歐陽遇請求借道來與契丹交往，晉高祖沒有同意。

自從黃巢進犯長安以來，天下血戰數十年，然後諸國各有一份領土，戰爭逐漸平息。等到唐主即位，江、淮一帶連年豐收，軍隊的糧食有了剩餘。群臣爭相進言：「陛下中興，現今北方多難，應當出兵恢復舊有的疆域。」唐主說：「我年少時在軍中長大，親眼看到用兵對老百姓的危害很深，不忍心再談用兵打仗的事。假使他們那邊的百姓安寧，那麼我們的百姓也就安寧了，又有什麼追求的呢！」漢主派遣使者到唐國來，謀劃共同奪取楚國，分割它的地盤。唐主沒有同意。

山南東道❶節度使安從進謀反，遣使奉表詣蜀，請出師金、商❷以為聲援。丁亥❸，使者至成都。蜀主與羣臣謀之，皆曰：「金、商險遠❹，少出師則不足制敵❺，多則漕輓不繼❻。」蜀主乃辭❼之。又求援於荊南，高從誨遣❽從進書，諭以禍福❾。從進怒，反誣奏❿從誨。荊南行軍司馬王保義⓫勸從誨具奏其狀⓬，且請發兵助朝廷討之。從誨從之。

成德節度使安重榮恥臣契丹⓭，見契丹使者，必箕踞慢罵⓮。使⓯過其境，或潛遣人殺之。契丹以讓帝⓰，帝為之遜謝⓱。六月戊午⓲，重榮執契丹使拽剌⓳，遣輕[1]騎掠幽州南境，軍於博野⓴。上表稱：「吐谷渾㉑、兩突厥㉒、渾㉓、契苾㉔、沙陀㉕各帥部眾歸附。党項㉖等亦遣使納契丹告身職牒㉗，言為虜所陵暴㉘。又言自二月以來，令各具精甲壯馬，將以上秋㉙南寇。恐天命不佑，與之俱滅，願自備十萬眾，與晉共擊契丹。又朔州㉚節度副使趙崇已逐契丹節度使劉山，求歸命㉛朝廷。臣相繼以聞。陛下屢敕臣承奉㉜契丹，勿自起釁端㉝。其如㉞天道㉟人心，難以違拒，機不可失，時不再來。諸節度使㊱沒㊲於虜庭㊳者，皆延頸企踵㊴以待王師，良可哀閔㊵。願早決計。」表數千言，大抵斥㊶帝父事契丹㊷，竭中國以媚㊸無厭㊹之虜。又以此意為書遺朝貴㊺及移㊻藩鎮，云已勒兵㊼，必與契丹決戰。帝以重榮方[48]握彊兵，不能制[49]，甚患[50]之。

時鄴都留守、侍衛馬步都指揮使劉知遠在大梁。泰寧節度使桑維翰知重榮已蓄姦謀，又慮朝廷重違[51]其意，密[52]上疏曰：「陛下免於晉陽之難[53]而有天下，皆契丹之功也，不可負[54]之。今重榮恃勇[55]輕敵，吐渾假手報仇[56]，皆非國家之利，不可聽也。臣竊觀[57]契丹數年以來，士馬精彊，吞噬[58]四鄰，戰必勝，攻必取，割中國之土地，收中國之器械[59]。其君智勇過人，其臣上下輯睦[60]，牛馬〔2〕蕃息[61]，國無天災，此未可與為敵也。且中國新敗[62]，士氣彫沮[63]，以當契丹乘勝之威，其勢[64]相去甚遠。又，和親既絕，則當發兵守塞[65]，兵少則不足以待寇[66]，兵多則饋運無以繼之[67]。我出則彼歸，我歸則彼至，臣恐禁衛之士疲於奔命[68]，鎮、定之地無復遺民[69]。今天下粗安[70]，瘡痍未復，府庫虛竭，蒸民[71]困弊，靜而守之[72]，猶懼不濟，其可妄動乎！契丹與國家恩義非輕，信誓甚著，彼[73]無間隙[74]，而自啓釁端[75]，就使克之[76]，後患愈重。萬一不克，大事去矣。議者[77]以歲輸繒帛謂之耗蠹[78]，有所卑遜謂之屈辱。殊不知兵連而不休，禍結而不解，財力將匱，耗蠹孰甚焉！用兵則武吏功臣過求姑息[79]，邊藩遠郡得以驕矜，下陵上替[80]，屈辱孰大焉！臣願陛下訓農習戰[81]，養兵息民，俟國無內憂，民有餘力，然後觀釁而動，則動必有成(82)矣。又，鄴都富盛，國家藩屏(83)，今主帥(84)赴闕，軍府無人。臣竊思慢藏誨盜(85)之言，勇夫重閉(86)之義，乞陛下略加巡幸，以杜(87)姦謀。」帝謂使者曰：「朕比日(88)以來，煩懣(89)不決。今見卿奏，如醉醒矣。卿勿以為憂。」

【章　旨】以上為第十三段，寫安重榮上表晉高祖反擊契丹，桑維翰奏稱安重榮蓄謀奸計誤國。

【注　釋】❶山南東道　方鎮名，治所在今湖北襄樊。❷金商　皆州名，金州治所在今陝西安康，商州治所在今陝西商州。兩州為山南東道西境，與蜀相接。蜀出兵金、商，震動關中，遙應襄陽。❸丁亥　五月二十八日。❹險遠　路途艱險遙遠。❺不足制敵　不能制服敵人。❻漕輓不繼　糧食裝備的運輸跟不上。漕，水運。輓，陸運。❼辭　推辭不允。❽遺　致送。❾諭以禍福　對他說明反叛的利害關係，勸他不要謀反。❿誣奏　誣陷高從誨謀反，向朝廷奏報。⓫王保義　江陵（今湖北江陵）人，累官荊南武泰軍留後。傳見《十國春秋》卷一百二。⓬具奏其狀　詳細地奏陳安從進欲謀反的情狀。⓭恥臣契丹　恥於向契丹稱臣。⓮箕踞慢罵　兩腳伸直岔開，形似簸箕，擺出一副輕慢態度，開口辱罵。慢，通「謾」。⓯使　契丹使者。⓰讓帝　責備石敬瑭。⓱遜謝　恭順地表示歉意。⓲戊午　六月二十九日。⓳拽剌　契丹使者名。⓴博野　縣名，在今河北博野。㉑吐谷渾　其先為鮮卑慕容部，游牧於今遼寧錦州西北。西晉末度隴，據今甘肅臨夏及青海間，後又西徙至今青海湖西，號其國曰吐谷渾。㉒兩突厥　東突厥和西突厥。突厥，我國古族名，西元六世紀時，游牧於金山一帶。隋開皇二年（西元五八二年）分裂為東、西突厥。㉓渾　古部族名，居於今寧夏境內。㉔契苾　古部落名，鐵勒諸部之一。隋唐時居於天山。㉕沙陀　西突厥之別種，居蒲類之東，唐憲宗時降唐，居鹽州。唐末李克用壯大，逐鹿中原，其子李存勗建立後唐。這裡指後唐沙陀餘部。㉖党項　古族名，羌人的一支。唐末居於今陝北、寧夏、甘肅、青海一帶。㉗告身職牒　授官委任狀和任職文書。㉘陵暴　欺陵虐待。㉙上秋　七月。㉚朔州　州名，治所善陽，在今山西朔州。石敬瑭割讓契丹後，置節鎮。㉛歸命　歸順晉朝。㉜承奉　應承、侍奉。㉝釁端　事端；矛盾。㉞其如　怎奈；無奈。㉟天道　天命。㊱諸節度使　指趙德鈞、董溫琪、沙彥珣、翟璋等。㊲沒　陷沒。㊳虜庭　指契丹。㊴延頸企踵　伸長頭頸，踮起腳跟。表示殷切盼望。㊵良可哀閔　實在覺得可憐。閔，通「憫」。㊶斥　斥責。㊷父事契丹　用對待父親之禮侍奉契丹。㊸媚　討好；取媚。㊹無厭　沒有滿足。㊺朝貴　朝廷中親貴大臣。㊻移　移文。㊼勒兵　率領軍隊。㊽方　剛剛。㊾制　節制；駕御。㊿患　擔憂。(51)重違難違。(52)密　祕密地。(53)晉陽之難　指後唐遣張敬達包圍太原。(54)負　辜負。(55)恃勇　依仗勇力。(56)假手報仇　藉我國之手為他報仇。(57)竊觀　私下觀察。(58)吞噬　吞吃；併吞。(59)器械　武器裝備。(60)輯睦　安輯和睦。(61)蕃息　繁育。(62)中國新敗　指張敬達晉安之敗，趙德鈞團柏之敗。(63)士氣彫沮　軍士的勇氣凋零、沮喪。(64)勢　聲勢；力量。(65)守塞　把守要塞。(66)待寇　對抗敵人。(67)無以繼之　無法源源不絕地輸送。(68)疲於奔命　忙於奔走應付而致精疲力盡。(69)無復遺民　不再有遺留的老百姓。(70)粗安　大致安定。(71)蒸民　黎民百姓。(72)靜而守之　平靜地守衛國家。(73)彼　指契丹。(74)間隙　破綻。(75)自啓釁端　自己挑起禍端。(76)就使克之　即使戰勝了契丹。(77)議者　發表意見的人。(78)耗蠹　侵蝕或消耗國家財富。(79)過求姑息　對他們過分的要求加以涵容。(80)下陵上替　謂功臣藩鎮欺陵朝廷，朝廷衰敗，綱紀不振。替，衰頹。(81)訓農習戰　訓導農業，習練戰事。(82)成　成功；成就。(83)藩屏　屏障。(84)主帥　指鄴都留守劉知遠。(85)慢藏誨盜　語出《易大傳》，意即自己保管財物不慎，無異於教導人來偷竊。喻禍由自取。(86)勇夫重閉　語出《左傳》成公八年申公巫臣之言。意謂勇敢的人也要把門戶層層關閉。(87)杜　杜絕；堵塞。(88)比日　連日。(89)煩懣　煩悶。

【校　記】[1]輕　原無此字。據章鈺校，十二行本、乙十一行本、孔天胤本皆有此字，今據補。[2]馬　原作「羊」。據章鈺校，十二行本、乙十一行本皆作「馬」，今據改。

【語　譯】山南東道節度使安從進謀反，派使者拿著表書前往蜀國，請求出兵金州、商州以為聲援。五月二十八日丁亥，使者到達成都。蜀主與群臣謀議此事，都說：「金州、商州路途艱險遙遠，少出兵則不足以制服敵人，多出兵則水陸運輸跟不上。」蜀主便把此事推辭掉了。安從進又求援於荊南，高從誨寫信給安從進，曉諭禍福。安從進很生氣，反而上奏誣陷高從誨。荊南行軍司馬王保義勸高從誨詳細奏明情況，並且請求出兵幫助朝廷討伐安從進。高從誨聽從了這一建議。

成德節度使安重榮恥於臣服契丹，他接見契丹使者，一定伸直岔開雙腿坐著謾罵。使者經過他的轄境，有時暗中派人殺掉使者。契丹拿此事責備晉高祖，晉高祖替他恭順地表示歉意。六月二十九日戊午，安重榮抓了契丹的使者拽剌，派遣輕騎兵掠奪幽州的南部地區，駐軍在博野縣。向晉高祖上表說：「吐谷渾、東西兩突厥、渾、契苾、沙陀各自率領他們的部眾前來歸附。党項等也派遣使者交出契丹發給他們的授官委任狀及任職文書，說他們被契丹欺陵虐待。又說從二月以來，契丹命令他們各自準備精兵壯馬，將在七月南侵。恐怕老天不保佑他們，與契丹一起滅亡，所以我們願意自己準備十萬兵眾，與晉軍共同攻擊契丹。另外，朔州節度副使趙崇已經驅逐了契丹節度使劉山，請求歸順朝廷。臣把這些情況相繼報告了朝廷。陛下多次敕令臣侍奉契丹，不要自己挑起矛盾。怎奈天道人心，難以違抗，機不可失，時不再來。淪陷在胡虜境內的各節度使，都伸長脖子，踮起腳跟，以等待王師的到來，實在值得哀憐，希望朝廷早日決定計策。」表章有好幾千字，大體上都是斥責晉高祖父事契丹，竭盡中國所有來向貪得無厭的胡虜獻媚。又把這個意思寫成書信送給朝廷權貴，並移送各藩鎮，說已經調兵遣將，一定和契丹決戰。晉高祖因為安重榮正掌握有強大的兵力，不能節制，深感擔憂。

當時鄴都留守、侍衛馬步都指揮使劉知遠在大梁。泰寧節度使桑維翰知道安重榮已經懷有奸惡的陰謀，又擔心朝廷難違其意，就祕密上疏說：「陛下免於晉陽之難而據有天下，都是契丹的功勞，不能有負於契丹。現在安重榮依仗勇力而輕視敵人，吐谷渾想藉我國之手報仇，這都不是國家的利益所在，不能聽從。臣私下觀察契丹多年以來，士兵馬匹精銳強悍，吞併四鄰，戰必勝，攻必取，割取中國的土地，收繳中國的器械。他們的國君智勇過人，他們的臣子上下和睦，牛馬繁殖，國無天災，這些都說明不能與他們為敵。況且中國剛剛戰敗，士氣沮喪，以此來抵擋契丹乘勝的威勢，力量對比相差太遠。另外，和親的關係斷絕後，就應當調兵守衛邊塞，但兵少了則不足以對抗敵人，兵多了則後勤運輸又跟不上。我軍出擊敵人就回去，我軍回來敵人又到來，臣怕禁衛士兵疲於奔命，鎮州、定州一帶的地方不再有遺留的百姓。如今天下大致安定下來，戰爭的創傷還沒有恢復，府庫空虛，民眾困苦，平靜地守護國家，還擔心不能成功，怎麼能夠輕舉妄動呢！契丹與我們國家恩義不輕，信譽和誓約都很明白。契丹沒有破綻，而我們自己挑起事端，即使戰勝他們，後患卻愈加嚴重。萬一不能戰勝，國家大事就完了。發表意見的人認為每年輸送繒帛給契丹叫做耗損國庫，有所卑躬謙遜叫做委屈受辱。殊不知兩國交戰不休，禍患交結而不能消除，國家的財力即將匱乏，與耗損國庫相比哪一個更嚴重呢！用兵作戰，武官功臣就會過分地要求姑息遷就他們，邊藩遠郡得以驕傲自大，下屬欺陵，朝廷衰敗，與委屈受辱相比哪一個危害更大呢！臣希望陛下訓導農事，習練兵戰，對士卒和百姓休養生息，等到國家沒有內憂，百姓有了餘力，然後觀察時機採取行動，那麼行動一定成功。另外，鄴都富裕興盛，是國家的屏障。如今主帥入朝，軍府中沒有管事的人。臣想到不經心收藏財物，無異於教人盜竊這句話，想起勇敢的人也要把內外的門戶層層關閉起來的道理，乞求陛下略加巡視，以杜絕奸謀。」晉高祖對使者說：「朕連日以來，煩悶不安，不能作決定。今天看見你的奏章，如同醉中醒來。請你不要擔憂。」

閩王曦聞王延政以書招❶泉州刺史王繼業，召繼業還，賜死於郊外❷，殺其子於泉州。初，繼業為汀州刺史，司徒兼門下侍郎、同平章事楊沂豐❸為士曹參軍，與之親善❹。或告沂豐與繼業通[1]謀，沂豐方侍宴，即收❺下獄，明日斬之，夷❻其族。沂豐，涉之從弟也，時年八十餘，國人哀之。自是宗族勳舊相繼被誅，人不自保❼。諫議大夫黃峻❽舁櫬❾詣朝堂極諫，曦曰：「老物❿狂發矣！」貶漳州[2]司戶。

曦淫侈無度⓫，資用不給，謀於國計使南安陳匡範⓬。匡範請日進萬金，曦悅，加匡範禮部侍郎。匡範增筭⓭商賈數倍。曦宴羣臣，舉酒屬⓮匡範曰：「明珠美玉，求之可得。如匡範人中之寶，不可得也！」未幾，商賈之筭不能足日進⓯，貸⑯諸省務錢⑰以足之。恐事覺，憂悸而卒，曦祭贈甚厚。諸省務以匡範貸帖⑱聞，曦大怒，斲棺，斷其尸棄水中，以連江人黃紹頗⑲代為國計使。紹頗請「今欲仕者，自非蔭補，皆聽輸錢即授之。以資望③高下及州縣戶口多寡定其直⑳，自百緡至千緡。」從之。

【章旨】以上為第十四段，寫閩主王曦昏庸殘暴，濫殺宗族勳舊，百計剝削黎民。

【注釋】❶招　招致。❷郊外　福州郊外。城外三十里為郊。❸楊沂豐　（？—西元九四一年）後唐宰相楊涉堂弟，官汀州士曹參軍。傳見《十國春秋》卷九十五。❹親善　親愛友善。❺收　逮捕。❻夷　誅滅。❼人不自保　人人不能自保。❽黃峻　官閩諫議大夫，鑑於王曦昏暴，抬棺上諫。對人說：「國事如此，合非永隆，恐是大昏元年。」傳見《十國春秋》卷九十六。❾舁櫬　抬著棺材。❿老物　老東西；老傢伙。罵人的話。⓫淫侈無度　荒淫奢侈沒有節制。⓬陳匡範　南安（今福建南安）人，官閩國計使，以聚斂取悅閩王。傳見《十國春秋》卷九十八。⓭筭　同「算」。納稅的計量單位。⓮屬　敬酒。⓯不能足日進　不能滿足每日收進萬金的要求。⓰貸　借用。⓱諸省務錢　政府各機關費用。⓲貸帖　借錢的文書。⓳黃紹頗　連江（今福建連江縣）人，為人刻深多計數。官至閩泉州刺史。傳見《十國春秋》卷九十八。⓴直　價格。

【校記】①通　原作「同」。據章鈺校，十二行本、乙十一行本、孔天胤本皆作「通」，今據改。②漳州　原作「章州」。胡三省注云：「『章州』當作『漳州』。」據章鈺校，乙十一行本作「漳州」，嚴衍《通鑑補》亦改作「漳州」，當是，今據改。③資望　兩字間原有空格。據章鈺校，十二行本、乙十一行本、孔天胤本皆無空格，今據刪。

【語譯】閩王王曦聽說王延政寫信約請泉州刺史王繼業，召王繼業返回後，賜死在福州郊外，在泉州殺了他的兒子。當初，王繼業任汀州刺史，司徒兼門下侍郎、同平章事楊沂豐為士曹參軍，和他的關係親密友好。有人誣告楊沂豐與王繼業是同謀，楊沂豐正在陪侍閩王宴飲，當即把他收捕下獄，第二天殺了他，夷滅了他的家族。楊沂豐是楊涉的堂弟，時年八十多歲，閩國的民眾哀憐他。從此宗族、元勳、舊臣相繼被殺，人人不能自保。諫議大夫黃峻抬著棺材前往朝堂來極力勸諫，王曦說：「這個老東西的狂病又發作了！」把他貶為漳州司戶。

王曦淫亂奢侈無度，費用不足，就和國計使南安人陳匡範謀劃。陳匡範請求每天收入一萬金，王曦很高興，加任陳匡範為禮部侍郎。陳匡範把商人的稅額增加了好幾倍。王曦宴飲群臣，舉杯向陳匡範敬酒說：「明珠美玉，尋找就可以獲得。像陳匡範這樣的人中之寶，不可得到！」不久，向商人徵收的稅額不能滿足每天應收入的錢數，就借用政府各部門的費用來補足。害怕事情被發覺，陳匡範憂慮害怕而死，王曦祭祀追贈非常豐厚。各部門把陳匡範借錢的文書上報朝廷，王曦大怒，剖棺斷屍，丟棄水中，任命連江人黃紹頗代理國計使。黃紹頗請求「命令那些想要做官的人，只要不是因祖先有功勳而補官的，全都聽任納錢授官。根據資歷、職權和名望的高低以及州縣戶口數的多少來確定官位的價值，從一百緡到一千緡。」王曦聽從了這一建議。

唐主自以專權取吳❶，尤忌宰相權重。以右僕射兼中書侍郎、同平章事李建勳執政歲久，欲罷之。會建勳上疏言事，意其留中❷。既而❸唐主下有司施行。建勳自知事挾愛憎❹，密❺取所奏改之。秋，七月戊辰❻，罷建勳歸私第。

帝憂安重榮跋扈❼，己巳❽，以劉知遠為北京❾留守、河東節度使，復以遼、沁隸河東。以北京留守李德珫為鄴都留守。知遠微時❿，為晉陽李氏贅壻⓫。嘗牧馬，犯⓬僧田，僧執而笞之⓭。知遠至晉陽，首召其僧，命之坐，慰諭贈遺⓮，眾心大悅。

吳越府署火，宮室府庫幾盡⑮。吳越王元瓘驚懼，發狂疾⑯。唐人爭勸唐主乘弊⑰取之，唐主曰：「柰何利人之災⑱！」遣使唁⑲之，且賙⑳其乏。

閩主曦自稱大閩皇，領威武節度使，與王延政治兵相攻㉑，互有勝負。福、建之間，暴骨如莽㉒。鎮武節度判官晉江潘承祐㉓屢請息兵脩好，延政不從。閩主使者至，延政大陳甲卒以示之，對使者語甚悖慢㉔。承祐長跪切諫，延政怒，顧左右曰：「判官之肉可食乎？」承祐不顧，聲色愈厲。閩主曦惡泉州刺史王繼嚴㉕得眾心，罷歸，酖殺㉖之。

八月戊子朔㉗，以開封尹鄭王重貴為東京㉘留守。○馮道、李崧屢薦天平節度使兼侍衛親軍馬步副都指揮使、同平章事杜重威之能，以為都指揮使，充隨駕御營使，代劉知遠。知遠由是恨二相。重威所至黷貨㉙，民多逃亡。嘗出過市㉚，謂左右曰：「人言我驅盡百姓，何市人之多也！」

壬辰㉛，帝發㉜大梁。己亥㉝，至鄴都。壬寅㉞，大赦。帝以詔諭㉟安重榮曰：「爾身為大臣，家有老母，忿不思難㊱，棄君與親㊲。吾因㊳契丹得天下，爾因吾致㊴富貴，吾不敢忘德㊵，爾乃忘之㊶，何邪？今吾以天下臣之，爾欲以一鎮抗之，不亦難乎！宜審思㊷之，無取後悔！」重榮得詔愈驕，聞山南東道節度使安從進有異志，陰㊸遣使與之通謀。

【章　旨】以上為第十五段，寫馮道、李崧二相秉承晉高祖之意，薦貪婪無能之杜重威為都指揮使，為晉亡張本。安重榮陰結安從進謀反。

【注　釋】❶取吳　取得吳國政權。❷意其留中　估計一定留在皇帝處不下發。❸既而　後來不久。❹事挾愛憎　奏疏所談之事夾雜著個人的愛憎。❺密　祕密地。❻戊辰　七月十日。❼跋扈　專橫暴戾。❽己巳　七月十一日。❾北京　後晉太原府。❿微時　處境微賤時；未做官時。⓫贅壻　上門的女婿。⓬犯　侵犯。⓭笞之　鞭打他。⓮慰諭贈遺　撫慰、贈送，以示不念舊怨。⓯幾盡　幾乎全光了。⓰狂疾　精神失常。⓱乘弊　乘著別人困難的時候。⓲柰何利人之災　怎麼可以因人之災而取利。⓳唁　慰問。⓴賙　救濟。㉑治兵相攻　率兵互相攻打。㉒暴骨如莽　暴露的白骨像密生的野草。語出《左傳》哀公元年。㉓潘承祐　晉江（今福建晉江市）人，曾向王延政上十事奏疏，指斥弊政，削職罷歸。傳見《十國春秋》卷九十六。㉔悖慢　無理而傲慢。㉕王繼嚴　王延鈞子。傳見《十國春秋》卷九十四。㉖酖殺　用毒酒毒死。㉗戊子朔　八月初一日。㉘東京　開封府。㉙黷貨　貪汙財物。㉚市　街市。㉛壬辰　八月初五日。㉜發　出發。㉝己亥　八月十二日。㉞壬寅　八月十五日。㉟諭　曉諭；開導。㊱忿不思難　因小忿而不考慮國難。㊲棄君與親　拋棄國君和老母。㊳因　依靠。㊴致　達到。㊵忘德　忘記契丹的恩德。㊶之　契丹。㊷審思　審慎地思考。㊸陰　暗暗地。

【語　譯】唐主自認為是靠了專擅權柄而取得了吳國王位，所以特別忌諱宰相權重。因右僕射兼中書侍郎、同平章事李建勳執政的年代太長，想要罷免他。適逢李建勳上疏言事，他估計這封奏疏會留在皇帝處不下發。後來不久唐主把這封奏疏下交給有關部門去施行。李建勳自己知道奏疏所談之事夾雜著個人的愛憎，便祕密地取回奏疏修改。秋，七月初十日戊辰，罷免李建勳，讓他回到自己家裡去。

晉高祖擔憂安重榮飛揚跋扈，七月十一日己巳，任命劉知遠為北京留守、河東節度使，又把遼州、沁州隸屬於河東。任命北京留守李德琉為鄴都留守。劉知遠卑微時，入贅晉陽李氏做女婿。曾經放牧馬匹，侵害了僧人的田地，僧人把他抓住鞭打。劉知遠到了晉陽，首先叫來那個僧人，讓他坐下，又撫慰又贈送禮物，眾人心裡大為高興。

吳越王的府衙失火，宮殿、府庫幾乎燒光。吳越王錢元瓘驚慌恐懼，患了精神病。唐國人爭相勸說唐主乘吳越困難時奪取吳越，唐主說：「怎麼能夠利用別人的災害而取利呢！」派遣使者慰問吳越，並且接濟他們的匱乏。

閩主王曦自稱為大閩皇，兼任威武節度使，與王延政整軍相攻，互有勝負。福州、建州之間，暴露的屍骨多如草莽。鎮武節度判官晉江人潘承祐一再請求停止戰爭，建立友好關係，王延政不肯聽從。閩主的使者到來，王延政大量士兵列陣，向使者顯示，對使者講話非常傲慢無禮。潘承祐直身跪在地上，痛切地勸諫，王延政很生氣，看看身邊的人說：「判官的肉可以吃嗎？」潘承祐也不看王延政，聲色更加嚴厲。閩主王曦厭惡泉州刺史王繼嚴深得民心，罷免他的官職讓他回家，用毒酒毒死了他。

八月初一日戊子，任命開封尹鄭王石重貴為東京留守。○馮道、李崧多次推薦天平節度使兼侍衛親軍馬步副都指揮使、同平章事杜重威的才能，任命他為都指揮使，充當隨駕御營使，代替劉知遠。劉知遠因此懷恨這兩位宰相。杜重威所到之處貪汙財貨，百姓大多逃亡。他曾經出來經過街市，對身邊的人說：「人們都說我把老百姓全趕走了，為什麼街市上的人這麼多！」

八月初五日壬辰，晉高祖從大梁出發。十二日己亥，到達鄴都。十五日壬寅，大赦天下。晉高祖下詔曉諭安重榮說：「你身為大臣，家有老母，因小忿而不考慮國難，拋棄國君與老母。我依靠契丹得到天下，你靠我達到富貴，我不敢忘記契丹的恩德，你竟然忘記了契丹，為什麼？如今我擁有天下而臣服契丹，你想用一個藩鎮的力量抗拒契丹，不也太難了嗎！你應該審慎地考慮，不得後悔！」安重榮得到詔書更加驕橫，聽說山南東道節度使安從進有異圖，就暗中派使者和他串通謀劃。

吳越文穆王元瓘寢疾❶，察內都監章德安❷忠厚，能斷大事，欲屬❸以後事，語之曰：「弘佐尚少，當擇宗人長者立之。」德安曰：「弘佐雖少，羣下伏其英敏❹，願王勿以為念！」王曰：「汝善輔之，吾無憂矣。」德安，處州人也。辛亥❺，元瓘卒。

初，內牙指揮使戴惲，為元瓘所親任，悉❻以軍事委之。元瓘養子弘侑乳母，惲妻之親❼也，或❽告惲謀立弘侑。德安祕不發喪❾，與諸將謀，伏❿甲士於幕下。壬子⓫，惲入府，執而殺之。廢弘侑為庶人，復姓孫，幽⓬之明州⓭。是日，將吏以元瓘遺命，承制⓮以鎮海、鎮東副大使弘佐為節度使，時年十四[1]。九月庚申⓯，弘佐即王位，命丞相曹仲達攝政⓰。軍中言賜與不均⓱，舉仗⓲不受，諸將不能制⓳。仲達親諭之⓴，皆釋仗㉑而拜㉒。

弘佐溫恭㉓，好書禮士，躬勤政務，發擿姦伏㉔，人不能欺。民有獻嘉禾㉕者，弘佐問倉吏㉖：「今蓄積幾何？」對曰：「十年。」王曰：「然則軍食足矣，可以寬吾民。」乃命復其境內稅三年㉗。

辛酉㉘，滑州言河決㉙。◯帝以安重榮殺契丹使者，恐其犯塞，乙亥㉚，遣安國節度使楊彥詢使于契丹。彥詢至其帳，契丹主[2]責以使者死狀㉛。彥詢曰：「譬如人家有惡子，父母所不能制，將如之何？」契丹主怒乃解。

【章旨】以上為第十六段，寫吳越王錢元瓘去世，其子錢弘佐即王位。

【注釋】❶寢疾 臥病不起。❷章德安 處州麗水（今浙江麗水市）人，累官至吳越內都監。為人忠直，錢元瓘委以輔佐錢弘佐。傳見《十國春秋》卷八十六。❸屬 通「囑」。囑咐。❹英敏 英明敏捷。❺辛亥 八月二十四日。❻悉 全部。❼親 親戚。❽或 有人。❾祕不發喪 祕元瓘之喪而不發布消息。❿伏 埋伏。⓫壬子 八月二十五日。⓬幽 囚禁。⓭明州 州名，治所在今浙江寧波。⓮承制 承奉詔制。⓯庚申 九月初三日。⓰攝政 攝理政務。⓱賜與不均 賞賜的錢物不公平。⓲舉仗 舉起兵器。仗，刀、戟等武器的總稱。⓳制 約束。⓴親諭之 親自曉諭開導他們。㉑釋仗 丟掉兵器。㉒拜 表示服從。㉓溫恭 溫和謙恭。㉔發擿姦伏 揭發隱祕的壞人壞事。㉕嘉禾 生長茂盛、籽粒飽滿的稻禾，表示祥瑞。㉖倉吏 官名，掌管糧庫。㉗復其境內稅三年 免繳吳國境內農業稅收三年。復，免。㉘辛酉 九月初四日。㉙河決 黃河決口。㉚乙亥 九月十八日。㉛死狀 被殺的情況。

【校記】①十四 胡三省注云：「歐史曰『年十三』。」嚴衍《通鑑補》改作「十三」。②主 原無此字。據章鈺校，十二行本、乙十一行本、孔天胤本皆有此字，今據補。

【語譯】吳越文穆王錢元瓘臥病不起，他察知內都監章德安為人忠厚，能夠決斷大事，想託以後事，就對他說：「弘佐年齡還小，應當選擇宗族裡年紀大的立為王。」章德安說：「弘佐雖然年齡小，但是群臣佩服他的英明敏捷，請大王不要為此擔憂！」文穆王說：「你好好地輔佐他，我就沒有什麼擔憂的了。」章德安是處州人。八月二十四日辛亥，錢元瓘去世。

當初，內牙指揮使戴惲被錢元瓘所親近重用，把軍事全部委託給他。錢元瓘的養子錢弘侑的奶媽，是戴惲妻子的親戚，有人告發戴惲謀立錢弘侑。章德安祕不發喪，與諸將謀劃，在幕後埋伏甲兵。八月二十五日壬子，戴惲進入王府，把他抓起來殺了。錢弘侑廢為平民，恢復姓孫，關押在明州。這一天，將軍和官吏根據錢元瓘的遺命，秉承皇帝制書任命鎮海、鎮東副大使錢弘佐為節度使，時年十四歲。九月初三日庚申，錢弘佐即王位，命令丞相曹仲達攝理政務。軍隊裡說賞賜不均，舉起兵器不肯接受，各位將領不能約束。曹仲達親自勸導，大家便都放下兵器下拜。

錢弘佐溫和謙恭，喜歡讀書，禮待士人，親自勤理政務，揭發隱祕的壞人壞事，人們不能欺騙他。百姓有獻上好稻禾的，錢弘佐詢問倉庫官吏：「現今糧食積蓄多少？」回答說：「能用十年。」錢弘佐說：「那麼軍隊的糧食足夠了，可以對我國民眾寬鬆一些。」於是命令免除境內的三年稅收。

九月初四日辛酉，滑州上報說黃河決口。〇晉高祖因為安重榮殺了契丹使者，害怕契丹人侵犯邊塞。十八日乙亥，派遣安國節度使楊彥詢出使契丹。楊彥詢到了契丹主的帳幕，契丹主責問使者死亡的情況。楊彥詢說：「這好比一個人家裡有惡子，父母不能管束，能將他怎麼樣呢？」契丹主聽了後，怒氣才消除了。

閩主曦以其子琅邪王亞澄為威武節度使兼中書令，改號長樂王。

劉知遠遣親將郭威以詔指說❶吐谷渾酋長白承福，令去❷安重榮歸朝廷，許以節鉞❸。威還，謂知遠曰：「虜惟利是嗜❹，安鐵胡❺止以袍袴賂之。今欲其來，莫若❻重賂乃可致❼耳。」知遠從之，且使謂承福曰：「朝廷已割爾曹隸契丹，爾曹當自安部落❽。今乃南來助安重榮為逆❾，重榮已為天下所棄，朝夕敗亡。爾曹宜早從化❿，勿俟臨之以兵⓫，南北無歸，悔無及矣。」承福懼，冬，十月，帥其眾歸于知遠。知遠處之⓬太原東山及嵐⓭、石⓮之間，表承福領大同節度使，收其精騎以隸麾下。

始，安重榮移檄⑮諸道，云與吐谷渾、達靼、契苾同起兵。既而承福降知遠，達靼、契苾亦莫之赴⑯，重榮勢大沮⑰。

閩主曦即皇帝位。王延政自稱兵馬元帥。閩同平章事李敏卒。

帝之發大梁也，和凝請⑱曰：「車駕已行，安從進若反，何以備之⑲？」帝曰：「卿意如何？」凝請密留空名宣敕⑳十數通㉑，付留守鄭王，聞變則書諸將名，遣擊之㉒。帝從之。

十一月，從進舉兵攻鄧州㉓，唐州刺史武延翰以聞㉔。鄭王遣宣徽南院使張從恩、武德使焦繼勳、護聖都指揮使郭金海㉕、作坊使陳思讓將大梁兵就申州刺史李建崇㉖兵於葉縣㉗以討之。金海，本突厥。思讓，幽州人也。丁丑㉘，以西京留守高行周為南面軍前都部署，前同州節度使宋彥筠副之，張從恩監焉。又以郭金海為先鋒使，陳思讓監焉。彥筠，滑州人也。

庚辰㉙，以鄴都留守李德珫權東京留守，召鄭王重貴如鄴都。

安從進攻鄧州，威勝節度使安審暉據牙城㉚拒之，從進不能克而退。癸未㉛，從進至花山㉜，遇張從恩兵，不意其至之速，合戰㉝，大敗。從恩獲其子牙內都指揮使弘義，從進以數十騎奔還襄州，嬰城㉞自守。

唐主性節儉，常躡蒲屨㉟，盥頮㊱用鐵盎㊲，暑則寢於青葛帷㊳，左右使令㊴惟老醜宮人，服飾粗略。死國事者㊵，雖士卒[1]皆給祿㊶三年。分遣使者按行民田㊷，以肥瘠㊸定其稅，民間稱其平允㊹。自是江、淮調兵興役㊺及他賦斂，皆以稅錢為率㊻，至今用之。唐主勤於聽政，以夜繼晝，還自江都，不復宴樂㊼。頗傷躁急㊽，內侍王紹顏上書，以為「今春以來，羣臣獲罪者眾，中外疑懼。」唐主手詔㊾釋其所以然㊿，令紹顏告諭(51)中外。

【章旨】以上為第十七段，寫安從進反叛，為官軍所敗，嬰城自守。唐主李昪節儉，薄賦稅，勤政事，江、淮安定。

【注釋】❶以詔指說　用皇帝密詔的旨意勸說。❷去　離開。❸許以節鉞　允許他擔任節度使。節鉞，符節及大斧，為節度使儀節標誌。❹惟利是嗜　只要有利就愛好。猶今言唯利是圖。❺安鐵胡　安重榮小字。❻莫若　不如。❼致　招致。❽自安部落　自己安心在部落中生活。❾為逆　行大逆不道之事。❿從化　服從教化。⓫臨之以兵　大兵降臨。⓬處之　安置他們。⓭嵐　縣名，在今山西嵐縣。⓮石　石家莊，在今山西靜樂石家莊鎮。⓯移檄　傳送檄文。⓰莫之赴　沒有前往參加。⓱大沮　大大地削弱。⓲請　請示。⓳備之　防備他。⓴空名宣敕　不填姓名的任命書。宣，出於樞密院。敕，出於中書、門下。㉑通　道；張。㉒遣擊之　派遣他們打擊安從進。㉓鄧州　州名，在今河南鄧州。㉔以聞　向朝廷報告。㉕郭金海　突厥人，官商州刺史。傳見《舊五代史》卷九十四。㉖李建崇　（？—西元九五三年）潞州（今山西長治）人，初從李克用，性純厚，不能巧佞，以致久滯偏裨。征戰四十餘年，部下多至節度使，而李建崇未能得節鉞。傳見《舊五代史》卷一百二十九。㉗葉縣　縣名，在今河南葉縣。㉘丁丑　十一月二十一日。㉙庚辰　十一月二十四日。㉚牙城　鄧州衙城。㉛癸未　十一月二十七日。㉜花山　地名，在今河南泌陽南湖陽鎮，因山上有彩石輝映，望之如花，因名花山。㉝合戰　接戰。㉞嬰城環城。㉟常躡蒲屨　常常穿著蒲葦織的草鞋。㊱盥頮　洗手和洗面。澡手為盥，滌面為頮。㊲鐵盎　鐵製的腹大口小的盆器。㊳青葛帷　青色的葛布蚊帳。㊴左右使令　在王身邊服侍、宣令的人。㊵死國事者　為國犧牲的人。㊶祿　俸祿。㊷按行民田　核實、察看老百姓的田地。㊸肥瘠　田地土質的肥沃或貧瘠。㊹平允　公平合理。㊺調兵興役　調發兵卒，興辦勞役。㊻皆以稅錢為率　都以稅錢作比率徵收。㊼宴樂　宴飲娛樂。㊽煩傷躁急　煩為急躁所傷。㊾手詔　親手寫詔書。㊿釋其所以然　解釋群臣中有人獲罪的原因。51告諭　布告、曉諭。

【校　記】①雖士卒　原無此三字。據章鈺校，十二行本、乙十一行本、孔天胤本皆有此三字，張瑛《通鑑校勘記》同，今據補。

【語　譯】閩主王曦任命他的兒子琅邪王王亞澄為威武節度使兼中書令，改封號為長樂王。

劉知遠派遣親信將領郭威根據皇帝詔書的意思勸說吐谷渾酋長白承福，讓他離開安重榮歸附朝廷，答應授予他符節和斧鉞。郭威返回，對劉知遠說：「胡虜唯利是圖，安鐵胡只是用長袍和褲子一類的東西去收買他們。現在想要他們前來，不如用豐厚的賄賂，方可讓他們過來。」劉知遠聽從了這一建議，並且派使者告訴白承福說：「朝廷已經割讓你們隸屬契丹，你們應當自己安心在部落生活。現在竟然南來幫助安重榮叛逆。安重榮已經被天下人所拋棄，早晚之間就會敗亡。你們應該盡早服從教化，不要等到大兵降臨，南北無處可歸，後悔也來不及了。」白承福害怕了，冬，十月，率領他的部眾歸附於劉知遠。劉知遠把他們安置在太原東山和嵐州、石州之間，上表請求白承福擔任大同節度使，收編他的精銳騎兵，隸屬於自己的部下。

開始時，安重榮傳檄各道，說與吐谷渾、達靼、契苾共同起兵。不久白承福投降了劉知遠，達靼、契苾也沒有前往赴約，安重榮的聲勢大為削弱。

閩主王曦登上了皇帝之位。王延政自稱兵馬元帥。閩國同平章事李敏去世。

晉高祖從大梁出發，和凝請示說：「皇帝車駕出發後，如果安從進反叛，用什麼來防備他？」晉高祖說：「你的意思如何？」和凝請求祕密留下空著名字的宣旨和敕令十幾份，交給留守鄭王石重貴，聽到變亂就寫上各個將領的名字，派遣他們去攻打。晉高祖聽從了這一建議。

十一月，安從進起兵攻打鄧州，唐州刺史武延翰上報朝廷。鄭王派遣宣徽南院使張從恩、武德使焦繼勳、護聖都指揮使郭金海、作坊使陳思讓率領大梁士兵，會合申州刺史李建崇的士兵，在葉縣討伐安從進。郭金海，原本突厥人。陳思讓，是幽州人。二十一日丁丑，任命西京留守高行周為南面軍前都部署，前同州節度使宋彥筠做他的副手，張從恩監軍。又任命郭金海為先鋒使，陳思讓監軍。宋彥筠，是滑州人。

十一月二十四日庚辰，任命鄴都留守李德珫暫時代理東京留守，召鄭王石重貴前往鄴都。

安從進攻打鄧州，威勝節度使安審暉佔據牙城抵抗他，安從進未能攻克，退走了。十一月二十七日癸未，安從進到達花山，遭遇張從恩的部隊，沒有想到他來得這麼迅速，交戰，大敗。張從恩俘獲了他的兒子牙內都指揮使安弘義，安從進帶領幾十個騎兵逃回襄州，環城自守。

唐主生性節儉，經常腳穿蒲草鞋子，洗手、洗臉使用鐵盆子，暑天就睡在青葛帷帳裡，左右使喚聽命的只是些又老又醜的宮女，服飾粗糙簡單。為國家而死亡的人，即使是士兵都給俸祿三年。分派使者考察民田，根據土地的肥沃或貧瘠確定租稅，民間都稱道這種方法公平合理。從此，江、淮地區的調發士卒、興辦勞役以及其他賦斂，都按稅錢作比率徵收，到今天仍採用這種辦法。唐主勤於聽理政事，夜以繼日，從江都回來後，不再宴飲娛樂。但是頗為急躁所傷，內侍王紹顏上書，認為「今年春天以來，群臣獲罪的眾多，朝廷內外疑懼。」唐主親自下詔書，解釋之所以這樣的原因，命令王紹顏告諭朝廷內外。

十二月丙戌朔❶，徙鄭王重貴為齊王、充鄴都留守，以李德珫為東都留守。

○丁亥❷，以高行周知襄州行府事。詔荊南❸、湖南❹共討襄州。高從誨遣都指揮使李端將水軍數千至南津❺，楚王希範遣天策都軍使張少敵❻將戰艦百五十艘入漢江助行周，仍各運糧以饋之。少敵，佶❼之子也。

安重榮聞安從進舉兵反，謀遂決⑧。大集境內飢民，眾至數萬，南向鄴都，聲言入朝。初，重榮與深州⑨人趙彥之俱為散指揮使，相得歡甚⑩。重榮鎮成德，彥之自關西⑪歸之，重榮待遇甚厚，使彥之招募黨眾，然心實忌之。及舉兵，止用為排陳使，彥之恨之。

帝聞重榮反，壬辰⑫，遣護聖等馬步三十九指揮擊之。以天平節度使杜重威為招討使，安國節度使馬全節副之，前永清⑬節度使王周[1]為馬步都虞候。安從進遣其弟從貴將兵逆均州⑭刺史蔡行遇。焦繼勳邀擊⑮，敗之，獲從貴，斷其足⑯而歸之。

戊戌⑰，杜重威與安重榮遇於宗城⑱西南。重榮為偃月陳⑲，官軍再擊之⑳，不動。重威懼，欲退。指揮使宛丘王重胤曰：「兵家忌退㉑。鎮㉒之精兵盡在中軍，請公分銳士㉓擊其左右翼，重胤為公以契丹直㉔衝其中軍，彼必狼狽㉕。」重威從之。鎮人陳稍卻㉖，趙彥之卷旗策馬㉗來降。彥之以銀飾鎧冑及鞍勒，官軍殺而分之。重榮聞彥之叛，大懼，退匿㉘於輜重中。官軍從而乘之㉙，鎮人大潰，斬首萬五千級。

重榮收餘眾，走保宗城。官軍進攻，夜分㉚，拔之。重榮以十餘騎走還鎮州，嬰城自守。會天寒，鎮人戰及凍死者二萬餘人。契丹聞重榮反，乃聽㉛楊彥詢還㉜。○庚子㉝，冀州刺史張建武等取趙州㉞。○漢主寢疾，有胡僧㉟謂漢主名龔不利。漢主自造「龑」字名之，義取「飛龍在天㊱」，讀若儼。○庚戌㊲，制以錢弘佐為鎮海、鎮東[2]節度使兼中書令、吳越國王。

【章旨】以上為第十八段，寫安重榮反叛，南進至宗城全軍覆沒。

【注釋】❶丙戌朔　十二月初一日。❷丁亥　十二月初二日。❸荊南　指荊南高從誨。❹湖南　指楚馬希範。❺南津　漢水南岸。❻張少敵　官楚都指揮使。馬希範死，在議立嗣王上與李弘臯等有分歧，託疾不出。傳見《十國春秋》卷七十三。❼佶　張佶，與楚王馬殷同時起事。❽謀遂決　謀反的決心才定。❾深州　州名，治所安平，在今河北深州。❿相得歡甚　彼此關係十分融洽。⓫關西　地區名，即函谷關以西關中地區。⓬壬辰　十二月初七日。⓭永清　方鎮名，後晉以貝州為永清軍。治所貝州，在今河北清河縣。⓮均州　州名，治所武當，在今湖北十堰市。⓯邀擊　攔擊。⓰斷其足　斬斷他的腳。⓱戊戌　十二月十三日。⓲宗城　縣名，在今河北威縣東。⓳偃月陳　陣名，呈半月形。陳，通「陣」。⓴再擊之　兩次衝擊偃月陣。㉑兵家忌退　軍事家忌退兵，一退，敵有可乘之機，我有潰亂之險。㉒鎮　鎮州成德軍。㉓銳士　禁衛軍名。㉔契丹直　禁衛軍名，選契丹雄健者組成。㉕狼狽　困頓窘迫的樣子。㉖稍卻　稍退。㉗卷旗策馬　捲起旗幟，鞭打著馬。㉘匿　躲。㉙從而乘之　因趙彥之投降而乘勢進攻。㉚夜分　半夜。㉛聽　任憑。㉜楊彥詢還　本年九月楊彥詢出使契丹。㉝庚子　十二月十五日。㉞趙州　州名，治所平棘，在今河北趙縣。冀州、趙州皆為安重榮巡屬。㉟胡僧　漢族對少數民族僧人的稱謂。㊱飛龍在天　語出《易經》：「飛龍在天，利見大人。」㊲庚戌　十二月二十五日。

【校記】[1]王周　原作「王清」。據章鈺校，十二行本、乙十一行本皆作「王周」，張瑛《通鑑校勘記》同，今據改。按，《通鑑紀事本末》、《舊五代史》皆作「王周」。[2]鎮東　「東」下原有「軍」字。據章鈺校，十二行本、乙十一行本、孔天胤本皆無「軍」字，今據刪。

【語　譯】十二月初一日丙戌，徙封鄭王石重貴為齊王、充任鄴都留守，任命李德琉為東都留守。○初二日丁亥，任命高行周掌管襄州行府事。下詔命令荊南、湖南一起討伐襄州。高從誨派遣都指揮使李端率領水軍數千人到達漢水南岸，楚王馬希範派遣天策都軍使張少敵率領戰艦一百五十艘進入漢江援助高行周，仍然各自運糧以保證供給。張少敵，是張佶的兒子。

安重榮聽說安從進起兵反叛，他的謀劃便決定下來。大規模地集合轄境內的飢民，人數達到好幾萬，向鄴都南進，聲稱要入朝。當初，安重榮與深州人趙彥之都任散指揮使，彼此關係非常融洽。安重榮鎮守成德，趙彥之從關西歸附他，安重榮待他很優厚，讓趙彥之招募黨徒，但是心裡其實很嫉恨趙彥之。等到起兵時，只任用他為排陳使，趙彥之也對安重榮懷恨在心。

晉高祖聽說安重榮反叛，十二月初七日壬辰，派遣護聖等馬步三十九指揮攻打安重榮。任命天平節度使杜重威為招討使，安國節度使馬全節做他的副手，前永清節度使王周為馬步都虞候。

安從進派他的弟弟安從貴帶兵迎接均州刺史蔡行遇。焦繼勳攔擊，打敗了他，抓獲安從貴，砍斷他的腳，把他帶回。

十二月十三日戊戌，杜重威與安重榮在宗城西南遭遇。安重榮布設偃月陣，官軍兩次攻打他，陣列不動。杜重威害怕，想要撤退。指揮使宛丘人王重胤說：「兵家臨陣忌諱退兵。安重榮的鎮州精兵全在中軍，請您分一部分銳士攻打他的左右兩翼，我王重胤替您帶著契丹直衝擊他的中軍，他一定狼狽不堪。」杜重威聽從了這一建議。鎮州兵的陣列果然稍有後退，趙彥之捲著旗幟鞭打著馬前來投降。趙彥之使用銀子裝飾鎧甲和馬鞍轡勒，官軍把他殺了，瓜分了這些東西。安重榮聽說趙彥之叛變，大為恐懼，撤退，躲在輜重之中。官軍跟隨其後乘機攻打他，鎮州兵大敗，被斬殺一萬五千人。

安重榮收拾殘餘部隊，逃走，守衛宗城。官軍進擊，半夜時，攻取宗城。安重榮帶著十幾個騎兵逃回鎮州，環城自守。適逢天寒，鎮州兵戰死及凍死的有兩萬多人。

契丹人聽說安重榮反叛，同意楊彥詢回去。〇十二月十五日庚子，冀州刺史張建武等人奪取趙州。〇漢主臥病不起，有一個胡族僧人說漢主名叫「龔」不吉利。漢主便自己造了一個「龑」字作名字，取《易經》中「飛龍在天」的意思，讀音跟「儼」字相同。〇二十五日庚戌，皇帝下制書任命錢弘佐為鎮海、鎮東節度使兼中書令、吳越國王。

【研　析】 本卷研析李昪建立南唐、安重榮反叛兩件史事。

李昪建立南唐。李昪，即徐溫養子徐知誥稱帝後所更名。徐知誥在受禪前先更名去「知」字，示與徐氏諸子不同列。昪平二年，唐群臣以徐溫之子江王徐知證為首，多次上表請唐主復姓李。正月二十三日乙丑，唐主接受群臣之請，復姓李。二月初三日乙亥，改太祖廟曰義祖廟。李昪初受禪，尊徐溫為太祖，今復姓李，以溫為義父，故改太祖為義祖。二月初七日己卯，唐主為李氏考妣發哀，追祖認宗，國號大唐，示意興復唐室。史稱南唐，以別於中原李存勗之唐。李昪為何氏之子，籍貫何地，史籍記載有歧。薛史所載，李昪為海州人，唐玄宗第六子永王李璘之後，乃李昪自稱。歐史稱李昪為徐州人，少孤貧，流寓濠間，初為楊行密所得，收為養子，不為楊氏諸子所容，楊行密轉託徐溫收養。《通鑑考異》引《江南錄》、李昊《蜀後主實錄》、《吳越備史》，另立三說。《江南錄》稱李昪是唐憲宗第六子建王李恪之後裔。《蜀後主實錄》說李昪是薛王李知柔之後，生於嶺南。李知柔為大唐嶺南節度使，卒於官，李昪流落江、淮，於是為徐溫養子。《吳越備史》稱李昪本姓潘，湖州安吉人，吳將李神福攻安吉得李昪，於是潘氏子冒姓李，後為徐溫養子。《吳越備史》編造李昪為潘氏之子，未必是實錄。總之，李昪為何氏之子，何方人氏，李昪或不願，或不知，自己也說不清楚。最後以大臣之議，以唐太宗子吳王恪為祖。吳王恪在唐高宗朝以謀反罪被冤殺，其孫禕在唐玄宗朝官至朔方節度使有邊功，禕子李峴為憲宗朝宰相，李昪引以為榮。李峴以下傳五世至李昪之父李榮，其名皆為主管部門編造。於是南唐太廟徐、李二姓雜陳。唐高祖、唐太宗、唐義祖徐溫，皆為不祧之主。群臣認為：「義祖諸侯，不宜與高祖、太宗同享。」請建別廟禮之。唐主李昪曰：「吾自幼託身義祖，嚮非義祖有功於吳，朕安能啓此中興之業？」群臣不敢再說話。五代時兩唐國，沙陀人李存勗建後唐，李昪冒姓李氏建南唐。王夫之評論說，君臣父子的倫理全亂了套，「漫取一人而子之，遂謂之子；漫推一鬼而祖考之，遂謂之祖考。」大唐李氏亡靈地下有知，是不接受這樣的子孫的。南唐太廟，兩姓共祀，實為奇觀。

安重榮反叛。安重榮小字鐵胡，朔州人。唐末為振武巡邊指揮使，性格粗魯莽撞，善騎射，有力氣。石敬瑭起兵，安重榮最先投靠。石敬瑭稱帝，授安重榮成德節度使。安重榮親見唐末帝李從珂、晉高祖石敬瑭都是憑藉手中一鎮兵力取天下，時常對人說：「皇帝沒什麼了不起，只要兵強馬壯，誰都可以幹。」這就是五代亂世留給軍閥們的信念。專制政體的本質憑藉的就是強權，歷代中央政府解體後的軍閥混戰莫不如是，直到二十世紀三十年代的北洋軍閥和土匪軍閥，如曹錕、張作霖，皆是安重榮式的人物。晉高祖天福六年（西元九四一年），安重榮反叛，官兵往討一觸即潰，安重榮隨即被誅滅。安重榮只是一個跳樑小丑，其死不足惜，可是因這場反叛而被裹脅冤死的數萬軍民，則是黎民百姓的深重災難。強權政治不根除，黎民的災難就永無了期。

卷第二百八十三

後晉紀四

起玄黓攝提格（壬寅 西元九四二年），盡閼逢執徐（甲辰 西元九四四年）正月，凡二年有奇。

【題解】本卷記事起西元九四二年，迄西元九四四年正月，凡兩年又一個月。當後晉高祖天福七年至齊王開運元年正月。後晉高祖平定安重榮、安從進兩鎮之亂，不久崩殂，石重貴即位，是為出帝。景延廣專權，排斥桑維翰，外結怨於契丹，內失政於民，是一亂國之臣。南漢劉龑去世，劉玢立，旋為弟劉弘熙所殺，劉弘熙立，更名晟。閩國王延政稱帝於建州，國號殷，與福州閩主王曦勢不兩立，閩國內亂。南漢民借助神靈起事。楚國蠻夷為亂。殷主王延政、南漢中宗劉晟、閩主王曦、楚主馬希範，均為昏庸暴虐之主，無一善政可言。南唐烈祖李昪辭世，李璟立，馮延巳、馮延魯、魏岑、查文徽、陳覺五人皆傾巧小人，朋比為奸，世謂之五鬼。後晉出帝，中庸之主，忠奸不辨，用人唯親。契丹大舉南犯，佔貝州，奪軍儲，晉出帝求和未果，契丹兵渡黃河，高行周奉命拒敵。

高祖聖文章武明德孝皇帝下

天福七年（壬寅　西元九四二年）

春，正月丁巳❶，鎮州牙將自西郭❷水碾門❸導❹官軍入城，殺守陴❺民二萬人，執安重榮，斬之。杜重威殺導者，自以為功。庚申❻，重榮首至鄴都，帝命漆之，函送契丹。癸亥❼，改鎮州為恆州❽，成德軍為順國軍❾。丙寅❿，以門下侍郎、同平章事趙瑩為侍中，以杜重威為順國節度使兼侍中。安重榮私財及恆州府庫，重威盡有之，帝知而不問。又表衛尉少卿⓫范陽王瑜⓬為副使，瑜為之重斂⓭於民，恆人不勝其苦。

張式父鐸詣闕訟冤⓮。壬午⓯，以河陽節度使王周為彰義節度使，代張彥澤。

○閩主曦立皇后李氏⓰，同平章事真之女也。嗜酒剛愎⓱，曦寵而憚之⓲。

彰武節度使丁審琪，養部曲⓳千人，縱之⓴為暴於境內。軍校賀行政與諸胡相結為亂，攻延州㉑。帝遣曹州防禦使何重建將兵救之，同、鄜㉒援兵繼至，乃得免㉓。二月癸巳㉔，以重建為彰武留後，召審琪歸朝。重建，雲、朔間胡人也。

唐左丞相宋齊丘固求豫政事㉕，唐主聽入中書㉖。又求領尚書省，乃罷侍中壽王景遂判尚書省，更㉗領中書、門下省，以齊丘知尚書省事。其三省事並取齊王璟參決㉘。齊丘視事數月，親吏夏昌圖盜官錢三千緡，齊丘判貸其死㉙。唐主大怒，斬昌圖。齊丘稱疾㉚，請罷省事㉛，從之。

涇州奏遣押牙陳延暉持敕書詣㉜涼州，州中將吏㉝請延暉為節度使。

三月，閩主曦立長樂王亞澄為閩王。

【章旨】以上為第一段，寫杜重威貪婪，殺安重榮後劫奪其財物為私有。彰武節度使丁審琪橫暴，激起兵變。

【注釋】❶丁巳　正月初二日。❷西郭　西面外城。❸水碾門　用水為動力碾米的地方。❹導　引導；嚮導。❺守陴　守城。陴，城上女牆。❻庚申　正月初五日。❼癸亥　正月初八日。❽恆州　鎮州，鎮州本為恆州，避唐穆宗李恆諱改名鎮州，現仍改舊名。治所在今河北正定。❾順國軍　晉改成德軍為順國軍。❿丙寅　正月十一日。⓫衛尉少卿　官名，衛尉寺副貳，協助衛尉卿掌禁衛。⓬王瑜　（西元九〇八—九四六年）范陽（今河北涿州）人，性兇狡，擅長騎射、刀筆。為郡盜酋長所殺。傳見《舊五代史》卷九十六。⓭重斂　重加斂取。⓮詣闕訟冤　到朝廷申訴冤枉。張彥澤殺張式事見上卷上年。⓯壬午　正月二十七日。⓰李氏　景宗王曦后，司空李真之女。傳見《十國春秋》卷九十四。⓱嗜酒剛愎　喜歡飲酒，執拗倔強。⓲憚之　害怕她。⓳部曲　親兵。⓴縱之　放縱他們。㉑延州　彰武節度使治所，在今陝西延安。㉒同鄜　同州和鄜州。同州治所在今陝西大荔，鄜州治所在今陝西富縣。㉓免　免禍。㉔癸巳　二月初九日。㉕豫政事　參與朝政事務。㉖中書　中書省。㉗更　改。㉘參決　參酌決定。㉙貸其死　免其死罪。㉚稱疾　假裝生病。㉛請罷省事　請求罷免知尚書省事。㉜詣　到。㉝將吏　將軍和官吏，指文武官員。

【語譯】高祖聖文章武明德孝皇帝下

天福七年（壬寅　西元九四二年）

春，正月初二日丁巳，鎮州牙將從鎮州西城外郭水碾門引領官軍進入城內，殺死了守城民眾二萬人，活捉了安重榮，殺死了他。杜重威殺了引領官軍進城的那個牙將，把官軍進城的功勞據為己有。初五日庚申，安重榮的首級傳送到鄴都，晉高祖命令把頭塗上漆，裝在匣中送給契丹。初八日癸亥，把鎮州改名為恆州，把成德軍改名為順國軍。十一日丙寅，任命門下侍郎、同平章事趙瑩為侍中，任命杜重威為順國軍節度使兼侍中。安重榮的個人財產和恆州府庫中的財物，杜重威全部據為己有，晉高祖知道這種情況，卻不過問。杜重威又上表推薦衛尉少卿范陽人王瑜為恆州節度副使，王瑜藉此對百姓橫徵暴斂，恆州的百姓痛苦不堪。

張式的父親張鐸到朝廷為兒子申訴冤屈。正月二十七日壬午，任命河陽節度使王周為彰義節度使，取代張彥澤。○閩主王曦冊立李氏為皇后，李氏是同平章事李真的女兒。她嗜好喝酒，又固執不聽人言，王曦寵愛她，又懼怕她。

彰武節度使丁審琪豢養家兵一千人，聽任他們施暴境內。軍中校官賀行政和眾胡人互相勾結作亂，攻打延州。晉高祖派遣曹州防禦使何重建率兵救援延州，同州、鄜州的援兵也相繼趕到，延州城才得以免禍。二月初九日癸巳，任命何重建為彰武留後，把丁審琪召回朝廷。何重建，是雲州、朔州一帶的胡人。

唐國左丞相宋齊丘堅持要求參與朝政，唐主就允許他進入中書省。他又要求管尚書省，唐主就撤銷侍中壽王李景遂判理尚書省一職，改管中書、門下兩省，而任命宋齊丘執掌尚書省的事務。以上三省的事務都要得到齊王李璟的參與決斷。宋齊丘治事幾個月，他的親信夏昌圖使盜竊了三千貫官錢，宋齊丘免去他的死罪。唐主大為惱怒，把夏昌圖斬首。宋齊丘推辭有病，請求免去尚書省的職務，唐主同意了。

涇州奏報說派押牙陳延暉帶著皇帝的敕書到涼州，涼州的文武官員請求陳延暉任節度使。

三月，閩主王曦冊立長樂王王亞澄為閩王。

張彥澤在涇州，擅❶發兵擊諸胡❷，兵皆敗沒❸，調民馬千餘匹以補之。還至陝，獲亡將❹楊洪，乘醉斷其手足而斬之。王周奏彥澤在鎮貪殘不法❺二十六條，民散亡者五千餘戶。彥澤既至，帝以其有軍功❻，又與楊光遠連姻，釋❼不問。

夏，四月己未❽，右諫議大夫鄭受益上言「楊洪所以被屠❾，由陛下去歲送張式與彥澤，使之逞志❿。致彥澤敢肆凶殘⓫，無所忌憚。見聞之人無不切齒⓬，而陛下曾不動心⓭，一無詰讓⓮。淑慝莫辨⓯，賞罰無章⓰。中外皆言陛下受彥澤所獻馬百匹，聽其如是。臣竊為陛下惜此惡名⓱，乞正彥澤罪法以湔洗⓲聖德。」疏奏，留中。受益，從讜之兄子也。

庚申⓳，刑部郎中李濤等伏閤⓴極論㉑彥澤之罪，語甚切至㉒。辛酉㉓，敕「張彥澤削一階㉔，降爵㉕一級。張式父及子弟皆拜官㉖。涇州民復業㉗者，減其徭賦㉘。」癸亥㉙，李濤復與兩省及御史臺官伏閤奏彥澤罰太輕，請論如法㉚。帝召濤面諭之。濤端笏前迫殿陛㉛，論辨[1]聲色俱厲。帝怒，連叱之，濤不退。帝曰：「朕已許彥澤不死。」濤曰：「陛下許彥澤不死，不可負。不知范延光鐵券安在㉜！」帝拂衣起，入禁中。丙寅㉝，以彥澤為左龍武大將軍。

【章旨】以上為第二段，寫晉高祖違眾怙惡張彥澤，綱紀蕩然。

【注釋】❶擅　擅自。❷諸胡　各少數民族。❸敗沒　失敗而潰散。❹亡將　逃亡的將領。❺貪殘不法　貪婪殘暴，目無法紀。❻有軍功　指討范延光有功。❼釋　棄置。❽己未　四月初六日。❾屠　屠殺。❿逞志　達到心願。⓫敢肆凶殘　敢於肆無忌憚地行兇作惡。⓬切齒　咬牙，表示憤怒。⓭曾不動心　連心都不動。⓮一無詰讓　一點都不責備。⓯淑慝莫辨　善惡不能辨別。淑，善。慝，大奸。⓰賞罰無章　獎勵和懲罰沒有規章。⓱惜此惡名　惋惜擔負這個壞名聲。⓲湔洗　洗刷。⓳庚申　四月初七日。⓴伏閤　伏閤門下奏事，由閤門使告知皇帝。㉑極論　深刻地論述。㉒切至　切直而擊中要害。㉓辛酉　四月初八日。㉔階　武散階。唐制，共分四十五等。㉕爵　封爵。唐制，共分九等。㉖拜官　授官。㉗復業　恢復從事各項職業。㉘傜賦　傜役和賦稅。㉙癸亥　四月初十日。㉚如法　按照法律。㉛濤端笏前迫殿陛　李濤手持笏板向前迫近殿階。極寫濤犯顏直諫的舉動。㉜安在　在什麼地方。㉝丙寅　四月十三日。

【校　記】①論辨　原無此二字。據章鈺校，十二行本、乙十一行本、孔天胤本皆有此二字，張敦仁《通鑑刊本識誤》、張瑛《通鑑校勘記》同，今據補。

【語　譯】張彥澤在涇州，擅自發兵攻打各部胡人，軍隊戰敗覆沒，便徵調民間一千多匹馬用以補充。他回到陝州時，抓到了逃亡的將領楊洪，藉著酒醉，砍下楊洪的手腳，又砍下他的頭。王周上奏張彥澤在涇州貪婪殘暴違法等事二十六條，百姓逃亡五千多戶。張彥澤回到朝廷以後，晉高祖因為他有軍功，又和楊光遠連姻，就對張彥澤釋而不問。

夏，四月初六日己未，右諫議大夫鄭受益進言說「楊洪之所以被屠殺，是由於陛下去年把張式交給張彥澤，使他快其心意。以致張彥澤敢於縱其殘暴，無所畏忌。凡是看到或聽說他的行徑的人，無不咬牙切齒，而陛下從來不動心，一點也沒有責備。善惡不加分辨，獎勵與懲罰沒有章法。朝廷內外都說是陛下接受了張彥澤所進獻的一百匹馬，所以才聽任他這樣做的。臣私下為陛下擔此惡名而惋惜，請求陛下將張彥澤之罪予以正法，藉以洗清皇上的聖德。」奏章呈上去，留在禁中。鄭受益，是鄭從讜哥哥的兒子。

四月初七日庚申，刑部郎中李濤等人匍匐在閤門前痛切論述張彥澤的罪行，說得很切直盡理。初八日辛酉，皇帝下敕令「張彥澤的官階削去一等，爵位降低一級。張式的父親以及子弟都授予官職。涇州百姓已經恢復生業的，減輕他們的傜役和賦稅。」初十日癸亥，李濤又和中書、門下兩省以及御史臺的官員們匍匐在閤門前奏稱對張彥澤的處罰太輕，請求依法治罪。晉高祖召見李濤，當面向他解釋。李濤雙手捧著朝笏向前挨近殿階，辯論時的聲音和臉色都很嚴厲。皇帝惱怒，連聲訓叱他，李濤毫不退讓。晉高祖說：「朕已經答應張彥澤免死。」李濤說：「陛下答應張彥澤免死，認為不可食言。不知賜給范延光的鐵券又在哪裡！」晉高祖氣得甩袖起來回宮去了。十三日丙寅，任命張彥澤為左龍武大將軍。

漢高祖❶寢疾，以其子秦王弘度❷、晉王弘熙❸皆驕恣，少子越王弘昌孝謹有智識，與右僕射兼西御院使王翷❹謀出弘度鎮邕州、弘熙鎮容州，而立弘昌。制命將行，會崇文使蕭益❺入問疾，以其事訪之❻。益曰：「立嫡以長，違之必亂。」乃止。丁丑❼，高祖殂。

高祖為人辯察❽，多權數❾，好自矜大❿，常謂中國天子為「洛州刺史⓫」。嶺南⓬珍異所聚，每窮奢極麗，宮殿悉以金玉珠翠為飾⓭。用刑慘酷⓮，有灌鼻⓯、割舌、支解⓰、刳剔⓱、炮炙⓲、亨蒸⓳之法。或聚毒蛇水中，以罪人投之，謂之水獄。同平章事楊洞潛諫，不聽。末年尤猜忌，以士人多為子孫計⓴，故專任宦官。由是其國中宦者大盛。

秦王弘度即皇帝位，更名玢。以弘熙輔政㉑，改元光天。尊母趙昭儀㉒曰皇太妃。

契丹以晉招納吐谷渾，遣使來讓㉓。帝憂悒㉔不知為計㉕。五月己亥㉖，始有疾。○乙巳㉗，尊太妃劉氏㉘為皇太后。太后，帝之庶母也。

唐丞相、太保宋齊丘既罷尚書省，不復朝謁㉙。唐主遣壽王景遂勞問㉚，許鎮洪州，始入朝。唐主與之宴㉛，酒酣，齊丘曰：「陛下中興，臣之力也，柰何忘之！」唐主怒曰：「公以遊客干㉜朕，今為三公，亦足矣。乃與人言朕烏喙㉝如句踐㉞，難與共安樂，有之乎？」齊丘曰：「臣實有此言。臣為遊客時，陛下乃偏裨㉟耳。今日殺臣可矣。」明日，唐主手詔㊱謝之曰：「朕之褊性㊲，子嵩平昔所知㊳。少相親，老相怨，可乎！」丙午㊴，以齊丘為鎮南㊵節度使。

帝寢疾，一日[1]，馮道獨對。帝命幼子重睿㊶出拜之，又令宦者抱重睿置道懷中，其意蓋欲道輔立之。六月乙丑㊷，帝殂。道與天平節度使、侍衛馬步都虞候景延廣議，以國家多難，宜立長君㊸，乃奉廣晉尹齊王重貴為嗣。

是日，齊王即皇帝位。延廣以為己功，始用事，禁都下人無得偶語㊹。初，高祖疾亟㊺，有旨召河東節度使劉知遠入輔政㊻，齊王寢之㊼。知遠由是怨㊽齊王㊾。丁卯㊿，尊皇太后曰太皇太后(51)，皇后曰皇太后(52)。

【章　旨】以上為第三段，寫南漢主劉龔去世，晉高祖石敬瑭駕崩，出帝石重貴即位。

【注釋】❶漢高祖　劉龑。❷弘度　（西元九二〇—九四三年）《新五代史》作「洪度」，名玢，劉龑第三子。劉龑死，嗣位。西元九四二—九四三年在位。荒淫無道，被殺。卒諡殤。傳見《舊五代史》卷一百三十五、《新五代史》卷六十五、《十國春秋》卷五十九。❸弘熙　（西元九二〇—九五八年）初名弘熙，改名晟，殺弘度後為帝，西元九四三—九五八年在位，廟號中宗。傳見《舊五代史》卷一百三十五、《新五代史》卷六十五、《十國春秋》卷五十九。❹王翷　（？—西元九四五年）官至南漢右僕射。傳見《十國春秋》卷六十三。❺蕭益　官南漢崇文使。傳見《十國春秋》卷六十三。❻訪之　詢問他。❼丁丑　四月二十四日。❽辯察　能言善辯而苛察。❾權數　權術。❿好自矜大　喜歡自己尊大。⓫洛州刺史　中原天子建都洛陽，原本洛州刺史所治。此言中原天子政令不能遠播，只是過去洛州刺史之任。⓬嶺南　地區名，指五嶺以南地區。⓭飾　裝飾。⓮慘酷　慘烈殘酷。⓯灌鼻　用水灌入鼻子。⓰支解　分屍。⓱刳剔　挖肉剔骨。⓲炮炙　在燒紅的銅、鐵板上烤炙。⓳烹蒸　在鑊裡蒸燒。⓴為子孫計　替子孫打算。㉑輔政　協助處理政務。㉒趙昭儀　劉龑妃，大有時進位昭儀。傳見《十國春秋》卷六十一。㉓讓　責備。㉔憂悒　憂愁鬱悶。㉕不知為計　不知用什麼辦法對付為好。㉖己亥　五月十六日。㉗乙巳　五月二十二日。㉘劉氏　石敬瑭生母。㉙朝謁　上朝拜謁。㉚勞問　慰勞問候。㉛與之宴　與宋齊丘宴飲。㉜干　求；求取。㉝烏喙　烏鴉的嘴巴。㉞句踐　春秋時越國的國君。越范蠡致文種書，說越王句踐為人，長頸烏喙，可與同患難，不可與同安樂。㉟偏裨　裨將；下級軍官。㊱手詔　親手寫詔書。㊲褊性　性氣褊狹。㊳知　瞭解。㊴丙午　五月二十三日。㊵鎮南　方鎮名，唐懿宗咸通六年（西元八六五年）升江南西道團練觀察使為鎮南軍節度使。吳、南唐仍之，治所洪州，在今江西南昌。㊶重睿　石敬瑭幼子，擬立為帝。以景延廣已許重貴嗣位，故不得立，後為契丹所擄。傳見《新五代史》卷十七。㊷乙丑　六月十三日。㊸長君　年紀大的為君。㊹偶語　相對私語。㊺疾亟　疾病嚴重。㊻輔政　協助處理政務。㊼寢之　擱置了這件事。㊽怨　怨恨。㊾齊王　石重貴。㊿丁卯　六月十五日。(51)太皇太后　即石敬瑭生母劉氏。(52)皇太后　石敬瑭妻李氏。

【校記】[1]日　原作「旦」。張敦仁《通鑑刊本識誤》云：「『旦』作『日』。」嚴衍《通鑑補》改作「日」，當是，今據以校正。

【語譯】漢高祖劉龑臥病在床，認為他的兒子秦王劉弘度、晉王劉弘熙都驕橫放縱，小兒子越王劉弘昌孝順恭謹，聰明有識見，就和右僕射兼西御院使王翷商量，把劉弘度派出去鎮守邕州、把劉弘熙派出去鎮守容州，立劉弘昌為太子。制書將要頒行，適逢崇文使蕭益進宮探望病情，高祖就這件事徵求他的看法。蕭益說：「在嫡子中立太子一定要立長子，違反這一原則必然引起禍亂。」這件事便作罷了。四月二十四日丁丑，高祖劉龑去世。

高祖為人善辯明察，很有權謀，喜歡自我吹噓，常說中原天子是「洛州刺史」。嶺南地區是珍寶異物的聚集之地，他往往窮極奢侈華麗，宮殿全部用黃金、美玉、珍珠、翡翠作裝飾。用刑殘酷，有灌鼻、割舌頭、分解肢體、挖肉剔骨、火烤、烹蒸等手段。或者把許多毒蛇放入水中，把罪人投進去，叫做水獄。同平章事楊洞潛勸阻他，他不聽。到了晚年特別猜忌，認為士人大都是為自己的子孫著想，所以他一心任用宦官。因此在他的國家中當宦官的人特別多。

秦王劉弘度就位為皇帝，改名為玢。任用劉弘熙輔佐朝政，改年號為光天。尊奉生母趙昭儀為皇太妃。

契丹因為晉朝招納了吐谷渾，派使者來責問。晉高祖憂鬱煩悶，不知怎麼辦。五月十六日己亥，開始生病。〇二十二日乙巳，尊奉太妃劉氏為皇太后。太后，是晉高祖的庶母。

唐國丞相、太保宋齊丘被免去尚書省的職務以後，就不再入朝進見了。唐主派壽王李景遂去慰問他，答應讓他去鎮守洪州，他才開始入朝進見。唐主和宋齊丘宴飲，喝到酒意正濃，宋齊丘說：「陛下完成中興大業，是我出的力呀，怎麼忘了呢！」唐主生氣地說：「你是以遊說之人主動求見，現在位至三公，也該滿足了吧。竟然跟人說我像句踐一樣長得個烏鴉嘴，難以與人共享安樂，有這話沒有？」宋齊丘說：「臣確實講過這話。臣為遊說之客時，陛下只不過是個偏將而已。今天殺臣就是了。」第二天，唐主親手寫了詔書向宋齊丘道歉，說：「我的急脾氣，子嵩您過去也是知道的。年輕時相互親近，到老了反而相互怨恨，能行嗎！」五月二十三日丙午，任命宋齊丘為鎮南節度使。

晉高祖臥病不起，一天，只有馮道一個人陪著他。晉高祖喚幼子石重睿出來拜見他，又命令宦官抱起石重睿放到馮道懷中，其用意想必是讓馮道輔佐他為帝。六月十三日乙丑，晉高祖去世。馮道與天平節度使、侍衛馬步都虞侯景延廣商議，因為國家多危難，應該立年紀大的為君主，就擁立廣晉尹齊王石重貴為嗣君。

當天，齊王即皇帝位。景延廣把這件事當做自己的功勞，剛開始執政，就禁止京師的人相對私語。當初，晉高祖病危，有詔旨調河東節度使劉知遠進京輔佐朝政，這道命令被齊王擱置下來。劉知遠因此怨恨齊王。六月十五日丁卯，尊奉皇太后為太皇太后，皇后為皇太后。

閩富沙王延政圍汀州，閩主曦發漳❶、泉兵五千救之。又遣其將林守亮入尤溪❷，大明宮使黃敬忠屯尤口❸，欲乘虛襲建州。國計使黃紹頗將步卒八千為二軍聲援。

秋，七月壬辰❹，太皇太后劉氏殂。

閩富沙王延政攻汀州，四十二戰，不克而歸。其將包洪實、陳望將水軍以禦福州之師。丁酉❺，遇於尤口。黃敬忠將戰，占者❻言時刻未利❼，按兵不動。洪實等引兵登岸，水陸夾攻之，殺敬忠，俘斬二千級，林守亮、黃紹頗皆遁歸。

庚子❽，大赦。○癸卯❾，加景延廣同平章事，兼侍衛馬步都指揮使。○勳舊❿皆欲復置樞密使，馮道等三表[1]，請以樞密舊職⓫讓之⓬。帝不許。

有神⓭降於博羅縣⓮民家，與人言而不見其形⓯。閭閻⓰人往占吉凶，多驗，縣吏張遇賢事之甚謹。時循州⓱盜賊羣起，莫相統一⓲。賊帥共禱⓳于神，神大言曰：「張遇賢當為汝主。」於是羣帥[2]共奉遇賢，稱中天八國王，改元永樂，置百官，攻掠海隅⑳。遇賢年少，無它方略㉑，諸將但告進退而已。漢主以越王弘昌為都統，循王弘杲㉒為副以討之，戰于錢帛館。漢兵不利，二王皆為賊所圍。指揮使陳道庠㉓等力戰救之，得免。東方州縣㉔多為遇賢所陷。道庠，端州人也。

高行周圍襄州踰年㉕，不下。城中食盡，奉國軍㉖都虞候曲周王清言於行周曰：「賊城已危，我師已老㉗，民力已困㉘，不早迫之，尚何俟㉙乎！」與奉國都指揮使元城劉詞帥眾先登。八月，拔之㉚。安從進舉族自焚。

【章旨】以上為第四段，寫閩國內訌，南漢民眾藉神靈起事，高行周平滅安從進。

【注釋】❶漳 州名，治所龍溪，在今福建漳州。❷尤溪 縣名，在今福建尤溪縣。❸尤口 尤溪口，在尤溪入閩江處。❹壬辰 七月初十日。❺丁酉 七月十五日。❻占者 占卜的人。❼時刻未利 這時出戰，時辰不利於我軍。❽庚子 七月十八日。❾癸卯 七月二十一日。❿勳舊 有功勳的大臣和跟隨石敬瑭的舊臣。⓫樞密舊職 併樞密於中書省，由宰相代行，故稱樞密院職為舊職。⓬讓之 讓給原樞密院。⓭神 神仙。⓮博羅縣 縣名，在今廣東博羅。⓯形 形象；形狀。⓰閭閻 泛指老百姓。⓱循州 州名，治所龍川，在今廣東龍川縣。⓲莫相統一 互相不統一。⓳禱 祈禱。⓴海隅 海邊各州縣。㉑方略 策略；謀略。㉒弘杲 （？—西元九四三年）劉龑第十子，封循王。傳見《十國春秋》卷六十一。㉓陳道庠 （？—西元九四六年）端州（今廣東高要）人，曾遣人殺殤帝劉弘度。傳見《十國春秋》卷六十六。㉔東方州縣 指廣東番禺以東州縣。㉕踰年 超過一年。㉖奉國軍 方鎮名，吳越以明州為奉國軍。治所明州，在今浙江寧波。此係遙領。㉗老 疲乏。㉘困 困窘。㉙何俟 等待什麼。㉚拔之 攻克了襄陽。

【校 記】①表 原作「奏」。據章鈺校，十二行本、乙十一行本、孔天胤本皆作「表」，今據改。②羣帥 原無此二字。據章鈺校，十二行本、乙十一行本、孔天胤本皆有此二字，今據補。

【語 譯】閩國富沙王王延政包圍汀州，閩主王曦調集漳州、泉州的士兵五千人救援汀州。又派遣他的將領林守亮進入尤溪，大明宮使黃敬忠駐紮尤溪口，打算乘著對方空虛襲擊建州。國計使黃紹頗率領步兵八千人做林、黃二軍的聲援。

秋，七月初十日壬辰，太皇太后劉氏去世。

閩國富沙王王延政攻打汀州，經過四十二次交戰，攻不下來，撤兵返回。他的部將包洪實、陳望率領水軍防禦福州的軍隊。七月十五日丁酉，兩軍在尤溪口相遇。黃敬忠將要交戰，占卜的人說時辰不吉利，便按兵不動。包洪實等人引兵上岸，從水陸兩面夾攻福州軍，殺了黃敬忠，共俘虜和斬殺了二千人，林守亮、黃紹頗都逃了回去。

七月十八日庚子，大赦天下。○二十一日癸卯，加封景延廣同平章事，兼任侍衛馬步都指揮使。○元勳舊臣們都想恢復樞密使，馮道等人三次上表，建議把樞密使以前所掌職責從中書省分出來。晉出帝沒有同意。

有神降臨在博羅縣一個百姓家裡，能和人說話，卻不顯現其身。街坊鄰居去占問吉凶，往往很靈驗，縣府官吏張遇賢奉神極為恭謹。當時循州的盜賊群起，相互不能統一。盜賊的首領共同向神祈禱，神大聲說：「張遇賢應當做你們的首領。」於是眾首領共同推戴張遇賢，稱他為中天八國王，改年號為永樂，設置文武百官，攻打掠奪沿海一帶。張遇賢年紀輕，沒有其他方略，各位將領只是報告辦事情況而已。

漢主任命越王劉弘昌為都統，循王劉弘杲為副都統討伐張遇賢，雙方在錢帛館交戰。漢兵作戰不利，越王和循王都被賊兵包圍。指揮使陳道庠等人拼力死戰解救他們，才得以脫圍。東部各州縣大都被張遇賢攻佔。陳道庠，是端州人。

高行周圍襄州一年多，仍沒有攻下來。城中的糧食吃光了，奉國軍都虞候曲周人王清對高行周說：「叛賊的城池面臨攻破，我們的軍隊也已疲憊，百姓已十分困乏，不早日加強攻勢，還等待什麼呢！」就和奉國軍都指揮使元城人劉詞率領士卒首先登城。八月，攻下襄州城。安從進全族自焚。

甲子❶，以趙瑩為中書令。

閩主曦遣使以手詔及金器九百、錢萬緡、將吏敕告六百四十通❷，求和於富沙王延政，延政不受。○丙寅❸，閩主曦宴羣臣於九龍殿。從子繼柔❹不能飲，強之❺。繼柔私減其酒，曦怒，并客將❻斬之。○閩人鑄永隆通寶大鐵錢，一當鉛錢百。

漢葬天皇大帝❼于康陵❽，廟號高祖。

唐主自為吳相，興利除害，變更舊法❾甚多。及即位，命法官及尚書刪定為昇元條❿三十卷。庚寅⓫，行之。

閩主曦以同平章事侯官余廷英⓬為泉州刺史。廷英貪穢，掠人女子，詐稱受詔采擇以備後宮。事覺⓭，曦遣御史按⓮之。廷英懼，詣福州自歸。曦詰責，將以屬吏⓯。廷英退，獻買宴錢萬緡。曦悅，明日召見，謂曰：「宴已買矣，皇后貢物安在？」廷英復獻錢於李后，乃遣歸泉州。自是諸州皆別貢⓰皇后物。未幾，復召廷英為相。

冬，十月丙子⓱，張遇賢⓲陷循州，殺漢刺史劉傳。

楚王希範作天策府⓳，極棟宇⓴之盛。戶牖欄檻㉑皆飾以金玉，塗壁用丹砂㉒數十萬斤。地衣㉓，春夏用角簟㉔，秋冬用木綿㉕。與子弟僚屬遊宴㉖其間。

【章旨】以上為第五段，寫閩主王曦縱酒貪暴，楚王馬希範窮極奢侈。

【注釋】❶甲子　八月十三日。❷通　道；份。❸丙寅　八月十五日。❹繼柔　（？—西元九四二年）王曦姪子。傳見《十國春秋》卷九十四。❺強之　強迫他飲酒。❻客將　來自他國的將領。❼天皇大帝　劉龑。❽康陵　劉龑陵墓名。❾變更舊法　改變舊的法令。❿昇元條　書名，南唐法令條制彙編。⓫庚寅　九月初九日。⓬余廷英　侯官（今福建閩侯）人，為官貪穢，開創向皇后貢物的先例。傳見《十國春秋》卷九十八。⓭事覺　假稱詔命事被發覺。⓮按　按問；查問。⓯屬吏　交給官吏。吏，此處當指獄吏。⓰別貢　另外進貢。⓱丙子　十月二十六日。⓲張遇賢　（？—西元九四三年）循州博羅縣（今廣東博羅）小吏，被起事民眾推為中天八國王，改元永樂。後越境入南唐，兵敗被殺。傳見《十國春秋》卷六十六。⓳天策府　在楚州城西北。造天策、光政等十六樓，又造天策、勤政等五堂。⓴棟宇　房屋。㉑戶牖欄檻　門、窗、欄杆、門檻。㉒丹砂　礦物名，紅色，可作塗料。㉓地衣　地毯。㉔角簟　竹席。剖竹為細篾織成。㉕木綿　棉布。㉖遊宴　遊玩宴樂。

【語譯】八月十三日甲子，任命趙瑩為中書令。

閩主王曦派遣使者帶著親筆詔書和金器九百件、錢一萬貫、給將吏的敕告六百四十份，向富沙王王延政講和，王延政沒有接受。〇八月十五日丙寅，閩主王曦在九龍殿設宴招待群臣。他的姪子王繼柔不能飲酒，王曦強迫他喝，王繼柔偷偷地把酒減掉了一點，王曦發怒了，把他連同客將一起殺了。〇閩國人鑄造「永隆通寶」大鐵錢，一枚相當於鉛錢一百枚。

漢國把天皇大帝安葬在康陵，廟號稱高祖。

唐主自從擔任吳國宰相以後，興利除弊，變革了很多舊有的法規。到他當皇帝以後，命令執法官和尚書把這些法規刪定為《昇元條》共三十卷。九月初九日庚寅，頒布施行。

閩主王曦任命同平章事候官人余廷英為泉州刺史。余廷英貪婪汙穢，搶奪民間女子，欺騙說是受詔命選取民女以充後宮。事情被發現，王曦派御史查辦他。余廷英害怕了，就到福州投案自首。王曦責問他，準備把他交給獄吏懲辦。余廷英退下，進獻買宴錢一萬貫。王曦高興了，第二天召見余廷英，對他說：「宴已經買了，給皇后的貢禮在哪裡呢？」余廷英又給李皇后獻了錢，就打發他回泉州去了。從此各州都要另外進貢給皇后禮物。不久，又調任余廷英為宰相。

冬，十月二十六日丙子，張遇賢攻下循州，殺了漢國刺史劉傳。

楚王馬希範建造天策府，房屋修建得華麗無比。門窗欄檻都用金玉作裝飾，粉刷牆壁使用丹砂幾十萬斤。地上鋪的，春夏用細竹篾涼席，秋冬用木棉。和子弟及幕僚在裡面遊玩飲宴。

十一月庚寅❶，葬聖文章武明德孝皇帝于顯陵❷，廟號高祖。

先是河南、北諸州官自賣海鹽，歲收緡錢❸十七萬。又散蠶鹽斂民錢❹。言事者稱民坐私販鹽抵罪❺者眾，不若聽民[1]自販❻，而歲以官所賣錢直斂於民❼，謂之食鹽錢❽。高祖從之。俄而❾鹽價頓賤❿，每斤至十錢。至是，三司使董遇欲增求羨利⓫，而難於驟變前法⓬，乃重征鹽商⓭，過者⓮七錢，留賣者⓯十錢。由是鹽商殆絕⓰，而官復自賣。其食鹽錢，至今斂之如故⓱。

閩鹽鐵使、右僕射李仁遇⑱，敏之子，閩主曦之甥也。年少，美姿容，得幸於曦。十二月，以仁遇為左僕射兼中書侍郎，翰林學士、吏部侍郎李光準為中書侍郎兼戶部尚書，並同平章事。

曦荒淫無度，嘗⑲夜宴，光準醉忤旨⑳，命執送都市斬之。吏不敢殺，繫㉑獄中。明日，視朝，召復其位。是夕，又宴，收㉒翰林學士周維岳下獄。吏拂榻待之㉓，曰：「相公㉔昨夜宿此，尚書㉕勿憂。」醒而釋之。他日，又宴，侍臣皆以㉖醉去，獨維岳在。曦曰：「維岳身甚小，何飲酒之多？」左右或曰㉗：「酒有別腸㉘，不必長大。」曦欣然㉙，命捽㉚維岳下殿，欲剖㉛視其酒腸。或曰：「殺維岳，無人復能[2]侍陛下劇飲㉜者。」乃捨之㉝。

帝之初即位也，大臣議奉表稱臣告哀㉞於契丹，景延廣請致書稱孫而不稱臣㉟。李崧曰：「屈身㊱以為社稷㊲，何恥之有㊳！陛下如此，他日必躬擐甲冑㊴，與契丹戰，於時悔無益矣。」延廣固爭㊵，馮道依違㊶其間。帝卒㊷從延廣議。契丹大怒，遣使來責讓㊸，且言㊹：「何得㊺不先承稟㊻，遽即帝位！」延廣復以不遜語㊼答之。

契丹盧龍節度使趙延壽欲代晉帝中國㊽，屢說契丹擊晉，契丹主頗然之㊾。

【章　旨】以上為第六段，寫晉出帝即位，景延廣專權，加鹽稅，不告喪契丹，內結怨於民，外啟敵國之怒，是一亡國罪臣。

【注　釋】❶庚寅　十一月初十日。❷顯陵　石敬瑭陵墓名，在今河南宜陽。❸緡錢　成串的錢，一千文為一緡。❹散蠶鹽斂民錢　每年二月，俵散蠶鹽錢給農民，夏稅時繳還給政府，用以剝削農民。❺抵罪　因犯法而受到相應的處罰。❻聽民自販　聽任百姓販運。❼直斂於民　蠶鹽用來裛繭。每年二月官府根據當時鹽價給與百姓，百姓隨夏稅繳納鹽錢。百姓所請蠶鹽，只能裛繭供食，不得買賣或與人。可參閱《五代會要》卷二十七、《通鑑》胡三省注。❽食鹽錢　向人民收取費用的名目叫食鹽錢。❾俄而　不久。❿頓賤　立即便宜。⓫增求羨利　追求增加盈餘利潤。⓬驟變前法　突然改變以前的方法。⓭重征鹽商　加重徵收鹽商稅收。⓮過者　經過的人。鹽商過境每斤徵收七錢過境稅。⓯賣者　在當地販賣的。鹽商販賣，每斤徵收十錢賣鹽稅。⓰殆絕　幾乎斷絕。⓱斂之如故　仍舊同過去一樣徵收食鹽錢。⓲李仁遇　王延羲甥。年少容美，得幸於延羲，時人鄙之。傳見《十國春秋》卷九十八。⓳嘗　曾經。⓴忤旨　觸犯皇帝意旨。㉑繫　關押。㉒收　逮捕。㉓拂榻待之　掃乾淨床鋪接待他。㉔相公　李光準任中書侍郎兼戶部尚書，並同平章事，為丞相之職，故稱之為「相公」。㉕尚書　指周維岳。㉖以　因。㉗或曰　有人說。㉘酒有別腸　飲酒有另外的腸子容納。㉙欣然　高興的樣子。㉚捽　揪。㉛剖　剖腹。㉜劇飲　猛烈地飲酒。㉝捨之　赦免了他。㉞告哀　報告喪訊。㉟稱孫而不稱臣　自稱孫子而不稱臣子。㊱屈身　委屈自己受陵辱。㊲社稷　國家。㊳何恥之有　有什麼羞恥呢。㊴躬擐甲冑　親身穿著盔甲。指挑起戰禍。㊵固爭　堅持己見。㊶依違　猶豫不決；模稜兩可。㊷卒　終於。㊸責讓　責備；訓斥。㊹且言　並且說。㊺得　能。㊻承稟　稟告。㊼不遜語　不禮貌的話。㊽帝中國　在中國稱帝。㊾頗然之　很同意他的意見。

【校　記】[1]民　原無此字。據章鈺校，十二行本、乙十一行本、孔天胤本皆有此字，今據補。[2]復能　原無此二字。據章鈺校，十二行本、乙十一行本、孔天胤本皆有此二字，張敦仁《通鑑刊本識誤》同，今據補。

【語　譯】十一月初十日庚寅，將聖文章武明德孝皇帝安葬在顯陵，廟號稱高祖。

此前，黃河南北各州官府自賣海鹽，每年收入錢十七萬貫。又發放蠶鹽斂取百姓錢財。上奏的人說，百姓因私自販賣海鹽而被判罪的人很多，不如聽任百姓自行販賣，而每年依照官府所賣的錢數直接向百姓徵收，叫作食鹽錢。晉高祖同意了這個辦法。不久鹽價立刻便宜了，每斤落到十錢。到這時，三司使董遇想增加額外收入，又不便於一下子改變舊法，就對鹽商加重徵稅，經過這裡的每斤收七錢，留在這裡販賣的每斤收十錢。因此販鹽的商人幾乎絕跡，而官府又恢復了自賣。至於食鹽錢，到現在照舊徵收。

閩國的鹽鐵使、右僕射李仁遇，是李敏之子，閩主王曦的外甥。年輕，姿容俊美，得到王曦的寵幸。十二月，任命李仁遇為左僕射兼中書侍郎，任命翰林學士、吏部侍郎李光準為中書侍郎兼戶部尚書，兩人均為同平章事。

王曦荒淫無度，曾經夜晚舉行宴會，李光準酒醉違背了王曦的意旨，王曦下令把李光準綁送到都市上斬首。獄吏不敢殺他，就關押在監獄裡。第二天，閩主上朝聽政，把他叫來恢復了他的官位。這一天晚上，又舉行宴會，逮捕翰林學士周維岳投入監獄。獄吏擦淨床榻接待他，並說：「宰相昨天晚上就住在這裡，尚書您也不必擔心。」閩主酒醒後把他釋放了。還有一天，又舉行宴會，陪侍的大臣都因喝醉離去，只有周維岳一個人在座。王曦說：「維岳身材很小，為什麼酒能喝這麼多？」身邊的侍者有人回答說：「酒在另一副腸裡，身材不一定很高大。」王曦一聽高興了，命人把周維岳揪下殿，想剖肚看看他的酒腸。有人說：「殺了周維岳，就沒有人能再陪侍陛下豪飲了。」這才放了他。

晉出帝剛即位時，大臣商討向契丹奉表稱臣告喪之事，景延廣請求發書函只稱孫不稱臣。李崧說：「委屈自身為了國家，有什麼恥辱！陛下如果只稱孫不稱臣，必有一天親自披甲戴胄，和契丹開戰，到那時後悔也無補了。」景延廣堅持自己的主張，馮道在中間模稜兩可。晉出帝最終聽了景延廣的話。契丹大為震怒，派使者前來責問，並且說：「怎麼可以不先來稟告，就急忙稱帝呢！」景延廣又用不禮貌的話回答他。

契丹的盧龍節度使趙延壽想取代晉朝在中原稱帝，多次勸說契丹攻打晉朝，契丹主很贊同他的意見。

天福八年（癸卯　西元九四三年）

春，正月癸卯❷，蜀主以宣徽使兼宮苑使田敬全領永平❸節度使。敬全，宦者也，引前蜀王承休為比❹而命之，國人非之。

帝聞契丹將入寇，二月己未❺，發鄴都。乙丑❻，至東京❼。然猶❽與契丹問遺❾相往來，無虛月❿。

唐宣城王景達⓫，剛毅開爽，烈祖愛之，屢欲以為嗣。宋齊丘亟稱其才，唐主以齊王璟年長而止。璟以是怨齊丘。

唐主幼子景逷⓬[1]，母种氏⓭有寵，齊王璟母宋皇后稀得進見。唐主如璟宮，遇璟親調樂器⓮，大怒，誚讓⓯者數日。种氏乘間⓰言，景逷雖幼而慧，可以為嗣。唐主怒曰：「子有過，父訓之，常事也。國家大計，女子何得預知⓱！」即命嫁之⓲。

唐主嘗夢吞靈丹，旦而方士史守沖⓳獻丹方，以為神而餌之⓴，浸㉑成躁急。左右諫，不聽。嘗以藥賜李建勳，建勳曰：「臣餌之數日，已覺躁熱，況多餌乎！」唐主曰：「朕服之久矣。」羣臣奏事，往往暴怒。然或有正色論辯中理者㉒，亦斂容㉓慰謝而從之。

唐主問道士王栖霞㉔：「何道㉕可致㉖太平？」對曰：「王者治心治身㉗，乃治家國。今陛下尚未能去飢嗔、飽喜㉘，何論太平！」宋后自簾中稱歎，以為至言㉙。凡唐主所賜予，栖霞皆不受。栖霞常為人奏章㉚，唐主欲為之築壇㉛。辭曰：「國用方乏，何暇及此㉜！俟焚章不化，乃當奏請耳㉝。」

駕部郎中㉞馮延巳㉟，為齊王元帥府掌書記。性傾巧，與宋齊丘及宣徽副使陳覺相結。同府在己上者㊱，延巳稍以計逐之。延巳嘗戲㊲謂中書侍郎孫晟曰：「公有何能，為中書郎？」晟曰：「晟，山東鄙儒㊳，文章不如公，詼諧[2]不如公，諂詐㊴不如公。然主上使公與齊王游處㊵，蓋欲以仁義輔導之也，豈但㊶為聲色狗馬之友邪！晟誠無能，如[3]公之能，適足㊷為國家之禍耳。」延巳，歙州人也。又有魏岑㊸者，亦在齊王府。

給事中常夢錫㊹屢言陳覺、馮延巳、魏岑皆佞邪小人，不宜侍東宮。司門郎中㊺判大理寺蕭儼㊻表稱陳覺姦回亂政㊼。唐主頗感寤[4]，未及去。會疽發背，祕不令人知，密令醫治之，聽政如故。庚午㊽，疾亟㊾。太醫吳廷紹㊿[5]遣親信召齊王璟入侍疾。唐主謂璟曰：「吾餌金石，始欲益壽，乃更傷生，汝宜戒之！」是夕，殂。祕不發喪，下制以齊王監國，大赦。

孫晟恐馮延巳等用事(51)，欲稱遺詔令太后臨朝稱制。翰林學士李貽業(52)曰：「先帝嘗云：『婦人預政，亂之本(53)也。』安肯自為厲階(54)！此必近習(55)姦人之詐(56)也。且嗣君春秋(57)已長，明德著聞，公何得遽為亡國之言！若果宣行(58)，吾必對百官毀之。」晟懼而止。貽業，蔚之從曾孫(59)也。

丙子(60)，始宣遺制。烈祖末年卞急(61)，近臣多罹(62)譴罰。陳覺稱疾，累月不入，及宣遺詔，乃出。蕭儼劾奏：「覺端居私室，以俟升遐(63)，請按(64)其罪。」齊王不許。

自烈祖相吳，禁壓良為賤(65)，令買奴婢者通官作券(66)。馮延巳及弟禮部員外郎延魯(67)，俱在元帥府，草遺詔(68)聽民賣男女，意欲自買姬妾。蕭儼駮(69)曰：「此必延巳等所為，非大行(70)之命也。昔延魯為東都(71)判官，已有此請。先帝訪臣(72)，臣對曰：『陛下昔為吳相，民有鬻(73)男女者，為出府金(74)，贖而歸之(75)，故遠近歸心。今即位而反之，使貧人之子為富人廝役(76)，可乎？』先帝以為然，將治延魯罪。臣以為延魯愚，無足責。先帝斜封(77)延魯章，抹三筆，持入宮。請求諸宮中，必尚在。」齊王命取先帝時留中(78)章奏，得[6]千餘道，皆斜封一抹，果得延魯疏。然以遺詔已行，竟不之改。

【章 旨】以上為第七段，寫南唐烈祖辭世，元宗李璟立，馮延巳等傾巧小人得勢。

【注 釋】❶齊王 即晉出帝石重貴，高祖石敬瑭兄石敬儒之子。天福二年封鄭王，天福三年徙封齊王，天福七年即皇帝位。開運三年為契丹所滅。西元九四二－九四六年在位。❷癸卯 正月二十四日。❸永平 方鎮名，後蜀以雅州為永平軍節度。治所雅州，在今四川雅安。❹比 比照。指以宦官為節度使。❺己未 二月十一日。❻乙丑 二月十七日。❼至東京 石重貴即位於鄴都，至是還東京大梁。❽猶 還。❾問遺 問候、饋送。❿無虛月 每月不間斷。⓫景達 （西元九二四－九七一年）字子通，徐知誥第四子。性剛毅，封齊王。傳見《十國春秋》卷十九。⓬景逷 （西元九三八－九六八年）字宣遠，徐知誥幼子。封信王。非毀佛書，專重《六經》。傳見《十國春秋》卷十九。⓭种氏 名時光，江西良家女。景逷生母。得罪徐知誥，幽之別宮。傳見《十國春秋》卷十八。⓮親調樂器 親自調弄樂器。⓯誚讓 責罵。⓰乘間 乘著間隙。⓱預知 與聞。⓲嫁之 把她嫁出去。⓳史守沖 方士。傳見《十國春秋》卷三十四。⓴餌之 服用它。㉑浸 慢慢地。㉒中理者 符合道理的。㉓斂容 收斂容顏，即肅穆莊重。㉔王栖霞 （西元八八二－九四三年）一名敬真，字元隱，從道士聶師道傳道法。昇元初，賜號元博大師。傳見《十國春秋》卷三十四。㉕何道 什麼辦法。㉖致 達到。㉗治心治身 修心修身。㉘尚未能去飢嗔飽喜 指尚未去掉物欲之累。去，除去。飢嗔飽喜，飢餓則嗔怒，飽食則高興。㉙至言 至理名言。㉚為人奏章 替人建醮寫奏章上達於天。㉛壇 祭壇。㉜何暇及此 哪有時間考慮到這件事。㉝俟焚章不化二句 意謂等待奏章燒不掉的時候，再奏請建祭壇。㉞駕部郎中 兵部四司之一，掌輿輦、車馬、驛置、廄牧等事。㉟馮延巳 （西元九〇三－九六〇年）一名延嗣，字正中，廣陵（今江蘇揚州）人，諂佞險詐，官南唐宰相。工詩詞，有「吹皺一池春水」名句傳世。傳見《十國春秋》卷二十六。馮氏之名，向有兩說，一派以夏承燾《馮正中年譜》為代表，以為係「延巳」，延巳即午，午即正中。後俞平伯、吳小如又主「延己」說，聚訟不休。近者學界似仍以「延巳」為是。㊱在己上者 才能在自己之上的。㊲戲 開玩笑。㊳鄙儒 鄙陋寡聞的儒生。㊴諂詐 諂媚欺詐。㊵遊處 同遊相處。㊶但 只。㊷適足 剛好；恰巧。㊸魏岑 字景山，鄆州須城（今山東東平）人，諂媚用事，官南唐樞密副使。傳見《十國春秋》卷二十六。㊹常夢錫 （西元八九八－九五八年）字孟圖，扶風（今陝西興平東南）人，為人正直，官南唐翰林學士。傳見《十國春秋》卷二十三。㊺司門郎中 刑部四司之一，掌門關、津梁、道路等事。㊻蕭儼 廬陵（今江西吉水縣）人，秉身方直，彈奏不阿。傳見《十國春秋》卷二十五。㊼姦回亂政 奸佞邪惡，惑亂政治。㊽庚午 二月二十二日。㊾疾亟 疾病加重。㊿吳廷紹 南唐太醫令，能對症下藥。傳見《十國春秋》卷三十二。51用事　執政。52李貽業　唐僖宗朝宰相李蔚之從曾孫。官翰林學士，徐知誥死，反對皇太后監國之議。傳見《十國春秋》卷二十五。53本　根本；根源。54厲階　禍端；禍患的來由。厲，惡。階，道。55近習　身邊親信的人。56詐　偽造。57春秋　年齡。58宣行　指皇后臨朝稱制的命令宣布。59從曾孫　堂曾孫。60丙子　二月二十八日。61卞急　性情急躁。62罹　蒙受；遭到。63升遐　皇帝升天，即逝世。64按　按問；審查。65壓良為賤　買良人子女為奴婢。此為法律所禁止。66通官作券　通報官府開給證據。67延魯　字叔文，一名謐。少負才名，官南唐勤政殿學士。傳見《十國春秋》卷二十六。68草遺詔　起草徐知誥的遺詔。69駁　駁斥。70大行　皇帝死而未葬稱大行皇帝。71東都　揚州。72訪臣　詢問我。73鬻　賣。74出府金　拿出府庫之錢。75贖而歸之　贖出來讓他回家。76廝役　執勞役供使喚的人。77斜封　非正式途徑下達公文。78留中　留在宮中不回覆的文件。

【校　記】1景逷　原作「景遏」。據章鈺校，十二行本作「景逷」，張敦仁《通鑑刊本識誤》同，今據改。下同。按，《十國春秋》本傳作「景逷」。2詼諧　原作「談諧」。據章鈺校，十二行本、乙十一行本皆作「詼諧」，今據改。3如　原無此字。據章鈺校，十二行本、乙十一行本、孔天胤本皆有此字，今據補。4寤　原作「悟」。據章鈺校，十二行本、乙十一行本、孔天胤本皆作「寤」，今據改。5吳廷紹　原作「吳廷裕」。嚴衍《通鑑補》改作「吳廷紹」，今據以校正。按，《十國春秋》作「吳廷紹」。6得　原無此字。據章鈺校，十二行本、乙十一行本、孔天胤本皆有此字，今據補。

【語　譯】齊王上

天福八年（癸卯　西元九四三年）

春，正月二十四日癸卯，蜀主任命宣徽使兼宮苑使田敬全兼任永平節度使。田敬全是宦官，蜀主是援引前蜀宦官王承休為節度使之例而任命了他，國人認為這樣做是錯誤的。

晉出帝聽說契丹將入內地寇掠，二月十一日己未，從鄴都出發。十七日乙丑，到達東京大梁。不過還是和契丹往來問訊，互相饋贈，沒有一個月間斷。

唐國宣城王李景達剛強開朗，烈祖很喜愛他，多次想讓他為繼承人。宋齊丘也竭力稱讚他的才幹，唐主認為齊王李璟年長而打消了這個念頭。李璟因此怨恨宋齊丘。

唐主最小的兒子叫李景逷，他的母親种氏受唐主的寵愛，而齊王李璟的母親宋皇后卻很少有機會能進見。一次唐主到李璟宮中，碰到李璟親手調弄樂器，大為惱怒，責罵了好幾天。种氏乘機向唐主說，景逷年紀雖小，但卻聰明，可以當繼承人。唐主發怒說：「兒子有過錯，父親教訓他，這是很正常的事。國家大計，女人怎麼能夠過問！」當即命令把她嫁出去。

唐主曾經夢見自己吞下靈丹，天一亮方士史守沖就向他獻上丹方，唐主認為是神靈指示就按丹方吃了起來，漸漸地出現急躁。近臣勸阻他，他不聽。曾把藥賜給李建勳，李建勳說：「臣吃了幾天，已經覺得身上躁熱，何況多吃呢！」唐主說：「朕服得很久了。」大臣奏事時，唐主經常突然發怒。不過或有嚴正論辯合乎道理的，也能嚴肅地表示感謝，並予以採納。

唐主詢問道士王栖霞：「用什麼方法可以達到天下太平？」王栖霞回答說：「為帝王的要修心修身，才能治理國家。現在陛下還沒能除去飢了怨怒、飽了歡喜的毛病，哪裡談得上天下太平呢！」宋皇后從簾子後大為讚歎，認為是至理名言。凡是唐主要賜予給他的，王栖霞一概不接受。王栖霞經常替別人向天帝上奏章，唐主想為他修建一座祭壇。他推辭說：「國家的用度正困乏，哪有時間顧及這件事！等到奏章燒不掉時，我再奏請陛下修建祭壇。」

駕部郎中馮延巳是齊王元帥府的掌書記。他生性愛排擠而奸巧，和宋齊丘以及宣徽副使陳覺互相勾結。元帥府的同事凡是能力在自己之上的，馮延巳小施手段把他趕走，馮延巳曾經對中書侍郎孫晟開玩笑地說：「您有什麼能力，當上中書郎？」孫晟說：「我孫晟是山東一個鄙陋儒生，文章不如您，詼諧不如您，諂媚欺詐不如您。然而皇上讓您和齊王相遊處，是想讓您用仁義輔導他，哪裡只叫你們做聲色狗馬的朋友呢！我孫晟的確沒有才能，不過您的才能，恰好足夠成為國家的災禍罷了。」馮延巳，是歙州人。又有魏岑這個人，也在齊王府任職。

給事中常夢錫多次說陳覺、馮延巳、魏岑都是奸邪小人，不適合陪侍太子。司門郎中判大理寺蕭儼上表說陳覺奸邪亂政。唐主稍有感悟，沒有來得及免去他們的職務。正在這時唐主背上生了癰瘡，隱瞞不讓人知道，暗中叫醫生治療，處理政事和往常一樣。二月二十二日庚午，病情惡化，太醫吳廷紹派親信告訴齊王李璟入宮護理。唐主對李璟說：「我服食金石丹藥，本來是想延年益壽，反而更加損害身體，你應當以此為戒！」當天晚上，便去世了。把喪事隱瞞不宣布，頒下制令任命齊王李璟監理國事，實行大赦。

孫晟害怕馮延巳等人執政，就想假稱遺詔讓太后臨朝代行天子之事。翰林學士李貽業說：「先帝曾經說過：『婦人參與朝政，是禍亂的根源。』怎麼能自啟禍端！這一定是皇上身邊親信奸人的欺詐行為。況且嗣位之君年紀已長，聖明賢德人所共知，公怎麼可以忽然說出這樣的亡國之言！如果真的宣布施行，我一定要當著文武百官的面揭穿它。」孫晟很害怕，事情作罷。李貽業，是李蔚的曾姪孫。

二月二十八日丙子，才宣布遺詔。烈祖晚年性情急躁，身邊大臣大都受到責罰。陳覺藉口有病，幾個月都不入朝，等到宣布了遺詔，才出來。蕭儼彈劾他說：「陳覺端坐在自己家中，只等待皇帝駕崩，請審查他的罪行。」齊王李璟沒有答應。

自從烈祖任吳國的宰相，就禁止買良家子女做奴婢，命令買奴婢的人必須報官開給證據。馮延巳和他的弟弟禮部員外郎馮延魯，都在元帥府任職，草擬烈祖遺詔聽任百姓賣子女，目的是為了自己購買姬妾。蕭儼反駁說：「這肯定是馮延巳等人幹的，不是大行皇帝的遺命。從前馮延魯任東都判官時，已經提過這種請求。先帝徵詢我的意見，我回答說：『陛下從前任吳國宰相時，百姓有賣子女的，您為他們拿出府庫中的錢，把人贖出來讓他們回家，所以百姓無論遠近都誠心歸附。現在即了皇帝位卻推翻它，讓窮人家的子女成為富裕人家的奴僕，能行嗎？』先帝認為我的話是對的，要治馮延魯的罪。我認為馮延魯愚笨，不值得責備他。先帝便把馮延魯的奏章斜著封上了，抹了三筆，帶進宮中。請在宮中查找，一定還在。」齊王命取出先帝時留置禁中的奏章，一共有一千多件，都是斜著封口抹上一筆的，果然找到了馮延魯的奏疏。然而由於遺詔已經施行，終於沒有更改它。

閩富沙王延政稱帝於建州，國號大殷，大赦，改元天德。以將樂縣❶為鏞州，延平鎮❷為鐔州。立皇后張氏❸。以節度判官潘承祐❹為吏部尚書，節度巡官建陽楊思恭❺為兵部尚書。未幾，以承祐同平章事，思恭遷僕射，錄軍國事。延政服赭袍視事，然牙參❻及接鄰國使者，猶如藩鎮禮❼。殷國小民貧，軍旅不息❽。楊思恭以善聚斂❾得幸，增田畝山澤之稅，至於魚鹽蔬果，無不倍征❿，國人謂之「楊剝皮」。

三月己卯朔⓫，以中書令趙瑩為晉昌⓬節度使兼中書令，以晉昌節度使兼侍中桑維翰為侍中。

唐元宗即位，大赦，改元保大。祕書郎韓熙載⓭請俟踰年改元，不從。尊皇后曰皇太后⓮，立妃鍾氏⓯為皇后。唐主未聽政⓰，馮延巳屢入白事⓱，一日至數四。唐主曰：「書記⓲有常職，何為如是其煩也！」唐主為人謙謹，初即位，不名大臣⓳，數延公卿論政體⓴。李建勳謂人曰：「主上寬仁大度，優於先帝。但性習未定㉑，苟旁無正人，但恐不能守先帝之業耳。」

唐主以鎮南節度使宋齊丘為太保兼中書令，奉化㉒節度使周宗為侍中。唐主以齊丘、宗先朝勳舊，故順人望㉓召為相，政事皆自決㉔之。徙壽王景遂為燕王，宣城王景達為鄂王。

初，唐主為齊王，知政事㉕，每有過失，常夢錫常直言規正㉖。始雖忿懟㉗，終以諒直㉘多之。及即位，許以為翰林學士。齊丘之黨疾之㉙，坐封駁制書㉚，貶池州判官。池州多遷客㉛，節度使上蔡王彥儔㉜，防制㉝過甚，幾不聊生㉞，惟事夢錫如在朝廷。

宋齊丘待陳覺素厚，唐主亦以覺為有才，遂委任之。馮延巳、延魯、魏岑雖齊邸舊僚，皆依附覺，與休寧查文徽㉟更相汲引㊱，侵蠹㊲政事。唐人謂覺等為「五鬼㊳」。延魯自禮部員外郎遷中書舍人、勤政殿學士。江州觀察使杜昌業聞之，歎曰：「國家所以驅駕㊴羣臣，在官爵而已。若一言稱旨㊵，遽躋通顯㊶，後有立功者，何以賞之！」未幾，唐主以岑及文徽皆為樞密副使。岑既得志，會覺遭母喪，岑即暴揚㊷覺過惡，擯斥㊸之。

唐置定遠軍㊹於濠州。

【章旨】以上為第八段，寫王延政稱帝於建州，國號殷。南唐陳覺、馮延巳、馮延魯、魏岑、查文徽五人朋比為奸，時人斥之為「五鬼」。

【注釋】❶將樂縣　縣名，在今福建將樂。❷延平鎮　地名，在今福建南平。❸張氏　天德元年立為皇后。傳見《十國春秋》卷九十四。❹潘承祐　晉安（今福建南安）人，曾向天德帝上十事疏，指摘時弊，被削官爵。傳見《十國春秋》卷九十六。❺楊思恭　建州建陽（今福建建陽）人，以善聚斂得幸，國人稱之「楊剝皮」。傳見《十國春秋》卷九十八。❻牙參　官衙內參拜。❼猶如藩鎮禮　還像藩鎮一樣的禮制。❽軍旅不息　軍事行動不停止。❾聚斂　搜刮。❿倍征　加倍徵稅。⓫己卯朔　三月初一日。⓬晉昌　方鎮名，後晉以雍州為晉昌節度使，治所雍州，在今陝西西安。⓭韓熙載　（西元九〇二—九七〇年）字叔言，濰州北海（今山東濰坊）人，畫家、書法家。官南唐光政殿學士承旨。傳見《十國春秋》卷二十八、《宋史》卷四百七十八。⓮皇太后　宋氏（？—西元九四五年），小名福金。卒謚元敬。傳見《十國春秋》卷十八。⓯鍾氏　（？—西元九六五年）卒謚光穆。傳見《十國春秋》卷十八。⓰未聽政　服喪而未御正殿聽政。⓱白事　奏事。⓲書記　馮延巳時為齊王掌書記，故稱之。⓳不名大臣　不叫大臣的名字。⓴政體　政事。㉑性習未定　性格、習慣還不曾定型。㉒奉化　方鎮名，南唐置奉化軍節度。治所江州，在今江西九江市。㉓順人望　順從民眾的願望。㉔自決　自己裁決。㉕知政事　掌理國家政務。㉖規正　規勸匡正。㉗忿懟　憤怒怨恨。㉘諒直　坦誠正直。㉙疾之　忌恨他。㉚坐封駁制書　犯了封駁制書之罪。封駁，門下省一種糾正違失的權力，制書若不合理，也可退回，拒不執行。對皇權專制有所制約。㉛遷客　犯罪官員由中央貶遷到外州的，當地人稱之為遷客。㉜王彥儔　蔡州上蔡（今河南上蔡）人，官南唐康化軍節度使。傳見《十國春秋》卷二十二。㉝防制　防範限制。㉞幾不聊生　幾乎不能生存下去。㉟查文徽　（西元八九〇—九五九年）字光慎，歙州休寧（今安徽休寧）人，初任氣好俠，後與宋齊丘等結成死黨。傳見《十國春秋》卷二十六。㊱更相汲引　彼此之間互相援引。㊲侵蠹　危害、敗壞。㊳五鬼　即指陳覺、馮延巳、馮延魯、魏岑、查文徽五人。㊴驅駕　驅使；使用。㊵一言稱旨　一句話得到皇帝歡心。㊶遽躋通顯　立即躋身於通達顯赫的地位。通顯，這裡指勤政殿學士。㊷暴揚　公開宣揚。㊸擯斥　排斥。㊹定遠軍　方鎮名，南唐置。治所濠州，在今安徽鳳陽。

【語　譯】閩國的富沙王王延政在建州稱帝，國號大殷，實行大赦，改年號為天德。把將樂縣改作鏞州，延平鎮改作鐔州。冊立張氏為皇后。任命節度判官潘承祐為吏部尚書，節度巡官建陽人楊思恭為兵部尚書。沒過多久，又任命潘承祐為同平章事，楊思恭遷升為僕射，總管軍國大事。王延政穿著赭色袍服聽理朝政，但是在官署內接受參拜和接見鄰國的使者時，還是如同藩鎮的禮儀。殷國國土狹小，百姓貧困，戰爭卻沒有停止過。楊思恭因為善於搜刮民財而獲得寵幸，他增加田畝山澤的稅額，以至於魚鹽菜果，無不加倍徵稅，殷國的百姓稱他「楊剝皮」。

三月初一日己卯，任命中書令趙瑩為晉昌節度使兼任中書令，任命原晉昌節度使兼任侍中桑維翰為侍中。

唐元宗李璟即皇帝位，實行大赦，改年號為保大。祕書郎韓熙載建議等過年再改年號，沒有聽從。尊奉皇后為皇太后，冊立妃子鍾氏為皇后。唐主還沒有坐朝聽政，馮延巳就多次入宮報告公務，一天甚至去三四次。唐主說：「書記有固定的職守，為什麼要這樣煩瑣啊！」唐主為人謙遜謹慎，剛即帝位，不直接叫大臣的姓名，多次邀請公卿大臣議論政事。李建勳對人說：「皇上寬仁大度，勝過先帝。但習性沒有定型，如果身邊沒有正派的人，只怕難以守住先帝的基業啊。」

唐主任命鎮南節度使宋齊丘為太保兼中書令，奉化節度使周宗為侍中。唐主認為宋齊丘、周宗是先朝的元勳舊臣，所以就順應眾人之期盼徵召他們為宰相，但是朝中政事都是自己決斷。徙封壽王李景遂為燕王，宣城王李景達為鄂王。

當初，唐主為齊王，掌理政事，每當出現失誤，常夢錫經常直言規勸匡正。開始雖然很憤恨，但最終因為他的坦誠和正直而稱許他。到稱帝以後，答應任命他為翰林學士。宋齊丘的黨羽們忌恨他，他犯了封駁皇帝制書之罪，貶他為池州判官。池州有很多遭貶逐的人，節度使上蔡人王彥儔對他們防備和限制得過於苛刻，幾乎無法生存，惟獨侍奉常夢錫還同他在朝廷時那樣。

宋齊丘一向厚待陳覺，唐主也認為陳覺有才幹，於是任用他。馮延巳、馮延魯、魏岑雖然是齊王府邸的舊時僚屬，卻都依附於陳覺，和休寧人查文徽互相援引，敗壞政務。唐國的人把陳覺等人稱為「五鬼」。馮延魯從禮部員外郎升遷為中書舍人、勤政殿學士。江州觀察使杜昌業得知這一消息，感歎地說：「國家用以驅使和駕御群臣的，在於官爵而已。如果一句話符合上意，立即躋身於通達顯赫的地位，以後有建立功勳的人，拿什麼來獎賞他呢！」沒過多久，唐主任命魏岑和查文徽同為樞密副使。魏岑得志以後，恰好陳覺遇上母親去世，魏岑就公開宣揚陳覺的罪惡，排擠他。

唐國在濠州設置定遠軍。

漢殤帝驕奢，不親政事。高祖在殯❶，作樂酣飲。夜與倡婦❷微行❸，倮男女而觀之。左右忤意❹輒死，無敢諫者。惟越王弘昌及內常侍番禺吳懷恩❺屢諫，不聽。常猜忌諸弟，每宴集，令宦者守門，羣臣、宗室皆露索❻，然後入。

晉王弘熙欲圖之❼，乃盛飾聲伎❽，娛悅其意，以成其惡❾。漢主好手搏❿，弘熙令指揮使陳道庠引力士⓫劉思潮、譚令禋、林少強、林少良、何昌廷等五人習手搏於晉府，漢主聞而悅之。丙戌⓬，與諸王宴於長春宮，觀手搏，至夕罷宴，漢主大醉。弘熙使道庠、思潮等掖⓭漢主，因拉殺之⓮，盡殺其左右。

明旦⓯，百官諸王莫敢入宮。越王弘昌帥諸弟臨於寢殿⓰，迎弘熙即皇帝位，更名晟，改元應乾⓱。以弘昌為太尉兼中書令、諸道兵馬都元帥，知政事，循王弘杲為副元帥，參預政事。陳道庠及劉思潮等皆受賞賜甚厚。

【章旨】以上為第九段，寫南漢晉王劉弘熙弒其兄殤帝劉玢自立，弘熙更名晟。

【注釋】❶殯　棺木盛屍尚未入土埋葬。❷倡婦　妓女。❸微行　不帶隨從，微服出行。❹忤意　違逆他的心意。❺吳懷恩　番禺（今廣東番禺）人，官南漢開府儀同三司。善於征戰，曾擴大南漢疆土十一州。傳見《十國春秋》卷六十四。❻露索　裸露著身體加以搜索。❼欲圖之　要想除掉他。❽聲伎　歌舞藝人。❾以成其惡　用以構成他的罪惡。❿手搏　指角力、摔跤、拳擊之類的搏鬥。⓫力士　力氣特別大的人。⓬丙戌　三月初八日。⓭掖　扶。⓮因拉殺之　利用扶持漢王時用力拉扯致死。⓯明旦　第二天早晨。⓰寢殿　臥室。⓱應乾　南漢劉晟年號。

【語譯】漢殤帝驕縱奢侈，不親理政事。高祖的靈柩還未安葬，他就奏樂酣飲。夜間與妓女微服出行，讓男人和女子脫光衣服供他觀賞。身邊的人違背他的心意就處死，因此沒有敢對他勸諫的人。只有越王劉弘昌和內常侍番禺人吳懷恩多次勸諫，他不聽。他常常懷疑和忌恨每個弟弟，每次舉行宴會，都命令宦官把守大門，對群臣和宗室都要脫掉衣服進行搜查，然後進門。

晉王劉弘熙想要除掉他，於是就盛裝打扮歌伎，博取他的歡心，藉以促成他作惡。漢主愛好徒手搏擊，劉弘熙就命令指揮使陳道庠帶來力士劉思潮、譚令禋、林少強、林少良、何昌廷等五人在晉王府演練徒手搏擊，漢主聽說後非常高興。三月初八日丙戌，和諸王一起在長春宮宴飲，觀賞徒手搏擊，直到天黑宴會才結束，漢主喝得酩酊大醉。劉弘熙指使陳道庠、劉思潮等攙扶漢主，就手把他拉扯死了，把漢主身邊的近侍全都殺了。

第二天早晨，文武百官和諸王沒有人敢進入宮中。越王劉弘昌率領諸弟來到寢殿弔哭，迎奉劉弘熙即皇帝位，更名劉晟，改年號為應乾。任命劉弘昌為太尉兼中書令、諸道兵馬都元帥，主持朝廷政事，循王劉弘杲為副元帥，參與朝政。陳道庠和劉思潮等人都受到豐厚的賞賜。

閩主曦納金吾使❶尚保殷之女，立為賢妃。妃有殊色❷，曦嬖❸之。醉中，妃所欲殺則殺之，所欲宥❹則宥之。

夏，四月戊申朔❺，日有食之。○唐以中書侍郎、同平章事李建勳為昭武❻節度使，鎮撫州。○殷將陳望等攻閩福州，入其西郛❼，既而敗歸。

五月，殷吏部尚書、同平章事潘承祐上書陳十事，大指❽言「兄弟相攻，逆傷⑨天理，一也。賦斂煩重⑩，力役無節⑪，二也。發民為兵，羈旅愁怨⑫，三也。楊思恭奪人[1]衣食，使歸怨於上，羣臣莫敢言，四也。疆土狹隘，多置州縣，增吏困民⑬，五也。除道裹糧⑭，將攻臨汀⑮，曾不憂金陵⑯、錢塘⑰乘虛相襲，六也。括高貲戶⑱，財多者補官，逋負⑲者被刑，七也。延平諸津，征⑳果菜魚米，獲利至微，斂怨甚大，八也。與唐、吳越為鄰，即位以來，未嘗通使，九也。宮室臺榭，崇飾㉑無度，十也。」殷王延政大怒，削承祐官爵，勒㉒歸私第。

漢中宗既立，國中議論詾詾㉓。循王弘杲請斬劉思潮等以謝㉔中外，漢主不從。思潮等聞之，譖弘杲謀反，漢主令思潮等伺之㉕。弘杲方宴客，思潮與譚令禋帥衛兵突入，斬弘杲。於是漢主謀盡誅諸弟，以越王弘昌賢而得眾，尤忌之。雄武㉖節度使齊王弘弼，自以居大鎮，懼禍㉗，求入朝。許之。

初，閩主曦侍康宗宴，會新羅㉘獻寶劍，康宗舉以示同平章事王倓㉙曰：「此何所施㉚？」倓對曰：「斬為臣不忠者。」時曦已蓄異志，凜然變色㉛。至是宴羣臣，復有獻劍者，曦命發倓冢㉜，斬其尸。

校書郎㉝陳光逸㉞謂其友曰：「主上失德，亡無日矣。吾欲死諫。」其友止之，不從，上書陳[2]曦大惡五十事。曦怒，命衛士鞭之數百，不死。以繩繫其頸，懸諸庭樹㉟，久之乃絕。

【章　旨】以上為第十段，寫殷主王延政、南漢中宗劉晟、閩主王曦均為昏庸兇暴之主，無一人有善政可言。

【注　釋】❶金吾使　官名，掌儀衛。❷殊色　特別漂亮。❸嬖　寵愛。❹宥　寬恕。❺戊申朔　四月初一日。❻昭武　方鎮名，吳置。治所臨川，在今江西臨川區。❼西郛　西面的外城。郛，同「郭」。外城。❽大指　大旨；大意。指，通「旨」。❾逆傷　違逆、傷害。❿煩重　繁重。⓫無節　沒有節制。⓬羈旅愁怨　寄居異鄉憂愁怨恨。羈旅，作客異鄉。⓭增吏困民　增加官吏，困擾百姓。⓮除道裹糧　修築道路，攜帶糧食。⓯臨汀　汀州，在今福建長汀。⓰金陵　指南唐。⓱錢塘　指吳越。⓲括高貲戶　搜刮家富財豐的人家。貲，財產。⓳逋負　拖欠。⓴征　徵稅。㉑崇飾　盛飾。㉒勒　勒令。㉓詾詾　喧擾不安。指責其弒兄自立。㉔謝　致歉。㉕伺之　監視他。㉖雄武　胡三省注認為係「建武」之誤。建武，方鎮名，南漢升邕州為建武軍節度。治所邕州，在今廣西邕寧。㉗懼禍　害怕災禍。㉘新羅　朝鮮古國名，海道與閩相通。㉙王倓　為人剛直，不畏強暴，官至閩同平章事。傳見《十國春秋》卷九十六。㉚此何所施　這把寶劍有什麼用。㉛凜然變色　身上一冷，改變了臉色。㉜發倓冢　挖開王倓的墳墓。㉝校書郎　官名，屬祕書省，掌校讎典籍。㉞陳光逸　（？—西元九四三年）為人正直，敢於進諫。曾疏王曦五十罪惡，被處死。傳見《十國春秋》卷九十六。㉟懸諸庭樹　吊在庭院的樹上。

【校　記】①人　原作「民」。據章鈺校，十二行本、乙十一行本、孔天胤本皆作「人」，今據改。②陳　原作「諫」。據章鈺校，十二行本、乙十一行本皆作「陳」，張敦仁《通鑑刊本識誤》同，今據改。

【語　譯】閩主王曦娶了金吾使尚保殷的女兒，冊立為賢妃。賢妃長得特別漂亮，王曦很寵愛她。當王曦酒醉時，賢妃想要殺誰，王曦就把他殺掉，想要寬宥誰，王曦就把他放了。

夏，四月初一日戊申，發生日蝕。○唐國任命中書侍郎、同平章事李建勳為昭武節度使，鎮守撫州。○殷國的將領陳望等攻打閩國的福州，攻進了福州西城外郭，旋即戰敗返回。

五月，殷國的吏部尚書、同平章事潘承祐上書陳述十件事情，大意是說「兄弟之間相互攻戰，傷天害理，這是一。賦稅徵斂頻繁而沉重，勞役徵調毫無節制，這是二。徵發百姓當兵，使他們寄居異鄉，心懷愁怨，這是三。楊思恭掠奪百姓衣食，致使百姓把怨恨歸於皇上，群臣沒有人敢說話，這是四。疆土本來就狹小，卻又過多地設立州縣，增加官吏，困擾百姓，這是五。修築道路，攜帶糧食，準備攻打臨汀，而不考慮南唐和吳越兩國會乘虛來襲擊，這是六。搜刮家富財豐的人家，財物交得多的可以補授官位，拖欠的就遭受刑罰，這是七。延平一帶的各個渡口，徵收果菜魚米等稅，得利極少，招來的民怨很大，這是八。與南唐、吳越兩國為鄰，自即位以來，未曾和他們互通使者，這是九。宮室臺榭，盛飾無節制，這是十。」殷主王延政大怒，免除了潘承祐的官職和爵位，勒令他回到自己的家中去。

漢中宗即位以後，國內喧擾。循王劉弘杲奏請把劉思潮等人斬首向朝廷內外謝罪，漢主不答應。劉思潮等人得知此事後，就誣告劉弘杲謀反，漢主命令劉思潮等人監視他。劉弘杲正在宴請賓客，劉思潮和譚令禋帶領衛兵闖了進去，殺死了劉弘杲。於是漢主謀劃把幾個弟弟全部殺掉，由於越王劉弘昌賢能而得眾心，因此特別忌恨他。雄武節度使齊王劉弘弼考慮到自己位居大鎮，擔憂招惹禍患，就請求入朝。漢主同意了。

當初，閩主王曦陪侍康宗飲宴，遇到新羅使者進獻寶劍，康宗舉起寶劍叫同平章事王倓看，說：「這把寶劍有什麼用？」王倓回答說：「用來斬殺做臣子而不忠心的人。」當時王曦已經蓄謀叛亂，聽了這話，身上一冷，臉色都變了。這時王曦宴飲群臣，又有前來進獻寶劍的，王曦命人掘開王倓的墳墓，砍他的屍首。校書郎陳光逸對他的朋友說：「皇上無道，國家不用多久就會滅亡。我準備冒死進諫。」他的朋友阻止他，他不聽，於是上書陳述王曦大惡五十條。王曦很生氣，命令衛士鞭撻他好幾百下，沒有死。又用繩子拴住他的脖子，把他吊在庭院的樹上，時間很長才斷了氣。

秋，七月己丑❶，詔以年饑，國用不足，分遣使者六十餘人於諸道括民穀❷。

吳越王弘佐初立，上統軍使闞璠❸彊戾，排斥異己，弘佐不能制。內牙上都監使章德安❹數與之爭❺，右都監使李文慶不附於璠。乙巳❻，貶德安於處州❼，文慶于睦州❽。璠與右統軍使胡進思❾益專橫。璠，明州人。文慶，睦州人。進思，湖州人也。

唐主緣❿烈祖意，以天雄節度使兼中書令、金陵尹燕王景遂為諸道兵馬元帥，徙封齊王，居東宮⓫；天平節度使、守侍中、東都留守鄂王景達為副元帥，徙封燕王。宣告中外，約⓬以傳位。立長子弘冀⓭為南昌王。景遂、景達固辭，不許。景遂自誓⓮必不敢為嗣，更其字曰退身。

漢指揮使萬景忻⓯敗張遇賢於循州。遇賢告于神，神曰：「取虔州，則大事可成。」遇賢帥眾踰嶺，趣虔州⓰。唐百勝⓱節度使賈匡浩不為備，遇賢眾十餘萬攻陷諸縣，再敗州兵，城門晝閉。遇賢作宮室營署于白雲洞⓲，遣將四出剽掠。匡浩，公鐸⓳之子也。

八月乙卯⓴，唐主立弟景逷為保寧王。宋太后㉑怨种夫人，屢欲害景逷，唐主力保全之。

【章　旨】以上為第十一段，寫吳越王錢弘佐初立，上統軍使闞璠專橫；南唐主元宗李璟友愛兄弟；南漢流寇侵入南唐虔州。

【注釋】❶己丑　七月十三日。❷括民穀　收繳老百姓的穀物。❸闞璠　明州（今浙江寧波）人，官吳越上統軍使。❹章德安　處州麗水（今浙江麗水市）人，為人忠直，官吳越內都監。傳見《十國春秋》卷八十六。❺數與之爭　多次與他爭論。❻乙巳　七月二十九日。❼處州　州名，治所麗水縣，在今浙江麗水市。❽睦州　州名，治所建德，在今浙江建德。❾胡進思　湖州（今浙江湖州）人，本屠牛為業。官右統軍使，弄權反覆。傳見《十國春秋》卷八十八。❿緣　遵循。⓫居東宮　作為王儲，準備讓其嗣位。⓬約　預約。⓭弘冀　（？－西元九五九年）李璟長子，立為世子。沉厚寡言，性剛善斷。傳見《十國春秋》卷十九。⓮自誓　自己立誓。⓯萬景忻　少以驍勇為南漢牙校。傳見《十國春秋》卷六十三。⓰趣虔州　指張遇賢由漢進入南唐。虔州為南唐百勝節度使治所，在今江西贛州。⓱百勝　方鎮名，後梁置，南唐仍之。⓲白雲洞　白雲嶂，在今江西于都西，有三洞。⓳公鐸　賈公鐸，據本書卷二百六十唐昭宗乾寧三年五月載，曾為右監門衛將軍。胡三省注引《九國志》，云生於上蔡（今河南上蔡）。⓴乙卯　八月初九日。㉑宋太后　即元敬王后宋氏。

【語譯】秋，七月十三日己丑，晉出帝下詔，因為年歲饑荒，國家財用不足，派使者六十多人分別在各道收繳百姓的穀物。

吳越王錢弘佐剛剛即位，上統軍使闞璠強橫暴戾，排擠異己，錢弘佐對他不能控制。內牙上都監使章德安多次同他爭執，右都監使李文慶也不肯依附於闞璠。七月二十九日乙巳，把章德安貶降到處州，把李文慶貶降到睦州。從此，闞璠和右統軍使胡進思更加專橫。闞璠，明州人。李文慶，睦州人。胡進思，湖州人。

唐主遵循烈祖的旨意，任命天雄節度使兼中書令、金陵尹燕王李景遂為諸道兵馬元帥，移封為齊王，住在東宮；任命天平節度使、守侍中、東都留守鄂王李景達為副元帥，移封為燕王。向朝廷內外宣告，約定以後要傳位給他們。冊立長子李弘冀為南昌王。李景遂、李景達兩人堅決推辭，沒有獲准。李景遂自己立誓，絕不敢做嗣君，並更改他的字叫退身。

漢國的指揮使萬景忻在循州打敗了張遇賢。張遇賢向神禱告，神說：「攻取虔州，就可以大功告成。」張遇賢率領部眾翻越南嶺，奔赴虔州。唐國的百勝節度使賈匡浩沒作防備，張遇賢的十多萬兵眾攻陷了各個縣城，兩次打敗虔州的軍隊，州城城門白天關閉起來。張遇賢在白雲洞建造宮室、軍營和官署，派將領四出搶劫。賈匡浩，是賈公鐸的兒子。

八月初九日乙卯，唐主冊立他的弟弟李景遏為保寧王。宋太后怨恨种夫人，多次想加害李景遏，唐主極力把他保護下來。

夏州牙內指揮使拓跋崇斌謀作亂，綏州刺史李彝敏將助之，事覺。辛未❶，彝敏棄州，與其弟彝俊等五人奔❷延州。

九月，尊帝母秦國夫人安氏為皇太妃❸。妃，代北人也。帝事太后、太妃甚謹❹，多侍食於其宮[1]，待諸弟❺亦友愛。

初，河陽牙將喬榮從趙延壽入契丹，契丹以為回圖使❻，往來販易❼於晉，置邸❽大梁。及契丹與晉有隙，景延廣說帝囚榮於獄，悉取邸中之貨❾。凡契丹之人販易在晉境者，皆殺之，奪其貨。大臣皆言契丹有大功於晉[2]，不可負❿。戊子⓫，釋榮⓬，慰賜而歸之⓭。

榮辭延廣⓮，延廣大言⓯曰：「歸語而主，先帝⓰為北朝⓱所立，故稱臣奉表。今上⓲乃中國所立，所以降志⓳於北朝者，正以不敢忘先帝盟約故耳。為鄰稱孫，足矣⓴，無稱臣之理。北朝皇帝勿信㉑趙延壽誑誘㉒，輕侮中國。中國士馬，爾所目睹。翁怒則來戰，孫有十萬橫磨劍㉓，足以相待。他日為孫所敗，取笑天下，毋悔也！」榮自以亡失㉔貨財，恐歸獲罪，且欲為異時㉕據驗，乃曰：「公所言頗多，懼有遺忘，願記之紙墨。」延廣命吏書其語以授之㉖，榮具㉗以白契丹主。契丹主大怒，入寇之志始決。晉使如契丹者[3]，皆縶㉘之幽州，不得見。

桑維翰屢請遜辭㉙以謝契丹，每為延廣所沮。帝以延廣有定策功㉚，故寵冠羣臣㉛。又總宿衛兵，故大臣莫能與之爭。河東節度使劉知遠，知延廣必致寇㉜，而畏其方用事，不敢言。但益㉝募兵，奏置興捷、武節㉞等十餘軍以備契丹。

甲午㉟，定難㊱節度使李彝殷奏李彝敏作亂之狀，詔執彝敏送夏州，斬之。

【章旨】以上為第十二段，寫景延廣不識大局，惡意結怨於契丹。

【注釋】❶辛未　八月二十五日。❷奔　逃。❸皇太妃　安氏，代（今山西代縣）北人，石敬儒妻，生石重貴。傳見《新五代史》卷十七。❹甚謹　非常恭謹小心。❺諸弟　所有的弟弟。❻回圖使　官名，回圖務的官員。回圖務掌中外貿易事務。❼販易　販運貨物，互相貿易。❽邸　府邸。這裡指原河陽牙將，今為契丹回圖使喬榮在大梁建的府邸。❾貨　財物。❿負　辜負。⓫戊子　九月十三日。⓬釋榮　釋放喬榮。⓭慰賜而歸之　慰勉賞賜，讓他回契丹去。⓮榮辭延廣　喬榮向景延廣告別。⓯大言　說大話。⓰先帝　指石敬瑭。⓱北朝　指契丹。⓲今上　指石重貴。⓳降志　降低自己的名分。⓴足矣　夠滿足了。㉑勿信　不要相信。㉒誑誘　欺騙誘惑。㉓橫磨劍　鋒利的武器。指代精銳的甲兵。㉔亡失　遺失。㉕異時　他日。㉖授之　交給他。㉗具　詳細；全部。㉘縶　拘囚。㉙遜辭　卑謙的話。㉚定策功　策立皇帝的功勞。㉛寵冠羣臣　寵愛為群臣第一。㉜致寇　招致契丹侵犯。㉝益　增加。㉞興捷武節　招募新兵的番號名。㉟甲午　九月十九日。㊱定難　方鎮名，後梁置夏州為定難軍，治所巖綠，在今陝西靖邊。

【校　記】①多侍食於其宮　原無此六字。據章鈺校，十二行本、乙十一行本、孔天胤本皆有此六字，張敦仁《通鑑刊本識誤》、張瑛《通鑑校勘記》同，今據補。②於晉　原無此二字。據章鈺校，十二行本、乙十一行本、孔天胤本皆有此二字，今據補。③者　原無此字。據章鈺校，十二行本、乙十一行本、孔天胤本皆有此字，張敦仁《通鑑刊本識誤》同，今據補。

【語　譯】夏州牙內指揮使拓跋崇斌謀劃作亂，綏州刺史李彝敏準備協助他，事情被發覺。八月二十五日辛未，李彝敏放棄綏州，和他的弟弟李彝俊等五人逃往延州。

九月，晉國尊奉出帝生母秦國夫人安氏為皇太妃。皇太妃是代北人。晉出帝侍奉太后、太妃很恭謹，常去她們宮中侍奉飲食，對待各個弟弟也很友愛。

當初，河陽牙將喬榮跟隨趙延壽投奔契丹，契丹任命他為回圖使，和晉朝往來貿易，在大梁設置了府邸。等到契丹和晉朝有了嫌隙，景延廣勸說晉出帝把喬榮囚禁在監獄裡，全部收繳了他府邸中的財物。凡是在晉朝境內進行貿易的契丹人，一律殺掉，奪取他們的貨物。大臣們都說契丹對晉朝有過大功，不能辜負。九月十三日戊子，釋放了喬榮，對他安慰賞賜，讓他回契丹去。

喬榮向景延廣辭行，景延廣對他說大話道：「回去告訴你的主子，先帝是北朝扶植的，所以才向你們稱臣上奏表。當今皇上卻是中國自己擁立的，之所以還向北朝降低名分，正是因為不敢忘記先帝與北朝的盟約的緣故而已。作為鄰國而自稱孫子，已經足夠了，沒有稱臣的道理。北朝皇帝不要相信趙延壽的誑騙誘惑，輕視欺侮中國。中國的兵馬，你是親眼看到的。祖翁憤怒就來交戰，孫兒自有十萬橫磨利劍，足以抵擋。日後被孫子打敗，受天下人嗤笑，可不要後悔啊！」喬榮自認為丟掉了貨物和錢財，擔心回去後會被治罪，同時也想為他日留個憑據，就說：「您說得很多，我怕有遺漏的地方，請用紙墨把它記下來。」景延廣就讓屬吏寫下他的話，交給了喬榮，喬榮把這些話原原本本地報告了契丹主。契丹主大為惱怒，入侵中原的決心這時更堅定了。晉朝派往契丹的使者，都被拘禁在幽州，不讓他們面見契丹主。

桑維翰多次請求朝廷用謙遜的言辭向契丹道歉，但往往被景延廣所阻止。晉出帝認為景延廣有扶立自己為帝的功勞，所以對他的恩寵居群臣之首。他又總管皇宮的衛隊，所以大臣們沒有人能和他相爭的。河東節度使劉知遠知道景延廣的這種做法一定會招致契丹的入侵，但又畏懼景延廣正在執政，也不敢進言。只是增加募兵數額，奏請朝廷設置興捷、武節等十多個軍鎮用以防備契丹。

九月十九日甲午，定難節度使李彝殷奏報李彝敏發動叛亂的情況，晉出帝下詔拘捕李彝敏押送到夏州，把他斬首。

冬，十月戊申❶，立吳國夫人馮氏為皇后❷。初，高祖愛少弟❸重胤，養以為子。及留守鄴都，娶副留守安喜❹馮濛女為其婦。重胤早卒，馮夫人寡居，有美色，帝見而悅之。高祖崩，梓宮❺在殯❻，帝遂納之❼。羣臣皆賀，帝謂馮道等曰：「皇太后之命，與卿等不任大慶❽。」羣臣出，帝與夫人酣飲❾，過梓宮前，醊而告❿曰：「皇太后之命，與先帝不任大慶。」左右失笑⓫，帝亦自笑，顧謂左右曰：「我今日作新壻，何如？」夫人與左右皆大笑。太后雖恚⓬，而無如之何⓭。既正位中宮⓮，頗預政事。后兄玉，時為禮部郎中、鹽鐵判官，帝驟擢用至端明殿學士、戶部侍郎，與議政事。

漢主命韶王弘雅⓯致仕。

唐主遣洪州營屯都虞候嚴恩將兵討張遇賢，以通事舍人金陵邊鎬為監軍。鎬用虔州人白昌裕為謀主⓰，擊張遇賢，屢破之。遇賢禱於神，神不復言，其徒大懼。昌裕勸鎬伐木開道⑰，出其營後襲⑱之，遇賢棄眾奔別將⑲李台。台知神無驗，執遇賢以降，斬於金陵市。

十一月丁亥⑳，漢主祀南郊㉑，大赦，改元乾和。○戊子㉒，吳越王弘佐納妃仰氏㉓，仁詮之女也。

【章旨】以上為第十三段，寫晉出帝納弟媳馮夫人立為皇后。南唐主平定犯境南漢流寇。

【注釋】❶戊申　十月初三日。❷皇后　馮氏，定州（今河北定州）人，先嫁重胤，封吳國夫人。重貴納之為后，亂晉政。傳見《新五代史》卷十七。❸少弟　小弟。❹安喜　縣名，在今河北定州。❺梓宮　棺材。❻殯　棺木未入土，停在屋內。❼納之　收她為妻。❽不任大慶　不用大的慶祝。❾酣飲　痛快地飲酒。❿醊而告　用酒酹地而祝告。醊，祭祀時將酒灑在地上。⓫失笑　不覺發笑。⓬恚　憤怒。⓭無如之何　對他沒有什麼辦法。⓮正位中宮　指皇后。⓯弘雅　劉龑第七子，封留王。傳見《十國春秋》卷六十一。⓰謀主　主持謀劃的人。⓱伐木開道　砍去樹木，開闢道路。⓲襲　襲擊。⓳別將　另外的將領。⓴丁亥　十一月十三日。㉑祀南郊　行祭天禮。㉒戊子　十一月十四日。㉓仰氏　仰仁詮之女。

【語譯】冬，十月初三日戊申，冊立吳國夫人馮氏為皇后。當初，晉高祖喜愛他最小的弟弟石重胤，把他當做自己的兒子來撫養。等到石重胤留守鄴都時，娶了副留守安喜人馮濛之女為妻。石重胤死得早，馮夫人寡居，她長得很漂亮，晉出帝見了就喜歡上了她。晉高祖駕崩，靈柩在停放期間，晉出帝就娶了她。群臣全都祝賀。晉出帝對馮道等人說：「皇太后的旨令，和眾卿不用大的慶祝。」群臣退出後，晉出帝和夫人暢懷飲酒，走過高祖靈柩前面時，灑酒於地並禱告說：「皇太后的旨令，和先帝不用大的慶祝。」近臣不由得笑了起來，晉出帝自己也笑了，轉過臉對近臣說：「我今天當新女婿，怎麼樣？」馮夫人和近臣都大笑了起來。太后雖然很憤怒，但拿他沒辦法。馮夫人被正式立為皇后以後，經常干預朝政。皇后的哥哥馮玉，當時任禮部郎中、鹽鐵判官，晉出帝一下子把他提拔到端明殿學士、戶部侍郎，參與討論朝廷大事。

漢主命令韶王劉弘雅退休。

唐主派遣洪州營屯都虞候嚴恩率領軍隊討伐張遇賢，任命通事舍人金陵人邊鎬為監軍。邊鎬任用虔州人白昌裕為主持謀劃的人，攻打張遇賢，多次打敗他。張遇賢向神祈禱，神不再說話了，他的徒眾非常恐懼。白昌裕勸邊鎬砍伐樹木，開闢通道，繞到他的營寨後面襲擊他。張遇賢丟下徒眾投奔了別將李台。李台得知神不靈驗了，就拘捕了張遇賢前來投降，把張遇賢在金陵街市上斬首。

十一月十三日丁亥，漢主在南郊祭天，實行大赦，改年號為乾和。〇十四日戊子，吳越王錢弘佐娶妃子仰氏，是仰仁詮的女兒。

初，高祖以馬三百借平盧節度使楊光遠，景延廣以詔命取之。光遠怒曰：「是疑❶我也！」密召其子單州❷刺史承祚。戊戌❸，承祚稱母病，夜開門奔青州。庚子❹，以左飛龍使金城何超權知單州。遣內班❺賜光遠玉帶、御馬❻、金帛[1]，以安其意。壬寅❼，遣侍衛步軍都指揮使郭謹❽將兵戍鄆州❾。

唐葬光文肅武孝高皇帝于永陵❿，廟號烈祖。

十二月乙巳朔⓫，遣左領軍衛將軍蔡行遇將兵戍鄆州。楊光遠遣騎兵入淄州，劫刺史翟進宗歸于青州。甲寅⓬，徙楊承祚為登州刺史以從其便。光遠益驕，密告契丹，以晉主負德違盟⓭，境內大饑，公私困竭，乘此際攻之，一舉可取。趙延壽亦勸之。契丹主乃集山後⑭及盧龍⑮兵合五萬人，使延壽將⑯之，委⑰延壽經略⑱中國，曰：「若得之，當立汝為帝。」又常指延壽謂晉人曰：「此汝主也。」延壽信之，由是為契丹盡力，畫⑲取中國之策。

朝廷頗聞其謀⑳，丙辰㉑，遣使城㉒南樂㉓及德清軍㉔，徵㉕近道兵以備之。

【章旨】以上為第十四段，寫平盧節度使楊光遠投靠契丹，與趙延壽合兵謀犯中國。

【注釋】❶疑 懷疑。❷單州 州名，治所單父，在今山東單縣。❸戊戌 十一月二十四日。❹庚子 十一月二十六日。❺內班 宮廷諸司官員。❻御馬 賜以供皇帝所用之馬。❼壬寅 十一月二十八日。❽郭謹 （西元八九一—九五〇年）字守節，太原晉陽（今山西太原）人，少從軍，能騎射。官至後漢彰德軍節度使。傳見《舊五代史》卷一百六。❾戍鄆州 防衛鄆州扼守河津，使楊光遠不得與契丹聯繫。❿永陵 徐知誥陵墓名。⓫乙巳朔 十二月初一日。⓬甲寅 十二月初十日。⓭負德違盟 辜負恩德，違背盟約。⓮山後 指嬀、澶、雲、應等州。⓯盧龍 幽州軍號。⓰將 率領。⓱委 委任。⓲經略 策劃處理。⓳畫 謀劃。⓴頗聞其謀 已經知道他的計謀。㉑丙辰 十二月十二日。㉒城 築城防守。㉓南樂 縣名，在今河北大名。㉔德清軍 方鎮名，晉置德清軍於清豐縣，在今河南清豐。㉕徵 徵發。

【校記】①金帛 原無此二字。據章鈺校，十二行本、乙十一行本、孔天胤本皆有此二字，今據補。

【語譯】當初，晉高祖把三百匹馬借給平盧節度使楊光遠，景延廣用皇帝的詔命向他討要馬匹。楊光遠生氣地說：「這是懷疑我啊！」就暗中叫他的兒子單州刺史楊承祚回來。十一月二十四日戊戌，楊承祚說是母親有病，趁夜裡打開城門奔往青州。二十六日庚子，任命左飛龍使金城人何超暫時主持單州的事務。又派宦官去賞給楊光遠玉帶、御馬、金帛，以穩定他的心。二十八日壬寅，派侍衛步軍都指揮使郭謹率領軍隊戍守鄆州。

唐國把光文肅武孝高皇帝安葬在永陵，廟號為烈祖。

十二月初一日乙巳，派遣左領軍衛將軍蔡行遇率軍戍守鄆州。楊光遠派遣騎兵進入淄州，劫持了刺史翟進宗回到青州。初十日甲寅，調楊承祚任登州刺史，順從他讓自己方便的要求。楊光遠越發驕橫，暗中報告契丹，說晉主辜負恩德，違背盟約，境內嚴重饑荒，官府和百姓都困乏窮盡，乘這個機會來攻打，一戰可以攻取晉國。趙延壽也勸說契丹攻晉。契丹主於是調集山後和盧龍的軍隊共計五萬人，令趙延壽統領他們，並委任趙延壽處理中國的事務，對他說：「如果奪得中國，一定立你當皇帝。」還常常指著趙延壽對晉朝人說：「這是你們的君主啊。」趙延壽信以為真，從此為契丹盡心竭力，策劃攻取中國的方略。

朝廷已經瞭解到他們的謀劃，十二月十二日丙辰，派遣使者在南樂縣和德清軍築城，調集鄰近各道的兵力防守。

唐侍中周宗年老，恭謹❶自守。中書令宋齊丘廣樹朋黨❷，百計傾之❸。宗泣訴❹於唐主，唐主由是薄❺齊丘。既而陳覺被疏，乃出齊丘為鎮海節度使。齊丘忿懟❻，表乞歸九華❼舊隱。唐主知其詐❽，一表，即從之。賜書曰：「今[1]日之行，昔時相許。朕實知公，故不奪❾公志❿。」仍賜號九華先生，封青陽公，食一縣租稅。齊丘乃治大第⓫於青陽⓬，服御將吏⓭，皆如王公⓮，而憤邑⓯尤甚。寧州⓰酋長莫彥殊以所部溫那等十八州附于楚。其州無官府，惟立牌於岡阜⓱，略以恩威羈縻⓲而已。

是歲，春夏旱，秋冬水，蝗大起，東自海壖⓳，西距隴坻⓴，南踰江、淮[2]，北抵幽薊㉑，原野、山谷、城郭、廬舍皆滿，竹木葉俱盡。重㉒以官括民穀，使者督責㉓嚴急，至封碓磑㉔，不留其食，有坐㉕匿穀抵死㉖者。縣令往往以督趣不辦㉗，納印㉘自劾去。民餓死㉙者數十萬口，流亡㉚不可勝數。於是留守、節度使下至將軍，各獻馬、金帛、芻粟以助國。

朝廷以恆㉛、定饑甚，獨不括民穀。順國㉜節度使杜威㉝奏稱軍食不足，請如諸州例㉞，許之。威用判官王緒謀，檢索殆盡㉟，得百萬斛。威止奏三十萬斛，餘皆入其家。又[3]令判官李沼稱貸於民㊱，復滿百萬斛。來春糶之㊲，得緡錢二百萬，闔境㊳苦之。定州吏欲援例為奏，義武節度使馬全節不許，曰：「吾為觀察使㊴，職在養民，豈忍㊵效彼所為乎！」

【章旨】以上為第十五段，寫中原大旱，晉出帝仍無厭徵斂，民怨沸騰。

【注釋】❶恭謹 謙恭謹慎。❷廣樹朋黨 廣泛地拉幫結派。❸傾之 排擠周宗。❹泣訴 流著眼淚控訴。❺薄 輕視。❻忿懟 憤怒而怨恨。❼九華 九華山。❽詐 假。❾奪 改變。❿志 指隱居九華山之心願。⓫治大第 造大房子。⓬青陽 縣名，在今安徽青陽。⓭服御將吏 穿的服裝、用的器物、府內的武將文吏。⓮皆如王公 都像王爵和公爵的規格一樣。⓯憤邑 憤恨和鬱悒。邑，通「悒」。⓰寧州 州名，故治在今雲南曲靖西。⓱岡阜 山崗。⓲羈縻 籠絡。⓳海壖 海邊。⓴隴坻 即隴山，在今甘肅境內。㉑幽薊 河北境內。㉒重 加上。㉓督責 督促責罰。㉔至封碓磑 甚至封閉舂穀的碓和磨子。㉕坐　犯。㉖匿穀抵死　藏匿穀子而被判死刑。抵死，處死刑。㉗督趣不辦　督促的事情不能辦到。趣，通「促」。㉘納印　交還印信。㉙餒死　餓死。㉚流亡　逃亡。㉛恆　恆州，即鎮州。晉天福七年正月改鎮州為恆州。㉜順國　方鎮名，即成德節度使。晉天福七年改。㉝杜威　即杜重威。因避石重貴諱改名杜威。㉞請如諸州例　請求像各州一樣刮穀。㉟殆盡　將盡。㊱稱貸於民　向人民借貸。㊲糶之　賣出去。㊳闔境　全境。㊴觀察使　官名，在節度州掌民政。唐制，節度使大都兼觀察使。㊵忍　忍心。

【校　記】①今　原作「明」。據章鈺校，十二行本、乙十一行本、孔天胤本皆作「今」，今據改。②淮　據章鈺校，十二行本、乙十一行本皆作「湖」，《通鑑總類》同。③又　原無此字。據章鈺校，十二行本、乙十一行本、孔天胤本皆有此字，今據補。

【語　譯】唐國侍中周宗年老，謙恭謹慎，堅持操守。中書令宋齊丘廣樹朋黨，千方百計地排擠他。周宗哭著向唐主控訴，唐主從此輕視宋齊丘。不久陳覺被疏遠，於是把宋齊丘外放為鎮海節度使。宋齊丘很憤恨，上表請求回到九華山從前隱居的地方。唐主知道他是欺騙，一上奏表，就答應了。賜給他書信說：「今天的離去，過去就答應過。朕確實很瞭解您，所以不強改變您的心願。」仍舊賜給他九華先生的名號，封為青陽公，食祿為一縣租稅。宋齊丘於是在青陽修建了很大的住宅，穿的、用的以及武將文吏，都和王公一樣，而憤恨、抑鬱的心情格外厲害。

寧州酋長莫彥殊率領他所轄的溫那等十八個州歸附了楚國。這些州沒有官府，只是在山崗上立個牌子，稍微施行一些恩惠和威攝加以籠絡而已。

這一年，春、夏兩季天旱，秋、冬兩季發大水，蝗災嚴重，東自海岸，西到隴坻，南過長江、淮河，北到幽州、薊州，原野、山谷、城郭、廬舍，到處是蝗蟲，竹葉、樹葉都被吃光。加上官府向農民搜刮穀物，使差督促責罰嚴苛迫急，甚至封住百姓的碓臼碾磨，不給他們留口糧，還有因為藏匿穀物而被處死刑。縣令往往因為督促的事務不能辦到，交出印信自我彈劾，棄官而去。百姓餓死的有幾十萬人，逃亡的人不能盡數。於是留守、節度使，下至將軍，各自獻出馬匹、金錢、布帛、糧草來救助國家。

朝廷因為恆州、定州饑荒特別嚴重，只有這裡沒有搜刮百姓的穀物。順國節度使杜威上奏說軍糧不足，請求比照各州的做法辦理，朝廷答應了。杜威採納判官王緒的主意，搜求殆盡，得穀一百萬斛。杜威只奏報三十萬斛，剩下的都進了他的家。他又命判官李沼向百姓借貸，又足足一百萬斛。來年春季賣出，得錢二百萬緡，全境的百姓深受其苦。定州的官吏想援引恆州的例子向朝廷上奏，義武節度使馬全節沒有同意，他說：「我身為觀察使，職責就在於存卹百姓，怎能忍心學他們的所作所為！」

楚地多產金銀，茶利尤厚，由是財貨豐殖❶。而楚王希範，奢欲無厭❷，喜自誇大。為長槍大槊，飾之以金❸，可執而不可用。募富民年少肥澤❹者八千人，為銀槍都❺。宮室、園囿、服用之物，務窮侈靡。作九龍殿，刻沈香❻為八龍，飾以金寶，長十餘丈，抱柱相向❼。希範居其中，自為一龍，其襆頭❽腳長丈餘，以象龍角。

用度不足，重為賦斂❾。每遣使者行田❿，專以增頃畝⓫為功，民不勝租賦⓬而逃。王曰：「但⓭令田在，何憂無穀！」命營田使鄧懿文⓮籍逃田⓯，募民耕藝⓰出租。民捨故從新⓱，僅能自存，自西徂東⓲，各失其業。又聽人入財拜官⓳，以財多少為官高卑之差。富商大賈，布在列位⓴。外官還者，必責貢獻。民有罪，則富者輸財，強者為兵，惟貧弱受刑。又置函㉑，使人投匿名書相告訐㉒，至有滅族者。

是歲，用孔目官㉓周陟議，令常稅之外，大縣貢米二千斛，中千斛，小七百斛，無米者輸布帛。天策學士拓跋恆㉔上書曰：「殿下長深宮之中，藉㉕已成之業，身不知稼穡之勞，耳不聞鼓鼙㉖之音，馳騁遨遊，雕牆玉食。府庫盡矣，而浮費益甚，百姓困矣，而厚斂㉗不息。今淮南㉘為仇讎之國，番禺㉙懷吞噬之志，荊渚㉚日圖窺伺，溪洞㉛待我姑息。諺曰：『足寒傷㉜心，民怨傷國。』願罷輸米之令，誅周陟以謝郡縣，去不急之務㉝，減興作㉞之役，無令一旦禍敗㉟，為四方所笑。」王大怒。他日，恆請見，辭以晝寢。恆謂客將區弘練曰：「王逞欲而愎諫㊱，吾見其千口㊲飄零無日矣。」王益怒，遂終身不復見之。

閩主曦嫁其女，取班簿㊳閱視之。朝士有不賀者十二人，皆杖之於朝堂。以御史中丞劉贊不舉劾㊴，亦將杖之。贊義不受辱㊵，欲自殺。諫議大夫鄭元弼諫曰：「古者刑不上大夫。中丞儀刑百僚㊶，豈宜加之箠楚㊷！」曦正色㊸曰：「卿欲效魏徵㊹邪？」元弼曰：「臣以陛下為唐太宗，故敢效魏徵。」曦怒稍解，乃釋贊，贊竟以憂㊺卒。

【章　旨】以上為第十六段，寫楚主馬希範、閩主王璘均驕奢淫逸，百計搜刮民財。

【注　釋】❶豐殖　富足。❷奢欲無厭　奢侈的欲望不滿足。❸飾之以金　用金子作裝飾。❹肥澤　肥壯潤澤。❺銀槍都　禁衛軍名。❻沈香　植物名，常綠喬木，心材為著名熏香料。❼抱柱相向　龍盤繞柱子面對面。❽襆頭　包頭布帽，上出四腳。❾重為賦斂　加重搜刮。❿行田　巡視農田。⓫增頃畝　增加田地的數字。⓬不勝租賦　負擔不起沉重的租稅田賦。⓭但　只。⓮鄧懿文　以文學見長，仕楚天策學士，兼領營田使。傳見《十國春秋》卷七十四。⓯籍逃田　登記逃亡者田地。⓰耕藝　耕種。藝，種。⓱捨故從新　捨棄過去田地，耕種新租田地。⓲自西徂東　從西到東。徂，到。⓳拜官　授官。⓴布在列位　分布在高官的位置上。㉑置函　設置檢舉信箱。㉒告訐　揭人陰私。㉓孔目官　掌管文移簿籍財務的官吏。㉔拓跋恆　本姓元，避景昭王偏諱，改今姓。少以才學見稱，為天策府十八學士之首。傳見《十國春秋》卷七十三。㉕藉　憑藉。㉖鼓鞞　指代戰爭。㉗厚斂　沉重的搜刮。㉘淮南　指代南唐。㉙番禺　指代南漢。㉚荊渚　指代荊南。㉛溪洞　指溪洞、莫、彭等少數民族。㉜傷　傷害。㉝不急之務　不必急辦的事務，即繁瑣擾民之事。㉞興作　建造宮室園囿。㉟禍敗　因禍而敗亡。㊱愎諫　拒諫。㊲千口　合家之人。俗稱合家之人為百口。楚王是諸侯，人口多，故稱全家為千口。㊳班簿　記載列班朝參人員的簿籍。㊴舉劾　檢舉彈劾。㊵義不受辱　堅持正義不願受屈辱。㊶儀刑百僚　是文武百官的榜樣。刑，通「型」。型範；榜樣。㊷箠楚　責打。㊸正色　作色。㊹魏徵　唐太宗時大臣，以直諫著稱。㊺憂　憂憤。

【語　譯】楚地盛產金銀，種茶的利潤格外豐厚，因此財物富足。然而楚王馬希範卻窮奢極欲從不滿足，喜歡誇大自己。製作長槍、長槊，用黃金作裝飾，能握持而不中用。招募有錢人家肥壯潤澤的少年八千人，編為銀槍都。宮室、園囿、使用的物品，都極力追求奢侈華麗。興建九龍殿，用沉香木刻成八條龍，用金銀珍寶加以裝飾，長十多丈，纏繞在柱子上兩龍首相對。馬希範坐在中間，把自己當成一條龍，他的包頭巾帽伸出的腳有一丈多長，用來象徵龍角。

費用不足，就加重賦稅的徵斂。經常派使者巡視農田，專門以增加田畝數為功績，百姓負擔不起租賦而逃走。楚王說：「只要讓田地留下，何愁沒有穀物！」於是命令營田使鄧懿文登記逃亡人戶的田畝，招募別的農民耕種繳納田租。農民捨棄舊有的田地，墾種新的田地，僅僅能夠維持自身的生存，從西邊流徙到東邊，兩邊的產業都喪失了。楚王又允許人們繳錢授予官位，按照所交錢財的多少作為官職高低的等差。富商大賈，安排重要的官位。在外地任官的回到朝廷，一定索取貢獻。百姓犯了罪，富人就交出錢財，強壯的就去當兵，貧窮衰弱的人只好接受刑罰。又設置箱子，讓人們投匿名信互相檢舉告發陰私，以致有因此而被滅族的。

這一年，採納孔目官周陟的建議，規定在正稅之外，大縣進貢米二千斛，中縣一千斛，小縣七百斛，沒有米的就出布帛。天策學士拓跋恒上書說：「殿下生長在深宮之中，憑藉既成的大業，因此自身不知道種莊稼的辛勞，耳朵也沒有聽到過戰場鼓角的聲音，只是騎著馬馳奔遨遊，住的是華麗的宮室，吃的是山珍海味。府庫中的財物已經竭盡，而浪費更加厲害，百姓生活很貧困了，但是沉重的賦斂仍不停止。現在淮南方面是我們的仇敵之國，番禺方面對我們懷有吞併的野心，荊渚方面天天都在打我們的主意，溪洞方面等待我們姑息。諺語說：『足寒傷心，民怨傷國。』希望取消輸納米的規定，斬殺周陟以向郡縣的百姓謝罪，除去一切不急之務，削減建造的勞役，不要使一旦禍敗，被天下人恥笑。」楚王大怒。有一天，拓跋恒請求進見，楚王推辭說正在睡午覺。拓跋恒對客將區弘練說：「大王快其心意而拒絕勸諫，我看他的千口之家流離失所沒有多久了。」楚王聽到這話更加惱怒，從此終生不再見拓跋恒。

閩主王曦出嫁他的女兒，拿出在朝者名冊查閱。朝廷官員有十二個人沒來祝賀，在朝堂都加以杖打。因為御史中丞劉贊沒有舉報彈劾這些人，也要杖打他。劉贊堅持正義不甘受辱，準備自殺。諫議大夫鄭元弼勸諫閩主說：「古時候刑不上大夫。中丞是文武官員的榜樣，怎麼好加以杖打呢！」王曦板著臉說：「你想學魏徵嗎？」鄭元弼說：「臣是把陛下當做唐太宗，所以才敢學魏徵。」王曦的怒氣這才稍有緩解，便釋放了劉贊，劉贊最終憂憤而死。

開運元年（甲辰　西元九四四年）

春，正月乙亥❶，邊藩❷馳告：「契丹前鋒將趙延壽、趙延照將兵五萬入寇，逼❸貝州。」延照❹，思溫之子也。

先是朝廷以貝州水陸要衝❺，多聚芻粟❻，為大軍數年之儲，以備契丹。軍校邵珂，性凶悖❼，永清❽節度使王令溫❾黜之❿。珂怨望，密遣人亡⓫入契丹，言「貝州粟多而兵弱，易取也。」會令溫入朝，執政以前復州防禦使吳巒權知州事，巒既[1]至，推誠撫士⓬。會契丹入寇，巒書生，無爪牙⓭，珂自請，願效死，巒使將兵守南門，巒自守東門。契丹主自攻貝州，巒悉力拒之，燒其攻具殆盡。己卯⓮，契丹復攻城，珂引契丹自南門入，巒赴井死。契丹遂陷貝州，所殺且⓯萬人。

庚辰⓰，以歸德節度使高行周為北面行營都部署，以河陽節度使符彥卿為馬軍左廂排陳使，以右神武統軍皇甫遇為馬軍右廂排陳使，以陝府⓱節度使王周為步軍左廂排陳使，以左羽林將軍潘環⓲為步軍右廂排陳使。

太原奏契丹入鴈門關⓳。恆、邢、滄皆奏契丹入寇。

順國[2]節度使杜威遣幕僚曹光裔詣楊光遠，為陳禍福⓴。光遠遣光裔入奏，稱：「承祚逃歸，母疾故爾㉑。既蒙恩宥㉒，闔族荷恩。」朝廷信其言，遣使與光裔復往慰諭㉓之。

【章　旨】以上為第十七段，寫契丹大舉南下攻佔貝州，奪得大量軍儲。歸德節度使高行周受命禦敵為北面行營都部署。

【注　釋】❶乙亥　正月初二日。❷邊藩　邊疆的節鎮。❸逼　逼近。❹延照　契丹臨海軍節度使趙思溫之長子。傳附《遼史》卷七十三〈趙思溫傳〉。❺水陸要衝　水路和陸路的要害地方。❻芻粟　馬草和糧食。❼凶悖　兇殘悖戾。❽永清　方鎮名，晉以貝州為永清軍，故治在今河北清河縣。❾王令溫　（西元八九五—九五六年）字順之，瀛州河間（今河北河間）人，少以勇武稱，累官至後漢鎮安軍節度使。傳見《舊五代史》卷一百二十四。❿黜之　黜退他。⓫亡　逃亡。⓬推誠撫士　推誠相待，安撫士卒。⓭爪牙　武臣，佐助的人。⓮己卯　正月初六日。⓯且　將近。⓰庚辰　正月初七日。⓱陝府　陝州，即保義軍節度使。⓲潘環　（？—西元九四六年）字楚奇，洛陽（今河南洛陽）人，少為小販，官至晉澶州節度使。傳見《十國春秋》卷九十四。⓳鴈門關　關名，在今山西代縣北。⓴為陳禍福　為他分析順受福、反受禍的道理。㉑母疾故爾　母親患病的緣故。去年十一月楊光遠私召其子單州刺史楊承祚以母病為名逃回平盧，欲謀異志。㉒宥　寬恕；赦罪。㉓慰諭　慰勞、勸勉。

【校　記】[1]既　原無此字。據章鈺校，十二行本、乙十一行本、孔天胤本皆有此字，張敦仁《通鑑刊本識誤》同，今據補。[2]順國　原作「成德」。嚴衍《通鑑補》改作「順國」，今據以校正。按，本卷卷首後晉即改「成德軍為順國軍」，下卷亦作「順國節度使杜威」，尚不誤。

【語　譯】開運元年（甲辰　西元九四四年）

春，正月初二日乙亥，邊境藩鎮飛騎報告：「契丹的前鋒將領趙延壽、趙延照率領五萬軍隊入境寇掠，逼近貝州。」趙延照，是趙思溫的兒子。

此前，朝廷認為貝州是水陸要道，在這裡聚集了很多糧草，是大軍好幾年的儲備，用來防備契丹。軍校邵珂生性兇殘悖戾，永清節度使王令溫免了他的職。邵珂心懷怨恨，暗中派人逃入契丹，說「貝州的糧食很多，而兵力很弱，容易攻取。」恰逢王令溫入朝，執政大臣任命前復州防禦使吳巒暫理貝州事務。吳巒到貝州以後，以誠相待，安撫士卒。正遇上契丹入侵，吳巒是個書生，沒有武將，邵珂主動請戰，願意以死報效，吳巒就派他帶兵守衛南門，吳巒自己把守東門。契丹主親自攻打貝州，吳巒竭盡全力抵抗敵人，把契丹人的攻城器具幾乎燒光。正月初六日己卯，契丹又來攻城，邵珂引領契丹兵從南門進城，吳巒投井而死。契丹終於攻克了貝州，殺害了將近一萬人。

正月初七日庚辰，任命歸德節度使高行周為北面行營都部署，任命河陽節度使符彥卿為馬軍左廂排陳使，任命右神武統軍皇甫遇為馬軍右廂排陳使，任命陝府節度使王周為步軍左廂排陳使，任命左羽林將軍潘環為步軍右廂排陳使。

太原奏報契丹進入雁門關。恆州、邢州、滄州都奏報契丹入侵。

順國節度使杜威派幕僚曹光裔前往楊光遠那裡，為他分析依違朝廷的利害關係。於是楊光遠就委派曹光裔入朝上奏，說：「楊承祚逃歸青州，是由於他母親生病的緣故。既然承恩寬恕，全族都感受皇上的恩德。」朝廷相信了他的話，就派遣使者和曹光裔一道去安撫勸諭楊光遠。

唐以侍中周宗為鎮南節度使，左僕射兼門下侍郎、同平章事張居詠為鎮海節度使。

唐主決欲傳位於齊、燕二王❶。翰林學士馮延巳等因之，欲隔絕中外❷以擅權。辛巳❸，敕齊王景遂參決庶政❹，百官惟樞密副使魏岑、查文徽得白事❺，餘非召對不得見。國人大駭❻。給事中蕭儼上疏極論，不報❼。侍衛都虞侯賈崇❽叩閤求見，曰：「臣事先帝三十年，觀其延接疏遠❾，孜孜不怠，下情猶有不通者。陛下新即位，所任者何人，而頓❿與羣臣謝絕？臣老矣，不復得奉顏色⓫。」因涕泗⑫嗚咽。唐主感悟，遽⑬收前敕。

唐主於宮中作高樓，召侍臣觀之，眾皆歎美⑭。蕭儼曰：「恨樓下無井⑮。」唐主問其故，對曰：「以此不及景陽樓耳。」唐主怒，貶於舒州⑯。觀察使孫晟遣兵防⑰之，儼曰：「儼以諫諍得罪，非有他志⑱。昔顧命⑲之際，君幾危社稷⑳，其罪顧㉑不重於儼乎？今日反見㉒防邪！」晟慚懼，遽罷之。

【章　旨】以上為第十八段，寫南唐主李璟親小人，遠賢臣。

【注　釋】❶齊燕二王　指王弟李景遂、李景達。❷隔絕中外　阻斷朝廷內外。❸辛巳　正月初八日。❹參決庶政　參議決定國家的政務。❺白事　向皇帝奏事。❻大駭　大為驚恐。❼不報　不作答覆。❽賈崇　少勇果，人稱賈尉遲，官神武統軍。因抗周師時不戰而回，長流撫州。傳見《十國春秋》卷二十三。❾延接疏遠　接待比較疏遠的臣子。❿頓　立即。⓫顏色　借指皇帝。⓬涕泗　涕、淚交流。自目而出叫淚，自鼻而出叫涕。⓭遽　立即。⓮歎美　感歎高樓之美麗。⓯恨樓下無井　引南陳後主亡國典故諷諫。陳後主起景陽樓，隋兵至，自投於樓下井中。⓰舒州　州名，治所懷寧，在今安徽潛山縣。⓱防　監視。⓲非有他志　沒有其他的想法。指異心、異圖。⓳顧命　天子將死時的遺命。⓴君幾危社稷　你幾乎危害國家。因孫晟主張太后臨朝稱制，故有此語。㉑顧　反而；難道。㉒見　被。

【語　譯】唐國任命侍中周宗為鎮南節度使，左僕射兼門下侍郎、同平章事張居詠為鎮海節度使。

唐主拿定主意要傳位給弟弟齊王和燕王。翰林學士馮延巳等人想乘此機會，阻斷大臣與宮中的聯繫，以便把持權柄。正月初八日辛巳，唐主下令齊王李景遂參與決策各項國政，文武百官只有樞密副使魏岑、查文徽可以直接向皇帝奏事，其餘的人除非召喚不得進見。唐國的百姓大為震驚。給事中蕭儼上疏極力爭辯，不予答覆。侍衛都虞候賈崇叩首閤門請求接見，他說：「臣侍奉先帝三十年，親眼看到先帝引見接納關係疏遠的人，總是殷勤誠懇，從不倦怠，下面的情況還是有不能上達的。陛下剛剛即位，任用的是什麼人呢，竟然馬上就要和群臣隔絕？臣老了，不能再親自侍奉皇上了。」於是淚流滿面，聲音哽咽。唐主感悟，立刻收回以前頒布的敕令。

唐主在宮中建造高樓，召集侍臣來觀看，大家都讚歎稱美。蕭儼說：「只可惜樓下沒有井。」唐主問他什麼緣故。他回答說：「因為少了這口井就比不上陳後主的景陽樓了啊。」唐主一聽大怒，把他貶到舒州。觀察使孫晟派兵對他看守，蕭儼說：「我蕭儼是因為直言敢諫而獲罪，不是懷有異心。當初先主去世前留下遺命時，你幾乎危害國家，那罪責難道不比我蕭儼的要嚴重得多嗎？今天反而被你看守起來了！」孫晟又羞慚又害怕，趕緊撤了防備。

帝遣使持書遺契丹，契丹已屯鄴都，不得通而返。壬午❶，以侍衛馬步都指揮使景延廣為御營使，前靜難節度使李周為東京留守。是日，高行周以前軍先發。時用兵方略❷號令皆出延廣，宰相以下皆無所預。延廣乘勢使氣，陵侮❸諸將，雖天子亦不能制。

乙酉❹，帝發東京。丁亥❺，滑州奏契丹至黎陽❻。戊子❼，帝至澶州❽。契丹主屯元城❾，趙延壽屯南樂❿。以延壽為魏博節度使，封魏王。

契丹寇太原，劉知遠與白承福合兵二萬擊之。甲午⓫，以知遠為幽州道行營招討使，杜威為副使，馬全節為都虞候。丙申⓬，遣右武衛上將軍張彥澤等將兵拒契丹於黎陽。

戊戌⑬，蜀主復以將相遙領節度使。

帝復遣譯者⑭孟守忠致書於契丹，求修舊好⑮。契丹主復書曰：「已成之勢⑯，不可改也。」辛丑⑰，太原奏破契丹偉王於秀容⑱，斬首三千級。契丹自鴉鳴谷⑲遁去。

殷鑄天德通寶大鐵錢，一當百。

唐主遣使遺閩主曦及殷主延政書，責以兄弟尋戈⑳。曦復書，引周公誅管、蔡，唐太宗[1]誅建成、元吉為比。延政復書，斥㉑唐主奪楊氏國。唐主怒，遂與殷絕。

天平節度副使、知鄆州顏衎遣觀察判官竇儀奏：「博州刺史周儒以城降契丹，又與楊光遠通使往還，引契丹自馬家口㉒濟河，擒左武衛將軍蔡行遇。」儀謂景延廣曰：「虜若濟河與光遠合，則河南㉓危矣。」延廣然之。儀，薊州人也。

【章旨】以上為第十九段，寫晉出帝向契丹求和未允。博州刺史周儒投降契丹，引敵渡過黃河。

【注釋】❶壬午　正月初九日。❷方略　策略。❸陵侮　欺陵侮辱。❹乙酉　正月十二日。❺丁亥　正月十四日。❻黎陽　縣名，在今河南浚縣東北。❼戊子　正月十五日。❽澶州　州名，是時澶州據德勝津，在今河南濮陽。❾元城　縣名，縣治古殷城，在今河北大名。❿南樂　縣名，在今河南南樂。⓫甲午　正月二十一日。⓬丙申　正月二十三日。⓭戊戌　正月二十五日。⓮譯者　翻譯人員。⓯求修舊好　請求恢復過去的友好關係。⓰已成之勢　已經形成的敵對形勢。⓱辛丑　正月二十八日。⓲秀容　縣名，故城在今山西忻州西北。⓳鴉鳴谷　地名，自鴉鳴谷可通山西長治。⓴兄弟尋戈　兄弟之間，日尋干戈。㉑斥　申斥。㉒馬家口　地名，在今山東東平西北。㉓河南　借指後晉政權。

【校　記】①唐太宗　「唐」下原空一格。據章鈺校，十二行本、乙十一行本、孔天胤本空格皆作「太宗」，熊羅宿《胡刻資治通鑑校字記》同，今據補。

【語　譯】晉出帝派遣使者帶書信給契丹，契丹軍已經駐紮在鄴都城外，使者不能通過，折返回來。正月初九日壬午，任命侍衛馬步都指揮使景延廣為御營使，前靜難節度使李周為東京留守。當天，高行周率領前鋒部隊先出發。當時用兵的方略和號令全都出自景延廣，宰相以下的官員都不得參與。景延廣乘勢用氣，陵辱諸將，即使是天子也管不了。

正月十二日乙酉，晉出帝從東京出發。十四日丁亥，滑州奏報契丹兵到了黎陽。十五日戊子，晉出帝到達澶州。契丹主屯駐元城，趙延壽屯駐南樂。契丹主任命趙延壽為魏博節度使，封他為魏王。

契丹侵犯太原，劉知遠與白承福集中士卒二萬人迎擊契丹兵。正月二十一日甲午，任命劉知遠為幽州道行營招討使，杜威為副使，馬全節為都虞候。二十三日丙申，派遣右武衛上將軍張彥澤等人率兵在黎陽抵禦契丹。

正月二十五日戊戌，蜀主恢復用將相遙領節度使。

晉出帝又派遣翻譯孟守忠送信給契丹，請求建立兩國原有的友好關係。契丹主回信說：「已經形成的局勢，不能改變了。」正月二十八日辛丑，太原奏報在秀容打敗了契丹的偉王，斬獲三千首級。契丹兵從鴉鳴谷逃走。

殷國鑄造「天德通寶」大鐵錢，一枚大錢相當於一百枚小錢。

唐主派使者送給閩主王曦和殷主王延政書信，責備他們兄弟之間動用刀兵。王曦回信，援引周公誅管叔、蔡叔，唐太宗誅李建成、李元吉的例子作比喻。王延政回信，斥責唐主篡奪了楊氏天下。唐主很生氣，便與殷國斷絕來往。

天平節度副使、知鄆州顏衎派觀察判官竇儀入朝上奏：「博州刺史周儒獻上州城投降了契丹，又和楊光遠互派使者相往來，引領契丹兵從馬家口渡過黃河，擄走左武衛將軍蔡行遇。」竇儀對景延廣說：「北虜如果渡過黃河與楊光遠合兵，黃河以南就危險了。」景延廣同意他的看法。竇儀，是薊州人。

【研析】本卷研析南漢高祖昏暴、閩主王曦好貨、晉出帝石重貴居喪做新郎、後晉舉國貪殘四件史事。

南漢高祖昏暴。南漢高祖劉巖，南海王劉隱之弟，隱卒代立，襲封南海王。劉巖不滿名「巖」，更名「龑」，取《易・乾卦》「飛龍在天」之義，造字曰「龑」，讀「儼」。梁貞明三年（西元九一七年），劉龑即皇帝位，國號大越，西元九四二年卒，謚天皇大帝，廟號高祖。劉龑據嶺南一角，彈丸小國，卻狂妄自矜，呼唐天子為「洛州刺史」，認為中原天子都洛陽，政令不能及遠，如同洛州刺史。劉龑為政，極端奢侈荒淫而殘暴苛酷。宮殿悉以金玉珠翠為飾；用刑慘酷，有灌鼻、割舌、支解、刳剔、炮炙、烹蒸之刑，還有聚毒蛇於水中，以罪人投之，叫做水獄。只要殺人，則高興異常。晚年，猜疑變態，認為士大夫都為子孫打算，只有宦官無後才可靠，事無巨細，專用宦官，由是南漢小國，宦官充斥。唐末宦官之禍，劉龑親見，當自己手握無限權力，閹豎的為害便置諸腦後。宦官是集權制度的衍生物，小小南漢，提供了極為生動的例證。

閩主王曦好貨。閩主王曦淫虐而好貨，同平章事余廷英亦貪穢之人。余廷英出為泉州刺史，掠取良家女子，還詐稱是替閩主選美。事情敗露，閩主王曦派御史去調查審訊。余廷英害怕了，就趕回福州自首，送給閩主宴會錢一萬緡，歐史記載為錢千萬。閩主十分高興，對余廷英說：「你還得送一份給皇后。」余廷英又送了一千萬錢給皇后，擺平了這件事，回到泉州任上。沒有過多久，閩主召回余廷英重用為相。從此，閩國地方的貢物一份變為兩份。閩主一份，皇后一份。閩主君臣，貪財如此，一對好貨之徒，民不堪命矣。

晉出帝石重貴居喪做新郎。晉高祖石敬瑭喜歡少弟石重胤，養為兒子，名字加「重」字，與自己兒子同輩分。重胤早死，其妻馮氏寡居，有美色，出帝石重貴一見神魂顛倒。晉高祖駕崩，還未下葬，出帝就納叔母馮氏為妃，又立為皇后，群臣都來慶賀。出帝對宰相馮道說：「皇太后有詔，朕與眾卿不舉辦喜酒。」群臣退出，出帝與馮皇后暢飲歡快。酒足飯飽後，出帝與馮皇后走到晉高祖靈柩前，灑酒於地，口中禱告說：「皇太后有令，和先帝不舉辦大慶。」在場的人忍不住笑起來，出帝也紅著臉笑了起來，還自我解嘲地說：「我今天做新郎，當得怎麼樣？」樂得馮皇后和周圍的人大笑起來。皇太后心裡很生氣，可是對於出帝這樣縱欲亂倫的行為無可奈何。出帝如此荒唐，不見大臣諫諍，主昏臣謬，破家亡國之禍可以想見了。

後晉舉國貪殘。後晉出帝天福八年（西元九四三年），全國春夏大旱，秋冬大水，加之蝗災，東起海濱，西至隴山，南逾江、淮，北抵幽、薊，災民遍地，竹、木葉都被採食殆盡。平盧軍節度使楊光遠密告契丹，晉國境內大饑，軍士餓死過半，趁此出兵，可一舉滅晉，楊光遠早有異謀，欲效石敬瑭之所為，引納契丹內侵，自己做兒皇帝。晉國全境大災，引狼入室，禍害祖國，是不齒於人類的人渣。而晉國君臣，在大災之年，不恤民生，反而搜刮民穀，使者四出，相望於道，嚴加督責，以至於封禁碓磑，不留一顆糧食，有藏匿穀者，處以死刑。河北恆、定兩州，災情嚴重，詔令不刮民財，而順國節度使杜威奏稱軍食不足，請按諸州例搜刮民財，全境搜刮殆盡，得穀百萬斛，上奏三十萬斛，個人截留七十萬斛。無獨有偶，楚王馬希範，也以用度不足為由，重為賦斂，民不勝租賦逃亡，馬希範說：「只要田在，何憂無穀。」田有人民耕種才能產穀，人去田荒，哪來穀物。在杜威、馬希範、晉出帝眼裡，只有錢財、穀物，黎民百姓不如糞土，蒼生大眾，也只知逆來順受。讀史至此，不能不思陳勝、吳廣。不知何因，五代時怎麼就少了發難的英雄。陳勝、吳廣，你們到哪裡去了？

卷第二百八十四

後晉紀五

起閼逢執徐（甲辰　西元九四四年）二月，盡旃蒙大荒落（乙巳　西元九四五年）七月，凡一年有奇。

【題解】本卷記事起於西元九四四年二月，迄於西元九四五年七月，凡一年又六個月。當後晉齊王開運元年二月至開運二年七月。開運二年二月，高行周在戚城大敗契丹。桑維翰復出，出楊光遠、景延廣於外，朝綱整肅，數月之間，朝廷差治。十二月，契丹第二次大舉南犯，晉兵大敗契丹於相州，晉出帝下詔親征。開運二年三月，晉軍在陽城大敗契丹。出帝留杜威為順國節度使鎮恆州，杜威畏契丹復來，擅離職守逃回京都，出帝姑息不問。桑維翰屢諫乘勝與契丹修好，出帝不聽，喪失和平契機。閩主王曦為部屬殺死，朱文進自稱閩主。王延政大破南唐兵，朱文進又為部屬所殺，歸服殷主，福州兵入援建州，南唐增兵大敗王延政，李仁達乘機割據福州。王延政屠殺福州兵八千人，為其敗亡張本。

齊王中

開運元年（甲辰　西元九四四年）

二月甲辰朔❶，命前保義節度使石贇❷守麻家口，前威勝節度使何重建守楊劉鎮，護聖都指揮使白再榮❸守馬家口，西京留守安彥威守河陽。未幾，周儒引契丹將麻荅❹自馬家口濟河，營於東岸，攻鄆州北津以應楊光遠。麻荅，契丹主之從弟也。

乙巳❺，遣侍衛馬軍都指[1]揮使・義成節度使李守貞❻、神武統軍皇甫遇、陳州防禦使梁漢璋❼、懷州刺史薛懷讓將兵萬人，緣❽河水陸俱進。守貞，河陽；漢璋，應州；懷讓，太原人也。

丙午❾，契丹圍高行周、符彥卿及先鋒指揮使石公霸於戚城❿。先是，景延廣令諸將分地而守，無得相救。行周等告急，延廣徐白帝，帝自將救之。契丹解去，三將泣訴救兵之緩，幾不免⓫。

戊申⓬，李守貞等至馬家口。契丹遣步卒萬人築壘，散騎兵於其外，餘兵數萬屯河西，船數十[2]艘度兵，未已⓭，晉兵薄之⓮。契丹騎兵退走，晉兵進攻其壘，拔之。契丹大敗，乘馬赴河溺死者數千人，俘斬亦數千人。河西之兵慟哭⓯而去，由是不敢復東。辛亥⓰，定難節度使李彝殷奏將兵四萬自麟州濟河，侵契丹之境。壬子⓱，以彝殷為契丹西南面招討使。

初，契丹主得貝州、博州，皆撫慰其人，或拜官⓲賜服章⓳。及敗於戚城及馬家口，忿恚⓴，所得民，皆殺之，得軍士，燔炙㉑之。由是晉人憤怒，戮力㉒爭奮。

楊光遠將青州兵欲西會㉓契丹。戊午㉔，詔石贇分兵屯鄆州以備之。詔劉知遠將部兵自土門㉕出恆州㉖擊契丹。又詔會杜威、馬全節於邢州。知遠引兵屯樂平㉗不進。

【章旨】以上為第一段，寫契丹敗北，西線劉知遠觀望不力戰以保存實力。

【注釋】❶甲辰朔　二月初一日。❷石贇　（西元八九八—九四六年）字德和，少無賴，官至威勝軍節度使。傳見《舊五代史》卷八十七、《新五代史》卷十七。❸白再榮　（？—西元九五一年）出身行伍，官後漢義成軍節度使。傳見《舊五代史》卷一百六、《新五代史》卷四十八。❹麻荅　耶律德光堂弟，貪猾殘忍，官中京留守，為遼世宗所鴆殺。傳見《契丹國志》卷十七。❺乙巳　二月初二日。❻李守貞　（？—西元九四九年）少桀黠落魄，官後晉加同平章事。後降契丹，謀叛，自焚死。傳見《舊五代史》卷一百九、《新五代史》卷五十二。❼梁漢璋　（西元八九五—九四三年）字國寶，應州（今山西應縣）人，熟於戎馬，累有軍功，官永清軍兵馬留後。傳見《舊五代史》卷九十五。❽緣　沿。❾丙午　二月初三日。❿戚城　地名，故城在今河南濮陽北。⓫幾不免　幾乎不能避免禍難。⓬戊申　二月初五日。⓭未已　沒有完。⓮晉兵薄之　後晉軍隊逼近了他們。⓯慟哭　痛哭。⓰辛亥　二月初八日。⓱壬子　二月初九日。⓲拜官　任官。⓳賜服章　賜給品官的禮服。⓴忿恚　憤恨惱怒。㉑燔炙　用火燒烤。㉒戮力　齊心協力。㉓會　會合。㉔戊午　二月十五日。㉕土門　即今河北井陘關。㉖恆州　州名，治所在今河北正定。㉗樂平　古縣名，在今山西昔陽西南。

【校記】①指　原無此字。據章鈺校，十二行本、乙十一行本、孔天胤本皆有此字，熊羅宿《胡刻資治通鑑校字記》同，今據補。[2]十 原作「千」。據章鈺校，十二行本、乙十一行本、孔天胤本皆作「十」，今據改。

【語 譯】齊王中

開運元年（甲辰 西元九四四年）

二月初一日甲辰，任命前保義節度使石贇守衛麻家口，前威勝節度使何重建守衛楊劉鎮，護聖都指揮使白再榮守衛馬家口，西京留守安彥威守衛河陽。不久，周儒引導契丹將領麻荅從馬家口渡過黃河，在東岸紮營，攻打鄆州北岸的渡口，以此呼應楊光遠。麻荅，是契丹主的堂弟。

二月初二日乙巳，派遣侍衛馬軍都指揮使・義成節度使李守貞、神武統軍皇甫遇、陳州防禦使梁漢璋、懷州刺史薛懷讓率領一萬軍隊，沿著黃河水陸並進。李守貞，是河陽人；梁漢璋，是應州人；薛懷讓，是太原人。

二月初三日丙午，契丹在戚城包圍了高行周、符彥卿和先鋒指揮使石公霸。在此之前，景延廣下令各將帥分地防守，得不到相互救援。高行周等人向朝廷告急，景延廣遲遲才報告晉出帝，晉出帝親自率軍救援。契丹解圍退走，三位將軍哭著向皇帝訴說救兵遲緩，幾乎不免於難。

二月初五日戊申，李守貞等部到達馬家口。契丹派出步兵一萬人修築營壘，把騎兵散置在營壘外面，其餘的兵卒數萬人駐紮在黃河西岸，用數十艘船載兵過河，士兵還沒有完全運過河去，晉兵就逼近了他們。契丹騎兵退卻逃走，晉兵就進攻他們的營壘，攻了下來。契丹大敗，騎著馬衝進黃河淹死的有好幾千人，俘獲和殺死的也有好幾千人。黃河西岸的契丹兵痛哭著撤走，從此再不敢東進。初八日辛亥，定難節度使李彝殷奏請率領四萬兵馬從麟州渡過黃河，進入契丹境內。初九日壬子，任命李彝殷為契丹西南面招討使。

當初，契丹主取得貝州、博州以後，對這些地方的百姓都加以安撫和慰問，有的還授了官職，賜給品官禮服。等到他們在戚城和馬家口失敗了，忿怒惱恨之下，把所獲得的百姓全部殺掉，把抓到的官兵全部用火燒烤。因此引起了晉朝人的憤怒，同心合力，踴躍奮起反抗。

楊光遠帶領青州兵想向河西和契丹兵相會合。二月十五日戊午，晉出帝下詔命令石贇分出兵力駐守在鄆州來防備他。詔令劉知遠帶領本部人馬從土門取道恆州攻打契丹。又命令他和杜威、馬全節在邢州會師。劉知遠把軍隊帶到樂平駐紮不肯前進。

帝居喪❶期年❷，即於宮中奏細聲女樂❸。及出師，常令左右奏三絃琵琶，和以羌笛❹，擊鼓歌舞，曰：「此非樂也❺。」庚申❻，百官表請聽樂❼，詔不許。

○壬戌❽，楊光遠圍棣州❾，刺史李瓊❿出兵擊敗之，光遠燒營走還青州。癸亥⓫，以前威勝節度使何重建⓬為東面馬步都部署，將兵屯鄆州。

階州[1]義軍指揮使王君懷帥所部千餘人叛降蜀，請為鄉導⓭[2]以取階、成。甲子⓮，蜀人攻階州。

契丹偽⓯棄元城去，伏⓰精騎於古頓丘城⓱，以俟晉軍與恆、定之兵合⓲而擊之。鄴都留守張從恩屢奏虜已遁去，大軍欲進追之，會霖雨⓳而止。契丹設伏旬日，人馬飢疲。趙延壽曰：「晉軍悉在河上，畏我鋒銳，必不敢前。不如即⓴其城下，四合㉑攻之，奪其浮梁㉒，則天下定矣。」契丹主從之。三月癸酉朔㉓，自將兵十餘萬陳㉔於澶州城北㉕，東西橫掩㉖城之兩隅。登城望之，不見其際㉗。高行周前軍在戚城之南，與契丹戰，自午至晡㉘，互有勝負。契丹主以精兵當㉙中軍而來，帝亦出陳以待之㉚。契丹主望見晉軍之盛㉛，謂左右曰：「楊光遠言晉兵半已餒死㉜，今何其多也！」以精騎左右略陳㉝，晉軍不動，萬弩齊發，飛矢蔽地，契丹稍卻。又攻晉陳之東偏，不克。苦戰至暮，兩軍死者不可勝數㉞。昏後㉟，契丹引去，營於三十里之外。

乙亥㊱，契丹主帳中小校竊其馬亡來㊲，云契丹已傳木書㊳，收軍北去。景延廣疑其詐㊴，閉壁㊵不敢追。

【章旨】以上為第二段，寫晉兵在戚城大勝，契丹主北還。

【注釋】❶居喪　服喪。❷期年　一年。❸細聲女樂　音樂輕柔的女子樂舞。希其聲不聞於外。❹羌笛　即橫吹竹笛，起源於西北羌人，故稱羌笛。❺此非樂也　這不是在奏樂啊。石重貴自我解嘲之詞。❻庚申　二月十七日。❼表請聽樂　百官上表請石重貴聽音樂，而罷歌舞。針對「此非樂也」而諫。❽壬戌　二月十九日。❾棣州　州名，治所在今河南信陽。❿李瓊　（西元八八二—九四六年）字隱光，滄州饒安（今山東鹽山縣）人，官至後晉威州刺史。傳見《舊五代史》卷九十四、《新五代史》卷四十七。⓫癸亥　二月二十日。⓬何重建　其先回鶻人，避石重貴諱改為何建。累官涇、鄧、貝、檀、孟五鎮節度使。晉亡，奔後蜀，官至中書令。傳見《舊五代史》卷九十四。⓭鄉導　嚮導。鄉，通「嚮」。⓮甲子　二月二十一日。⓯偽　假裝。⓰伏　埋伏。⓱頓丘城　地名，在今河南浚縣。⓲合　會合。⓳霖雨　連綿的大雨。⓴即　就；靠近。㉑四合　四面包圍。㉒浮梁　浮橋。㉓癸酉朔　三月初一日。㉔陳　通「陣」。列陣。㉕澶州城北　在澶州城北面鐵丘鎮。㉖橫掩　橫向遮蓋。㉗不見其際　看不見邊際。㉘晡　申時；黃昏時。㉙當　向著。㉚以待之　等待他衝過來。待，等待。這裡指抵禦。㉛盛　軍威盛壯。㉜餒死　餓死。㉝略陳　衝陣。㉞不可勝數　數也數不清楚，極言其多。㉟昏後　天黑之後。㊱乙亥　三月初三日。㊲亡來　逃來。㊳木書　指命令。將命令寫在木板上，以為憑信，互相傳閱，故稱木書。㊴詐　欺騙。㊵閉壁關閉壁壘。

【校　記】1 階州　原作「階成」。據章鈺校，十二行本、乙十一行本、孔天胤本皆作「階州」，今據改。按，四庫館臣校陳仁錫本、《十國春秋》亦作「階州」。2 導　原作「道」。據章鈺校，十二行本、乙十一行本、孔天胤本皆作「導」，今據改。

【語　譯】晉出帝服喪一週年，就在宮中演奏起細聲女樂。等到出兵打仗時，常常命身邊的人為他彈奏三絃琵琶，用羌笛伴奏，敲著鼓唱歌跳舞，還說：「這不是奏樂。」二月十七日庚申，文武百官上表請求聆聽音樂，下詔不允許。○十九日壬戌，楊光遠包圍棣州，刺史李瓊出兵把他打敗，楊光遠燒了營寨跑回青州。二十日癸亥，任命前威勝節度使何重建為東面馬步都部署，率兵駐紮鄆州。

階州義軍指揮使王君懷率領所部一千多人叛變投降了蜀國，請求當嚮導去攻取階、成二州。二月二十一日甲子，蜀國攻打階州。

契丹假裝放棄元城離去，在古頓丘城埋伏下精銳騎兵，用以等待晉軍與恆州、定州的軍隊會合時發動攻擊。鄴都留守張從恩多次奏報說北虜已經逃走，晉軍正要去追擊契丹，碰巧遇上了連續不斷的大雨而停止。契丹兵埋伏了十來天，人困馬乏。趙延壽說：「晉軍都在黃河岸邊，害怕我軍兵鋒銳利，一定不敢前來。不如把軍隊靠近他們的城下，從四面包圍攻城，奪取他們的浮橋，這樣天下就平定了。」契丹主聽從了他的意見。三月初一日癸酉，契丹主親自率領十多萬兵馬在澶州城北擺開陣勢，從東到西橫向拉開覆蓋住州城的兩個角。登城瞻望，一眼看不到邊。高行周的前鋒部隊在戚城以南，和契丹兵交戰，從中午一直打到黃昏，雙方互有勝負。契丹主用他的精銳士兵向著晉軍的中軍衝了過來，晉出帝也擺出陣勢等待契丹兵。契丹主望見晉軍軍威盛壯，對身邊的人說：「楊光遠說晉兵有一半已經餓死，現在這麼多啊！」於是使用精銳騎兵從左右兩邊去衝擊晉軍的軍陣，晉軍不為所動，萬弩齊發，射去的箭滿地都是，契丹兵稍微後退。接著又進攻晉軍軍陣的東側，仍然沒能攻下。苦戰到傍晚，兩軍死亡的人不可勝數。天黑以後，契丹兵撤離，在三十里之外紮營。

三月初三日乙亥，契丹主帳下一個小校官偷了他的馬逃了過來，說契丹主已經傳下木書軍令，集合軍隊向北退走。景延廣懷疑契丹有詐，關閉營壘不敢去追。

漢主命中書令、都元帥越王弘昌謁烈宗❶陵於海曲❷。至昌華宮❸，使盜殺之❹。

契丹主自澶州北分為兩軍，一出滄、德❺，一出深、冀❻而歸。所過焚掠❼，方廣千里，民物殆盡。留趙延照為貝州留後。麻荅陷德州，擒刺史尹居璠。

閩拱宸都指揮使朱文進、閤門使連重遇既弒康宗，常懼國人之討，相與結昏❽以自固。閩主曦果❾於誅殺，嘗❿遊西園，因醉殺控鶴指揮使魏從朗。從朗，朱、連之黨也。又嘗酒酣誦白居易詩云：「惟有人心相對間，咫尺⓫之情不能料。」因舉酒屬⓬二人。二人起，流涕再拜，曰：「臣子事君父，安有它志⓭！」曦不應。二人大懼。

李后妬尚賢妃之寵，欲弒曦而立其子亞澄。使人告二人曰：「主上殊⓮不平於二公，柰何？」會后父李真有疾，乙酉⓯，曦如⓰真第問疾⓱。文進、重遇使拱宸馬步使錢達弒曦於馬上。召百官集朝堂，告之曰：「太祖⓲昭武皇帝，光啟閩國⑲。今子孫淫虐⑳，荒墜厥緒㉑。天厭㉒王氏，宜更擇有德者立之。」眾莫敢言。重遇乃推文進升殿㉓，被袞冕，帥羣臣北面再拜稱臣。文進自稱閩主，悉收㉔王氏宗族延喜以下少長五十餘人，皆殺之。葬閩主曦，謚曰睿文廣武明聖元德隆道大孝皇帝，廟號景宗。以重遇總六軍㉕。禮部尚書、判三司鄭元弼抗辭不屈㉖，黜歸田里，將奔建州，文進殺之。文進下令，出宮人，罷營造，以反曦之政。

殷主延政遣統軍使吳成義將兵討文進，不克。文進加樞密使鮑思潤同平章事，以羽林統軍使黃紹頗為泉州刺史，左軍使程文緯為漳州刺史。汀州刺史同安㉗許文稹，舉郡降之。

丁亥㉘，詔太原、恆、定[1]兵各還本鎮。○辛卯㉙，馬全節攻契丹泰州㉚，拔之。○敕天下籍鄉兵㉛，每七戶共出兵械資㉜一卒。○秦州㉝兵救階州㉞，出黃階嶺㉟，敗蜀兵於西平㊱。

【章旨】以上為第三段，寫閩國內亂，閩主王曦為部屬所殺。

【注釋】❶烈宗　劉隱。❷海曲　海隅。❸昌華宮　宮名，在廣東番禺西。❹使盜殺之　派盜賊暗殺他。❺滄德　滄州和德州。❻深冀　深州和冀州。❼焚掠　焚燒掠奪。❽相與結昏　相互結成婚姻關係。昏，同「婚」。❾果　果敢；果決。❿嘗　曾經。⓫咫尺　古代計量單位，約等於今市尺之八寸。比喻距離很近。⓬屬　注視。⓭安有它志　哪有另外的打算。⓮殊　很；特別。⓯乙酉　三月十三日。⓰如　到。⓱問疾　探視病人。⓲太祖　指王審知。⓳光啓閩國　創立了閩國。⓴淫虐荒淫暴虐。㉑荒墜厥緒 荒淫迷亂，墜落毀棄這個皇位的世系。厥，這個。㉒厭 厭棄。㉓升殿 登殿。㉔收 逮捕。㉕總六軍 統率六軍諸衛事。六軍，皇帝的禁衛軍。㉖抗辭不屈 對抗朱文進、連重遇的話，不屈服於他們的壓力。㉗同安 縣名，在今福建同安。㉘丁亥 三月十五日。㉙辛卯 三月十九日。㉚泰州 州名，遼置。治所清苑，在今河北清苑。㉛籍鄉兵 造冊登記鄉兵。㉜資 裝備。㉝秦州 治所成紀，在今甘肅秦安東北。㉞階州 治所福津，在今甘肅武都東南。㉟黃階嶺 山名，在階州境。㊱西平 地名，在階州境。

【校 記】①定 原作「安」。據章鈺校，十二行本、乙十一行本、孔天胤本皆作「定」，張瑛《通鑑校勘記》同，今據改。

【語 譯】漢主命令中書令、都元帥越王劉弘昌到海濱之地拜謁烈宗的陵墓。當他到了昌華宮時，漢主派盜賊把他暗殺了。

契丹主從澶州北面把軍隊分作兩路，一路取道滄州、德州，一路取道深州、冀州返回。所經過的地方燒殺搶掠，方圓千里，百姓的財物幾乎全沒有了。留下趙延照為貝州留後。麻荅攻陷了德州，俘獲了刺史尹居璠。

閩國的拱宸都指揮使朱文進、閤門使連重遇殺了康宗以後，常常擔心國人會殺他們，於是就相互結成婚姻以自保。閩主王曦殺人毫不手軟，有一次他遊覽西園，乘著醉酒殺死控鶴指揮使魏從朗。魏從朗是朱文進、連重遇的同夥。又一次酒興正濃時吟誦白居易的詩道：「惟有人心相對間，咫尺之情不能料。」說著，就舉起酒杯注視著二人。二人站起，流著眼淚一再叩拜，說：「臣子侍奉君父，哪敢有二心！」王曦沒有搭腔，二人大為恐懼。

李后忌妒尚賢妃受寵愛，想殺死王曦立自己的兒子王亞澄。她派人告訴朱文進、連重遇二人說：「皇上對你們二位特別不滿，怎麼辦啊？」正巧皇后的父親李真有病，三月十三日乙酉，王曦前往李真的府上去探視他的病情。朱文進、連重遇指使拱宸馬步使錢達在馬上把王曦殺了。叫文武百官集中在朝堂，告訴大家說：「太祖昭武皇帝，開創了閩國。現在他的子孫荒淫暴虐，毀滅了祖宗的世系，蒼天已經拋棄王氏，應該另外選擇有賢德的人擁立為國君。」大家不敢說話。連重遇於是就推朱文進上殿，給他穿戴上皇帝的衣服冠冕，然後率領群臣向北面再拜稱臣。朱文進自稱閩主，把王氏宗族從王延喜以下五十多人全部逮捕，都殺了。安葬了閩主王曦，謚號為睿文廣武明聖元德隆道大孝皇帝，廟號叫景宗。禮部尚書、判三司鄭元弼嚴辭不屈，被免去官職返回鄉里，他準備投奔建州的殷主王延政，朱文進把他殺了。朱文進下令，放出宮人，停止工程營建，推翻王曦的政令。

殷主王延政派遣統軍使吳成義率兵討伐朱文進，未能取勝。朱文進加封樞密使鮑思潤為同平章事，任命羽林統軍使黃紹頗為泉州刺史，左軍使程文緯為漳州刺史。汀州刺史同安人許文稹，率郡投降了朱文進。

三月十五日丁亥，詔令太原、恆州、定州的軍隊各還本鎮。〇十九日辛卯，馬全節攻打契丹的泰州，攻克了。〇下令天下造冊登記鄉兵，每七戶人家共同出兵器資助一個人當兵。〇秦州兵救援階州，取道黃階嶺，在西平打敗了蜀國的軍隊。

漢以戶部侍郎陳偓❶同平章事。

夏，四月丁未❷，緣河巡檢使梁進以鄉社兵❸復取德州。己酉❹，命歸德節度使高行周、保義節度使王周留鎮澶州。庚戌❺，帝發澶州。甲寅❻，至大梁。

侍衛馬步都指揮使、天平節度使、同平章事景延廣既為上下所惡❼，帝亦憚❽其不遜難制❾。桑維翰引❿其不救戚城之罪，辛酉⓫，加延廣兼侍中，出為西京留守。以歸德節度使兼侍中高行周為侍衛馬步都指揮使。延廣鬱鬱不得志，見契丹彊盛，始憂國破身危，遂日夜縱酒。

朝廷因契丹入寇，國用愈竭，復遣使者三十六人分道括率⑫民財，各封劍⑬以授之。使者多從⑭吏卒，攜鎖械、刀杖入民家，小大驚懼，求死無地。州縣吏復因緣為姦⑮。河南府出緡錢二十萬，景延廣率⑯三十七萬⑰。留守判官河南[1]盧億言於延廣曰：「公位兼將相，富貴極矣。今國家不幸，府庫空竭，不得已取於民。公何忍⑱復因⑲而求利，為子孫之累⑳乎！」延廣慚㉑而止。先是，詔以楊光遠叛，命兗州脩守備。泰寧節度使安審信，以治樓堞㉒為名，率㉓民財以實私藏。大理卿張仁愿㉔為括率使㉕，至兗州，賦緡錢十萬。值審信不在，拘其守藏吏，指取錢一囷㉖，已滿其數。

戊寅㉗，命侍衛馬步[2]都虞候、泰寧節度使李守貞將步騎二萬討楊光遠於青州。又遣神武統軍潘環及張彥澤等將兵屯澶州，以備契丹。契丹遣兵救青州，齊州防禦使堂陽㉘薛可言邀擊，敗之。

丙戌㉙，詔諸州所籍鄉兵，號武定軍，凡得七萬餘人。時兵荒之餘，復有此擾，民不聊生㉚。

丁亥㉛，鄴都留守張從恩上言：「趙延照雖據貝州，麾下兵皆久客思歸㉜，宜速進軍攻之。」詔以從恩為貝州行營都部署，督諸將擊之。辛卯㉝，從恩奏趙延照縱火㉞大掠，棄城而遁，屯於瀛、莫，阻水自固㉟。

朱文進遣使如唐，唐主囚其使，將伐之㊱，會天暑、疾疫而止。

六月辛酉㊲，官軍拔淄州，斬其刺史劉翰。○太尉、侍中馮道雖為首相，依違兩可㊳，無所操決㊴。或㊵謂帝曰：「馮道，承平㊶之良相。今艱難㊷之際，譬如使禪僧飛鷹㊸耳。」癸卯㊹，以道為匡國節度使兼侍中。○乙巳㊺，漢主幽㊻齊王弘弼于私第。

或謂帝曰：「陛下欲禦北狄㊼，安天下，非桑維翰不可。」丙午㊽，復置樞密院，以維翰為中書令兼樞密使，事無大小，悉以委之。數月之間，朝廷差治㊾。

【章旨】以上為第四段，寫桑維翰復出，景延廣罷職，數月之間，朝廷差治。

【注釋】❶陳偓　官南漢宰相。居官無所短長，充位而已。傳見《十國春秋》卷六十四。❷丁未　四月初五日。❸鄉社兵　民兵。契丹搶掠，沿河民眾自備兵械，各在其鄉自保。❹己酉　四月初七日。❺庚戌　四月初八日。❻甲寅　四月十二日。❼上下所惡　上下的人所怨恨。上，指將相大臣。下，指軍民。❽憚　害怕。❾不遜難制　傲慢無禮而難以控制。❿引　舉發；檢舉。⓫辛酉　四月十九日。⓬括率　按一定比例搜刮。⓭封劍　御封寶劍，以示專斷，用時啟封。⓮從　跟從。⓯因緣為姦　乘機做壞事。⓰率　規定增加稅率。⓱三十七萬　除去應出二十萬，尚餘十七萬歸景延廣私有。⓲何忍　怎麼忍心。⓳因　乘機。⓴為子孫之累　成為子孫的負累。㉑慙　慚愧。㉒樓堞　城樓和女牆。此指城牆。㉓率　搜刮。㉔張仁愿　（西元八九六－九四五年）字善政，開封陳留（今河南開封陳留鎮）人，性溫雅，明法書，官至大理卿，能秉公執法，懲治貪汙。傳見《舊五代史》卷九十三。㉕括率使　官名，臨時派出，檢查各州、府搜刮民財情況。㉖一囷　一庫。囷，圓形的穀倉。

㉗戊寅　五月初七日。㉘堂陽　古縣名，在今河北新河縣。㉙丙戌　五月十五日。㉚民不聊生　人民不能生活下去。㉛丁亥　五月十六日。㉜久客思歸　長久在契丹當兵，思念回中原。㉝辛卯　五月二十日。㉞縱火　放火。㉟阻水自固　依靠水的阻擋，鞏固自己陣地。㊱將伐之　將要討伐他弒君之罪。㊲辛酉　六月二十一日。六月辛丑朔，辛酉二十一日，癸卯三日，時間排序似不應如此顛倒。《舊五代史・少帝紀》：「六月辛丑朔，王師拔淄州，斬楊光遠偽署刺史劉翰。」疑「辛酉」為「辛丑」之誤。㊳依違兩可　猶豫不決；模稜兩可。㊴操決　拿主意；主持決斷。㊵或　有人。㊶承平　太平。㊷艱難　指國家處於艱難困苦之時。㊸使禪僧飛鷹　比喻非其所任。禪僧，指能機辯無窮而不能應物。禪，以寂靜為宗。僧，以慈悲不殺為教。飛鷹，指能飛翔搏擊。㊹癸卯　六月初三日。㊺乙巳　六月初五日。㊻幽　囚禁。㊼北狄　指契丹。㊽丙午　六月初六日。㊾差治　稍微得到治理。

【校　記】[1]河南　原無此二字。據章鈺校，十二行本、乙十一行本、孔天胤本皆有此二字，張敦仁《通鑑刊本識誤》同，今據補。[2]馬步　原作「馬步軍」。據章鈺校，十二行本、乙十一行本、孔天胤本皆無「軍」字，今據刪。

【語　譯】漢國任命戶部侍郎陳偓為同平章事。

夏，四月初五日丁未，緣河巡檢使梁進用鄉社兵又攻取了德州。初七日己酉，命令歸德節度使高行周、保義節度使王周留下來鎮守澶州。初八日庚戌，晉出帝從澶州啟程。十二日甲寅，到達大梁。

侍衛馬步都指揮使、天平節度使、同平章事景延廣已被朝野所憎恨，晉出帝也怕他傲慢無禮，難以控制。桑維翰檢舉他不援救戚城的罪過，四月十九日辛酉，加封景延廣為兼侍中，外放為西京留守。任命歸德節度使兼侍中高行周為侍衛馬步都指揮使。景延廣鬱鬱不得志，又看到契丹勢力強盛，開始擔憂起國家滅亡危及自身，於是就一天到晚放狂飲酒。

朝廷由於契丹的入侵，國家財用更加枯竭，於是又派出使差三十六人分別去各道搜刮百姓的財物，每位使差都授予一柄御封寶劍。這些使差有很多吏卒隨從，拿著鎖鏈刑械、刀杖闖入百姓家中，大人小孩都驚慌恐懼，想求一死都找不到地方，州縣的官吏又乘機為非作歹。河南府應出緡錢二十萬，景延廣增加稅率到三十七萬。留守判官河南盧億對景延廣說：「您位兼將相，富貴到了極點。現在國家遭到不幸，府庫空竭，不得已才向百姓索取。您怎麼忍心再乘機求取私利，成為子孫的負累呢！」景延廣慚愧而止。在此之前，皇帝下詔，由於楊光遠叛變，命令兗州修築守備設施。泰寧節度使安審信藉修築城牆的名義，聚斂民財以飽私囊。大理卿張仁愿為括率使，來到兗州，徵收緡錢十萬。正巧安審信不在軍鎮，就拘禁了他的看守倉庫的官吏，指令取走一個庫的錢，就夠了十萬之數。

五月初七日戊寅，命令侍衛馬步都虞候、泰寧節度使李守貞率領步兵和騎兵二萬人赴青州討伐楊光遠。又派遣神武統軍洛陽人潘環和張彥澤等人率兵駐紮澶州，以防備契丹。契丹派兵救援青州，齊州防禦使堂陽人薛可言中途攔擊，打敗了契丹援兵。

五月十五日丙戌，詔令各州所登記的鄉兵，稱為武定軍，共得到七萬多人。當時在兵荒馬亂之外，又增加了這一騷擾，以致民不聊生。

五月十六日丁亥，鄴都留守張從恩上奏說：「趙延照雖然佔據著貝州，但是他所部的士兵卻久居在外思念回家，應該盡快進軍攻打他。」詔令張從恩為貝州行營都部署，督率各軍將領攻擊趙延照。二十日辛卯，張從恩奏報說，趙延照放火大肆搶劫，棄城而逃，駐紮在瀛州、莫州，依水自保。

朱文進派遣使者前往唐國，唐主囚禁了他的使者，準備派兵討伐朱文進，正趕上天氣暑熱、疾疫流行而作罷。

六月二十一日辛酉，官軍攻克淄州，斬了淄州刺史劉翰。○太尉、侍中馮道雖然身為首相，對待事情卻模稜兩可，什麼都不作決斷。有人對晉出帝說：「馮道，是太平年代的好宰相。當今是時勢艱難的時候，好比讓坐禪的僧人去放鷹搏兔。」初三日癸卯，任命馮道為匡國節度使兼侍中。○初五日乙巳，漢主把齊王劉弘弼幽禁在他家裡。

有人對晉出帝說：「陛下如果要想抵禦北狄，安定天下，非任用桑維翰不可。」六月初六日丙午，又設置樞密院，任命桑維翰為中書令兼樞密使，無論大事小事，全部委託給他。幾個月之間，朝廷稍微得到治理。

滑州河決❶，浸汴、曹、單、濮、鄆五州之境，環❷梁山❸合于汶❹。詔大發❺數道丁夫塞❻之。既塞，帝欲刻碑紀其事。中書舍人楊昭儉諫曰：「陛下刻石紀功，不若❼降哀痛之詔❽。染翰頌美❾，不若頒罪己之文❿。」帝善其言而止。

初，高祖割北邊之地⓫以賂契丹，由是府州⓬刺史折從遠⓭亦北屬。契丹欲盡徙河西⓮之民以實遼東⓯，州人大恐，從遠因保險拒之。及帝與契丹絕，遣使諭從遠使攻契丹。從遠引兵深入，拔十餘寨。戊午⓰，以從遠為府州團練使。從遠，雲州人也。

甲子⓱，復置翰林學士。戊辰⓲，以右散騎常侍李慎儀為兵部侍郎、翰林學士承旨⓳，都官郎中劉溫叟⓴、金部郎中・知制誥武強㉑徐台符、禮部郎中李澣㉒、主客員外郎宗城范質㉓，皆為學士。溫叟，岳之子也。

秋，七月辛未朔㉔，大赦，改元㉕。○己丑㉖，以太子太傅劉昫為司空兼門下侍郎、同平章事。

八月辛丑朔㉗，以河東節度使劉知遠為北面行營都統，順國節度使杜威為都招討使，督十三節度㉘以備契丹。桑維翰兩秉㉙朝政，出楊光遠、景延廣於外，至是一制指揮㉚，節度使十五人㉛無敢違者，時人服其膽略。

朔方節度使馮暉上章自陳㉜未老可用，而制書見遣㉝。維翰詔禁直學士㉞使為答詔曰：「非制書忽忘，實以朔方重地，非卿無以彈壓。比㉟欲移卿內地，受代㊱亦須奇才。」暉得詔，甚喜。

時軍國多事，百司及使者咨請輻湊㊲。維翰隨事裁決㊳，初若㊴不經思慮，人疑其疏略。退而熟議㊵之，亦終不能易㊶也。然為相頗任愛憎㊷，一飯之恩、睚眦㊸之怨必報，人亦以是[1]少㊹之。

【章旨】以上為第五段，寫晉出帝塞河決口。桑維翰兩秉朝政，出楊光遠、景延廣於外，朝綱整肅；然氣度狹小，人以此少之。

【注釋】❶河決 黃河決口。❷環 環繞。❸梁山 山名，在今山東梁山縣。❹合于汶 與汶水相會合，流入汶水。❺發 徵發。❻塞 堵塞。❼不若 不如。❽降哀痛之詔 頒布表示哀憐痛惜人民的詔書。❾染翰頌美 用筆墨歌頌讚美。❿罪己之文 責備自己的詔文。⓫割北邊之地 事見本書卷二百八十高祖天福元年。即割燕雲十六州之地。⓬府州 州名，治所府谷，在今陝西府谷縣。⓭折從遠 （？—西元九五五年）字可久，避後漢高祖劉知遠諱，改為從阮，雲中（今山西大同西）人，官後周宣義、保義、靜難節度使。傳見《舊五代史》卷一百二十五、《新五代史》卷五十。⓮河西 地區名，今陝北黃河西岸地區。⓯遼東 地區名，泛指遼河以東東北地區。⓰戊午 六月十八日。⓱甲子 六月二十四日。⓲戊辰 六月二十八日。⓳翰林學士承旨 官名，掌制、誥、詔、令撰述之事。不常置，以學士久次者為之。⓴劉溫叟 後唐明宗時吏部侍郎劉岳子。方正守道，以名教為己任，事母孝，官至御史中丞。傳見《舊五代史》卷六十八、《宋史》卷二百六十二。㉑武強 縣名，在今河北武強。㉒李澣 （？—西元九六二年）字日新，官翰林學士，陷契丹多年。著有《丁年集》。傳見《宋史》卷二百六十二、《遼史》卷一百三。㉓范質 （西元九一一—九六四年）字文素，大名宗城（今河北威縣東）人，後唐長興四年進士，官至宋宰相。著有《通錄》六十五卷。傳見《宋史》卷二百四十九。㉔辛未朔　七月初一日。㉕改元　改元為開運。㉖己丑　七月十九日。㉗辛丑朔　八月初一日。㉘十三節度　鄆州張從恩、西京留守景延廣、徐州趙在禮、晉州安叔千、兗州安審信、河中安審琦、河陽符彥卿、滑州皇甫遇、右神武統軍張彥澤、滄州王廷胤、陝州宋彥筠、金州田武、左神武統軍潘環。㉙秉　掌握。㉚一制指揮　樞密使統一指揮。㉛十五人　除以上十三人外，加河東劉知遠、順國杜威。㉜自陳　自己陳請。㉝見遺　被遺忘。㉞禁直學士　在禁中入直的學士。㉟比　近來。㊱受代　接受替代。㊲沓請輻湊　請示的人絡繹不絕。輻湊，比喻人或物聚集在一起。㊳隨事裁決　根據事情加以裁處決策。㊴若　好像。㊵熟議　仔細計議；反覆深入地研究。㊶易　更改。㊷頗任愛憎　多憑自己的好惡處事。㊸睚眦　小怨小忿。眦，瞪眼睛，怒目而視。㊹少　輕視。

【校記】①亦以是　原作「以此」。據章鈺校，十二行本、乙十一行本、孔天胤本皆作「亦以是」，今據改。

【語譯】滑州境內黃河決口，淹沒了汴州、曹州、單州、濮州、鄆州等五個州的範圍，大水環繞梁山最後匯入汶水。皇帝下詔大規模調集好幾個道的民夫去堵塞黃河缺口。缺口堵住後，晉出帝想刻碑記述這件事情。中書舍人楊昭儉勸諫說：「陛下刻石記述功德，不如降下哀痛的詔書。用筆墨歌頌讚美，不如頒布責備自己的詔文。」晉出帝認為他的話說得很好，便停止了刻碑。

當初，高祖割讓出北部的國土賄賂契丹，從此府州刺史折從遠也北屬契丹了。契丹想全部遷走黃河以西的百姓去充實遼東，府州的百姓非常恐慌，折從遠便據守險要之地，抗拒遷徙。到晉出帝和契丹斷絕交往時，派使者告諭折從遠，讓他攻打契丹。折從遠率軍深入契丹境內，攻下了十多個營寨。六月十八日戊午，任命折從遠為府州團練使。折從遠，是雲州人。

六月二十四日甲子，又設置翰林學士。二十八日戊辰，任命右散騎常侍李慎儀為兵部侍郎、翰林學士承旨，都官郎中劉溫叟、金部郎中・知制誥武強人徐台符、禮部郎中李瀚、主客員外郎宗城人范質，都為翰林學士。劉溫叟，是劉岳的兒子。

秋，七月初一日辛未，全國大赦，改年號為「開運」。〇十九日己丑，任命太子太傅劉昫為司空兼門下侍郎、同平章事。

八月初一日辛丑，任命河東節度使劉知遠為北面行營都統，順國節度使杜威為都招討使，督率十三鎮節度使以防備契丹。桑維翰兩度執掌朝政，把楊光遠、景延廣放為外任，到這時他統一指揮，十五個節度使沒有敢違抗他的命令的，當時的人們都佩服他的膽識和謀略。

朔方節度使馮暉上奏章陳說自己沒有老，還可以為國效勞，而制書中卻把我給遺忘了。桑維翰告訴在禁中值班的學士擬寫答詔說：「不是制書中忘記了您，實在因為朔方是緊要之地，除非您就沒有辦法控制。近來也想把您調回內地，可是接替您的人也必須是奇才啊。」馮暉接到詔書，極為高興。

當時統軍治國多有變故，朝中各部門以及各地使者來諮詢請示的人聚集。桑維翰根據情況當機立斷，乍一看好像是沒有經過深思熟慮，人們懷疑他粗心大意。事後仔細計議，也終究不能改變。不過身為宰相多憑好惡處事，一飯之恩，瞪眼小怨，他必定回報，人們也因此輕視他。

契丹之入寇也，帝再命劉知遠會兵山東❶，皆後期❷不至。帝疑之，謂所親曰：「太原殊不助朕，必有異圖。果有分❸，何不速為之❹！」至是雖為都統，而實無臨制之權❺，密謀大計，皆不得預。知遠亦自知見疏❻，但慎事自守❼而已。郭威見知遠有憂色，謂知遠曰：「河東山河[1]險固，風俗尚武，土多戰馬，靜則勤稼穡，動則習軍旅，此霸王之資也，何憂乎！」

朱文進自稱威武留後，權知閩國事，遣使奉表稱藩于晉。癸丑❽，以文進為威武節度使，知閩國事。○癸亥❾，置鎮寧軍❿於澶州，以濮州隸焉。

初，吳濠州刺史劉金⑪卒，子仁規⑫代之。仁規卒，子崇俊⑬代之。唐烈祖置定遠軍⑭於濠州，以崇俊為節度使。會清淮⑮節度使姚景⑯卒，崇俊厚賂權要，求兼領壽州。唐主陽⑰為不知其意，徙崇俊為清淮節度使，以楚州刺史劉彥貞⑱為濠州觀察使，馳往代之。崇俊悔之。彥貞，信之子也。

九月庚午朔⑲，日有食之。〇丙子⑳，契丹寇遂城㉑、樂壽㉒，深州刺史康彥進擊卻之。

冬，十月丙午㉓，漢主毒殺鎮王弘澤㉔于邕州。

殷主延政遣其將陳敬佺以兵三千屯尤溪及古田㉕，盧進以兵二千屯長溪㉖。

泉州散員㉗指揮使桃林留從效㉘謂同列王忠順㉙、董思安㉚、張漢思㉛曰：「朱文進屠滅王氏，遣腹心分據諸州。吾屬世受王氏恩，而交臂㉜事賊，一旦富沙王克福州，吾屬死有餘愧！」眾以為然。十一月，從效等各引軍中所善壯士，夜飲於從效之家。從效紿㉝之曰：「富沙王已平福州，密旨令吾屬討黃紹頗。吾觀諸君狀貌，皆非久處貧賤者。從吾言，富貴可圖。不然，禍且至矣。」眾皆踴躍，操白梃，踰垣而入，執紹頗，斬之。從效持州印詣王繼勳㉞第，請主軍府。從效自稱平賊統軍使，函紹頗首，遣副兵馬使臨淮陳洪進㉟齎詣建州。

洪進至尤溪，福州戍兵數千遮道㊱。洪進紿之曰：「義師已誅朱福州㊲，吾倍道逆㊳嗣君㊴於建州，爾輩尚守此何為㊵乎？」以紹頗首示之，眾遂潰，大將數人從洪進詣建州。延政以繼勳為侍中、泉州刺史，從效、忠順、思安、洪進皆為都指揮使。漳州將程謨聞之，亦②殺刺史程文緯，立王繼成㊶權州事。繼勳、繼成皆延政之從子也，朱文進之滅王氏，二人以疏遠㊷獲全。汀州刺史許文稹奉表請降於殷。

【章旨】以上為第六段，寫閩國福州兵變殺黃紹頗，朱文進勢孤。

【注釋】❶山東　地區名，泛指太行山以東河北之地。❷後期　過了約定的期限。❸果有分　如果分內可以做天子。❹何不速為之　為什麼不趕快做呢。這是憤怒的話。❺雖為都統二句　指劉知遠名義為幽州道行營招討使，但沒有指揮諸鎮的權力。❻見疏　被疏遠。❼慎事自守　謹慎處事，自守職分。❽癸丑　八月十三日。❾癸亥　八月二十三日。❿鎮寧軍　方鎮名，後晉開運元年（西元九四四年）置，治所蓟樂，在今北京市密雲東北。⓫劉金　（？—西元九〇五年）曲溪（今雲南曲溪縣）人，為吳三十六英雄之一。官吳濠州團練使。傳見《十國春秋》卷六。⓬仁規　劉金子，官至吳清淮軍節度使。傳見《十國春秋》卷六。⓭崇俊　仁規子，字德修，官吳定遠軍節度使。傳見《十國春秋》卷二十二。⓮定遠軍　方鎮名，吳置，治所濠州，在今安徽鳳陽。⓯清淮　方鎮名，吳置，治所壽州，在今安徽壽縣。⓰姚景　初為廄卒，頗清廉。傳見《十國春秋》卷二十三。⓱陽　假裝。⓲劉彥貞　善騎射，矢不虛發，軍中號「劉一箭」。傳見《十國春秋》卷二十二。⓳庚午朔　九月初一日。⓴丙子　九月初七日。㉑遂城　縣名，在今河北徐水縣。㉒樂壽　縣名，在今河北獻縣。㉓丙午　十月初七日。㉔弘澤　劉龔第八子，封鎮王。傳見《十國春秋》卷六十一。㉕古田　縣名，在今福建古田。㉖長溪　古縣名，故治在今福建霞浦南。㉗散員　有官稱而無實際職掌的人員。㉘留從效　（西元九〇六—九六二年）泉州桃林（今福建永春）人，略知書，好兵法。佔漳、泉二州，封晉江王。勤儉養民，受人愛戴。傳見《十國春秋》卷九十三。㉙王忠順　（？—西元九四六年）晉江（今福建晉江市）人，抗南唐軍，力戰死。傳見《十國春秋》卷九十六。㉚董思安　（？—西元九四九年）莆田（今福建莆田）人，身長九尺，勇冠一時，官漳州刺史。傳見《十國春秋》卷九十六。㉛張漢思　傳附《十國春秋》卷九十三〈陳洪進傳〉。㉜交臂　拱手。㉝紿　欺騙。㉞王繼勳　王延美次子，後歸降南唐。傳見《十國春秋》卷九十四。㉟陳洪進　字濟川，臨淮（今江蘇盱眙）人，取漳、泉兩州為留後，太平興國三年，納漳、泉兩州歸宋。傳見《十國春秋》卷九十三。㊱遮道　攔住道路。㊲朱福州　指朱文進。㊳逆　迎。㊴嗣君　指王延政。㊵何為　幹什麼。㊶王繼成　王延政姪子，南唐任其為和州刺史。傳見《十國春秋》卷九十四。㊷疏遠　與王曦關係疏遠。

【校　記】①河　原作「川」。據章鈺校，十二行本、乙十一行本、孔天胤本皆作「河」，《通鑑紀事本末》同，今據改。②亦　原作「亡」，胡三省注云：「『亡』當作『立』，筆誤也，否則『亦』字。」據章鈺校，乙十一行本作「立」，孔天胤本作「亦」。《通鑑紀事本末》、《十國春秋》皆作「亦」，今據以校正。

【語　譯】當契丹入侵時，晉出帝兩次命令劉知遠到太行山以東會師，結果他都是過了限期還沒有到達。晉出帝懷疑他，對親信們說：「太原方面特別不幫助朕，必定有其他圖謀。真有天命，怎麼不趕快做皇帝！」到這時，劉知遠雖然任北面行營都統，但是實際上並沒有臨事統制的權力，朝中的祕密謀劃和軍國大計，都不能參與。劉知遠也知道自己被疏遠了，只是謹慎處事自守職分而已。郭威看出劉知遠面有愁色，就對劉知遠說：「河東山川形勢險要堅固，風俗崇尚武勇，此地多產戰馬，局勢安定就努力耕種，局勢動盪就訓練士卒，這是成就霸王事業的資本，有什麼好憂慮的呢！」

朱文進自稱為威武留後，暫理閩國的事務，派遣使者呈表向晉朝自稱藩屬。八月十三日癸丑，晉國任命朱文進為威武節度使，管理閩國的事務。○二十三日癸亥，在澶州設置鎮寧軍，把濮州隸屬於它。

當初，吳國的濠州刺史劉金去世，他的兒子劉仁規接替了他的職位。劉仁規去世，他的兒子劉崇俊接替了他的職位。唐烈祖在濠州設置了定遠軍，任命劉崇俊為節度使。恰遇清淮節度使姚景去世。劉崇俊厚禮賄賂朝中的當權要人，請求讓他兼領壽州。唐主假裝不明白他的意圖，就把劉崇俊調任為清淮節度使，同時任命楚州刺史劉彥貞為濠州觀察使，馳馬前去接替了他的職位。劉崇俊很後悔。劉彥貞，是劉信的兒子。

九月初一日庚午，發生日蝕。○初七日丙子，契丹入侵遂城、樂壽，深州刺史康彥進把他打退了。

冬，十月初七日丙午，漢主在邕州把鎮王劉弘澤毒死。

殷主王延政派遣他的將領陳敬佺率領三千士兵駐紮尤溪和古田，盧進率領二千士兵駐紮長溪。

泉州散員指揮使桃林人留從效對他的同僚王忠順、董思安、張漢思說：「朱文進殺光了王氏家族，分派心腹之人把持各州。我等世代蒙受王氏的恩澤，卻拱手侍奉奸賊，哪一天富沙王攻下了福州，我等就是死了也留下愧悔啊！」大家認為他的話很有道理。十一月，留從效等人各自帶領軍中平時善待的壯士，夜晚在留從效家中喝酒。留從效欺騙他們說：「富沙王已經平定了福州，有密旨讓我們討伐黃紹頗。我觀察諸位的形體相貌，都不是久居貧賤之人。聽從我的話，富貴是可以謀取的。要不然的話，災禍將要臨頭了。」大家都跳躍起來，拿起棍棒，翻牆進去，抓住了黃紹頗，把他殺了。留從效拿著州官印信來到王繼勳的府上，請他主持軍府的事務。留從效自稱平賊統軍使，把黃紹頗的頭盛在匣子裡，派副兵馬使臨淮人陳洪進帶著匣子送到建州去。

陳洪進到了尤溪，福州防守的士兵幾千人擋住去路。陳洪進騙他們說：「義師已經殺了福州的朱文進，我加倍趕路到建州去迎接繼位的國君，你們還守在這裡幹什麼？」並把黃紹頗的頭拿給他們看，兵眾當即潰散了，有幾員大將跟隨陳洪進前往建州。王延政任命王繼勳為侍中、泉州刺史，留從效、王忠順、董思安、陳洪進都被任命為都指揮使。漳州的將領程謨聽到這一消息，也殺了刺史程文緯，擁立王繼成暫理漳州的事務。王繼勳、王繼成都是王延政的姪子，朱文進在除掉王氏時，他們二人由於關係疏遠而得以保全性命。汀州刺史許文稹上表向殷國請求歸降。

十二月癸丑❶，加朱文進同平章事，封閩國王❷。

李守貞圍青州經時❸，城中食盡，餓死者太半❹。契丹援兵不至，楊光遠遙❺稽首❻於契丹曰：「皇帝，皇帝，誤光遠矣！」其子承勳❼、承祚、承信勸光遠降，冀全其族❽。光遠不許，曰：「吾昔在代北，嘗❾以紙錢祭天池❿而沈⓫，人皆言當為天子，姑待之⓬。」丁巳⓭，承勳斬勸光遠反者節度判官丘濤等，送其首於守貞。縱火大譟，劫其父出居私第，上表待罪，開城納官軍。

朱文進聞黃紹頗死，大懼，以重賞募兵二萬，遣統軍使林守諒、內客省使李廷鍔將之攻泉州，鉦鼓⓮相聞五百里。殷王延政遣大將軍杜進將兵二萬救泉州，留從效開門與福州兵戰，大破之，斬守諒，執廷鍔。延政遣統軍使吳成義帥戰艦千艘攻福州，朱文進遣子弟為質⓯於吳越以求救。

初，唐翰林待詔⓰臧循，與樞密副使查文徽同鄉里。循常⓱為賈人，習⓲福建山川，為文徽畫⓳取建州之策。文徽表請用兵擊王延政，國人多以為不可。唐主以文徽為江西安撫使，循行境上⓴，覘㉑其可否。文徽至信州㉒，奏言攻之必克。唐主以洪州營屯都虞候邊鎬㉓為行營招討諸軍都虞候，將兵從文徽伐殷。文徽自建陽㉔進屯蓋竹㉕，聞泉、漳[1]、汀三州皆降于殷，殷將張漢真[2]自鏞州㉖將兵八千將至，文徽懼，退保建陽。臧循屯邵武㉗，邵武民導㉘殷兵襲破循軍，執循送建州斬之。

朝廷以楊光遠罪大，而諸子歸命㉙，難於顯誅㉚，命李守貞以便宜從事㉛。閏月癸酉㉜，守貞入青州，遣人拉殺光遠於別第㉝，以病死聞。丙戌㉞，起復楊承勳，除汝州防禦使。

殷吳成義聞有唐兵，詐㉟使人告福州吏民曰：「唐助我討賊臣，大兵今至矣。」福人益懼。乙未㊱，朱文進遣同平章事李光準等奉國寶㊲于殷。丁酉㊳，福州南廊承旨㊴林仁翰㊵謂其徒㊶曰：「吾曹世事王氏，今受制賊臣㊷，富沙王㊸至，何面見之！」帥其徒三十人被甲趣㊹連重遇第。重遇方㊺嚴兵自衛，三十人者望之，稍稍遁去。仁翰執槊直前㊻刺重遇，殺之，斬其首以示眾曰：「富沙王且至，汝輩族矣！今重遇已死，何不亟取文進以贖罪！」眾踊躍從之，遂斬文進，迎吳成義入城，函㊼二首送建州。

契丹復大舉入寇㊽，盧龍節度使趙延壽引兵先進。契丹前鋒至邢州，順國節度使杜威遣使間道㊾告急。帝欲自將拒之，會有疾，命天平節度使張從恩㊿、鄴都留守馬全節、護國節度使安審琦會諸道兵屯邢州，武寧節度使趙在禮屯鄴都。契丹主以大兵繼至，建牙(51)於元氏(52)。朝廷憚契丹之盛，詔從恩等引兵稍卻。於是諸軍恟懼(53)，無復部伍(54)，委棄器甲，所過焚掠。比(55)至相州，不復能整(56)。

【章　旨】以上為第七段，寫閩國王延政大破南唐兵，朱文進為部屬誅殺。晉叛將楊光遠伏誅，契丹主第二次大舉南犯。

【注　釋】❶癸丑　十二月十五日。為後晉冊禮使出發之日，未至閩國而朱文進已被誅。❷閩國王　為後晉所封。❸經時　超過一季度。此指時間很長。❹太半　大半；三分之二。❺遙　遠。❻稽首　跪拜，磕頭到地。❼承勳　楊光遠長子。❽冀全其族　希望保全宗族，不致被殺戮。❾嘗　曾經。❿天池　山西汾陽的天池。⓫沈　紙灰沉入水中。⓬姑待之　姑且等一等。⓭丁巳　十二月十九日。⓮鉦鼓　古代行軍時用的兩種樂器，指揮軍隊進退。鉦，形似鐘而狹長，有長柄可握，擊之發聲。⓯質　人質。⓰翰林待詔　官名，盛唐時置，用以安置伎藝之人。待詔，有候補之意。⓱常　通「嘗」。⓲習　熟悉。⓳畫　謀劃。⓴循行境上　在邊境上巡視。(21)覘　窺探。(22)信州　州名，在今江西上饒。(23)邊鎬　昇州（今江蘇南京）人，御下無法，號「邊和尚」。傳見《十國春秋》卷二十二。(24)建陽　縣名，在今福建建陽。(25)蓋竹　地名，在建陽南二十五里。(26)鏞州　州名，閩王延政置，故治在今福建將樂。(27)邵武　縣名，在今福建邵武。(28)導　嚮導。(29)歸命　歸順。(30)顯誅　公開處斬。(31)便宜從事　授權根據具體情況自行處理。(32)癸酉　閏十二月初五日。(33)別第　另外住宅。(34)丙戌　閏十二月十八日。(35)詐　假；偽。(36)乙未　閏十二月二十七日。(37)國寶　皇帝印璽。(38)丁酉　閏十二月二十九日。(39)南廊承旨　閩所置官，侍衛武臣。(40)林仁翰　王曦內兒，殺連重遇、朱文進。傳見《十國春秋》卷九十六。(41)徒　徒眾；部下。(42)賊臣　指朱文進、連重遇。(43)富沙王　王延政。(44)趣　通「趨」。奔向。(45)方　剛好；正在。(46)直前　逕直向前。(47)函　用匣子盛放。(48)入寇　入侵。(49)間道　小道。(50)張從恩　（西元八九八—九六六年）并州太原（今山西太原）人，石重貴岳父，官後晉天平軍節度。宋初，改封許國公。傳見《舊五代史》卷九十一、《宋史》卷二百五十四。(51)牙　牙帳。契丹主行營。(52)元氏　縣名，在今河北元氏。(53)恟懼　驚怕。(54)無復部伍　諸軍混亂，不再能統領隊伍。(55)比　及。(56)不復能整　諸軍散逃，已無法重新整頓隊伍。

【校　記】[1]泉漳　原作「漳泉」。據章鈺校，十二行本、乙十一行本、孔天胤本二字皆互乙，今據改。按，《通鑑紀事本末》亦作「泉漳」。[2]張漢真　原作「張漢卿」。據章鈺校，十二行本、乙十一行本、孔天胤本皆作「張漢真」，今據改。按，《通鑑紀事本末》作「張漢真」，且本卷後文亦作「張漢真」。

【語　譯】十二月十五日癸丑，加朱文進為同平章事，封為閩國王。

李守貞包圍青州已經很長時間，城中糧食吃光了，餓死的人有一大半。契丹的援兵沒有到來，楊光遠遙對契丹磕頭說：「皇帝啊，皇帝，您誤了我楊光遠的大事啊！」他的兒子楊承勳、楊承祚、楊承信勸楊光遠投降，希望保全楊氏家族。楊光遠不同意，他說：「我從前在代北的時候，曾經用紙錢祭祀過天池，紙灰下沉了，人們都說我一定能當天子，暫且等等看吧。」十二月十九日丁巳，楊承勳殺了勸誘楊光遠造反的節度判官丘濤等人，把他們的首級送給李守貞。又縱火大聲喧噪，從家裡劫持他的父親出來住在私宅裡，向朝廷上表等待處置，打開城門讓官軍入城。

朱文進得知黃紹頗被殺，大為恐懼，用重賞招募了二萬名士兵，派遣統軍使林守諒、內客省使李廷鍔率領他們攻打泉州，一路上鉦鼓之聲遠聞五百里。殷主王延政派大將軍杜進率領二萬兵馬救援泉州，留從效打開城門和福州兵交戰，把福州兵打得大敗，殺了林守諒，活捉了李廷鍔。王延政派遣統軍使吳成義率領一千艘戰艦進攻福州，朱文進送子弟到吳越國做人質請求救援。

當初，唐國的翰林待詔臧循和樞密副使查文徽是同鄉。臧循曾經當過商販，熟悉福建的山川形勢，於是就替查文徽謀劃攻取建州的方略。查文徽上表請求出兵攻打王延政，國人大多認為不可。唐主任命查文徽為江西安撫使，讓他巡視邊境，偵察能否出兵。查文徽到了信州，向唐主奏報說只要派兵攻打，一定能夠攻下建州。唐主於是任命洪州營屯都虞候邊鎬為行營招討諸軍都虞候，率兵跟隨查文徽討伐殷國。查文徽從建陽進駐蓋竹，聽說泉、漳、汀三州都投降了殷國，殷國的將領張漢真自鏞州率領八千兵馬即將趕到，查文徽害怕了起來，退兵守衛建陽。臧循駐紮在邵武，邵武的百姓引導殷國的士兵偷襲擊潰臧循的軍隊，活捉了臧循，押送到建州斬首。

朝廷認為楊光遠罪行嚴重，可是他的各個兒子能歸順朝廷，對楊光遠不便於公開處斬，就命令李守貞根據具體情況加以處理。閏十二月初五日癸酉，李守貞進入青州城，派人把楊光遠在他的另外一處住宅裡拉殺而死，以他得病而死上報。十八日丙戌，重新起用楊承勳，授予他汝州防禦使。

殷國的吳成義聽說有唐兵前來，就派人前去向福州的官吏和百姓詐稱：「唐國幫助我國討伐賊臣，大軍馬上就到了。」福州人更加恐懼。閏十二月二十七日乙未，朱文進派遣同平章事李光準等人捧著傳國玉璽給殷國。二十九日丁酉，福州的南廊承旨林仁翰對他的徒眾說：「我們世代侍奉王氏，現在卻受賊臣的轄制，富沙王來了，我們有什麼臉面見他！」他率領徒眾三十個人穿上鎧甲直奔連重遇的住宅。連重遇正在部署軍隊自衛，這三十個人看到這一情況，逐漸逃離。林仁翰手拿長槊逕直向前刺連重遇，把他刺死了，砍下他的頭叫眾人看，說：「富沙王馬上就到，你們這些人要被滅族了！現在連重遇已死，為什麼不趕快捉拿朱文進為自己贖罪！」眾人踴躍地跟著他，於是殺死了朱文進，迎接吳成義進城，用匣子盛著朱、連二人的頭送往建州。

契丹又大舉入侵，盧龍節度使趙延壽帶兵先行。契丹的先頭部隊到達邢州，順國節度使杜威派遣使者從小道向朝廷告急。晉出帝要親自率軍抵抗，正巧得了病，便命令天平節度使張從恩、鄴都留守馬全節、護國節度使安審琦會合各道兵馬屯駐邢州，武寧節度使趙在禮屯駐鄴都。契丹主率領大軍隨後到達，在元氏縣建立了牙帳。朝廷害怕契丹兵勢強盛，詔令張從恩等人帶兵稍作後退。這樣一來各路軍隊都畏懼恐慌起來，不再能統領，部隊拋棄兵器、鎧甲，所過之處放火搶劫。等到他們退到相州時，已經無法重新整頓隊伍了。

二年（乙巳　西元九四五年）

春，正月，詔趙在禮還屯澶州，馬全節還鄴都。又遣右神武統軍張彥澤屯黎陽，西京留守景延廣自滑州引兵守胡梁渡❶。庚子❷，張從恩奏契丹逼邢州，詔滑州、鄴都復進軍拒之。義成節度使皇甫遇將兵趣邢州。契丹寇邢、洺、磁三州，殺掠殆盡，入鄴都境。

王子❸，張從恩、馬全節、安審琦悉以行營兵數萬，陳❹於相州安陽水❺之南。皇甫遇與濮州刺史慕容彥超❻將數千騎，前覘❼契丹。至鄴縣❽，將度漳水❾，遇契丹數萬。遇等且戰且卻❿，至榆林店⓫，契丹大至。二將謀曰：「吾屬⓬今走⓭，死無遺⓮矣！」乃止，布陳⓯，自午至未，力戰百餘合，相殺傷甚眾。遇馬斃⓰，因步戰，其僕杜知敏以所乘馬授之，遇乘馬復戰。久之，稍解⓱，顧知敏已為契丹所擒。遇曰：「知敏義士，不可棄也。」與彥超躍馬入契丹陳，取知敏而還。俄而⓲契丹繼出新兵來戰，二將曰：「吾屬勢不可走，以死報國耳。」

日且暮⓳，安陽諸將怪⓴覘兵不還。安審琦曰：「皇甫太師㉑寂無聲[1]問，必為虜所困。」語未卒，有一騎白遇等為虜數萬所圍。審琦即引騎兵出，將救之，張從恩曰：「此言未足信。必若虜眾猥至㉒，盡吾軍，恐未足以當㉓之，公往何益！」審琦曰：「成敗，天也。萬一不濟，當共受之㉔。借使虜不南來，坐失皇甫太師，吾屬何顏以見天子！」遂踰水㉕而進。契丹望見塵起，即解去。遇等乃得還，與諸將俱歸相州，軍中皆服二將之勇。彥超本吐谷渾也，與劉知遠同母。

【章　旨】以上為第八段，寫晉軍大破契丹於相州。

【注　釋】❶胡梁渡　也名胡良渡，在今河南滑縣東北，接濮陽境。❷庚子　正月初三日。❸壬子　正月十五日。❹陳　列陣。❺安陽水　安陽河，在今河南安陽境內。❻慕容彥超　劉知遠同母弟，曾冒姓閻，體黑麻面，故號閻昆侖。傳見《舊五代史》卷一百三十、《新五代史》卷五十三。❼覘　窺探。❽鄴縣　縣名，在今河北臨漳。❾漳水　水名，今名漳河。經安陽，入衛河。❿且戰且卻　邊戰邊退。⓫榆林店　地名，在今河北臨漳西。⓬吾屬　我們。⓭走　逃。⓮死無遺　死無遺類，即將被全部殲滅。⓯布陳　列陣迎戰。⓰斃　死。⓱稍解　謂戰況稍微緩解。⓲俄而　不久。⓳日且暮　天色將晚。⓴怪奇怪。㉑皇甫太師　指皇甫遇。因其累官至檢校太師，故稱。㉒猥至　雜然而至，言其眾多。㉓當　通「擋」。阻擋；抵擋。㉔當共受之　應當共同承擔後果。㉕踰水　渡水。水，指安陽河。

【校　記】[1]聲　原作「音」。據章鈺校，十二行本、乙十一行本、孔天胤本皆作「聲」，《通鑑紀事本末》同，今據改。

【語　譯】二年（乙巳　西元九四五年）

春，正月，晉出帝下詔，命令趙在禮回師駐紮澶州，馬全節回到鄴都。又派遣右神武統軍張彥澤駐紮黎陽，西京留守景延廣從滑州率兵把守胡梁渡。初三日庚子，張從恩奏報說契丹逼近了邢州，晉出帝詔命滑州、鄴都再進兵抵抗它。義成節度使皇甫遇率兵直奔邢州。契丹入侵邢、洺、磁三州，把這些地方幾乎搶光殺盡，又進入鄴都境內。

正月十五日壬子，張從恩、馬全節、安審琦率領行營數萬兵馬，在相州安陽河南岸布陣。皇甫遇和濮州刺史慕容彥超帶領數千名騎兵，到前面去偵察契丹的情況。他們到了鄴縣，正要渡過漳河，遇上數萬名契丹兵。皇甫遇等人且戰且退，退到榆林店，契丹的大隊人馬來到。二位將軍商量說：「我們現在逃走，就會死得一個也不剩！」於是停了下來，擺開陣勢，從午時到未時，力戰百餘回合，雙方都死傷慘重。皇甫遇的馬戰死，因而徒步戰鬥，他的僕人杜知敏把自己所乘的馬交給他，皇甫遇騎上馬再戰。經過很長時間，戰況稍有緩解，回頭看到杜知敏已被契丹俘去。皇甫遇說：「知敏是個義士，不能丟下他不管。」與慕容彥超躍上戰馬衝入契丹軍陣，把杜知敏搶了回來。不一會兒，契丹接連來了新的部隊投入戰鬥，二位將軍說：「形勢已不允許我們逃走，以死報國罷了。」

天色將晚，安陽水南岸的各位將領對偵察兵沒有回來感到奇怪。安審琦說：「皇甫太師一點音訊也沒有，一定是被敵人所圍困。」話還沒說完，有一名騎兵報告說皇甫遇等人被幾萬名敵人所包圍。安審琦立刻帶領騎兵出發，準備去救援他們，張從恩說：「這話未必可信。敵人如果真的雜然而至，把我們軍隊全部派出去，恐怕不能抵擋得住敵人，你前去有什麼幫助！」安審琦說：「成敗是天意。萬一不能成功，應當共同承擔後果。即便是敵人不向南來，白白地失去皇甫太師，我們有什麼臉面去見天子！」於是就越過安陽河向北進發。契丹兵看到塵土飛揚，立刻解圍而去。皇甫遇等人才得以回來，和諸位將領一道返回相州，軍中都歎服二位將軍的勇壯。慕容彥超本來是吐谷渾人，和劉知遠是同一個母親。

契丹亦引軍退，其眾自相驚曰：「晉軍悉至矣！」時契丹主在邯鄲，聞之，即時北遁，不再宿❶，至鼓城❷。

是夕，張從恩等議曰：「契丹傾國❸而來，吾兵不多，城中糧不支一旬。萬一有[1]姦人往告吾虛實，虜悉眾圍我，死無日矣。不若引軍就❹黎陽倉❺，南倚大河以拒之，可以萬全。」議未決，從恩引兵先發❻，諸軍繼之。擾亂失亡，復如發邢州之時。

從恩等[2]留步兵五百守安陽橋❼。夜四鼓❽，知相州事符彥倫謂將佐曰：「此夕紛紜，人無固志❾。五百弊卒，安能守橋！」即召入，乘城為備。至曙，望之，契丹數萬騎已陳於安陽水北，彥倫命城上揚旌鼓譟❿約束⓫，契丹不測。日加辰⓬，趙延壽與契丹惕隱帥眾踰水⓭，環相州而南，詔右神武統軍張彥澤將兵趣相州。延壽等至湯陰⓮，聞之，甲寅⓯，引還。馬全節等擁大軍在黎陽，不敢追。延壽悉陳甲騎於相州城下，若將攻城狀，符彥倫曰：「此虜將走耳。」出甲卒五百，陳於城北以待之，契丹果引去。

以天平節度使張從恩權⓰東京留守。○庚申⓱，振武節度使折從遠擊契丹，圍勝州⓲，遂攻朔州。○帝疾小愈，河北相繼告急。帝曰：「此非安寢之時！」乃部分⓳諸將為行計⓴。○更命㉑武定軍㉒曰天威軍。

北面副招討使馬全節等奏：「據降者言，虜眾不多，宜乘其散歸種落㉓，大舉徑襲幽州。」帝以為然，徵兵諸道。壬戌㉔，下詔親征。乙丑㉕，帝發大梁。

【章　旨】以上為第九段，寫晉出帝乘勝出擊契丹，兵發大梁。

【注　釋】❶不再宿　不到兩個晚上；未至兩宿。❷鼓城　縣名，在今河北晉州。❸傾國　傾盡全國。❹就　前往。❺黎陽倉　黎陽城屯糧倉庫，在今河南浚縣西南。❻先發　先出發。張從恩為主將，不北追契丹而南撤就黎陽倉，自是膽虛，造成諸軍自相驚擾。❼安陽橋　安陽河上的橋樑。❽四鼓　四更。❾固志　固守的鬥志。❿揚旌鼓譟　揮動旗子，擊鼓呼叫。⓫約束　申嚴號令。⓬日加辰　太陽移至辰時，即早晨七至九時。⓭踰水　渡安陽河。⓮湯陰　縣名，在今河南湯陰。⓯甲寅　正月十七日。⓰權　暫代。⓱庚申　正月二十三日。⓲勝州　州名，在今內蒙古自治區托克托旗。⓳部分　部署。⓴為行計作出征的打算。㉑更命　改名。㉒武定軍　軍隊番號名，即開運元年夏編諸州鄉兵為武定軍，後改名為天威軍。㉓散歸種落　分散回到各自的部落去。㉔壬戌　正月二十五日。㉕乙丑　正月二十八日。

【校　記】①有　原無此字。據章鈺校，十二行本、乙十一行本、孔天胤本皆有此字，張敦仁《通鑑刊本識誤》同，今據補。②等　原無此字。據章鈺校，十二行本、乙十一行本、孔天胤本皆有此字，張敦仁《通鑑刊本識誤》同，今據補。

【語　譯】契丹也帶兵後退，他們的兵眾自相驚嚇說：「晉軍全部來了！」當時契丹主在邯鄲，聽到這一消息，立即向北逃去，不到兩宿，到達鼓城。

當天晚上，張從恩等人商議道：「契丹出動了全國的兵力而來，我們的兵員不多，城中的糧食支撐不了十天。萬一有奸人去契丹報告我們的虛實，北虜用全部軍隊包圍我們，我們就離死不遠了。不如帶領軍隊前往黎陽倉，南邊憑藉黃河抵抗敵人，可以萬無一失。」商議未定，張從恩就帶領部隊先行出發了，諸軍繼踵其後。一路上騷擾混亂，人員逃亡，又跟從邢州出發時一樣。

張從恩等留下五百名步兵把守安陽橋。夜間四更鼓時，知相州事符彥倫對將領和幕僚們說：「今晚亂哄哄的，人們沒有堅守的鬥志。五百名疲憊的兵卒，怎麼能守得住橋！」當即就把守橋的士兵召進城內，讓他們登上城牆作防備。等到天亮，遠遠望去，契丹有數萬名騎兵已在安陽河北擺開陣勢，符彥倫命令在城上搖動旌旗，擊鼓呼叫，申嚴號令，契丹兵揣測不準城中的虛實。日到辰時，趙延壽和契丹惕隱率領部眾越過安陽河，繞過相州南進，晉出帝下詔命右神武統軍張彥澤率兵趕赴相州。趙延壽等人到達湯陰，得知這一消息，正月十七日甲寅，率兵返回。馬全節等人在黎陽聚集大量軍隊，卻不敢追擊。趙延壽把他的全部披甲騎兵都列陣在相州城下，好像要攻城的架勢，符彥倫說：「這些北虜馬上要逃走了。」於是派五百名披甲的士卒出城，在城北列陣加以防禦，契丹兵果然撤走了。

任命天平節度使張從恩暫代東京留守。〇正月二十三日庚申，振武節度使折從遠出兵攻打契丹，包圍勝州，接著攻打朔州。〇晉出帝的病情稍微好轉，黃河以北地區相繼告急。晉出帝說：「這不是我安心睡大覺的時候啊！」於是部署諸將，作出征的打算。〇把武定軍改名為天威軍。

北面副招討使馬全節等人上奏：「根據投降的人說，北虜的兵眾不多，應該乘他們分散回部落之際，大舉出兵直接襲擊幽州。」晉出帝認為這個看法是對的，於是向各道徵調部隊。正月二十五日壬戌，下詔要御駕親征。二十八日乙丑，晉出帝從大梁出發。

閩之故臣❶共迎殷王延政，請歸福州，改國號曰閩。延政以方有唐兵，未暇❷徙都。以從子門下侍郎、同平章事繼昌❸都督南都❹內外諸軍事，鎮福州。以飛捷指揮使❺黃仁諷為鎮遏使❻，將兵衛之。林仁翰至福州❼，閩主賞之甚薄❽，仁翰未嘗自言其功。發南都侍衛及兩軍❾甲士萬五千人，詣建州以拒唐。

二月壬辰朔❿，帝至滑州。壬申⓫[1]，命安審琦屯鄴都。甲戌⓬，帝發滑州。乙亥⓭，至澶州。己卯⓮，馬全節等諸軍以次北上。劉知遠聞之曰：「中國疲弊，自守恐不足。乃橫挑強胡⓯，勝之猶有後患，況不勝乎！」

契丹自恆州還，以羸兵驅牛羊過祁州⓰城下，刺史下邳沈斌⓱出兵擊之。契丹以精騎奪其城門，州兵不得還。趙延壽知城中無餘兵，引契丹急攻之。斌在上⓲，延壽語之曰：「沈使君⓳，吾之故人。『擇禍莫若輕⓴』，何不早降！」斌曰：「侍中父子㉑失計㉒，陷身虜庭，忍㉓帥犬羊㉔以殘㉕父母之邦㉖！不自愧恥，更有驕色，何哉！沈斌弓折矢盡，寧為國家死耳，終不效公所為！」明日，城陷，斌自殺。

丙戌㉗，詔北面行營都招討使杜威以本道兵會馬全節等進軍。

端明殿學士、戶部侍郎馮玉㉘、宣徽北院使、權侍衛馬步都虞候太原李彥韜㉙皆挾恩㉚用事，惡中書令桑維翰，數毀之。帝欲罷維翰政事，李崧、劉昫固諫而止。維翰知之，請以玉為樞密副使，玉殊不平。丙申㉛，中旨㉜以玉為戶部尚書、樞密使，以分維翰之權。彥韜少事㉝閻寶，為僕夫㉞，後隸高祖㉟帳下。高祖自太原南下，留彥韜侍帝，為腹心，由是有寵。性纖巧㊱，與嬖幸㊲相結，以蔽帝耳目。帝委信㊳之，至於升黜㊴將相，亦得預議。常謂人曰：「吾不知朝廷設文官何所用㊵，且欲澄汰㊶，徐㊷當盡去之。」

【章旨】以上為第十段，寫契丹倉皇北逃，晉出帝聽嬖幸之言欲罷桑維翰政事。

【注釋】❶故臣　舊臣。❷未暇　沒有空閒。❸繼昌　王延政姪子，闇弱嗜酒，不恤軍士。官閩都督南都內外諸軍事。傳見《十國春秋》卷九十四。❹南都　王延政以福州為南都。❺飛捷指揮使　官名，閩置行營屬官，掌騎軍。❻鎮遏使　官名，閩置，掌鎮守都城軍事。❼福州　當作建州。林仁翰在福州誅朱文進、連重遇，自福州至建州見王延政。❽甚薄　非常微薄。❾兩軍　指控鶴、拱宸兩都軍士。❿壬辰朔　二月戊辰朔，壬辰朔誤。⓫壬申　二月初五日。⓬甲戌　二月初七日。⓭乙亥　二月初八日。⓮己卯　二月十二日。⓯橫挑強胡　任意地向強大的契丹挑釁。⓰祁州　州名，治所無極，在今河北無極。⓱沈斌　（？—西元九四五年）《舊五代史》作沈贇，下邳（今江蘇邳縣）人，守祁州自剄死。傳見《舊五代史》卷九十五、《新五代史》卷三十三。⓲斌在上　沈斌在城上。胡三省注：「『在』字之下當逸『城』字。」⓳沈使君　指沈斌。使君，州刺史之尊稱。⑳擇禍莫若輕　語出《文子》，指處理禍事應避重就輕。㉑侍中父子　指趙德鈞、趙延壽父子。㉒失計　失於計算；決策失誤。㉓忍　忍心。㉔犬羊　指契丹。輕蔑之辭。㉕殘　殘害。㉖父母之邦　指後晉。㉗丙戌　二月十九日。㉘馮玉（？—西元九五三年）字璟臣，定州（今河北定州）人，石重貴妻舅，官後晉宰相，從石重貴陷於契丹。傳見《舊五代史》卷八十九、《新五代史》卷五十六。㉙李彥韜　太原（今山西太原）人，官後晉陳州節度使，與宦官近臣勾結弄權，敗壞後晉政治。傳見《舊五代史》卷八十八。㉚挾恩　依靠皇帝的恩寵。㉛丙申　二月二十九日。㉜中旨　宮中的命令。馮玉以后兄專權，故旨由中出。㉝事　侍奉。㉞僕夫　古代駕御車馬的人。㉟高祖　指石敬瑭。㊱性纖巧　生性心細奸巧。指小人。㊲嬖幸　皇帝所寵幸的內臣。㊳委信　委以重任而親信。㊴升黜　升遷與黜免。㊵何所用　有什麼用。㊶澄汰　澄清淘汰。㊷徐　慢慢地。

【校　記】[1]壬申　原無此二字。據章鈺校，十二行本、乙十一行本、孔天胤本皆有此二字，張瑛《通鑑校勘記》同，今據補。

【語　譯】閩國的舊臣一起迎接殷主王延政，請他返回福州，改國號為閩。王延政認為這時正有唐兵來犯，沒時間遷都。就任命他的姪子門下侍郎、同平章事王繼昌總領南都內外諸軍事，鎮守福州。任命飛捷指揮使黃仁諷為鎮遏使，率兵保衛福州。林仁翰到了建州，閩主對他的賞賜很微薄，林仁翰從來沒有說過自己的功勞。

派遣南都侍衛及兩軍的甲士一萬五千人，前往建州抵禦唐兵。

二月壬辰朔，晉出帝到了滑州。初五日壬申，命令安審琦駐兵鄴都。初七日甲戌，晉出帝從滑州出發。初八日乙亥，到達澶州。十二日己卯，馬全節等各路軍隊依次北上。劉知遠得知這一消息後說：「中國疲弊，自守恐怕力量還不足。竟然任意挑戰強大的北胡，即使打勝了尚且有後患，何況打不勝呢！」

契丹從恆州返回，讓瘦弱的士兵驅趕著牛羊經過祁州城下，祁州刺史下邳人沈斌出兵攔擊。契丹用精銳騎兵奪取了祁州城門，州兵不能回城。趙延壽知道城中沒有多餘的兵力，就帶領契丹兵加緊攻城。沈斌在城上，趙延壽對他說：「沈使君，我的老朋友。『擇禍不如選擇輕的』，為什麼不早一點投降！」沈斌說：「侍中父子失策，陷身於北虜，竟然忍心帶領一幫犬羊之兵來殘害父母之國！自己不感到慚愧可恥，反而有驕傲的神色，這是為什麼呢！沈斌我即使弓折矢盡，寧可為國家而死，終究不會效法你的作為！」第二天，祁州城被攻陷，沈斌自殺。

二月十九日丙戌，詔命北面行營都招討使杜威率領本道兵馬會合馬全節等人一起進軍。

端明殿學士‧戶部侍郎馮玉、宣徽北院使‧暫理侍衛馬步都虞候太原人李彥韜都是依仗恩寵而得以掌權，他們忌恨中書令桑維翰，多次詆毀他。晉出帝想罷免桑維翰的政務，李崧、劉昫堅決諫阻才作罷。桑維翰知道了這一情況，建議任命馮玉為樞密副使，馮玉內心格外不滿。二月二十九日丙申，宮中下旨任命馮玉為戶部尚書、樞密使，以便分散桑維翰的權力。李彥韜年少時侍奉閻寶，當車夫，後來隸屬於晉高祖帳下。晉高祖從太原南下時，留下他陪侍晉出帝，成為心腹之人，由此受到寵幸。他生性心細奸巧，和受寵幸的內臣相互勾結，以蒙蔽晉出帝的視聽。晉出帝委以重任，親信他，以至於提升和罷免將相，他也能參與討論。他常常對人說：「我不知道朝廷設置文官有什麼用處，正想淘汰，應該慢慢地全部廢除。」

唐查文徽表求益兵。唐主以天威都虞候何敬洙❶為建州行營招討馬步都指揮使、將軍祖全恩為應援使、姚鳳為都監，將兵數千會攻建州，自崇安❷進屯赤嶺。閩主延政遣僕射楊思恭、統軍使陳望將兵萬人拒之，列柵水南❸，旬餘不戰。唐人不敢逼。

思恭以延政之命督望戰。望曰：「江、淮兵精，其將習❹武事。國之安危，繫此一舉，不可不萬全而後動。」思恭怒曰：「唐兵深侵❺，陛下寢不交睫，委之將軍。今唐兵不出數千，將軍擁眾萬餘，不乘其未定而擊之，有如唐兵懼而自退，將軍何面目[1]見陛下乎！」望不得已，引兵涉水與唐戰。全恩等以大軍[2]當❻其前，使奇兵出其後，大破之。望死，思恭僅以身免。

延政大懼，嬰城自守。召董思安、王忠順，使將泉州兵五千詣建州，分守要害。

初，高祖置德清軍❼於故澶州城。及契丹入寇，澶州、鄴都之間，城戍俱陷。議者以為澶州、鄴都相去百五十里，宜於中塗築城以應接南北，從之。三月戊戌❽，更築德清軍城❾，合德清、南樂之民以實之。

初，光州人李仁達❿，仕閩為元從指揮使，十五年不遷職。閩主曦之世，叛奔建州，閩主延政以為將。及朱文進弒曦，復叛奔福州，陳取建州之策。文進惡其反覆，黜居福清⓫。先是[3]，浦城⓬人陳繼珣亦叛閩主延政奔福州，為曦畫策取建州，曦以為著作郎。及延政得福州，二人皆不自安。

王繼昌闇弱⓭嗜酒，不恤⓮將士，將士多怨。仁達潛入福州⓯，與繼珣[4]說⓰黃仁諷曰：「今唐兵乘勝，建州孤危⓱。富沙王不能保建州，安能保福州！昔王潮兄弟⓲，光山布衣⓳耳，取福、建如反掌⓴。況吾輩乘此機會，自圖富貴，何患不如彼乎！」仁諷然之。是夕，仁達等引甲士突入㉑府舍，殺繼昌及吳成義。

仁達欲自立，恐眾心未服，以雪峯寺僧卓巖明㉒素為眾所重，乃言：「此僧目重瞳子㉓，手垂過膝，真天子也。」相與迎之。己亥㉔，立以[5]為帝，解去衲衣㉕，被㉖以袞冕㉗，帥將吏北面拜之。然猶稱天福十年，遣使奉表稱藩㉘于晉。延政聞之，族黃仁諷家，命統軍使張漢真將水軍五千，會漳、泉兵討巖明。

【章　旨】以上為第十一段，寫南唐兵大敗閩主王延政，李仁達據福州以叛，奉僧人卓巖明為帝。

【注　釋】❶何敬洙　（西元八八八—九六四年）廣陵（今江蘇揚州）人，性殘忍，積官至南唐右衛上將軍，封芮國公。傳見《十國春秋》卷二十二。❷崇安　縣名，故治在今福建建陽。❸水南　崇陽溪南面。❹習　熟悉。❺深侵　深入侵犯。❻當　通「擋」。阻擋。❼德清軍　方鎮名，晉置。治所清豐，在今河南清豐。❽戊戌　三月初二日。❾德清軍城　在澶州與鄴都之間，在今河南南樂、清豐境內。❿李仁達　光州（今河南潢川縣）人，反覆無常。屢改名字，降南唐更名宏義，降後晉更名宏達，降吳越更名達，又更名孺贇。傳見《十國春秋》卷九十八。⓫福清　縣名，在今福建福清。⓬浦城　縣名，在今福建浦城縣。⓭闇弱　昏昧懦弱。⓮恤　體恤。⓯仁達潛入福州　李仁達從福清暗中進入福州。⓰說　遊說。⓱孤危　孤立無援而危險。⓲王潮兄弟　指閩政權創立者王潮與王審知兄弟。⓳布衣　普通老百姓。⓴反掌　翻過手掌，比喻極其容易。㉑突入　衝入。㉒卓巖明　（？—西元九四五年）莆田（今福建莆田）人，本名偃，落髮神光寺為僧，改名體明。李仁達奉之為帝，被王延政所殺。傳見《十國春秋》卷九十八。㉓重瞳子　眼內有兩個瞳子。㉔己亥　三月初三日。㉕衲衣　僧衣。衲，百衲。㉖被　通「披」。㉗袞冕　皇帝的衣帽。㉘稱藩　稱臣。

【校　記】[1]面目　「目」下原有「以」字。據章鈺校，十二行本、乙十一行本、孔天胤本皆無「以」字，今據刪。[2]軍　原作「兵」。據章鈺校，十二行本、乙十一行本、孔天胤本皆作「軍」，今據改。[3]先是　原無此二字。據張敦仁《通鑑刊本識誤》云「『浦』上脫『先是』二字。」當是，今據補。[4]與繼珣　原無此三字。據章鈺校，十二行本、乙十一行本、孔天胤本皆有此三字，張敦仁《通鑑刊本識誤》同，今據補。[5]以　原無此字。據章鈺校，十二行本、乙十一行本、孔天胤本皆有此字，今據補。

【語　譯】唐國的查文徽上表請求增加兵力。唐主任命天威都虞候何敬洙為建州行營招討馬步都指揮使、將軍祖全恩為應援使、姚鳳為都監，率領數千兵馬聯合攻打建州，從崇安進兵屯駐赤嶺。閩主王延政派遣僕射楊思恭、統軍使陳望率領士兵一萬人抵抗唐兵，在河流的南岸布置柵欄，十幾天都不出戰。唐兵也不敢逼近。

楊思恭用閩主王延政的命令督促陳望出戰。陳望說：「江、淮的唐國士兵精銳，將領熟悉戰陣。我們國家的安危，在此一舉，不能不在萬無一失之後才行動。」楊思恭生氣地說：「唐兵深侵境內，陛下睡覺合不上眼，把拒敵之事交給將軍。現在唐國之兵不過幾千人，將軍擁有兵眾一萬多人，不乘敵人立足未穩發動攻擊，如果唐兵因畏懼而自行撤退，將軍有什麼臉面去見陛下呢！」陳望不得已，帶兵涉水去與唐兵交戰。祖全恩等人用大隊人馬擋在他的前面，又派奇兵繞到他的後面，把閩兵打得大敗。陳望戰死，楊思恭也僅僅隻身得以逃脫。

王延政大為恐懼，環城自守。召來董思安、王忠順，讓他們率領五千名泉州兵前往建州，分兵把守要害之地。

當初，晉高祖在舊澶州城設置德清軍。等到契丹入侵時，從澶州到鄴都的城防都陷落了。廷議大臣認為澶州、鄴都之間相距一百五十里，應該在半路上修建城池，以便接應南北，晉出帝聽從了這個建議。三月初二日戊戌，另外修築德清軍城，集合德清、南樂的百姓充實新城。

當初，光州人李仁達在閩國做官任元從指揮使，十五年沒有得到提拔。閩主王曦時代，他叛逃到建州，殷主王延政任用他為將領。及至朱文進殺了王曦，他又叛逃到福州，向朱文進陳述攻取建州的計策。朱文進厭惡他反覆無常，就把他貶到福清居住。當初，浦城人陳繼珣也背叛殷主王延政逃到福州，替王曦攻取建州出謀劃策，王曦任命他為著作郎。等到王延政取得福州，二人都心不自安。

王繼昌昏昧懦弱，喜歡酗酒，不體恤將士，將士們多有怨恨。李仁達潛入福州，和陳繼珣遊說黃仁諷說：

「現在唐兵乘勝而來，建州孤立而危急。富沙王連建州都保不住，又怎麼能來保福州呢！從前的王潮兄弟，只不過是光山的平民百姓罷了，奪取福、建二州易如反掌。況且我們能利用這一時機，自己謀求富貴，哪裡還擔心不如他們！」黃仁諷同意了他的意見。當天晚上，李仁達等人帶領甲兵衝進官邸，殺死王繼昌和吳成義。

李仁達想自立為帝，又怕人心不服，因為雪峯寺的僧人卓巖明一向被眾人所尊重，便說：「這位僧人的眼睛是兩個瞳子，手垂下來超過膝蓋，是真正的天子。」便和大家一起把他迎來，三月初三日己亥，立為皇帝，脫下袈裟，給他穿上龍袍，戴上皇冠，率領文武百官面朝北向他叩拜。不過還是把當年稱為天福十年，派遣使者向晉朝呈送章表自稱藩屬。王延政得知這一消息，就滅了黃仁諷全家，命令統軍使張漢真率領五千名水軍，會合漳州、泉州的兵馬討伐卓巖明。

乙巳❶，杜威等諸軍會于定州，以供奉官蕭處鈞權知祁州事。庚戌❷，諸軍攻契丹，泰州❸刺史晉廷謙舉州降。甲寅❹，取滿城❺，獲契丹酋長沒刺及其兵二千人。乙卯❻，取遂城❼。趙延壽部曲有降者言：「契丹主還至虎北口❽，聞晉取泰州，復擁眾南向❾。約八萬餘騎，計來夕當至，宜速為備。」杜威等懼，丙辰❿，退保泰州。戊午⓫，契丹至泰州。己未⓬，晉軍南行，契丹踵之⓭。晉軍至陽城⓮，庚申⓯，契丹大至。晉軍與戰，逐北⓰十餘里，契丹踰⓱白溝⓲而去。

壬戌⓳，晉軍結陳而南⓴，胡騎㉑四合如山，諸軍力戰拒之。是日，纔行十餘里，人馬飢乏。癸亥㉒，晉軍至白團衛村，埋鹿角㉓為行寨㉔。契丹圍之數重，奇兵出寨後斷糧道。是夕，東北風大起，破屋折樹。營中掘井，方及水㉕輒崩，士卒取其泥，帛絞㉖而飲之，人馬俱渴。至曙㉗，風尤甚。契丹主坐奚車㉘[1]中，令其眾曰：「晉軍止此耳，當盡擒之，然後南取大梁！」命鐵鷂㉙四面下馬，拔鹿角而入，奮短兵㉚以擊晉軍。又順風縱火揚塵以助其勢。

軍士皆憤怒，大呼曰：「都招討使㉛何不用兵㉜，令士卒徒死！」諸將請出戰，杜威曰：「俟風稍緩，徐觀可否㉝。」馬步都監李守貞曰：「彼眾我寡，風沙之內，莫測多少，惟力鬭者勝，此風乃助我也。若俟風止，吾屬無類㉞矣。」即呼曰：「諸軍齊擊賊！」又謂威曰：「令公㉟善守禦，守貞以中軍決死矣！」馬軍左廂都排陳使張彥澤召諸將問計，皆曰：「虜得風勢，宜俟風回㊱與戰。」彥澤亦以為然。諸將退，馬軍右廂副排陳使太原藥元福㊲獨留，謂彥澤曰：「今軍中飢渴已甚，若俟風回，吾屬已為虜矣。敵謂我不能逆風以戰，宜出其不意急擊之，此兵之詭道也。」馬步左右廂都排陳使符彥卿㊳曰：「與其束手[2]就擒，曷若㊴以身殉國！」乃與彥澤、元福及左廂都排陳使皇甫遇引精騎出西門㊵擊之，諸將繼至。契丹卻㊶數百步。彥卿等謂守貞曰：「且曳隊㊷往來乎？直前奮擊，以勝為度㊸乎？」守貞曰：「事勢如此，安可迴鞚㊹！宜長驅取勝耳。」彥卿等躍馬而去，風勢益甚，昏晦如夜。彥卿等擁萬餘騎橫擊㊺契丹，呼聲動天地，契丹大敗而走，勢如崩山。李守貞亦令步兵盡拔鹿角出鬬㊻，步騎俱進，逐北二十餘里。鐵鷂既下馬，蒼皇㊼不能復上，皆委棄㊽馬及鎧仗蔽地。

契丹散卒至陽城東南水上，稍復布列㊾。杜威曰：「賊已破膽㊿，不宜更令成列(51)！」遣精騎(52)擊之，皆度水去。契丹主乘奚車走十餘里，追兵急，獲一橐駝(53)，乘之而走(54)。諸將請急追之。杜威揚言(55)曰：「逢賊幸不死，更索衣囊邪(56)？」李守貞曰：「兩日人馬渴甚，今得水飲之，皆足重，難以追寇，不若全軍而還。」乃退保定州(57)。

契丹主至幽州，散兵稍集。以軍失利，杖(58)其酋長各數百，唯趙延壽得免。

○乙丑(59)，諸軍自定州引歸。詔以泰州隸定州。

夏，四月辛巳(60)，帝發澶州。甲申(61)，還大梁。己丑(62)，復以鄴都為天雄軍(63)。

【章旨】以上為第十二段，寫晉軍在陽城大敗契丹。

【注釋】❶乙巳　三月初九日。❷庚戌　三月十四日。❸泰州　州名，遼置。治所清苑，在今河北清苑。❹甲寅　三月十八日。❺滿城　縣名，在今河北滿城縣。❻乙卯　三月十九日。❼遂城　古縣名，在今河北徐水縣西。❽虎北口　亦名古北口。長城關口，在今北京市密雲東北。❾擁眾南向　統率兵眾南下。❿丙辰　三月二十日。⓫戊午　三月二十二日。⓬己未　三月二十三日。⓭踵之　跟著他。⓮陽城　古縣名，故治在今河北無極。⓯庚申　三月二十四日。⓰逐北　追趕敗兵。⓱踰越。⓲白溝　河名，在當時陽城之北。⓳壬戌　三月二十六日。⓴結陳而南　排成陣列向南移動。㉑胡騎　指契丹騎兵。㉒癸亥　三月二十七日。㉓鹿角　軍事上的防禦設備。把帶枝杈的樹木插在地上，以阻止敵人行進，形如鹿角。㉔行寨　暫時駐兵的營寨。㉕及水　見到水。㉖帛絞　用布包泥，絞出水來。㉗曙　天亮。㉘奚車　車名，長轂廣輪。輪齒厚度不少於四寸，車底部橫木厚度不少於五寸。用駱駝拉車，車頂加氈毯文飾。㉙鐵鷂　契丹的精銳騎兵。㉚短兵　用刀、劍等短武器。㉛都招討使　指杜威。㉜用兵　指下令出戰。㉝徐觀可否　慢慢觀察能否出兵。㉞無類　沒有性命。㉟令公　指杜威。因其當時帶中書令，故稱之。㊱風回　風向由逆轉順。㊲藥元福　（約西元八八四—九六〇年）并州晉陽（今山西太原）人，幼有膽氣，善騎射，時稱驍將。宋初官檢校太師，卒贈侍中。傳見《宋史》卷二百五十四。㊳符彥卿　（西元八九八—九七五年）字冠侯，陳州宛丘（今河南淮陽）人，符存審第四子。將門之後，勇略有謀，善用兵。官至後周天雄軍節度使，封魏王。傳見《舊五代史》卷五十六、《新五代史》卷二十五、《宋史》卷二百五十一。㊴曷若　何如。㊵西門　行寨西門。㊶卻　退。㊷曳隊　帶著隊伍。㊸度　尺度；標準。㊹迴鞚　勒轉馬頭。比喻後退。鞚，有嚼口的馬絡頭。㊺橫擊　攔腰襲擊。㊻出鬪　出戰。㊼蒼皇　匆忙。㊽委棄　丟棄。㊾稍復布列　逐漸又排成隊列。㊿破膽　嚇破了膽。(51)更令成列　再讓他們排列成隊形。(52)精騎　精銳的騎兵。(53)橐駝　駱駝。(54)走　逃。(55)揚言　散布言論，故意宣揚。(56)更索衣囊邪　還要向盜賊索取包裹嗎。意為做事要適可而止，貪利反受害。(57)定州　為義武軍節度。(58)杖　責打。(59)乙丑　三月二十九日。(60)辛巳　四月十六日。(61)甲申　四月十九日。(62)己丑　四月二十四日。(63)天雄軍　方鎮名，駐節魏州鄴城，唐置。後唐莊宗以魏州為東京興唐府，罷天雄鎮節。同光三年，罷東京為鄴都。晉興，因之，改興唐府為廣晉府，後復改為天雄軍。

【校　記】①奚車　原作「大奚車」。據章鈺校，十二行本、乙十一行本、孔天胤本皆無「大」字，今據刪。按，《新五代史》作「奚車」，無「大」字。②束手　原作「束首」。據章鈺校，十二行本、乙十一行本、孔天胤本皆作「束手」，嚴衍《通鑑補》同，今據改。

【語　譯】三月初九日乙巳，杜威等各路軍隊在定州會合，任命供奉官蕭處鈞暫理祁州事務。十四日庚戌，各軍進攻契丹，契丹的泰州刺史晉廷謙率領全州投降。十八日甲寅，奪取了滿城，俘虜了契丹酋長沒刺以及他的士兵二千人。十九日乙卯，奪取了遂城。趙延壽的親兵有投降過來的人報告說：「契丹主回到虎北口，聽說晉朝奪取了泰州，又統率兵眾南下。約有八萬多名騎兵，估計明晚就會來到，應該趕快作準備。」杜威等人害怕了起來，二十日丙辰，撤退到泰州防守。二十二日戊午，契丹兵到達泰州。二十三日己未，晉軍向南進，契丹兵踵隨其後。晉軍到達陽城，二十四日庚申，契丹大部隊來到。晉軍與契丹兵交戰，追逐契丹敗兵十多里，契丹兵越過白溝離去。

三月二十六日壬戌，晉軍排成陣列向南行進，契丹的騎兵像山一樣從四面包圍，各軍奮力作戰，進行抵抗。這一天，才走了十多里路，士兵和戰馬都飢餓疲乏。二十七日癸亥，晉軍到達白團衛村，埋設鹿角做成臨時營寨。契丹兵把營寨包圍了好幾層，派出奇兵繞到營寨的後面切斷了晉軍的糧道。當天晚上，東北風颳得強勁，破壞房屋，折斷樹木。晉兵在營中掘井，剛見到水井圍就塌了，士卒們取出泥，用布包住擰出水來飲用，人和戰馬都很乾渴。到天剛亮時，風颳得更厲害了。契丹主坐在奚車中，對他的兵眾發命令說：「晉軍也只有這些了，應當把他們全部抓獲，然後再向南奪取大梁！」命令鐵鷂兵在晉軍營寨的四面下馬，拔去鹿角進入營寨，揮舞短兵器攻擊晉軍。又順風放火，揚起塵沙，以助其聲勢。

晉朝的官兵都很憤怒，大聲呼叫：「都招討使為什麼不下令出戰，讓士卒們白白送死！」各將領請求出戰，杜威說：「等風勢稍微減弱，慢慢觀察能否出兵。」馬步都監李守貞說：「敵眾我寡，在風沙之內，難以看出兵力多少，只有拼力作戰的人才能取得勝利，這場大風就是幫助我們啊。如果等到風停了，我們就全都沒命了。」說完就大聲呼叫：「各軍一齊擊賊啊！」又對杜威說：「令公您好好防守，李守貞我用中軍去和敵人決一死戰！」馬軍左廂都排陣使張彥澤召集諸將詢問計策，大家都說：「北虜佔有上風頭，最好等到風往回吹了再與他們交戰。」張彥澤也認為這話有道理。諸將退了下去，馬軍右廂副排陣使太原人藥元福獨自留下來，對張彥澤說：「現在軍中人馬又飢又渴情況十分嚴重，如果等風往回颳，我們早已成俘虜了。敵人認為我們不可能逆風出戰，我們就應該出其不意地迅速發動攻擊，這正是用兵的詭詐之術啊。」馬步左右廂都排陣使符彥卿說：「與其束手就擒，怎如以身殉國！」於是就和張彥澤、藥元福以及左廂都排陣使皇甫遇率領精銳騎兵出營寨的西門攻擊敵兵，其他將領也相繼來到。契丹兵後退了幾百步。符彥卿等人問李守貞說：「是帶著隊伍往來砍殺呢？還是一直往前衝殺，以取勝為標準呢？」李守貞說：「事情已經到了這個地步，怎能掉轉馬頭！應該長驅直入直到取勝為止。」符彥卿等人策馬衝了過去，這時風勢更加強勁了，天昏地暗如同黑夜。符彥卿等人統領一萬多名騎兵縱橫衝殺契丹兵，呼喊之聲震天動地，契丹兵被打得大敗而逃，勢如山崩。李守貞也命令步兵全部拔掉鹿角出營作戰，步兵和騎兵一同向前推進，把契丹敗兵追趕了二十多里。鐵鷂兵下馬後，匆忙之中不能再騎上去，全部丟下戰馬以及鎧甲、兵仗，滿地都是。

契丹潰散的士兵到達陽城東南的水邊，才漸漸重新排成隊形。杜威說：「賊兵已經嚇破了膽，不能再讓他們排列成隊形！」於是派遣精銳騎兵向敵人攻擊，契丹兵全部渡水退走。契丹主坐在奚車上跑了十多里，追兵追得急，得到一頭駱駝，騎上逃走了。諸將要求追趕契丹主。杜威揚言說：「碰到強盜，僥倖不死，還想再向他要回包裹嗎？」李守貞說：「兩天來人馬都渴得很厲害，現在得到了水喝，喝得大家肚子足夠沉重了，難以追趕敵人，不如保全軍隊實力撤回去。」於是退守定州。

契丹主回到幽州，潰散的兵卒漸漸聚攏。由於作戰失利，就杖打他的酋長每人幾百下，只有趙延壽得以免杖。○三月二十九日乙丑，各軍從定州班師。詔令把泰州隸屬於定州。

夏，四月十六日辛巳，晉出帝從澶州起程。十九日甲申，回到了大梁。二十四日己丑，重新把鄴都改為天雄軍。

閩張漢真至福州，攻其東關❶。黃仁諷聞其[1]家夷滅❷，開門力戰，大破閩兵，執漢真，入城，斬之。卓巖明無它方略❸，但於殿上噀水散豆❹，作諸法事而已。又遣使迎其父於莆田，尊為太上皇。

李仁達既立巖明，自判六軍諸衛事，使黃仁諷屯西門，陳繼珣屯北門。仁諷從容謂繼珣曰：「人之所以為人者，以❺有忠、信、仁、義也。吾頃❻嘗有功於富沙，中間叛之❼，非忠也。人以從子❽託我而與人殺之，非信也。屬者❾與建兵戰，所殺皆鄉曲故人❿，非仁也。棄妻子，使人魚肉⓫之，非義也。此身十沈九浮，死有餘愧⓬！」因拊膺⓭慟哭。繼珣曰：「大丈夫徇⓮功名，何顧妻子！宜置此事，勿以取禍。」仁達聞之，使人告仁諷、繼珣謀反，皆殺之。由是兵權盡歸仁達。

【章旨】以上為第十三段，寫閩國李仁達並滅黃仁諷、陳繼珣，不忠不信之人沒有好下場。

【注釋】❶東關　福州外城東門。❷夷滅　全部殺死。❸方略　策略。❹噀水散豆　噴水撒豆。道教作法的樣子。❺以　因。❻頃　往時；昔日。❼叛之　背叛富沙王。❽從子　指王繼昌。❾屬者　現在。❿鄉曲故人　鄉里的熟人。⓫魚肉　比喻受殘害。⓬餘愧　多餘的慚愧。⓭拊膺　拍胸。⓮徇　追求。

【校記】[1]其　原無此字。據章鈺校，十二行本、乙十一行本、孔天胤本皆有此字，今據補。

【語譯】閩國的張漢真到了福州，攻打福州的東關。黃仁諷得知自己的家人被全部殺死，就打開城門，拼力死戰，把閩兵打得大敗，活捉了張漢真，入城後把他斬首。

卓巖明沒有別的方略，只是在殿上噴水撒豆，作各種法事而已。又派使者到莆田把他的父親接來，尊奉他為太上皇。

李仁達在立卓巖明為帝之後，自己兼管六軍及宮廷保衛等事，讓黃仁諷屯駐西門，陳繼珣屯駐北門。閒談中黃仁諷對陳繼珣說：「人之所以是人，就因為具備了忠、信、仁、義。我從前為富沙王立過功，中途背叛了他，這是不忠啊。人家把姪子託付給我，而我和別人一道把他殺了，這是不信啊。近來和建州兵交戰，所殺的人都是家鄉的舊相識，這是不仁啊。拋棄妻子兒女，任人殘害，這是不義啊。我這一輩子總是隨波逐流，死有餘愧！」說完，就捶胸痛哭起來。陳繼珣說：「大丈夫要追求功名，哪裡還顧得上妻子兒女！應該把這些事擱在一邊，不要因此得禍。」李仁達得知了這件事，就指使別人告發黃仁諷、陳繼珣謀反，把他倆都殺了。從此兵權全都歸了李仁達。

五月丙申朔❶，大赦。

順國節度使杜威久鎮❷恆州，性貪殘，自恃貴戚❸，多不法。每以備邊為名，斂❹吏民錢帛以充私藏❺。富室有珍貨或名姝❻、駿馬，皆奪[1]取之。或誣以罪殺之，籍沒其家。又畏懦過甚❼，每契丹數十騎入境，威已閉門登陴❽。或數騎驅❾所掠華人千百過城下，威但瞋目延頸❿望之，無意邀取⓫。由是虜無所忌憚，屬城⓬多為所屠，威竟不出一卒救之。千里之間，暴骨如莽⓭，村落殆盡⓮。威見所部⓯殘弊⓰，為眾所怨，又畏契丹之強，累⓱表請入朝，帝不許。威不俟報，遽⓲委鎮⓳入朝。朝廷聞之，驚駭。桑維翰言於帝曰：「威固違朝命⓴，擅離邊鎮。居常㉑憑恃勳舊，邀求㉒姑息，及疆埸㉓多事，曾㉔無守禦之意。宜因㉕此時廢之㉖，庶無後患。」帝不悅。維翰曰：「陛下不忍廢之，宜授以近京小鎮，勿復委以雄藩㉗。」帝曰：「威，朕之密親，必無異志。但宋國長公主切㉘欲相見耳，公勿以為疑！」維翰自是不敢復言國事，以足疾辭位。丙辰㉙，威至大梁。

【章旨】以上為第十四段，寫杜威畏契丹復來，擅離職守，晉出帝姑息不問。

【注釋】❶丙申朔　五月初一日。❷鎮　鎮守。❸自恃貴戚　自己倚仗貴戚的權勢。杜威娶石敬瑭妹宋國長公主。❹斂　搜刮。❺私藏　私人的庫藏。❻名姝　絕色美女。❼畏懦過甚　過於畏懼懦弱。❽陴　女牆。❾驅　趕。❿瞋目延頸　睜大眼睛，伸長脖頸。⓫邀取　攔截奪取。⓬屬城　恆州所屬州城。⓭暴骨如莽　語出《左傳》，暴露在野的白骨好像莽莽野草。⓮殆盡　將盡。⓯所部　所統轄的地區。⓰殘弊　殘破凋弊。⓱累　多次。⓲遽　突然。⓳委鎮　丟下軍鎮。⓴固違朝命　頑固地違反朝廷命令。㉑居常　平常。㉒邀求　要求。邀，通「要」。㉓疆埸　邊疆。㉔曾　乃。㉕因　乘。㉖廢之　廢黜他。㉗雄藩　大的藩鎮。㉘切　迫切。㉙丙辰　五月二十一日。

【校記】[1]奪　原作「虜」。據章鈺校，十二行本、乙十一行本、孔天胤本皆作「奪」，熊羅宿《胡刻資治通鑑校字記》同，今據改。

【語譯】五月初一日丙申，實行大赦。

順國節度使杜威長期鎮守恆州，生性貪婪殘暴，仗著自己是貴戚，做了很多違法的事。常常藉著守備邊境的名義，斂取官吏和百姓的金銀、布帛來充實私己的庫房。富裕人家如果有珍寶或美女、駿馬，他都要掠取過來。或者誣加罪名，把人殺了，再登記沒收他的家產。他又過於畏懼懦弱，每逢契丹幾十個騎兵進入轄境，杜威就怕得關閉城門，登上城牆。有時只有幾個契丹騎兵驅趕著所掠得的成百上千中原人經過城下，杜威只是睜大眼睛，伸長脖子望著他們，無意把他們攔截並奪回來。因此北虜無所忌憚，轄區內的很多城邑居民都被北虜殺光，杜威竟然沒有派出一兵一卒去解救他們。千里原野，暴露的屍骨像莽莽野草，村落幾乎沒有了。

杜威眼見轄區內殘破凋敝，被民眾所怨恨，又害怕契丹的強盛，就多次上表請求入朝，晉出帝沒答應。杜威不等朝廷答覆，就突然撇下軍鎮入朝。朝廷聽說了，非常震驚。桑維翰對晉出帝說：「杜威頑固地違抗朝廷使命，擅自離開邊疆重鎮。平日又依仗是元勳舊臣，朝廷對他的乞求一味遷就，等到邊疆多事時，乃無保疆衛土之心。應該乘這個機會把他罷黜，也許沒有後患。」晉出帝聽了不高興。桑維翰說：「陛下如果不忍心罷黜他，最好給他一個靠近京師的小軍鎮的官職，再不要交給他勢力雄厚的藩鎮了。」晉出帝說：「杜威是朕的近親，一定沒有反叛的想法。只是宋國長公主急著想和他見面罷了，公就不要對這事猜疑了！」桑維翰從此不敢再談論國家大事了，藉口腳有毛病辭掉了職位。五月二十一日丙辰，杜威到了大梁。

丁巳❶，李仁達大閱戰士，請卓巖明臨視❷。仁達陰❸教軍士突前❹登階，刺殺巖明。仁達陽驚❺，狼狽而走❻。軍士共執仁達，使居巖明之坐❼。仁達乃自稱威武留後，用保大❽年號，奉表稱藩于唐，亦遣使入貢于晉。并殺巖明之父。唐以仁達為威武節度使、同平章事，賜名弘義，編之屬籍❾。弘義又遣使修好於吳越。

己未❿，杜威獻部曲⓫步騎合四千人并鎧仗。庚申⓬，又獻粟十萬斛，芻二十萬束，云皆在本道⓭。帝以其所獻騎兵隸扈聖⓮，步兵隸護國⓯，威復請以為牙[1]

隊⑯，而稟賜⑰皆仰縣官⑱。威又令公主白帝，求天雄節鉞⑲，帝許之。

唐兵圍建州，屢破泉州兵⑳。許文稹敗唐兵于汀州㉑，執其將時厚卿。

六月癸酉㉒，以杜威為天雄節度使。

契丹連歲㉓入寇，中國疲於奔命㉔，邊民塗地㉕。契丹人畜亦多死，國人厭苦㉖。述律太后謂契丹主曰：「使漢人為胡主，可乎？」曰：「不可。」太后曰：「然則汝何故欲為漢主？」曰：「石氏負恩，不可容㉗。」太后曰：「汝今雖得漢地，不能居也。萬一蹉跌㉘，悔何所及！」又謂其羣下曰：「漢兒何得㉙一向眠㉚！自古但聞漢和蕃，未聞蕃和漢。漢兒果能回意㉛，我亦何惜與和！」

桑維翰屢勸帝復請和於契丹以紓㉜國患，帝假㉝開封軍將張暉供奉官，使奉表稱臣詣契丹，卑辭謝過㉞。契丹主曰：「使景延廣、桑維翰自來，仍割鎮、定兩道隸我㉟，則可和。」朝廷以契丹語忿㊱，謂其無和意，乃止。及契丹主入大梁，謂李崧等曰：「鄉㊲使晉使再來，則南北不戰矣。」

秋，七月，閩人或告㊳福州援兵謀叛，閩主延政收其鎧仗㊴，遣還。伏兵於隘㊵，盡殺之，死者八千餘人，脯㊶其肉以歸為食㊷。

唐邊鎬拔鐔州㊸，查文徽之黨魏岑、馮延巳、延魯以師出有功，皆踴躍贊成之。徵求供億㊹，府庫為之耗竭，洪、饒、撫、信之民尤苦之。

延政遣使奉表稱臣於吳越，請為附庸㊺以求救。

楚王希範疑靜江㊻節度使兼侍中、知朗州希杲得人心，遣人伺之㊼。希杲懼，稱疾求歸，不許。遣醫往視疾，因㊽毒殺之。

【章　旨】以上為第十五段，寫閩國李仁達陰謀得逞，自稱威武留後。殷主王延政兇殘，殺福州兵八千人。晉出帝不納桑維翰之策，痛失乘勝和解契丹的時機。

【注　釋】❶丁巳　五月二十二日。❷臨視　親臨視察。❸陰　暗中。❹突前　衝到前面。❺陽驚　假裝吃驚。❻狼狽而走　困頓窘迫而逃。❼坐　座。❽保大　南唐李璟年號。❾編之屬籍　將他編到李姓的譜籍之中。❿己未　五月二十四日。⓫部曲　親兵。⓬庚申　五月二十五日。⓭本道　指恆州節度。⓮扈聖　禁衛軍名。⓯護國　禁衛軍名。⓰牙隊　衛隊。⓱稟賜　口糧、賞賜。稟，通「廩」。⓲縣官　朝廷。⓳求天雄節鉞　請求任命為天雄軍節度使。節鉞，符節和斧鉞，節度使權力的憑證。此指代節度使。⓴泉州兵　董思安、王忠順所統率泉州軍隊。㉑汀州　州名，治所長汀，在今福建長汀。㉒癸酉　六月初九日。㉓連歲　連年。㉔疲於奔命　為執行命令奔走疲憊。㉕塗地　慘遭殺害。㉖厭苦　厭惡和痛苦。㉗容　容忍。㉘蹉跌　失足跌倒。比喻閃失。㉙何得　何能。㉚一向眠　一會兒睡得安穩。㉛回意　回心轉意。㉜紓　紓緩；緩解。㉝假　任命。㉞卑辭謝過　以謙卑的言辭謝罪。㉟隸我　歸我。㊱語忿　語氣蠻橫。㊲曏　過去。㊳或告　有人告密。㊴鎧仗　鎧甲和兵器。此指武器裝備。㊵隘　險狹的地方。㊶脯　乾肉。㊷為食　作為糧食。㊸鐔州　州名，閩王延政置，在今福建南平。㊹供億　供給。㊺附庸　附屬於大國的小國。㊻靜江　方鎮名，唐昭宗光化三年（西元九〇〇年）升桂管經略使為靜江軍節度使。治所桂州，在今廣西桂林。㊼伺之　窺視他。㊽因　乘機。

【校　記】[1]牙　原作「衙」。據章鈺校，十二行本、乙十一行本、孔天胤本皆作「牙」，今據改。按，新、舊《五代史》皆作「牙」。

【語譯】五月二十二日丁巳，李仁達大規模閱兵，請卓巖明親臨視察。李仁達暗中叫軍士衝向前登上臺階，刺殺了卓巖明。李仁達裝作很吃驚的樣子，狼狽地逃走了。軍士們一起捉住李仁達，讓他坐在卓巖明那個位子上。李仁達於是自稱為威武留後，使用「保大」為年號，呈上章表向唐國稱藩屬，還派遣使者向晉朝進貢。連卓巖明的父親也殺了。唐國任命李仁達為威武節度使、同平章事，賜給他名字叫弘義，把他編入李氏宗室族譜。李弘義又派遣使者去和吳越國建立友好關係。

五月二十四日己未，杜威向朝廷獻出他的親兵步兵和騎兵共四千人，以及鎧甲、兵器。二十五日庚申，又獻出粟十萬斛，飼草二十萬束，說這些東西都在本鎮。晉出帝把他所獻的騎兵隸屬於扈聖，步兵隸屬於護國。杜威又請求把這些親兵撥給他作衛隊，而這些人的口糧和賞賜全都仰賴朝廷。杜威又叫公主告訴晉出帝，要求授給他天雄軍的符節和斧鉞，晉出帝答應了。

唐國的軍隊包圍建州，多次打敗泉州兵。許文稹在汀州打敗了唐國的軍隊，活捉了唐國的將領時厚卿。

六月初九日癸酉，任命杜威為天雄節度使。

契丹連年對內地入侵，中原士卒為執行命令奔走疲憊，邊疆的百姓慘遭殺害。契丹的人口和牲畜也死了很多，契丹百姓對戰爭已感到厭惡和痛苦。述律太后對契丹主說：「讓漢人來做契丹人的國主，可以嗎？」契丹主回答說：「不可以。」太后又說：「既然如此你為什麼想當漢人的國君呢？」契丹主說：「姓石的忘恩負義，不可容忍。」太后說：「你現在雖然獲得了漢人的土地，但是不能住在那兒。萬一有個閃失，後悔又哪裡來得及！」又對她的群臣說：「漢家兒郎哪得睡過一會兒安穩覺！自古以來，只聽說漢人向蕃人和解，從沒有聽說蕃人向漢人和解。漢家兒郎果真能夠回心轉意的話，我也怎能不肯與他們和解呢！」

桑維翰多次勸說晉出帝再向契丹請和，以緩解國家的災患，晉出帝任命開封府軍將張暉為供奉官，派他到契丹去呈表稱臣，用謙卑的言辭表示謝罪。契丹主說：「叫景延廣、桑維翰親自來謝罪，再割讓鎮州、定州兩個道隸屬於我，才可以講和。」朝廷因為契丹主口氣蠻橫，認為他無意講和，只好作罷。等到契丹主進入大梁，他對李崧等人說：「當初假如晉朝派使者第二次來，南北雙方就不會打仗了。」

秋，七月，閩國有人告發福州的援兵圖謀叛變，閩主王延政收繳了他們的鎧甲和兵器，遣送他們回去。在險要處布下伏兵，把他們全部殺掉，被殺死的有八千多人，把他們的肉做成肉乾，帶回來當做食物。

唐國的邊鎬攻取了鐔州，查文徽的同夥魏岑、馮延巳、馮延魯認為出師有功，都踴躍地贊成出兵。徵調軍需供應，府庫被他們消耗光了，洪州、饒州、撫州、信州的百姓尤其深受其苦。

王延政派遣使者向吳越國奉表稱臣，請求做它的附庸，以求得救兵。

楚王馬希範懷疑靜江節度使兼侍中、知朗州的馬希杲得民心，就派人去窺視他。馬希杲恐懼，推說有病，請求歸養，楚王不答應。派醫生前去看病，乘機毒死了他。

【研　析】本卷研析後晉大破契丹、沈斌痛斥趙延壽兩件史事。

後晉大破契丹。平盧節度使楊光遠招引契丹在晉大災之年入寇。開運元年（西元九四四年）正月，契丹攻晉，陷貝州。二月，楊光遠公開反叛，契丹從馬家口渡黃河攻鄆州接應楊光遠，晉軍在馬家口大破契丹。楊光遠援絕。三月，契丹主耶律德光率十萬大軍南犯，在澶州再次被晉軍打敗，契丹北歸，所過焚掠。楊光遠被困青州，城中食盡，餓死者大半，楊光遠遙拜契丹，絕望地哀嚎，說：「皇帝，皇帝，誤光遠矣！」一副奴才漢奸的嘴臉，直讓人惡心。十二月，其子承勳、承祚、承信殺了煽動楊光遠反叛的節度判官丘濤等，劫持父親楊光遠開城投降晉軍。後晉軍在大災之年打敗氣勢洶洶的契丹人，表現了中原漢人軍民不甘做亡國奴的正氣。人人奮勇血戰，契丹敗北。楊光遠的賣國行徑，是白天做皇帝夢，他的下場是人心大快。晉將李守貞暗殺楊光遠，以病死上奏。

沈斌痛斥趙延壽。趙延壽認賊作父，死心塌地做漢奸。契丹大舉入寇，集中了燕雲十六州漢兵五萬使趙延壽為將，替契丹人打先鋒。契丹主謊稱，打下中國，立趙延壽為帝；又多次對漢人士眾說：「趙將軍，他就是你們真正的主人。」趙延壽心花怒放，真以為能當兒皇帝，為契丹竭盡全力，多次進言滅亡中國的方法。契丹敗還，過祁州城，趙延壽知城中兵少，獻策契丹奪取祁州城。沈斌在城上斥責趙延壽，趙延壽勸沈斌投降。趙延壽說：「沈使君，你是我的老朋友，選擇禍患要挑輕的，還不快快投降。」沈斌回答說：「趙侍中你們父子打錯算盤陷身北虜，竟然忍心帶著一群犬羊之兵來禍害父母之邦，你不感到羞恥，還得意洋洋，是什麼東西！我沈斌即使弓折矢盡，寧願為國家捐軀，絕不學你搖尾乞憐。」第二天城破，沈斌自殺。一個是民族英雄，沈斌永垂不朽。一個是民族敗類，趙延壽是無恥的漢奸，白日做皇帝夢，至死不悟。

卷第二百八十五

後晉紀六

起旃蒙大荒落（乙巳　西元九四五年）八月，盡柔兆敦牂（丙午　西元九四六年），凡一年有奇。

【題解】本卷記事起於西元九四五年八月，迄於西元九四六年，凡一年又五個月。當後晉齊王開運二年八月至開運三年。南唐兵攻破建州，殷主王延政請降。泉州人逐走南唐兵。閩主王仁達求救於吳越王，南唐兵敗福州。晉出帝驕奢淫逸，將士寒心。趙延壽詐降，出帝委任杜威為元帥收復瀛、莫，契丹主第三次大舉南犯。晉與契丹夾滹沱河兩岸對峙，杜威按兵不戰，投降契丹，求為中原之主，河北諸鎮望風降敵。契丹主命杜威領晉兵南下，張彥澤為前鋒直取大梁清宮，晉出帝被遷於開封府封禪寺以待契丹主，晉朝滅亡。

齊王下

開運二年（乙巳　西元九四五年）

八月甲子朔❶，日有食之。○丙寅❷，右僕射❸兼中書侍郎❹、同平章事❺和凝罷守本官❻。加樞密使❼、戶部尚書❽馮玉❾中書侍郎、同平章事，事無大小，悉以委之。

帝自陽城之捷❿，謂天下無虞⓫，驕侈益甚。四方貢獻珍奇，皆歸內府⓬。多造器玩，廣宮室，崇飾後庭⓭，近朝⓮莫之及。作織錦樓⓯以織地衣⓰，用織工數百，期年⓱乃成。又賞賜優伶⓲無度⓳。桑維翰⓴諫曰：「曏者㉑陛下親禦胡寇㉒，戰士重傷者，賞不過帛數端㉓。今優人一談一笑稱旨㉔，往往賜束帛㉕、萬錢、錦袍、銀帶。彼戰士見之，能不觖望㉖曰：『我曹冒白刃、絕筋折骨，曾不如一談一笑之功乎！』如此，則士卒解體，陛下誰與衛社稷乎！」帝不聽。

馮玉每善承迎帝意，由是益有寵。嘗有疾在家，帝謂諸宰相曰：「自刺史以上，俟馮玉出乃得除㉗。」其倚任如此。玉乘勢弄權，四方賂遺，輻輳㉘其門。由是朝政益壞。

唐兵㉙圍建州㉚既久，建人離心。或謂董思安㉛：「盍[1]早擇去就？」思安曰：「吾世事王氏㉜，危而叛之，天下其誰容我！」眾感其言，無叛者。丁亥㉝，唐先鋒橋道使㉞上元㉟王建封㊱先登㊲，遂克建州，閩主延政㊳降。王忠順㊴戰死，董思安整眾奔泉州㊵。

初，唐兵之來，建人苦王氏之亂與楊思恭之重斂㊶，爭伐木開道以迎之。及破建州，縱兵大掠，焚宮室廬舍俱盡。是夕，寒雨，凍死者相枕，建人失望。唐主以其有功，皆不問。

漢主殺韶王弘雅㊷。

【章旨】以上為第一段，寫晉出帝陽城大捷後高枕無憂，驕侈荒政，將士寒心。南唐兵破建州，殷主王延政降南唐。

【注釋】❶甲子朔　八月初一日。❷丙寅　八月初三日。❸右僕射　執行政務的尚書省長官為尚書令，副手有左、右僕射。因唐太宗曾為尚書令，其後不再設置，僕射即為尚書省最高長官。❹中書侍郎　起草政令的中書省長官為中書令，副手為中書侍郎。因中書令不輕易授人，中書侍郎即為中書省之長官。❺同平章事　官名，同中書門下平章事之省稱。職司宰相。唐初別官加此銜者同預宰相事，至開元以後，三省長官必須加授此銜才能預宰相事，五代承襲。❻和凝罷守本官　免去和凝兼任的中書侍郎、同平章事，只守本官尚書右僕射。即罷去和凝之相位。和凝（西元八九五—九五五年），字成績，歷仕後唐、後晉、後漢、後周。傳見《舊五代史》卷一百二十七、《新五代史》卷五十六。❼樞密使　官名，職掌軍事及邊防事務。❽戶部尚書　戶部主管全國財政，長官為尚書。❾馮玉　字璟臣，其姐為晉出帝后，以外戚拜相兼樞密使，國家軍政事務，一決於玉。傳見《舊五代史》卷八十九、《新五代史》卷五十六。❿陽城之捷　晉出帝石重貴即位後，對契丹不稱臣，契丹怒，伐晉，戰於陽城（在今河北清苑東南），契丹兵敗，北歸。事詳上卷開運二年三月。⓫無虞　無憂。指天下太平。⓬內府　後宮府庫，為王室私庫。⓭後庭　後宮。⓮近朝　近世。指後梁、後唐。⓯作織錦樓　興建織造錦緞地毯的皇家手工工場樓房。⓰地衣　地毯。⓱期年　一整年。⓲優伶　指以樂舞戲謔為業的藝人。⓳無度　沒有節制；沒有界限。⓴桑維翰　（西元八九九—九四七年）字國僑，助石敬瑭稱帝，任中書侍郎、同中書門下平章事兼樞密使。受馮玉排擠。晉亡，被叛降契丹的張彥澤縊殺。傳見《舊五代史》卷八十九、《新五代史》卷二十九。㉑曏者　從前；早先。㉒陛下親禦胡寇　指開運二年的澶州之戰，事見上卷。㉓端　古代布帛長度單位。《左傳》昭公二十六年「幣錦二兩」杜預注：「二丈為一端，二端為一兩，所謂匹也。」又《集韻》卷二十六則謂「布帛六丈曰端」。㉔稱旨　中意。指迎合皇帝心意。㉕束帛　唐制，帛以十端為一束，合五匹，每匹從兩端捲起，即得十端。㉖觖望　抱怨。㉗除　拜官授職。㉘輻輳　車輪的輻條聚集在轂上。此喻趨炎附勢之徒聚集在馮玉門下。㉙唐兵　南唐之兵。是年二月圍攻建州，至此，已半年。㉚建州　州名，此時為王氏閩國都城。治所建安，在今福建建甌。㉛董思安　閩將，都指揮使。㉜王氏　指割據建州開創閩政權的王潮、王審知等統治集團。㉝丁亥　八月二十四日。㉞橋道使　先鋒官名。㉟上元　縣名，縣治在今江蘇江寧。㊱王建封　南唐武將。㊲先登　首先登上城頭。㊳閩主延政　閩政權末主，王審知之子王延政。稱帝於建州，改國號大殷，改元天德，西元九四三—九四五年在位。㊴王忠順　閩將，都指揮使。㊵泉州　州名，治所晉江，在今福建泉州。㊶楊思恭之重斂　楊思恭為閩政權兵部尚書，遷僕射、錄軍國事。善聚斂，閩人切齒，稱之為「楊剝皮」。閩亡，為唐主所殺。重斂事見本書卷二百八十三天福八年。㊷漢主殺韶王弘雅　漢主，南漢中宗劉晟，原名弘熙。弘雅，劉晟之弟，封韶王，遭劉晟之忌而被殺害。

【校　記】①盇　原作「宜」。據章鈺校，十二行本、乙十一行本、孔天胤本皆作「盇」，今據改。按，《通鑑紀事本末》作「盇」。

【語　譯】齊王下

開運二年（乙巳　西元九四五年）

八月初一日甲子，發生日蝕。〇初三日丙寅，右僕射兼中書侍郎、同平章事和凝被罷免中書侍郎、同平章事的職務，只保留右僕射本官。樞密使、戶部尚書馮玉加授中書侍郎、同平章事，政事不論大小，全都委託給他。

晉出帝自從在陽城打了勝仗，認為天下沒有憂患了，更加驕滿奢侈。四方所進獻的珍寶奇物，全部都收進王室的倉庫。製造很多用來賞玩的器物，擴建宮室，裝飾後宮庭苑，近代幾朝沒有趕得上的。建造織錦樓編織地毯，動用幾百名編織工，一年才做成。還有賞賜歌伎藝人毫無節制。桑維翰勸告說：「前不久陛下親自抵禦胡寇，戰士受重傷的，賞賜不過幾匹布帛，現在那些歌伎藝人一談一笑符合皇上的心意，常常賞賜束帛、萬錢、錦袍、銀帶。如果讓那些戰士看到這種情況，能不抱怨說：『我們這些人頂著鋒利的刀刃、折斷筋骨，還不如一談一笑的功勞呢！』這樣一來，士卒人心離散，陛下靠誰來保衛國家呢！」晉出帝不聽。

馮玉常常善於奉承迎合晉出帝的心意，因此更加受恩寵。馮玉曾經患病在家，晉出帝對各位宰相說：「自刺史以上的職位，要等馮玉來了才能除授。」晉出帝對他的依重和信任到了如此地步。馮玉憑藉職位濫用權力，四方的賄賂饋贈，都聚集到馮玉的門下。因此朝政更加衰敗。

南唐軍隊圍困建州已經很長時間了，建州城內人心渙散。有人對董思安說：「何不及早選擇自己的去留呢？」董思安說：「我家祖祖輩輩侍奉王氏，在他危難之時要是背叛他，天下還有誰能收留我！」眾人被他的話所感召，沒有背叛王氏的。八月二十四日丁亥，南唐先鋒橋道使上元人王建封率先登城，於是攻克建州，閩主王延政投降。王忠順戰死，董思安整頓部眾逃奔泉州。

當初，南唐軍隊到來，建州百姓痛恨王氏的橫暴無道和楊思恭的繁重聚斂，爭相砍伐樹木、開闢道路去迎接南唐軍隊。等到南唐軍隊攻下建州，縱容士兵大肆搶掠，把宮殿房屋全部燒光。當天晚上，寒冷下雨，凍死的人縱橫相枕，建州百姓大失所望。南唐主因為這些軍隊有功勞，都不進行追究。

南漢主劉晟殺留王劉弘雅。

九月，許文稹以汀州❶、王繼勳以泉州❷、王繼成以漳州❸，皆降於唐。唐置永安軍於建州。○丙申❹，以西京❺留守❻兼侍中景延廣❼充❽北面行營副招討使❾。

殿中監❿王欽祚權知⓫恆州⓬事。會⓭乏軍儲，詔欽祚括糴⓮民粟。杜威⓯有粟十餘萬斛在恆州，欽祚舉籍⑯以聞。威大怒，表稱：「臣有何罪，欽祚籍沒臣粟！」朝廷為之召欽祚還，仍厚賜威以慰安之。

戊申⑰，置威信軍於曹州⑱。○遣侍衛馬步都指揮使⑲李守貞⑳戍澶州㉑。○乙卯㉒，遣彰德㉓節度使張彥澤㉔戍恆州。

漢主殺劉思潮、林少強、林少良、何昌延㉕[1]。以左僕射王翷[2]嘗與高祖謀立弘昌㉖，出為英州㉗刺史，未至，賜死。內外皆懼不自保。

冬，十月癸巳㉘，置鎮安軍於陳州㉙。○唐元敬宋太后㉚殂㉛。○王延政至金陵，唐主以為羽林大將軍㉜。斬楊思恭以謝建人。以百勝㉝節度使王崇文為永安㉞節度使。崇文治以寬簡㉟，建人遂安。

初，高麗王建用兵吞滅鄰國㊱，頗彊大。因胡僧襪囉㊲言於高祖曰：「勃海㊳，我昏姻也，其王為契丹㊴所虜，請與朝廷共擊取之。」高祖不報㊵。及帝與契丹為仇，襪囉復言之。帝欲使高麗擾契丹東邊以分其兵勢，會建卒，子武自稱權知國事，上表告喪。十一月戊戌㊶，以武為大義軍使、高麗王。遣通事舍人㊷郭仁遇使其國，諭指㊸使擊契丹。仁遇至其國，見其兵極弱。曏者襪囉之言，特建為誇誕耳，實不敢與契丹為敵。仁遇還，武更以它故為解。

【章　旨】以上為第二段，寫後晉結納高麗為援，高麗國弱，無益於晉。

【注　釋】❶汀州　州名，治所長汀，在今福建長汀。❷泉州　州名，治所在今福建晉江縣。❸漳州　州名，治所龍溪，在今福建龍西縣西。❹丙申　九月初三日。❺西京　後晉陪都洛陽。後晉天福三年（西元九三八年），自東都河南府（治所洛陽）遷都汴州，以汴州為東京開封府，改東都河南府為西京。歷五代後漢、後周及北宋，沿襲不改。❻留守　官名，陪都和行都常設留守，以地方行政長官兼任。❼景延廣　（西元八九〇—九四五年）後晉權臣。傳見《舊五代史》卷八十八、《新五代史》卷二十九。❽充　兼任。❾北面行營副招討使　官名，五代有行營南面招討使、行營北面招討使，又置都招討使。多以將帥或地方軍政長官兼任，負責鎮壓起事民眾或招降伐叛等事，事後即撤銷。行營，出征時的軍營。副招討使，招討使之佐。❿殿中監　官名，殿中省長官，職掌內廷供奉。⓫權知　代理主持政務。⓬恆州　州名，為成德軍節度使駐節重鎮。治所真定，在今河北正定。後晉外戚杜重威鎮恆州，懼契丹入寇，連表乞還京師，後晉出帝拜杜重威為鄴都留守，以殿中監王欽祚權知恆州事。⓭會　適值。⓮括糴　強行徵購民間糧食。⓯杜威　即杜重威（？—西元九四八年），後晉高祖石敬瑭妹夫，因避後晉出帝石重貴名，去「重」字。杜威鎮恆州，搜刮聚斂私粟十餘萬斛。開運三年，契丹南侵，杜威為北面行營招討使率兵禦敵，不戰而降，導致後晉滅亡。後漢建國，杜威降漢被誅。傳見《舊五代史》卷一百九、《新五代史》卷五十二。⓰舉籍　全部登錄沒收。⓱戊申　九月十五日。⓲曹州　州名，治所濟陰，在今山東曹縣北。⓳侍衛馬步都指揮使　官名，掌禁衛軍中馬軍與步軍指揮官。多由皇帝親信擔任，後唐明宗始置。⓴李守貞　歷仕後晉、後漢兩朝為節度使。傳見《舊五代史》卷一百九、《新五代史》卷五十二。㉑澶州　州名，治所濮陽，在今河南濮陽南。㉒乙卯　九月二十二日。㉓彰德　方鎮名，駐節相州，在今河南安陽。後晉天福三年（西元九三八年）置。㉔張彥澤　突厥部後裔，後晉叛臣，惡貫滿盈，為契丹主耶律德光所殺。傳見《舊五代史》卷九十八、《新五代史》卷五十二。㉕漢主殺劉思潮林少強林少良何昌延　天福八年（西元九四三年），南漢中宗劉晟曾指使劉思潮等四人殺其兄漢殤帝洪度（劉玢）而自立。朝臣議論紛紛，劉晟為了滅口，又將劉思潮等四人處死。㉖弘昌　南漢高祖劉龑第五子，封越王。王翷與高祖謀立弘昌事見本書卷二百八十三天福七年。事未遂，而遭中宗劉晟忌恨，賜死。弘昌亦為中宗所害。㉗英州　州名，治所湞陽，在今廣東英德。㉘癸巳　十月三十日。㉙陳州　州名，治所秣陵，在今河南沈丘南。㉚元敬宋太后　南唐烈祖李昪皇后，元宗李璟母，元敬為諡號。㉛殂　死亡。㉜羽林大將軍　官名，禁軍首領。㉝百勝　方鎮名，五代十國吳置。治所虔州，在今江西贛州。㉞永安　方鎮名，五代十國唐置。治所建州，在今福建建甌。㉟治以寬簡　利用寬鬆簡約的方法進行治理。㊱高麗王建用兵吞滅鄰國　高麗王建用兵擊破新羅、百濟，東夷諸國皆附。事見本書卷二百八十一後晉天福元年（西元九三六年）。㊲胡僧襪囉　西域僧，善火卜。後晉天福年間來中國，後又遊高麗，受高麗王建的委託，欲促使兩國聯合，共擊契丹，襪囉於是還報高祖，未遂。㊳勃海　國名，又作渤海。唐代我國東北以靺鞨、粟末部為主體建立的政權（西元六九八—九二六年）。創始人為粟末部大祚榮，被唐封為左驍衛大將軍、勃海郡王，經常派使者到長安朝貢。後為遼所滅。㊴契丹　古族名、古國名，源於東胡。唐末，首領阿保機統一契丹及鄰近各部，建立遼朝（西元九一六—一一二五年），與五代和北宋並立。宋宣和七年（西元一一二五年），為金所滅。㊵不報　不答覆，即不許。㊶戊戌　十一月五日。㊷通事舍人　官名，屬中書省，掌通奏引納、承旨宣勞等事，多以善辭令者擔任。㊸諭指　皇帝對臣下的命令、文告。指，通「旨」。

【校　記】①何昌延　原作「何昌廷」。據章鈺校，十二行本、乙十一行本、孔天胤本皆作「何昌延」，今據改。按，《新五代史》作「何昌廷」，《十國春秋》、《通鑑紀事本末》皆作「何昌延」。②王翷　據章鈺校，十二行本、乙十一行本皆作「王翻」。按，《十國春秋》、《通鑑紀事本末》記此事悉作「左僕射王翷」，惟《新五代史・南漢世家》有「右僕射王翻」，二人職、名俱近，未知孰是。

【語　譯】九月，許文稹率汀州、王繼勳率泉州、王繼成率漳州，全都投降南唐。南唐在建州設置永安軍。〇初三日丙申，晉出帝任命西京留守兼侍中景延廣充任北面行營副招討使。

殿中監王欽祚暫時主持恆州事務。恰遇軍中糧食儲備缺乏，晉出帝詔命王欽祚強行徵購百姓的穀子。杜威在恆州存有十幾萬斛的穀子，王欽祚將它全部登記沒收，上報朝廷。杜威大怒，上表說：「臣有什麼罪，王欽祚沒收臣的穀子！」朝廷為此事把王欽祚調回來，還重賞杜威來安撫他。

九月十五日戊申，在曹州設置威信軍。〇晉出帝派遣侍衛馬步都指揮使李守貞戍守澶州。〇二十二日乙卯，派遣彰德節度使張彥澤戍守恆州。

南漢主殺劉思潮、林少強、林少良、何昌延。由於左僕射王翷曾經和高祖劉龑圖謀立劉弘昌為帝，將他外放為英州刺史，還沒有到達任所，又被賜死。於是朝廷內外官員都害怕自身難保。

冬，十月三十日癸巳，朝廷在陳州設置鎮安軍。○南唐元敬宋太后去世。○王延政到達金陵，南唐主任命他為羽林大將軍。斬楊思恭首來向建州百姓謝罪。任命百勝節度使王崇文為永安節度使。王崇文利用寬鬆簡約的方法進行治理，建州百姓因此安定下來。

當初，高麗王王建用武力滅掉鄰國，勢力頗為強大。通過胡僧襪囉對晉高祖說：「勃海國是我的親戚，他的國王被契丹擄走，請求與朝廷共同攻打契丹，奪回勃海王。」晉高祖未作答覆。等到晉出帝和契丹成為仇敵，襪囉又說起此事。晉出帝想讓高麗騷擾契丹的東部邊境來分散他的兵力，正趕上高麗王王建去世，王建的兒子王武自稱暫理國事，上表報告喪訊。十一月初五日戊戌，朝廷任命王武為大義軍使、高麗王。派遣通事舍人郭仁遇出使高麗，告知他朝廷的旨意，讓高麗攻打契丹。郭仁遇到達高麗，發現高麗的兵力非常弱小。以前襪囉所說的話，只是王建誇大其辭罷了，實際上不敢與契丹為敵。郭仁遇返回，王武又以其他的理由進行辯解。

乙卯❶，吳越王弘佐❷誅內都監使杜昭達❸。己未❹，誅內牙上統軍使明州❺刺史闞璠。昭達，建徽之孫也，與璠皆好貨。錢塘富人程昭悅❻以貨結二人，得侍弘佐左右。昭悅為人狡佞，王悅之，寵待踰於舊將，璠不能平。昭悅知之，詣璠頓首謝罪。璠責讓久之，乃曰：「吾始者決欲殺汝，今既悔過，吾亦釋然。」昭悅懼，謀去璠。

璠專而愎，國人惡之者眾，王亦惡之[1]。昭悅欲出璠於外❼，恐璠覺之，私謂右統軍使胡進思❽曰：「今欲除公及璠各為本州，使璠不疑，可乎？」進思許之，乃以播為明州刺史，進思為湖州❾刺史。播怒曰：「出我於外，是棄我也。」進思曰：「老兵得大州，幸矣，不行何為！」播乃受命。既而復以它故留進思。

內外馬步都統軍使錢仁俊❿母，杜昭達之姑也。昭悅因譖播、昭達謀奉仁俊作亂，下獄鍛鍊⓫成之。播、昭達既誅，奪仁俊官，幽于東府。於是昭悅治闞、杜之黨，凡權位[2]與己侔⓬、意所忌者，誅放百餘人，國人畏之側目⓭。胡進思重厚寡言，昭悅以為戇⓮，故獨存之。昭悅收仁俊故吏慎溫其，使證仁俊之罪，拷掠備至。溫其堅守不屈，弘佐嘉之，擢為國官⓯。溫其，衢州人也。

十二月乙丑⓰，加吳越王弘佐東南面兵馬都元帥⓱。○辛未⓲，以前中書舍人⓳廣晉⓴殷鵬[3]為給事中㉑、樞密直學士㉒。鵬，馮玉之黨也。朝廷每有遷除㉓，玉皆與鵬議之。由是請謁賂遺㉔，充滿其門。

初，帝疾未平，會正旦㉕，樞密使、中書令桑維翰遣女僕入宮起居㉖太后，因問：「皇弟睿㉗近讀書否？」帝聞之，以告馮玉，玉因譖㉘維翰有廢立之志。帝疑之。

李守貞素惡維翰，馮玉、李彥韜㉙與守貞合謀排之。以中書令行開封尹㉚趙瑩㉛柔而易制，共薦以代維翰。丁亥㉜，罷維翰政事，為開封尹。以瑩為中書令，李崧㉝為樞密使、守侍中。維翰遂稱足疾，希復朝謁㉞，杜絕賓客。

或謂馮玉曰：「桑公元老，今既解其樞務，縱不留之相位，猶當優以大藩㉟。柰何使之尹京，親猥細之務乎？」玉曰：「恐其反耳。」曰：「儒生安能反！」玉曰：「縱不自反，恐其教人耳。」

楚湘陰㊱處士㊲戴偃，為詩多譏刺，楚王希範㊳囚之。天策副都軍使丁思瑾㊴上書切諫㊵，希範削其官爵。

唐齊王景達㊶府屬謝仲宣言於景達曰：「宋齊丘㊷，先帝布衣之交，今棄之草萊，不厭眾心。」景達為之言於唐主曰：「齊丘宿望，勿用可也，何必棄之以為名！」唐主乃使景達自至青陽㊸召之。

【章旨】以上為第三段，寫吳越王信用奸人程昭悅誅殺大臣，晉出帝信用群小排擠桑維翰。

【注釋】❶乙卯 十一月二十二日。❷吳越王弘佐 錢弘佐，吳越王錢元瓘第六子，十四歲襲位，二十卒，諡忠獻王。西元九四一—九四七年在位。❸杜昭達 吳越丞相杜建徽孫，盛治宅第，任內牙都監使，因罪被誅。❹己未 十一月二十六日。❺明州 州名，治所鄮縣，在今浙江寧波。❻程昭悅 吳越錢塘富人，深受吳越王弘佐信任，屢造冤案，後被誅。❼出璠於外 出，調出；外任。外，在外做地方官。❽胡進思 吳越大將、右統軍使。事附《舊五代史》、《新五代史》之〈錢鏐傳〉中。❾湖州 州名，治所烏程，在今浙江吳興。❿錢仁俊 吳越宗室，其父為武肅王錢鏐第八子餘姚侯錢傳瓘。吳越王弘佐在位時，仁俊為內外馬步都統軍使，遭富人程昭悅誣陷，囚於東府。後復其官，歷任威武軍節度使、檢校太保。⓫鍛鍊 羅織罪名鑄成其罪。⓬侔 齊等。⓭側目 不敢正視。⓮戇 憨厚。⓯國官 吳越京都朝官。⓰乙丑 十二月初三日。⓱都元

帥　大元帥。⑱辛未　十二月初九日。⑲中書舍人　官名，掌管詔令、侍從、宣旨、慰勞等事。⑳廣晉　府名，五代後唐改魏州為興唐府，後晉又改為廣晉府。治所貴鄉，在今河北大名東北。㉑給事中　官名，隋唐以後給事中為門下省要職，在侍中及門下侍郎之下，掌駁正政令之違失。㉒樞密直學士　樞密使下屬人員，多選精通政術、文學之士擔任。㉓遷除　升職授官。㉔請謁賂遺　請託求見，贈送財物。㉕正旦　正月初一。㉖起居　參拜問候。㉗皇弟睿　晉出帝石重貴弟重睿，諱帝名，去「重」字。㉘譖　捏造事實，背後誣告。㉙李彥韜　為後晉石重貴心腹，歷官蔡州刺史、壽州節度使、陳州節度使等職。傳見《舊五代史》卷八十八。㉚中書令行開封尹　以中書令職實授開封府尹。行，兼理。此為實授。尹，都城行政長官。㉛趙瑩　字玄輝，晉高祖時官至中書令，出帝時守中書令，行開封尹事，性柔弱，故權臣馮玉等復薦為相以代桑維翰。傳見《舊五代史》卷八十九、《新五代史》卷五十六。㉜丁亥　十二月二十五日。㉝李崧　（？—西元九四八年）深州饒陽（今河北饒陽）人，歷仕後唐、後晉、契丹、後漢，為中樞大臣。後漢隱帝乾祐元年被誣謀反，滅族。傳見《舊五代史》卷一百八十、《新五代史》卷五十七。㉞希復朝謁　很少再上朝謁見皇帝。希，通「稀」。㉟大藩　大的藩鎮節度使。㊱湘陰　縣名，縣治在今湖南湘陰。㊲處士　古時稱有才德而隱居不仕的人。㊳楚王希範　楚王馬殷第四子。西元九三二—九四七年在位，諡文昭王。傳見《舊五代史》卷一百三十三、《新五代史》卷六十六。㊴丁思瑾　楚王馬希範牙將，累官天策副都軍使。㊵切諫　直言強諫。丁思瑾上書事見《舊五代史》卷一百三十三、《新五代史》卷六十六。㊶唐齊王景達　南唐烈祖李昪第四子李景達，字子通，封齊王。後主李煜即位，加太師、尚書令。㊷宋齊丘　字子嵩，廬陵（今江西吉水縣東北）人，佐南唐李昪建號之謀臣，官至中書令，封衛國公。南唐元宗李景立，不得意，棄官隱於九華山，封青陽公。不久復出，因與陳覺等結黨為奸，事發放還青陽，賜死。事見《新五代史》卷六十二。㊸青陽　縣名，縣治在今安徽青陽。九華山在其縣境西南。

【校　記】①王亦惡之　原無此四字。據章鈺校，十二行本、乙十一行本、孔天胤本皆有此四字，張敦仁《通鑑刊本識誤》、張瑛《通鑑校勘記》同，今據補。②位　原作「任」。據章鈺校，十二行本、乙十一行本、孔天胤本皆作「位」，張敦仁《通鑑刊本識誤》同，今據改。③殷鵬　原作「陰鵬」。據章鈺校，十二行本、乙十一行本、孔天胤本皆作「殷鵬」，今據改。按，《舊五代史》卷八九有殷鵬本傳，當係一人。

【語　譯】十一月二十二日乙卯，吳越王錢弘佐殺死內都監使杜昭達。二十六日己未，殺死內牙上統軍使、明州刺史闞璠。杜昭達，是杜建徽的孫子，和闞璠都貪愛錢物。錢塘富人程昭悅用錢物交結他們兩人，得以陪侍在錢弘佐的身邊。程昭悅為人狡詐諂媚，吳越王喜歡他，寵信他超過舊將，闞璠不服氣。程昭悅知道了，親自到闞璠府上磕頭賠罪。闞璠責罵了他很久，才說：「我起初下決心要殺掉你，現在你已經承認錯誤，我也就不生氣了。」程昭悅害怕了，謀劃要除掉闞璠。

闞璠既專橫又固執，國中憎恨他的人很多，吳越王錢弘佐也很厭惡他。程昭悅想把闞璠逐出到地方做官，又擔心闞璠察覺出來，私下對右統軍使胡進思說：「現在想任命您和闞璠各自為家鄉所在州的刺史，使闞璠不致生疑，可以嗎？」胡進思答應了，於是任命闞璠為明州刺史，胡進思為湖州刺史。闞璠憤怒地說：「把我調出在外，是拋棄我啊。」胡進思說：「老兵得任大州，夠幸運了，不去上任幹什麼呢！」闞璠這才接受任命。不久又以其他的理由將胡進思留在朝中。

內外馬步都統軍使錢仁俊的母親是杜昭達的姑母，程昭悅便誣陷闞璠和杜昭達謀劃擁戴錢仁俊一起作亂，把二人關進監獄，羅織罪名鑄成其罪。闞璠、杜昭達被殺以後，剝奪錢仁俊的官職，囚禁在東府。接著程昭悅懲處闞、杜二人的同夥，凡權力職位與自己相當、心裡所嫉恨的，誅戮、放逐了一百多人，國人畏懼他，不敢正視。胡進思敦厚持重，沉默寡言，程昭悅認為他很憨厚，所以只留下他一人。程昭悅收捕錢仁俊原來的屬吏慎溫其，讓他檢舉錢仁俊的罪行，拷打逼供無所不至。慎溫其始終堅定不屈，錢弘佐非常讚許，提拔他為京都朝官。慎溫其，是衢州人。

十二月初三日乙丑，朝廷加授吳越王錢弘佐為東南面兵馬都元帥。〇初九日辛未，任命前任中書舍人廣晉人殷鵬為給事中、樞密直學士。殷鵬是馮玉的黨羽。朝廷每逢有官吏的遷升任命，馮玉都要和殷鵬商議。因此前來請求謁見、饋贈財物的人，擠滿殷鵬的家門。

起始，晉出帝的病還沒有恢復，正遇上正月初一，樞密使、中書令桑維翰打發女傭人進宮向太后參拜問候，順便問道：「皇弟睿近來讀書了沒有？」晉出帝聽說了，就把這話告訴了馮玉，馮玉就誣陷桑維翰有廢皇帝、立新君的打算。晉出帝對桑維翰產生了懷疑。

李守貞一向憎恨桑維翰，馮玉、李彥韜和李守貞共同謀議排擠他。認為中書令兼攝開封尹趙瑩軟弱，容易控制，便共同推薦趙瑩來代替桑維翰。十二月二十五日丁亥，罷免桑維翰的朝廷職務，叫他當開封府尹。任命趙瑩為中書令，李崧為樞密使署理侍中。桑維翰於是藉口腳有病，很少再上朝進謁，閉門謝絕賓客。

有人對馮玉說：「桑公是開國元老，現在既已解除他樞密使的職務，縱然不能留他在相位，也應該從優授給他大的藩鎮。為什麼讓他主管京城，經辦一些瑣碎的事情呢？」馮玉說：「恐怕他造反啊。」這人說：「書生怎麼能造反！」馮玉說：「縱然他自己不造反，恐怕他教唆別人造反哩。」

楚國湘陰隱士戴偃，作詩多所諷刺，楚王馬希範把他囚禁起來。天策副都軍使丁思瑾上書直言強諫，馬希範對丁思瑾免官奪爵。

南唐齊王李景達府中的屬吏謝仲宣對李景達說：「宋齊丘是先帝的貧賤之交，現在把他拋棄在山野，不能讓大家滿意。」李景達為這件事對南唐主說：「宋齊丘素來負有重望，不用他也就算了，何必拋棄他，為他製造名聲！」南唐主於是派李景達親自到青陽召請宋齊丘。

三年（丙午　西元九四六年）

春，正月，以齊丘為太傅❶兼中書令，但奉朝請❷，不預政事。以昭武❸節度使李建勳❹為右僕射兼門下侍郎，與中書侍郎馮延巳❺皆同平章事。建勳練習吏事，而懦怯少斷。延巳工文辭，而狡佞，喜大言，多樹朋黨。水部郎中❻高越，上書指延巳兄弟過惡，唐主怒，貶越蘄州❼司士❽。

初，唐主置宣政院於禁中❾，以翰林學士❿、給事中常夢錫⓫領之，專典機密，與中書侍郎嚴續⓬皆忠直無私。唐主謂夢錫曰：「大臣惟嚴續中立，然無才，恐不勝其黨，卿宜左右之。」未幾，蒙錫罷宣政院，續亦出為池州⑬觀察使⑭。蒙錫於是移疾⑮縱酒，不復預朝廷事。續，可求⑯之子也。

二月壬戌朔⑰，日有食之。

晉昌⑱節度使兼侍中趙在禮⑲，更歷十鎮⑳，所至貪暴，家貲為諸帥之最。帝利其富，三月庚申㉑，為皇子鎮寧㉒節度使延煦㉓娶其女。在禮自費緡㉔錢十萬，縣官㉕之費，數倍過之。延煦及弟延寶㉖皆高祖諸孫，帝養以為子。

唐泉州刺史王繼勳致書修好於威武㉗節度使李弘義㉘。弘義以泉州故隸威武軍，怒其抗禮。夏，四月，遣弟弘通將兵萬人伐之。

初，朔方㉙節度使馮暉㉚在靈州㉛，留党項㉜酋長拓跋彥超於州下，故諸部不敢為寇。及將罷鎮而縱之。前彰武㉝節度使王令溫㉞代暉鎮朔方，不存撫羌、胡，以中國法繩之。羌、胡怨怒，皆叛[1]，競為寇鈔㉟。拓跋彥超、石存、也廝褒三族，共攻靈州，殺令溫弟令周。戊午，令溫上表告急。

泉州都指揮使㊱留從效㊲謂刺史王繼勳曰：「李弘通兵勢甚盛，士卒以使君㊳賞罰不當，莫肯力戰。使君宜避位自省！」乃廢繼勳歸私第。代領軍府事，勒兵擊李弘通，大破之。表聞于唐，唐主以從效為泉州刺史，召繼勳還金陵，遣將將兵戍泉州。徙漳州刺史王繼成為和州㊴刺史，汀州刺史許文稹為蘄州刺史。

【章旨】以上為第四段，寫南唐奸佞當道，直臣被貶黜。泉州都指揮使留從效擊退福州兵，代王繼勳為泉州刺史。

【注釋】❶太傅　官名，與太師、太保為三公，多為大臣的加銜，無實職。❷奉朝請　古代貴族、官僚定期朝見皇帝為奉朝請。春季朝見為朝，秋季朝見為請。❸昭武　方鎮名，五代十國吳置。治所撫州，在今江西撫州。❹李建勳　字致堯，南唐權臣。累官中書侍郎、同平章事，加左僕射，監修國史。以司徒致仕。❺馮延巳　（約西元九〇三—九六〇年）一名延嗣，字正中，廣陵（今江蘇揚州）人，南唐權臣，以善文辭被重用，官中書侍郎、同平章事。與馮延魯、魏岑、陳覺、查文徽等專朝政，時人稱「五鬼」。有樂府詞傳世。❻水部郎中　官名，水部為工部四司之一，郎中為司的主官，掌水道政令。❼蘄州　州名，治所蘄春，在今湖北蘄州鎮西北。❽司士　官名，唐代州縣有司士參軍和司士，掌工役之事。❾禁中　宮禁之中。❿翰林學士　官名，皇帝最親近的顧問兼祕書官，經常值宿內廷，為皇帝起草文告。⓫常夢錫　字孟圖，扶風（今陝西興平東南）人，歷任南唐翰林學士、給事中，領宣政院，專掌密命。因斥宋齊丘、陳覺等為小人，備受排擠。⓬嚴續　南唐烈祖李昪婿。歷任中書侍郎、門下侍郎、同平章事。因不依附宋齊丘等人，多遭排斥。⓭池州　州名，治所秋浦，在今安徽貴池西南。⓮觀察使　官名，掌考察州縣官吏政績，後兼理民事。管轄地區為道，凡不設節度使之處，即以觀察使為一道的行政長官。⓯移疾　舊時官員上書稱病辭職。移，公文的一種。⓰可求　嚴可求，徐溫謀臣。累官尚書左僕射兼同平章事。⓱壬戌朔　二月初一日。⓲晉昌　方鎮名，五代後晉置。治所京兆府，在今陝西西安西北。⓳趙在禮　字幹臣，涿州（今河北涿州）人，仕唐、晉，歷任十節度使，貪婪殘暴，積資巨萬。晉亡，畏罪自縊。傳見《舊五代史》卷九十、《新五代史》卷四十六。⓴更歷十鎮　趙在禮起於鄴都，徙義成而未就任，後來又歷橫海、泰寧、匡國、天平、忠武、武寧、歸德、晉昌，凡十鎮。㉑庚申　三月二十九日。㉒鎮寧　方鎮名，五代後晉天福九年置。治所澶州，在今河南濮陽南。㉓延煦　石延煦，晉高祖石敬瑭孫，出帝石重貴以為子。官至鎮寧節度使。晉亡，隨出帝北遷。㉔緡　本指穿錢的繩子，亦指成串的錢。一千文為一緡。㉕縣官　古指天子。㉖延寶　石延寶，晉高祖石敬瑭孫，出帝石重貴以為子。官至威信軍節度使。晉亡，隨出帝北遷。延煦、延寶傳見《舊五代史》卷八十七、《新五代史》卷十七。㉗威武　方鎮名，唐乾寧三年（西元八九六年）置。治所福州，在今福建福州。㉘李弘義　光州（今河南光山縣）人，本名仁達，仕閩惠宗（王鏻）為元從都指揮使。服叛無常，屢改名字。投南唐，為威武軍節度使，更名弘義，不久改弘達；後奉表於晉，任同平章事，又改名達；稱臣於吳越，又更名為孺贇。終因謀降南唐被吳越將鮑脩讓殺，滅族。事見《新五代史》卷六十八。下句中的「威武軍」為其方鎮軍號名。㉙朔方　方鎮名，唐玄宗開元元年（西元七一三年）置。治所靈州，在今寧夏靈武西南。㉚馮暉　後晉靈武節度使，撫綏邊部，深得夷心，官至中書令，封陳留王。傳見《舊五代史》卷一百二十五、《新五代史》卷四十九。㉛靈州　州名，治所薄骨律鎮，在今寧夏靈武西南。㉜党項　古族名，又稱党項羌，為羌人之一支，唐五代時分布在今青海、甘肅、寧夏、陝西北部一帶。拓跋氏為大姓之一，最強。㉝彰武　方鎮名，原為忠義軍，後梁置，後唐改名彰武。治所延州，在今陝西延安東北。㉞王令溫　字順之，瀛州河間（今河北河間）人，歷仕後唐、後晉、後漢、後周，官至鎮安軍節度使。傳見《舊五代史》卷一百二十四。㉟鈔　亦作「抄」。強取；掠奪。㊱都指揮使　官名，五代始用作統兵將領之稱。分都指揮使、副都指揮等官。㊲留從效　泉州永春（今福建永春）人，初仕閩，後降後唐，封晉江王。傳見《新五代史》卷六十八。㊳使君　漢時稱刺史為使君，五代沿用。王繼勳曾被留從效擁立主持泉州府事，故稱使君。㊴和州　州名，治所歷陽，在今安徽和縣。

【校　記】 ①皆叛　原無此二字。據章鈺校，十二行本、乙十一行本、孔天胤本皆有此二字，張敦仁《通鑑刊本識誤》同，今據補。

【語　譯】 三年（丙午　西元九四六年）

春，正月，南唐任命宋齊丘為太傅兼中書令，只是春秋二季定期參加朝會，不參與政事。任命昭武節度使李建勳為右僕射兼門下侍郎，與中書侍郎馮延巳都為同平章事。李建勳熟悉官方事務，卻膽小怕事，優柔寡斷。馮延巳擅長文章辭藻，但狡詐諂佞，喜歡說大話，愛樹黨結派。水部郎中高越，上書指責馮延巳兄弟的錯誤和罪行，南唐主很生氣，把高越貶為蘄州司士。

當初，南唐主在宮禁中設置宣政院，任命翰林學士、給事中常夢錫兼領其事，專門掌管機密，與中書侍郎嚴續都忠貞正直，沒有私心。南唐主對常夢錫說：「大臣中只有嚴續立身中正，然而沒有才能，恐怕對付不了那一夥人，你應該輔助他。」沒過多久，常夢錫被解除宣政院的職務，嚴續也外放為池州觀察使。常夢錫於是上書稱病，縱情飲酒，不再參與朝廷的政事。嚴續，是嚴可求的兒子。

二月初一日壬戌，發生日蝕。

晉昌節度使兼侍中趙在禮，前後連續擔任過十個藩鎮的節度使，所到之處貪婪殘暴，家裡的錢財在各藩鎮將帥中首屈一指。晉出帝貪圖他的財富，三月二十九日庚申，為皇子鎮寧節度使石延煦娶了他的女兒，趙在禮自己花費十萬緡，晉出帝的花費又超過好幾倍。石延煦和弟弟石延寶都是高祖石敬瑭的孫子，晉出帝把他們當做自己的兒子來撫養。

南唐泉州刺史王繼勳發信給威武節度使李弘義，想建立友好關係。李弘義因為泉州以前隸屬於威武軍，認為王繼勳發信是用對等的禮節，很惱怒。夏，四月，派遣弟弟李弘通率兵一萬人討伐王繼勳。

當初，朔方節度使馮暉在靈州，把党項酋長拓跋彥超扣留在州內，所以党項各部落不敢寇掠。等到馮暉將要解除節度使職務時，把拓跋彥超放了回去。前任彰武節度使王令溫接替馮暉鎮守朔方，不撫慰羌、胡，用適於中原地區的法令去約束他們。羌、胡怨恨而憤怒，紛紛反叛，爭相寇掠。拓跋彥超、石存、也廝褒三族共同攻打靈州，殺死王令溫的弟弟王令周。五月二十九日戊午，王令溫上表告急。

泉州都指揮使留從效對刺史王繼勳說：「李弘通軍力極為強大，而我們的士兵因為您賞罰不恰當，沒有人肯盡力作戰。您應該讓位自我反省！」於是撤銷王繼勳的職務，讓他回家。留從效自己代為主持軍府事務，部署軍隊攻打李弘通，把李弘通打得大敗。留從效上表奏報南唐朝廷，南唐主任命留從效為泉州刺史，叫王繼勳返回金陵，派遣將領率兵戍守泉州。調任漳州刺史王繼成為和州刺史，汀州刺史許文稹為蘄州刺史。

定州❶西北二百里有狼山❷，土人築堡於山上以避胡寇。堡中有佛舍，尼孫深意居之，以妖術惑眾，言事頗驗，遠近信奉之。中山❸人孫方簡❹及弟行友，自言深意之姪，不飲酒食肉，事深意甚謹。深意卒，方簡嗣行其術，稱深意坐化❺，嚴飾，事之如生，其徒日滋。

會晉與契丹絕好，北邊賦役煩重，寇盜充斥，民不安其業。方簡、行友因帥鄉里豪健者，據寺為寨以自保。契丹入寇，方簡帥眾邀擊❻，頗獲其甲兵、牛馬、軍資，人挈家往依之者[1]益眾。久之，至千餘家，遂為羣盜。懼為吏所討，乃歸款❼朝廷。朝廷亦資其禦寇，署東北招收指揮使。

方簡時入契丹境鈔掠，多所殺獲。既而邀求❽不已，朝廷小不副❾其意，則舉寨降於契丹，請為鄉道以入寇。時河北大饑，民餓死者所在以萬數，兗、鄆、滄、貝❿之間，盜賊蠭起，吏不能禁。

天雄⓫節度使杜威遣元隨軍將劉延翰市⓬馬於邊，方簡執之，獻於契丹。延翰逃歸，六月壬戌⓭，至大梁⓮，言方簡欲乘中國凶饑，引契丹入寇，宜為之備。

初，朔方節度使馮暉在靈武，得羌、胡心，市馬期年，得五千匹。朝廷忌之，徙鎮邠州⓯及陝州⓰，入為侍衛步軍都指揮使、領河陽⓱節度使。暉知朝廷之意，悔離靈武，乃厚事馮玉、李彥韜，求復鎮靈州。朝廷亦以羌、胡方擾，丙寅⓲，復以暉為朔方節度使，將關西⓳兵擊羌、胡。以威州⓴刺史藥元福為行營馬[2]軍都指揮使。

乙丑㉑，定州言契丹勒兵㉒壓境。詔以天平㉓節度使、侍衛馬步都指揮使李守貞為北面行營都部署，義成㉔節度使皇甫遇㉕副之，彰德節度使張彥澤充馬軍都指揮使兼都虞候㉖，義武㉗節度使薊人李殷充步軍都指揮使兼都排陳使㉘。遣護聖指揮使臨清王彥超、太原白延遇㉙以部兵十營詣邢州㉚。時馬軍都指揮使、鎮安㉛節度使李彥韜方用事㉜，視守貞蔑如㉝也。守貞在外所為，事無大小，彥韜必知之，守貞外雖敬奉而內恨之。

【章　旨】以上為第五段，寫中山人孫方簡以妖術惑眾，成為定州地方豪強，依違於後晉與契丹之間，叛服無常，趁河北大饑荒，引導契丹入寇。

【注　釋】❶定州　州名，治所安喜，在今河北定州。❷狼山　山名，在河北易縣西南，又稱郎山。其上有西水及姑姑寨。❸中山　府名，治所在今河北定州。❹孫方簡　本傳《新五代史》卷四十九作孫方諫，避周太祖皇考郭簡諱改。❺坐化　佛教名詞，又稱「坐脫」。據說有些高僧臨終時，常常端坐而逝，稱「坐化」。尼姑孫深意的枯骨於宋乾德年間遷往開封，焚於北郊，信徒遂息。❻邀擊　截擊。❼歸款　誠心歸順。❽邀求　索求。❾副　符合。❿兗鄆滄貝　皆州名。兗，治所瑕丘，在今山東兗州。鄆，治所須昌，在今山東東平西北。滄，治所清池，在今河北滄縣東南。貝，治所武城，在今河北南宮東南。⓫天雄　方鎮名，唐天祐元年（西元九〇四年）置。治所魏州，在今河北大名東北。⓬市　交易。此為購買。⓭壬戌　六月初三日。⓮大梁　古城名，在今河南開封西北。⓯邠州　州名，治所新平，在今陝西彬縣。⓰陝州　州名，治所陝縣，在今河南陝縣。⓱河陽　方鎮名，唐建中時置河陽三城節度使。治所河陽，在今河南孟州西。⓲丙寅　六月初七日。⓳關西　古地區名，泛指函谷關或潼關以西地區。⓴威州　州名，又稱環州，由靈州地分置。㉑乙丑　六月初六日。㉒勒兵　部署軍隊。

㉓天平　方鎮名，唐憲宗元和十五年（西元八二〇年）置。治所鄆州，在今山東東平西北。㉔義成　方鎮名，唐德宗貞元元年（西元七八五年）由永平軍節度使更號為義成軍節度使。治所滑州，在今河南滑縣東。㉕皇甫遇　常山真定（今河北正定）人，官至馬軍右廂都指揮使。契丹侵晉，奮力抵抗。後隨杜重威降契丹，途中割斷喉嚨而死。傳見《舊五代史》卷九十五、《新五代史》卷四十七。㉖都虞候　虞候，藩鎮所置軍法官；主官為都虞候。㉗義武　方鎮名，唐德宗建中三年（西元七八二年）置。治所定州，在今河北定州。㉘都排陳使　出征時臨時設置之官。陳，通「陣」。㉙白延遇　字希望，太原（今山西太原西南）人，歷仕後晉、後周，官至同州節度使。傳見《舊五代史》卷一百二十四。㉚邢州　州名，治所龍岡，在今河北邢臺。㉛鎮安　方鎮名，五代後晉出帝開運二年（西元九四五年）置。㉜用事　當權。㉝蔑如　輕視；蔑視。如，形容詞詞尾。

【校　記】①者　「者」下原有「曰」字。據章鈺校，十二行本、乙十一行本、孔天胤本皆無「曰」字，今據刪。②馬　原作「馬步」。據章鈺校，十二行本、乙十一行本、孔天胤本皆無「步」字，今據刪。

【語　譯】定州西北二百里有狼山，當地人在山上修建城堡用來躲避胡兵的侵掠。城堡中有一座佛寺，尼姑孫深意住在裡面，用妖術迷惑眾人，預言事情多有靈驗，遠近的人們都信奉她。中山人孫方簡和他的弟弟孫行友，自稱是孫深意的姪子，不飲酒，不吃肉，侍奉孫深意非常恭謹。孫深意死後，孫方簡繼續傳播她的妖術，宣稱孫深意坐化，刻意裝飾孫深意的屍體，侍奉孫深意像她在世的時候一樣，孫方簡的信徒一天比一天增多。

正遇上後晉和契丹斷絕友好關係，北方邊境賦稅徭役繁重，盜賊遍地，百姓不能安其生業。孫方簡、孫行友於是率領家鄉魁梧健壯的人，佔據寺院作為寨子來保護自己。契丹入侵，孫方簡率領民眾截擊，繳獲很多鎧甲、兵器、牛馬和軍用物資，百姓攜帶家眷前往投靠他的日益增多。時間長了，達到一千多家，於是成為一群強盜。他們害怕官吏討伐，就誠心歸順了朝廷。朝廷也借助他們來抵禦契丹，委任孫方簡為東北招收指揮使。

孫方簡時不時進入契丹境內搶劫，斬殺繳獲很多。後來向朝廷索取無止境，朝廷稍微不稱他的心意，就率領全寨投降契丹，願為嚮導入中國寇掠。當時河北發生大饑荒，百姓餓死的，到處都以萬計，兗、鄆、滄、貝州之地，盜賊蜂擁而起，官府不能禁止。

天雄節度使杜威派遣原隨軍將領劉延翰去邊境上買馬，孫方簡抓住他，獻給契丹。劉延翰逃回來，六月初三日壬戌，到達大梁，說孫方簡想趁中國饑饉凶年，引領契丹入侵，應該作好防備。

當初，朔方節度使馮暉在靈武時，得到羌、胡人的誠心歸附，買馬一年就購得五千匹。朝廷猜忌他，調他鎮守邠州和陝州，入朝升為侍衛步軍都指揮使兼領河陽節度使。馮暉知道朝廷的用心，悔不該離開靈武，於是厚賂馮玉和李彥韜，請求再出鎮靈州。朝廷也因為羌、胡正侵擾邊境，六月初七日丙寅，重新任命馮暉為朔方節度使，率領關西軍隊攻打羌、胡。任命威州刺史藥元福為行營馬軍都指揮使。

六月初六日乙丑，定州說契丹部署軍隊緊逼邊境。晉出帝詔封天平節度使‧侍衛馬步都指揮使李守貞為北面行營都部署、義成節度使皇甫遇做他的副手，彰德節度使張彥澤充任馬軍都指揮使兼都虞候，義武節度使薊州人李殷充任步軍都指揮使兼都排陳使。派遣護聖指揮使臨清人王彥超、太原人白延遇率領所部士兵十個營到邢州。當時馬軍都指揮使、鎮安節度使李彥韜正當權，蔑視李守貞。李守貞在外的所有行動，事情不論大小，李彥韜必須要知道。李守貞表面雖然恭敬地侍奉李彥韜，但內心裡很恨他。

初，唐人既克建州，欲乘勝取福州❶，唐主不許。樞密使陳覺❷請自往說李弘義，必令入朝。宋齊丘薦覺才辯，可不煩寸刃，坐致弘義。唐主乃拜弘義母、妻皆為國夫人，四弟皆遷官。以覺為福州宣諭使❸，厚賜弘義金帛。弘義知其謀，見覺，辭色甚倨，待之疏薄。覺不敢言入朝事而還。

秋，七月，河決楊劉❹，西入莘縣❺，廣四十里，自朝城❻北流。

有自幽州⑦來者，言趙延壽⑧有意歸國。樞密使李崧、馮玉信之，命天雄節度使杜威致書於延壽，具述朝旨，啖⑨以厚利。洛州⑩[1]軍將趙行實嘗事延壽，遣齎⑪書潛往遺之。延壽復書言：「久處異域，思歸中國。乞發大軍應接，拔身南去。」辭旨懇密。朝廷欣然，復遣行實詣延壽，與為期約。

八月，李守貞言：「與契丹千餘騎遇於長城北，轉鬬四十里，斬其酋帥解里，擁餘眾入水溺死者甚眾。」丁卯⑫，詔李守貞還屯澶州。

帝既與契丹絕好，數召吐谷渾⑬酋長白承福⑭入朝，宴賜甚厚。承福從帝與契丹戰澶州，又與張從恩戍滑州⑮。屬⑯歲大熱，遣其部落還太原⑰，畜牧於嵐⑱、石⑲之境。部落多犯法，劉知遠⑳無所縱捨㉑。部落知朝廷微弱，且畏知遠之嚴，謀相與遁歸故地。有白可久者，位亞承福，帥所部先亡歸契丹，契丹用為雲州㉒觀察使，以誘承福。

知遠與郭威㉓謀曰：「今天下多事，置此屬於太原，乃腹心之疾也，不如去之。」承福家甚富，飼馬用銀槽。威勸知遠誅之，收其貨以贍軍㉔。知遠密表吐谷渾反覆難保，請遷於內地。帝遣使發其部落千九百人，分置河陽㉕及諸州。知遠遣威誘承福等入居太原城中，因誣承福等五族㉖謀叛，以兵圍而殺之，合四百口，籍沒其家貲。詔褒賞之。吐谷渾由是遂微。

【章旨】以上為第六段，寫契丹盧龍節度使趙延壽詐降後晉。太原留守劉知遠翦除朔州效力於晉的吐谷渾部，為割據掃清道路。

【注釋】❶福州　州名，治所閩縣，在今福建福州。❷陳覺　泰州（今江蘇泰州）人，南唐權臣，與宋齊丘等專國政，歷任監軍使、樞密使，出兵多敗。宋齊丘事發，被貶，元宗派人誅於路。❸宣諭使　掌宣諭皇帝的詔令。❹楊劉　津名，在盧縣東北，今山東東阿北，因水道變遷，已堙為陸地。❺莘縣　縣名，縣治在今山東莘縣。❻朝城　縣名，在莘縣西南四十里。❼幽州　州名，治所薊縣，在今北京城西南。❽趙延壽　本姓劉，常山（今河北正定）人，被趙德鈞收養為子，娶後唐明宗李嗣源女，任唐樞密使。入契丹，任幽州節度使，封燕王。契丹滅晉，又兼中京留守、大丞相。後被契丹兀欲罷黜。傳見《舊五代史》卷九十八、《新五代史》卷七十三。❾啖　引誘；利誘。❿洺州　州名，治所廣年，在今河北永年東南。⓫齎　帶著。⓬丁卯　八月初九。⓭吐谷渾　古族名，原為鮮卑的一支，游牧於今遼寧凌海市西北。西晉末遷今甘肅、青海間。唐初一部遷靈州，五代時散處蔚州，在今河北西北部。⓮白承福　唐莊宗時吐谷渾首領，任寧朔、奉化府都督，賜其姓名為李紹魯。傳見《新五代史》卷七十四〈四夷附錄〉第三。⓯滑州　州名，治所滑臺城，在今河南滑縣東。⓰屬　適值。⓱太原　府名，治所太原，在今山西太原西南晉原鎮。⓲嵐　州名，治所在今山西嵐縣。⓳石　州名，治所離石，在今山西離石。⓴劉知遠　（西元八九五—九四八年）後漢高祖，沙陀族後裔。晉出帝時為河東節度使、北面行營都統，封北平王。契丹滅後晉，在太原稱帝，國號漢，建都汴（今河南開封）。西元九四七—九四八年在位。傳見《舊五代史》卷九十九、《新五代史》卷十。㉑無所縱捨　毫不寬貸；無所寬容。㉒雲州　州名，治所雲中，在今山西大同。㉓郭威　（西元九〇四—九五四年）邢州堯山（今河北隆堯）人，後漢時為鄴都留守、天雄節度使。後稱帝，國號周，建都汴（今河南開封）。西元九五一—九五四年在位。傳見《舊五代史》卷一百十、《新五代史》卷十一。㉔贍軍　供給軍用。㉕河陽　縣名，縣治在今河南孟州西。㉖承福等五族　白承福及其族白鐵匱、赫連海龍等五家。

【校記】[1]洺州　原作「洛州」。據章鈺校，十二行本、乙十一行本、孔天胤本皆作「洺州」，今據改。

【語　譯】當初，南唐人攻克建州以後，想乘勝奪取福州，南唐主不同意。樞密使陳覺願親自到福州勸說李弘義，一定讓李弘義來朝見。宋齊丘推薦陳覺才智機辯，無需動用任何兵力，坐等把李弘義召來。南唐主於是封李弘義的母親和妻子都為國夫人，四個弟弟都升官，任命陳覺為福州宣諭使，賞賜給李弘義豐厚的金帛。李弘義知道他們的計謀，見到陳覺，言辭和神色非常傲慢，對待陳覺疏遠冷淡。陳覺不敢提入朝的事就回來了。

秋，七月，黃河在楊劉決口，向西流入莘縣，寬廣四十里，從朝城向北流淌。

有從幽州來的人，說趙延壽有意回歸晉國。樞密使李崧、馮玉相信了這人的話，命令天雄節度使杜威發信給趙延壽，具體說明了朝廷的旨意，用厚利引誘他。洺州軍將趙行實曾經在趙延壽手下做過事，派他帶書信暗中到契丹送給趙延壽。趙延壽回信說：「長久居住他國，想回到中原。請求調發大軍接應，我好抽身南下。」言辭誠懇親切。朝廷非常高興，又派趙行實前往趙延壽處，與趙延壽約定時間。

八月，李守貞奏言：「在長城以北與一千多名契丹騎兵遭遇，轉戰四十里，殺掉他們的酋帥解里，其他人互相擁擠落入水中溺死的很多。」初九日丁卯，詔命李守貞還軍屯守澶州。

晉出帝和契丹斷絕友好關係以後，多次邀請吐谷渾酋長白承福來朝，宴請、賞賜都很豐厚。白承福隨從晉出帝與契丹在澶州交戰，又和張從恩一起戍守滑州。正遇上這年天氣炎熱，便遣送白承福的部落返回太原，在嵐州、石州地區放牧。部落中經常有人犯法，劉知遠毫不寬容。部落瞭解朝廷衰弱，又害怕劉知遠的嚴厲，謀議共同逃回舊地。有一個叫白可久的人，地位僅次於白承福，率領自己所管轄的人馬先逃往契丹。契丹任用白可久為雲州觀察使，用來引誘白承福。

劉知遠和郭威謀劃說：「現在天下多事，把這些人放在太原，是心腹之患，不如除掉他們。」白承福家裡十分富有，餵馬用銀槽。郭威勸劉知遠殺掉白承福，沒收他的財物來供給軍用。劉知遠祕密上表朝廷，稱吐谷渾反覆無常難以依靠，請把他們遷往內地。晉出帝派出使者遷徙他們的部落一千九百人，分別安置在河陽和其他各州。劉知遠派遣郭威引誘白承福等人到太原城裡居住，藉以誣告白承福等五族謀反，派軍隊包圍並殺死他們，一共四百口，登記沒收他的家產。晉出帝下詔褒獎劉知遠。吐谷渾從此便衰落了。

濮州❶刺史慕容彥超❷坐違法科斂，擅取官麥五百斛造麴❸，賦❹與部民。李彥韜素與彥超有隙，發其事，罪應死。彥韜趣❺馮玉使殺之，劉知遠上表論救。李崧曰：「如彥超之罪，今天下藩侯皆有之。若盡其法，恐人人不自安。」甲戌❻，敕免彥超死，削官爵，流房州❼。

唐陳覺自福州還，至劍州❽，恥無功，矯詔使侍衛官❾顧忠召弘義入朝，自稱權福州軍府事，擅發汀、建、撫❿、信州⓫兵及戍卒，命建州監軍使馮延魯⓬將之，趣福州迎弘義。延魯先遺弘義書，諭以禍福。弘義復書請戰，遣樓船指揮使楊崇保將州師⓭拒之。覺以劍州刺史陳誨⓮為緣江戰棹⓯指揮使，表福州孤危，旦夕可克。唐主以覺專命⓰，甚怒。羣臣多言兵已傅城下，不可中止，當發兵助之。丁丑⓱，覺、延魯敗楊崇保於候官⓲。戊寅⓳，乘勝進攻福州西關。弘義出擊，大破之，執唐左神威指揮使楊匡鄴。唐主以永安節度使王崇文為東南面都招討使，以漳泉⓴安撫使・諫議大夫魏岑㉑為東面監軍使、延魯為南面監軍使，會兵攻福州，克其外郭。弘義固守第二城。

馮暉引兵過旱海㉒，至輝德㉓，糗㉔糧已盡。拓跋彥超眾數萬，為三陳㉕，扼要路，據水泉以待之。軍中大懼。暉以賂求和於彥超，彥超許之。自旦至日中，使者往返數四，兵未解。藥元福曰：「虜知我飢渴，陽許和以困我耳。若至暮，則吾輩成擒矣。今虜雖眾，精兵不多，依西山而陳者是也。其餘步卒，不足為患。請公嚴陳以待我，我以精騎先犯西山兵，小勝則舉黃旗，大軍合勢擊之，破之必矣。」乃帥騎先進，用短兵力戰。彥超小卻，元福舉黃旗，暉引兵赴之，彥超大敗。明日，暉入靈州。

【章旨】以上為第七段，寫南唐征閩，兵敗福州。晉將馮暉復鎮靈州，逐走拓跋彥超。

【注釋】❶濮州　州名，治所鄄城，在今山東鄄城北舊城。❷慕容彥超　劉知遠同母弟，官至泰寧節度使。多智詐，好聚斂。郭威建後周，據兗州叛。城破，投井死。傳見《新五代史》卷五十三。❸麴　含有大量能發酵的活微生物或其酶類的發酵劑。一般用糧食或糧食副產品培養微生物製成。可造酒用。❹賦　授；給予。❺趣　通「促」。催促。❻甲戌　八月十六日。❼房州　州名，治所房陵，在今湖北房縣。❽劍州　州名，治所劍浦，在今福建南平。❾侍衛官　在皇帝左右侍衛者，猶盛唐時的侍官。❿撫　撫州，州名，治所臨川，在今江西撫州西。⓫信州　州名，治所上饒，在今江西上饒。⓬馮延魯　字叔文，馮延巳異母弟。官至中書舍人、勤政殿學士。善辭令，急功近利。陳覺矯詔攻福州，任監軍使。被吳越兵擊敗，流放舒州，遇赦，復少府監、戶部尚書。⓭州師　胡三省注云：「一本『州師』作『舟師』。」⓮陳誨　建安（今福建建甌）人，南唐劍州刺史、永安軍節度使、兼侍中。屢立戰功，號名將。⓯棹　划船的用具。此指船。⓰專命　無所承命而獨斷專行。⓱丁丑　八月十九日。⓲候官　縣名，縣治福州，在今福建福州。⓳戊寅　八月二十日。⓴漳泉　軍鎮名，置安撫使，統漳州和泉州。㉑魏岑　字景山，鄆州須城（今山東須城鎮）人，南唐諫議大夫、兵部侍郎、樞密副使。工諂諛，善揣人意，朝中直臣多遭其排斥。㉒旱海　戈壁灘。此指寧夏靈武東南的旱江平沙漠地。㉓輝德　地名，在今寧夏靈武南。㉔糗　炒熟的米、麥等穀物。㉕陳　「陣」的古字。

【語譯】濮州刺史慕容彥超坐罪違法徵斂，擅自用官府的五百斛麥製造酒麴，給與管轄下的百姓。李彥韜一向和慕容彥超有仇怨，揭發了他的事情，慕容彥超的罪行應當處死。李彥韜催促馮玉派人殺掉慕容彥超。劉知遠上表辯護，解救慕容彥超。李崧說：「像慕容彥超這樣的罪，現在天下的藩鎮長官都有。如果都依法追究，恐怕人人心裡都不安穩。」八月十六日甲戌，敕書赦免慕容彥超的死罪，奪去他的官爵，流放到房州。

南唐陳覺從福州返回，到達劍州，因為無功而感到羞愧，便假託皇帝的詔令，命令侍衛官顧忠召李弘義入朝，自稱暫理福州軍府的事務，擅自調發汀州、建州、撫州、信州等四州軍隊以及戍守的士兵，命建州監軍使馮延魯率領，趕赴福州去迎接李弘義。馮延魯先給李弘義寫了信，用禍福得失來開導他。李弘義回信要求開戰，派遣樓船指揮使楊崇保率領福州軍隊抵抗他們。陳覺任命劍州刺史陳誨為緣江戰棹指揮使，上表唐主稱福州孤立危急，很快就能攻克。南唐主認為陳覺無詔命而擅自行動，非常生氣。群臣大多認為大軍已經臨福州城下，不可中途停止，應該發兵援助陳覺。

八月十九日丁丑，陳覺、馮延魯在候官打敗楊崇保。二十日戊寅，乘勝進攻福州西關。李弘義出兵抗擊，大敗南唐軍隊，抓獲南唐左神威指揮使楊匡鄴。南唐主任命永安節度使王崇文為東南面都招討使，任命漳泉安撫使・諫議大夫魏岑為東面監軍使、馮延魯為南面監軍使，聯合兵力攻打福州，攻下外城。李弘義堅守第二重城牆。

馮暉領兵越過旱海，到達輝德，乾糧已經沒有了。拓跋彥超的部眾幾萬人，組成三層戰陣，把守住衝要的道路，佔領水源以等待馮暉。馮暉的軍隊大為恐懼。馮暉送財貨向拓跋彥超求和，拓跋彥超答應了馮暉的請求。從日出到正午，使者往來好幾次，雙方的軍隊還沒有解除戰鬥狀態。藥元福說：「敵人知道我們又飢又渴，表面上答應講和以便困住我們。如果到了天黑，我們就會被擒了。現在敵人雖多，精兵並不多，背靠著西山列陣的那些就是了。剩下的步兵，不必擔憂，請您嚴整陣勢等待我的消息，我率領精銳的騎兵對西山的敵軍首先發起進攻，取得小勝就舉起黃旗為信號，然後大軍合力攻擊他們，打敗他們是肯定的了。」於是率領騎兵首先進攻，用短兵器奮力拼殺。拓跋彥超稍稍後退，藥元福舉起黃旗，馮暉領兵衝殺過去，拓跋彥超大敗。第二天，馮暉率兵進入靈州。

九月，契丹三萬寇河東❶。壬辰❷，劉知遠敗之於陽武谷❸，斬首七千級。

漢劉思潮等既死，陳道庠❹內不自安。特進❺鄧伸❻遺❼之漢紀❽，道庠問其故。伸曰：「憨獠❾！此書有誅韓信、醢彭越❿事，宜審讀之！」漢主聞之，族道庠及伸。

李弘義自稱威武留後、權知閩國事[1]，更名弘達⓫，奉表請命于晉。甲午⓬，以弘達為威武節度使、同平章事，知閩國事。

張彥澤奏敗契丹於定州北，又敗之於泰州⓭，斬首二千級。

辛丑，福州排陳使馬捷引唐兵自馬牧山⓮拔寨而入，至善化門橋，都指揮使丁彥貞以兵百人拒之。弘達退保善化門，外城再重皆為唐兵所據。弘達更名達⓯，遣使奉表稱臣，乞師於吳越。

楚王希範知帝好奢靡，屢以珍玩為獻，求都元帥。甲辰⓰，以希範為諸道兵馬都元帥。○丙辰⑰，河決澶州臨黃⑱。

契丹使瀛州⑲刺史劉延祚遺樂壽⑳監軍王巒書，請舉城內附。且云：「城中契丹兵不滿千人，乞朝廷發輕兵襲之，己為內應。又，今秋多雨，自瓦橋㉑以北，積水無際。契丹主已歸牙帳㉒，雖聞關南㉓有變，地遠阻水，不能救也。」巒與天雄節度使兼中書令杜威屢奏瀛、莫乘此可取，深州刺史慕容遷獻瀛莫圖㉔。馮玉、李崧信以為然，欲發大兵迎趙延壽及延祚。

先是，侍衛馬步都指揮使、天平節度使李守貞數將兵過廣晉，杜威厚待之，贈金帛甲兵，動以萬計。守貞由是與威親善。守貞入朝，帝勞之曰：「聞卿為將，常費私財以賞戰士。」對曰：「此皆杜威盡忠於國，以金帛資臣，臣安敢掠有其美！」因言：「陛下若它日用兵，臣願與威戮力以清沙漠。」帝由是亦賢之。

及將北征，帝與馮玉、李崧議，以威為元帥，守貞副之。趙瑩私謂馮、李曰：「杜令國戚，貴為將相，而所欲未厭，心常慊慊㉕，豈可復假以兵權！必若有事北方，不若止任守貞為愈也。」不從。冬，十月辛未㉖，以威為北面行營都招討使[2]。以守貞為兵馬都監㉗，泰寧㉘節度使安審琦㉙為左右廂都指揮使，武寧㉚節度使符彥卿㉛為馬軍左廂都指揮使，義成節度使皇甫遇為馬軍右廂都指揮使，永清㉜節度使梁漢璋㉝為馬軍都排陳使，前威勝㉞節度使宋彥筠㉟為步軍左廂都指揮使，奉國左廂都指揮使王饒㊱為步軍右廂都指揮使，洺州團練使㊲薛懷讓為先鋒都指揮使。仍下敕牓㊳曰：「專發大軍，往平黠虜。先收③瀛、莫，安定關南。次復幽、燕㊴，盪平塞北。」又曰：「有能④擒獲虜主者，除上鎮節度使，賞錢萬緡、絹萬匹、銀萬兩。」時自六月積雨，至是未止，軍行及饋運者甚艱苦。

【章旨】以上為第八段，寫晉出帝中趙延壽詐降之計，命將杜威收復瀛、莫，為後晉敗亡張本。

【注釋】❶河東　古地區名，此泛指今山西全省，因位於黃河以東而得名。❷壬辰　九月初五日。❸陽武谷　山谷名，在今山西原平北。❹陳道庠　南漢殤帝時官指揮使，與劉思潮等人參與殺殤帝劉玢。後又被中宗劉晟滅族。傳見《新五代史》卷六十五。❺特進　官名，朝廷優禮重臣在其本官之外加賜的名號，無實際職事。❻鄧伸　南漢大臣。路振《九國志》稱：陳道庠父瑠與鄧伸有舊，故鄧伸贈《漢紀》以諷之。而吳任臣《十國春秋》載：鄧伸父瑠與陳道庠為舊友。❼遺　贈送。❽漢紀　載西漢一代的編年體史書，東漢荀悅撰。❾憨獠　蠢蠻。當時南方的罵人語。獠，也是古籍中對我國少數民族仡佬族的侮稱。❿誅韓信醢彭越　韓信、彭越都是漢初諸侯王，輔佐劉邦擊敗項羽。西漢建立後，兩人均以謀反罪為劉邦所殺。醢，古代的一種酷刑，把人剁成肉醬。⓫更名弘達　李弘義本名仁達，南唐李璟賜名弘義，今既叛唐，遂更還其本名。⓬甲午　九月初七日。⓭泰州　州名。後唐天成三年升奉化軍為泰州，治清苑縣。晉開運二年九月移治滿城，即今河北滿城縣。⓮馬牧山　在福建閩侯，即越王山之西麓。⓯弘達更名達　李弘達奉表吳越王稱臣求救，因避吳越王錢弘佐諱，去「弘」字。⓰甲辰　九月十七日。⓱丙辰　九月二十九日。⓲臨黃　縣名，縣治在今河南范縣西南臨黃集。⓳瀛州　州名，治所趙都軍城，在今河北河間。⓴樂壽　縣名，縣治在今河北獻縣西南。㉑瓦橋　關名，在河北雄縣南易水上。㉒牙帳　將帥樹軍旗於軍帳前，稱牙帳。此指大本營。㉓關南　指瓦橋關南的瀛、莫二州，晉已割屬契丹。莫州治所莫縣，在今河北任丘北。㉔瀛莫圖　瀛、莫二州地形圖。㉕慊慊　嫌恨；不滿意。㉖辛未　十月十四日。㉗兵馬都監　掌京師巡捕盜賊、疏理街道溝渠以及管理囚犯、火禁等事。㉘泰寧　方鎮名，唐昭宗乾寧四年（西元八九七年）置。治所兗州，在今山東兗州。㉙安審琦　沙陀族後裔，歷仕後唐、後晉、後漢、後周四朝。入周，官至太師，封陳王。傳見《舊五代史》卷一百二十三。㉚武寧　方鎮名，唐憲宗元和二年（西元八〇七年）置。治所徐州，在今江蘇徐州。㉛符彥卿　後唐宰相符存審之子。傳見《舊五代史》卷五十六、《新五代史》卷二十五。㉜永清　方鎮名，後晉高祖天福三年（西元九三八年）置。治所貝州，在今河北南宮東南。㉝梁漢璋　歷仕後唐、後晉，與契丹戰，陣亡。傳見《舊五代史》卷九十五。㉞威勝　方鎮名，後唐莊宗同光元年（西元九二三年）改宣化軍為威勝軍。治所鄧州，在今河南鄧州。㉟宋彥筠　歷仕後唐、後晉、後漢、後周。入周，官至左衛上將軍、太子太師。勇健善戰，時人稱「宋忙兒」。傳見《舊五代史》卷一百二十三。㊱王饒　歷仕後晉、後漢、後周。入周，官至彰德軍節度使兼侍中。傳見《舊五代史》卷一百二十五。㊲團練使　官名，唐代中期以後，於不設節度使的地區置都團練使、團練使，掌本區各州軍事。㊳敕牓　曉諭軍民的文告。㊴幽薊　地區名，今河北北部及遼寧一帶。

【校　記】[1]權知閩國事　原無此五字。據章鈺校，十二行本、乙十一行本、孔天胤本皆有此五字，張敦仁《通鑑刊本識誤》、張瑛《通鑑校勘記》同，今據補。[2]都招討使　原作「都指揮使」。據章鈺校，十二行本、乙十一行本、孔天胤本皆作「都招討使」，今據改。按，新、舊《五代史》皆作「都招討使」。[3]收　原作「取」。據章鈺校，十二行本、乙十一行本、孔天胤本皆作「收」，張敦仁《通鑑刊本識誤》同，今據改。[4]能　原無此字。據章鈺校，十二行本、乙十一行本、孔天胤本皆有此字，今據補。

【語　譯】九月，契丹三萬兵力入侵河東。初五日壬辰，劉知遠在陽武谷打敗契丹軍，斬首七千個。

南漢劉思潮等人死了以後，陳道庠內心不安寧。特進鄧伸送給他一本《漢紀》，陳道庠問他送書原因。鄧伸說：「蠢蠻子！這本書裡面有殺韓信、把彭越剁成肉醬的事，應該仔細閱讀！」南漢主聽說這件事，誅滅陳道庠和鄧伸的全族。

李弘義自稱為威武留後、暫時主持閩國事務，改名為弘達，奉表表示願意聽命於晉朝。九月初七日甲午，朝廷任命李弘達為威武節度使、同平章事，主持閩國事務。

張彥澤奏報在定州城北打敗契丹，又在泰州打敗契丹，斬首二千個。

九月十四日辛丑，福州排陳使馬捷引導唐國軍隊從馬牧山攻取寨柵入城，到達善化門橋，都指揮使丁彥貞率領一百名士兵抵擋。李弘達退守善化門，外城和第二重城都被南唐軍隊佔領。李弘達改名為李達，派遣使者奉章表稱臣，向吳越請求援兵。

楚王馬希範知道晉出帝喜歡奢侈浪費，屢次拿珍貴的玩物來進貢，請求做都元帥。九月十七日甲辰，任命馬希範為諸道兵馬都元帥。〇二十九日丙辰，黃河在澶州臨黃縣決口。

契丹讓瀛州刺史劉延祚寫信給樂壽縣監軍王巒，願意率全城歸附朝廷。並且說：「城中契丹兵不足一千人，請求朝廷派遣輕裝部隊襲擊他們，自己作內應。再者，今年秋天多雨水，從瓦橋關以北，積水無邊無際。契丹主已經回到大本營，即使得知瓦橋關南有變故，因為地域遙遠，積水阻隔，也不能救援。」王巒與天雄節度使兼中書令杜威一再上奏說可以利用這一機會奪取瀛、莫二州，深州刺史慕容遷進獻〈瀛莫圖〉。馮玉、李崧信以為真，想調動大軍接應趙延壽和劉延祚。

在此之前，侍衛馬步都指揮使、天平節度使李守貞多次率兵路過廣晉，杜威優厚地款待他，送給他金帛、兵甲，動輒數以萬緡計。李守貞由此與杜威親近友好。李守貞入朝，晉出帝慰勞他說：「聽說你當將領，常常花費自己的錢財犒賞戰士。」李守貞回答說：「這都是杜威對國家竭盡忠誠，拿金帛來資助我，我怎麼敢掠有他人之美！」趁機又說：「陛下如果異日用兵，臣願意和杜威同心合力，肅清沙漠。」晉出帝因此也認為李守貞有才能。

等到將要北征契丹，晉出帝與馮玉、李崧商議，任命杜威為元帥，李守貞為副元帥。趙瑩私下對馮玉和李崧說：「杜令公是皇親國戚，貴為將相，但欲望沒有滿足，常常心懷嫌恨，怎麼能又授予他兵權呢！如果一定致力於北方，不如只任命李守貞為元帥更好些。」馮、李不聽。冬，十月十四日辛未，任命杜威為北面行營都招討使。任命李守貞為兵馬都監，泰寧節度使安審琦為左右廂都指揮使，武寧節度使符彥卿為馬軍左廂都指揮使，義成節度使皇甫遇為馬軍右廂都指揮使，永清節度使梁漢璋為馬軍都排陳使，前任威勝節度使宋彥筠為步軍左廂都指揮使，奉國左廂都指揮使王饒為步軍右廂都指揮使，洺州團練使薛懷讓為先鋒都指揮使。晉出帝還頒布文告說：「全力調發大軍，前去平定狡猾的胡虜，首先奪取瀛州和莫州，安定瓦橋關南。再收復幽、燕，掃平塞北。」又說：「有能擒獲胡虜首領的人，授予上等軍鎮的節度使，賞錢一萬緡、絹帛一萬匹、銀子一萬兩。」當時從六月久雨，到這時還沒有停止，軍隊行進和運送物資的人非常艱苦。

唐漳州將林贊堯作亂，殺監軍使周承義、劍州刺史陳誨。泉州刺史留從效舉兵逐贊堯，以泉州裨將董思安權知漳州。唐主以思安為漳州刺史，思安辭以父名章，唐主改漳州為南州，命思安及留從效將州兵會攻福州。庚辰❶，圍之。

福州使者至錢塘❷，吳越王弘佐召諸將謀之，皆曰：「道險遠，難救。」惟內都監使臨安❸水丘昭券❹以為當救。弘佐曰：「脣亡齒寒，吾為天下元帥，曾不能救鄰道，將安用之！諸君但樂飽食[1]安坐邪！」壬午❺，遣統軍使❻[2]張筠、趙承泰將兵三萬，水陸救福州。

先是募兵，久無應者，弘佐命糾❼之，曰：「糾而為兵者，糧賜減半。」明日，應募者雲集。弘佐命昭券專掌用兵，昭券憚程昭悅，以用兵事讓之。弘佐命昭悅掌應援饋運事，而以軍謀委元德昭❽。德昭，危仔倡之子也。

弘佐議鑄鐵錢以益將士祿賜，其弟牙內都虞侯❾弘億❿諫曰：「鑄鐵錢有八害。新錢既行，舊錢皆流入鄰國，一也。可用於吾國而不可用於它國，則商賈不行，百貨不通，二也。銅禁至嚴，民猶盜鑄，況家有鐺釜，野有鏵犁，犯法必多，三也。閩人鑄鐵錢而亂亡，不足為法，四也。國用幸豐而自示空乏，五也。祿賜有常而無故益之以啓無厭之心，六也。法變而弊，不可遽復，七也。『錢』者國姓，易之不祥，八也。」弘佐乃止。

【章旨】以上為第九段，寫吳越王錢弘佐發兵救閩主李弘義，並停止鑄鐵錢。

【注釋】❶庚辰　十月二十三日。❷錢塘　吳越國都，在今浙江杭州。❸臨安　縣名，治所在今浙江杭州。❹水丘昭券　吳越內都監使，深得忠獻王、忠遜王信任，後被胡進思所殺。水丘，複姓。❺壬午　十月二十五日。❻統軍使　唐以後在禁軍中設統軍使，位次於大將軍，高於將軍。❼糾　糾察；督察。❽元德昭　本姓危，惡之，改姓元。淮南節度副使危仔倡子。厚重多謀，掌文翰機密事，深得忠懿王錢俶信任。❾牙內都虞候　五代及宋初藩鎮的親衛官，多由子弟充任。牙，同「衙」。❿弘億　吳越文穆王錢元瓘第十子。善屬文，忠懿王時官至丞相，入宋，升奉國軍節度使、檢校太保。

【校記】[1]食　原作「身」。據章鈺校，十二行本、乙十一行本皆作「食」，張敦仁《通鑑刊本識誤》同，今據改。[2]使　原無此字。據章鈺校，十二行本、乙十一行本、孔天胤本皆有此字，張敦仁《通鑑刊本識誤》同，今據補。

【語譯】南唐漳州將領林贊堯叛亂，殺死監軍使周承義和劍州刺史陳誨。泉州刺史留從效起兵驅逐林贊堯，任命泉州副將董思安暫且管理漳州事務。南唐主任命董思安為漳州刺史，董思安因為父親名叫董章而推辭，南唐主就改漳州為南州，命令董思安和留從效各領本州士兵聯合攻打福州。十月二十三日庚辰，包圍福州。

福州使者到達錢塘，吳越王錢弘佐召集眾將謀議這件事，大家都說：「路途險阻而又遙遠，難以救援。」惟獨內都監使臨安人水丘昭券認為應當去救援。錢弘佐說：「脣亡則齒寒，我是全國兵馬都元帥，連鄰地的危難都不能解救，這個元帥又有什麼用！各位只喜歡吃飽肚子待著嗎！」十月二十五日壬午，派遣統軍使張筠、趙承泰率軍三萬，水陸兩道救援福州。

此前招募士兵，長期沒有人來應招。錢弘佐下令督察此事，說：「被察出來才當兵的，口糧和賞賜減半。」第二天，應募的人雲集。錢弘佐命令水丘昭券專門負責用兵，水丘昭券畏懼程昭悅，把負責用兵的事讓給他了。錢弘佐命令程昭悅負責接應援助、運送糧草等事，而把軍事謀劃委託給元德昭。元德昭是危仔倡的兒子。

錢弘佐謀議鑄造鐵錢來增加將帥和士兵的俸祿賞賜，他的弟弟牙內都虞候錢弘億勸諫說：「鑄造鐵錢有八種弊病。新錢通行以後，舊錢都流入鄰國，這是第一。新錢只能在我國境內使用，而不能在其他國家使用，那麼商人不便往來，各種貨物不能流通，這是第二。禁止開採銅礦的法令極為嚴厲，而老百姓尚且偷偷鑄錢，何況百姓家裡有鐵鍋，田野有鏵犁，犯法的人一定很多，這是第三。閩人因為鑄造鐵錢造成社會混亂而滅亡，不值得效法，這是第四。國家的財用幸而豐足，卻自己示人庫用空乏，這是第五。俸祿和賞賜有常法，若無故增加，會引發不滿足的心理，這是第六。法令改變若產生弊害，不能迅速恢復，這是第七。『錢』是國姓，改變它不吉利，這是第八。」錢弘佐就停止了鑄鐵錢。

杜威、李守貞會兵於廣晉而北行。威屢使公主❶入奏，請益兵，曰：「今深入虜境，必資眾力。」由是禁軍皆在其麾下，而宿衛空虛。

十一月丁酉❷，以李守貞權知幽州行府事。○己亥❸，杜威等至瀛州，城門洞啓，寂若無人，威等不敢進。聞契丹將高謨翰❹先已引兵潛出，威遣梁漢璋將二千騎追之。漢璋[1]遇契丹於南陽務，敗死。威等聞之，引兵而南。時束城❺等數縣請降，威等焚其廬舍，掠其婦女而還。

己酉❻，吳越兵至福州，自罾浦❼南潛入州城。唐兵進據東武門，李達與吳越兵共禦之，不利。自是內外斷絕，城中益危。唐主遣信州刺史王建封助攻福州。時王崇文雖為元帥，而陳覺、馮延魯、魏岑爭用事，留從效、王建封倔彊不用命，各爭功，進退不相應。由是將士皆解體，故攻城不克。

唐主以江州❽觀察使杜昌業為吏部尚書，判省事❾。先是昌業自兵部尚書判省事，出江州。及還，閱簿籍，撫案歎曰：「未數年，而府庫[2]所耗者半，其能久乎！」

契丹主大舉入寇，自易❿、定趣恆州。杜威等至武強⓫，聞之，將自冀⓬、貝[3]而南。彰德節度使張彥澤時在恆州，引兵會之，言契丹可破之狀。威等復趣恆州，以彥澤為前鋒。甲寅⓭，威等至中度橋⓮，契丹已據橋，彥澤帥騎爭之，契丹焚橋而退。晉兵與契丹夾滹沱⓯而軍。始，契丹見晉軍大至，又爭橋不勝，恐晉軍急渡滹沱，與恆州合勢擊之，議引兵還。及聞晉軍築壘為持久之計，遂不去。

蜀施州⓰刺史田行皋叛，遣供奉⓱官耿彥珣將兵討之。

【章旨】以上為第十段，寫後晉軍與契丹夾滹沱河兩岸對峙。

【注　釋】❶公主　杜威妻，宋國長公主，晉出帝姑。❷丁酉　十一月初十。❸己亥　十一月十二日。❹高謨翰　一名松，遼勇將。契丹伐晉，屢立戰功。官中臺省右相。傳見《遼史》卷七十六。❺束城　縣名，在今河北河間東北束城。❻己酉　十一月二十二日。❼罾浦　地名，在福建閩侯東南，福州人多到此罾魚，故名。罾，網起之意。❽江州　州名，治所德化，在今江西九江市。❾判省事　即判尚書省事。判，以高官兼任低職。❿易　易州，州名，治所易縣，在今河北易縣。⓫武強　縣名，縣治在今河北武強。⓬冀　冀州，州名，治所信都，在今河北冀州。⓭甲寅　十一月二十七日。⓮中度橋　滹沱河上渡橋之一。胡注引《考異》載《備史》謂「真定東垣渡」，則橋在真定南門外，因用木料柴草搭建，故可焚燬。⓯滹沱　水名，發源於山西繁峙，出山西流經河北中部，至天津入海。河經恆州治所真定南不足一里。⓰施州　州名，治所清江，在今湖北恩施。⓱供奉　在皇帝左右供職者的稱呼。

【校　記】[1]漢璋　原無此二字。據章鈺校，十二行本、乙十一行本、孔天胤本皆有此二字，今據補。[2]府庫　原無此二字。據章鈺校，十二行本、乙十一行本、孔天胤本皆有此二字，張敦仁《通鑑刊本識誤》同，今據補。[3]冀貝　原作「貝冀」。據章鈺校，十二行本、乙十一行本二字皆互乙，今據改。按，冀州在貝州北，杜威南還必先冀後貝，「冀貝」義長。

【語　譯】杜威、李守貞在廣晉會師，向北進發。杜威屢次讓其妻宋國長公主入朝上奏，請求增兵，說：「如今深入胡虜境內，必須靠人多力量大。」從此禁軍都在他的將旗之下，而宮廷的警衛卻空虛了。

十一月初十日丁酉，任命李守貞暫理幽州行營事務。〇十二日己亥，杜威等軍到達瀛州，瀛州城門敞開著，寂靜得好像沒有人，杜威等軍不敢進城。聽說契丹將領高謨翰已經先領兵暗中出城，杜威派遣梁漢璋率領二千名騎兵追趕。梁漢璋在南陽務與契丹軍隊遭遇，戰敗而死。杜威等人聽到這個消息，領兵南撤。此時束城等幾個縣請求投降，杜威等軍焚燒他們的房舍，搶奪他們的婦女而返回。

十一月二十二日己酉，吳越軍隊到達福州，從罾浦的南面祕密進入州城。南唐軍隊進入並佔據東武門，李達和吳越軍隊共同抵禦，交戰不利。從此城內城外斷絕，城中更加危急。南唐主派遣信州刺史王建封幫助攻打福州。當時王崇文雖然是元帥，但是陳覺、馮延魯、魏岑等人互相爭權，留從效、王建封固執強橫不聽命令，各自爭功，進退不相互呼應。因此將士全都人心渙散，所以攻城不下。

南唐主任命江州觀察使杜昌業為吏部尚書，兼管尚書省事務。此前，杜昌業由兵部尚書兼管尚書省事務，外放至江州。等到回來，翻閱檔案圖籍，拍著桌子歎息說：「沒有幾年，府庫耗費掉一半，那能長久嗎！」

契丹主大舉入侵，從易州、定州直奔恆州。杜威等人到達武強，聽到這個消息，準備從冀州、貝州南去。彰德節度使張彥澤當時在恆州，領兵與他們會合，說明可以打敗契丹的理由。杜威等人又趕赴恆州，以張彥澤為前鋒。十一月二十七日甲寅，杜威等人到達中度橋，契丹已經佔據此橋，張彥澤率領騎兵爭奪，契丹把橋燒掉退走。後晉軍隊和契丹軍隊在滹沱河的兩岸紮營。起初，契丹看見後晉軍隊大量到來，爭奪中度橋又沒有取勝，害怕後晉軍隊快速渡滹沱河，和恆州合力攻擊他，商議撤兵回去。等到聽說後晉軍隊修築堡壘作長久打算，於是就不撤退了。

後蜀施州刺史田行皋叛亂，後蜀派遣供奉官耿彥珣率兵討伐他。

杜威雖以貴戚為上將，性懦怯。偏裨皆節度使❶，但日相承迎，置酒作樂，罕議軍事。磁州❷刺史兼北面轉運使李穀說威及李守貞曰：「今大軍去恆州咫尺，煙火相望。若多以三股木❸置水中，積薪布土其上，橋可立成。密約城中舉火相應，夜募壯士[1]斫虜營而入，表裏合勢，虜必遁逃。」諸將皆以為然，獨杜威不可，遣穀南至懷、孟❹督軍糧。

契丹以大兵[2]當晉軍之前，潛遣其將蕭翰❺、通事❻劉重進將百騎及羸卒，並❼西山出晉軍之後，斷晉糧道及歸路。樵采者遇之，盡為所掠，有逸歸者，皆稱虜眾之盛，軍中恟懼。翰等至欒城❽，城中戍兵千餘人，不覺其至，狼狽降之。契丹獲晉民，皆黥其面曰「奉敕不殺」，縱之南走。運夫在道遇之，皆棄車驚潰。翰，契丹主❾之舅也。

十二月丁巳朔❿，李穀自書密奏，具言大軍危急之勢，請車駕幸滑州，遣高行周⓫、符彥卿扈從，及發兵守澶州、河陽⓬以備虜之奔衝。遣軍將關勳走馬上之⓭。己未⓮，帝始聞大軍屯中度。是夕，關勳至。庚申⓯，杜威奏請益兵，詔悉發守宮禁者得數百人，赴之。又詔發河北⓰及滑、孟、澤、潞⓱芻糧⓲五十萬⓳詣軍前。督迫嚴急，所在鼎沸⓴。辛酉㉑，威又遣從者張祚等來告急，祚等還，為契丹所獲。自是朝廷與軍前聲問兩不相通。

時宿衛兵皆在行營，人心懍懍㉒，莫知為計。開封尹桑維翰以國家危在日夕，求見帝言事。帝方在苑中調鷹㉓，辭不見。又詣執政㉔言之，執政不以為然。退，謂所親曰：「晉氏不血食㉕矣！」

帝欲自將北征，李彥韜諫而止。時符彥卿雖任行營職事，帝留之，使戍荊州口㉖。壬戌㉗，詔以歸德節度使高行周為北面都部署，以彥卿副之，共戍澶州。以西京留守景延廣戍河陽，且張形勢。

奉國都指揮使王清[28]言於杜威曰：「今大軍去恆州五里，守此何為！營孤食盡，勢將自潰。請以步卒二千為前鋒，奪橋開道。公帥諸軍繼之，得入恆州，則無憂矣。」威許諾，遣清與宋彥筠俱進。清戰甚銳，契丹不能支，勢小卻。諸將請以大軍繼之，威不許。彥筠為契丹所敗，浮水抵岸得免，因退走[3]。清獨帥麾下陳於水北力戰，互有殺傷，屢請救於威，威竟不遣一騎助之。清謂其眾曰：「上將握兵，坐觀吾輩困急而不救，此必有異志。吾輩當以死報國耳！」眾感其言，莫有退者，至暮，戰不息。契丹以新兵繼之，清及士眾盡死。由是諸軍皆奪氣[29]。清，洺州人也。

甲子[30]，契丹遙以兵環晉營，內外斷絕，軍中食且盡。杜威與李守貞、宋彥筠謀降契丹，威潛遣腹心詣契丹牙帳，邀求重賞。契丹主紿[31]之曰：「趙延壽威望素淺，恐不能帝中國。汝果降者，當以汝為之。」威喜，遂定降計。丙寅[32]，伏甲召諸將，出降表示之，使署名。諸將駭愕，莫敢言者，但唯唯聽命。威遣閤門使[33]高勳[34]齎詣契丹，契丹主賜詔慰納之。是日，威悉命軍士出陳於外，軍士皆踴躍，以為且戰。威親諭之曰：「今食盡塗窮，當與汝曹共求生計。」因命釋甲。軍士皆慟哭，聲振原野。威、守貞仍於眾中揚言：「主上失德，信任奸邪，猜忌於己。」聞者無不切齒。契丹主遣趙延壽衣赭袍㉟至晉營慰撫士卒，曰：「彼皆汝物也。」杜威以下，皆迎謁於馬前。亦以赭袍衣威以示晉軍，其實皆戲之耳。以威為太傅，李守貞為司徒。

【章　旨】以上為第十一段，寫杜威畏懦不出戰，坐以待斃，轉運使李穀急報出帝。

【注　釋】❶偏裨皆節度使　此指李守貞、安審琦、皇甫遇、梁漢璋、宋彥筠等皆節度使，為杜威之副，權重，不聽指使。偏裨，部屬副將。❷磁州　州名，治所滏陽，在今河北磁縣。❸三股木　用三根木交叉捆綁，下撐開三足立於水中，便於搭橋。❹懷孟　二州名。懷州，治所野王，在今河南沁陽。孟州，治所河陽，在今河南孟州。❺蕭翰　契丹大族述律阿鉢之子，契丹主之舅，妹亦嫁契丹主。傳見《舊五代史》卷九十八。❻通事　契丹所用通曉漢語和中原情況的人。❼並　通「傍」。挨著；沿著。❽欒城　縣名，縣治在今河北欒城縣。❾契丹主　即遼太宗耶律德光（西元九〇二—九四七年），統治期間，藉後唐叛將石敬瑭求援之機，立石敬瑭為兒皇帝，取得燕雲十六州（今河北、山西北部）。西元九四六年南下，滅後晉。西元九二七—九四七年在位。❿丁巳朔　十二月初一日。⓫高行周　歷仕後唐、後晉、後漢、後周，官至侍衛親軍都指揮使、中書令。傳見《舊五代史》卷一百二十三、《新五代史》卷四十八。⓬澶州河陽　均在汴京與黃河的北部，為南渡黃河的要衝。故李穀密奏，發兵守衛，以防契丹兵渡河。⓭走馬上之　意為快馬奔馳，上報朝廷。⓮己未　十二月初三日。⓯庚申　十二月初四日。⓰河北　道名，治所魏州，在今河北大名東北。⓱滑孟澤潞　皆州名。滑州治所，在今河南滑縣。孟州治所，在今河南孟州。澤州治所晉城，在今山西晉城市。潞州治所上黨，在今山西長治。⓲芻糧　芻，草料，以束為單位。糧，軍糧，以石為單位。⓳五十萬　合芻糧之總數五十萬束、石而言之。⓴鼎沸　形容劇烈動盪的局勢，如鼎水之沸騰。㉑辛酉　十二月初五。㉒懍懍　危懼。㉓調鷹　馴鷹，使其聽人使喚。㉔執政　指馮玉、李彥韜等掌權者。㉕不血食　謂不祭祀宗廟，意味國亡。㉖荊州口　一名西江口，又名三江口，在今湖南岳陽北，為洞庭水入江處。㉗壬戌　十二月初六日。㉘王清　歷仕後唐、後晉，官至溪州刺史、加檢校司徒。契丹伐晉，力戰身亡。傳見《舊五代史》卷九十五、《新五代史》卷三十三。㉙奪氣　喪膽；因恐懼而喪氣。㉚甲子　十二月初八日。㉛紿　欺騙。㉜丙寅　十二月初十日。㉝閤門

使　官名，掌供奉乘輿、朝會遊幸、大宴引贊、引接親王宰相百僚藩國朝見、糾彈失儀等事。㉞高勳　字鼎臣，晉北平王高信韜之子。後降契丹，官南樞密院使。因謀害蕭思溫被殺。傳見《遼史》卷八十五。㉟赭袍　赤褐色的龍袍。契丹主讓趙延壽、杜威均穿此服，暗示統治中國者還是華人，以防晉人不服。

【校　記】①壯士　原作「將士」。據章鈺校，十二行本、乙十一行本、孔天胤本皆作「壯士」，張敦仁《通鑑刊本識誤》同，今據改。②兵　原作「軍」。據章鈺校，十二行本、乙十一行本、孔天胤本皆作「兵」，《通鑑紀事本末》同，今據改。③因退走　原無此三字。據章鈺校，十二行本、乙十一行本、孔天胤本皆有此三字，今據補。

【語　譯】杜威雖然是以皇室貴戚的身分擔任主將，但是生性軟弱膽怯，偏將和副將都是節度使，他們只是每天相迎接，擺酒作樂，很少商議軍事。磁州刺史兼北面轉運使李穀勸杜威和李守貞說：「現在大軍距離恆州近在咫尺，煙火相望。如果把許多三股木樹立在水中，在上面堆積柴草，鋪上泥土，一座橋立刻可以造成。祕密約定城裡舉火相呼應，選募壯士晚上衝殺敵營而入，城內外合力，敵人必然逃走。」眾將都認為是對的，惟獨杜威不同意，打發李穀到南邊懷、孟二州去督辦軍糧。

契丹用大量軍隊擋在後晉軍隊的前面，暗中派遣他的將領蕭翰、通事劉重進率領一百名騎兵和瘦弱兵卒，沿著西山繞到後晉軍隊的後面，切斷後晉軍隊的糧道和退路。上山打柴的人遇到他們，全被他們擄走，有逃回來的，都說胡虜人馬眾多，後晉軍隊非常害怕。蕭翰等人到達欒城，城中守兵一千多人，沒有發覺敵軍到來，都倉皇投降。契丹俘虜後晉的百姓，全都在他們臉上刺上「奉敕不殺」四個字，然後放他們向南逃走。運軍糧的民伕在路上碰到他們，都拋棄車輛，驚慌逃散。蕭翰，是契丹主的舅父。

十二月初一日丁巳，李穀親筆寫了一份祕密的奏章，詳細說明大軍危急的情形，請求皇上親至滑州，派遣高行周、符彥卿隨從護駕，同時派兵防守澶州和河陽以防胡虜奔襲。李穀派遣軍將關勳快馬上報皇帝。初三日己未，晉出帝才聽說大軍屯駐在中度橋。當天晚上，關勳抵達大梁。初四日庚申，杜威上奏請求增兵，晉出帝下詔調發全部防守皇宮的士兵，一共得到幾百名，前去支援。又下詔調發河北和滑、孟、澤、潞等州的草料、糧食五十萬送到軍前。催逼嚴厲而緊迫，到處如鼎中熱水沸騰。初五日辛酉，杜威又派遣隨從張祚等人前來告急，張祚等人回去的路上，被契丹俘獲。從此朝廷和前線軍隊就不互通音信了。

當時禁軍都在前線軍營中，朝內人心危懼，不知道怎麼辦。開封尹桑維翰因為國家危在旦夕，請求進見晉出帝進言國事。晉出帝正在花園裡調教鷹，拒而不見。桑維翰又去見執政大臣言說國事，執政大臣不認為是正確的。桑維翰從朝廷出來，對自己親近的人說：「晉朝宗廟不得血食了！」

晉出帝打算親自率兵北征，李彥韜勸諫而作罷。當時符彥卿雖然擔任行營的職務，但晉出帝把他留下，讓他去戍守荊州口。十二月初六日壬戌，下詔任命歸德節度使高行周為北面都部署，符彥卿做他的副手，一起戍守澶州。命令西京留守景延廣戍守河陽，聊以壯大聲勢。

奉國都指揮使王清對杜威說：「現在大軍距離恆州五里，守在這裡有什用！軍營孤立，糧食光了，勢將自行潰敗。我願率領步兵二千人為前鋒，奪取橋樑，打通道路。您率領各軍進擊，如果能進入恆州，就沒有什麼憂慮了。」杜威答應了，派王清和宋彥筠一道前進。王清打仗很勇猛，契丹人不能抵擋，軍隊稍稍後退。眾將請求率大軍跟上去，杜威不同意。宋彥筠被契丹打敗，游水到岸邊，才得以幸免，於是退走了。王清獨自率領部下在滹沱河北岸布陣拚命作戰，雙方互有死傷，王清屢次向杜威請求救援，杜威竟然不派一個騎兵去援助他。王清對部眾說：「主將掌握重兵，卻坐看我們艱難危急而不救，可見他必有叛逆之心。我們應當以死報國啊！」部眾被他的話所感動，沒有一個後退的，一直到傍晚，戰鬥沒有停止。契丹把新調來的軍隊增援上來，王清和部下全部戰死。從此各軍都喪失了勇氣。王清，是洺州人。

十二月初八日甲子，契丹兵從遠處包圍了後晉軍營，後晉軍營內外聯繫斷絕，軍中糧食即將吃完。杜威和李守貞、宋彥筠謀劃投降契丹，杜威暗中派遣心腹到契丹主的牙帳，要求重賞。契丹主欺騙他說：「趙延壽的聲望向來低微，恐怕不能當中國的皇帝。假如你真的投降，將讓你來當皇帝。」杜威很高興，於是制定了投降的計畫。初十日丙寅，杜威埋伏甲兵，召集眾將，拿出降表給大家看，叫他們簽名。眾將很吃驚，沒有敢說話的，只是「是是」，聽命而已。杜威打發閤門使高勳帶著降表去見契丹主，契丹主頒賜詔書慰勉，接受了降表。這一天，杜威下令所有的將士到營外列陣，將士們都歡呼雀躍，以為將要出戰。杜威親自向他們宣告說：「現在糧食已經吃完，走投無路，應當和你們共同謀求生存的辦法。」於是命令士兵卸下盔甲。將士們都悲傷痛哭，哭聲震動原野。杜威和李守貞還在士兵中揚言說：「皇上失德，信任奸詐邪惡的人，猜忌我們。」聽的人無不切齒痛恨。契丹主派趙延壽穿著赭色袍子到後晉軍營去安撫士卒，說：「那紫袍都是你們的東西。」杜威以下的將領都到趙延壽的馬前迎接拜見。趙延壽也拿赭色袍子給杜威穿上讓後晉將士觀看，其實都是戲弄他們罷了。契丹主授予杜威為太傅，李守貞為司徒。

威引契丹主至恆州城下，諭順國❶節度使王周❷以己降之狀，周亦出降。戊辰❸，契丹主入恆州。遣兵襲代州❹，刺史王暉以城降之。先是契丹屢攻易州，刺史郭璘❺固守拒之。契丹主每過城下，指而歎曰：「吾能吞併天下，而為此人所扼！」及杜威既降，契丹主遣通事耿崇美至易州，誘諭其眾，眾皆降。璘不能制，遂為崇美所殺。璘，邢州人也。義武節度使李殷❻、安國❼留後方太❽皆降於契丹。契丹主以孫方簡為義武節度使、麻荅❾為安國節度使，以客省副使❿馬崇祚權知恆州事。

契丹翰林承旨⓫、吏部尚書張礪⓬言於契丹主曰：「今大遼已得天下，中國將相宜用中國人為之，不宜用北人及左右近習。苟政令乖失，則人心不服，雖得之，猶將失之。」契丹主不從。引兵自邢、相⓭而南，杜威將降兵以從。遣張彥澤將二千騎先取大梁，且撫安吏民，以通事傅住兒為都監。

杜威之降也，皇甫遇初不預謀。契丹主欲遣遇先將兵入大梁，遇辭。退，謂所親曰：「吾位為將相，敗不能死，忍復圖其主乎！」至平棘⑭，謂從者曰：「吾不食累日矣，何面目復南行！」遂扼吭⑮而死。

張彥澤倍道疾驅，夜度白馬津⑯。壬申⑰，帝始聞杜威等降。是夕，又聞彥澤至滑州，召李崧、馮玉、李彥韜入禁中計事，欲詔劉知遠發兵入援。癸酉⑱，未明，彥澤自封丘門斬關⑲而入，李彥韜帥禁兵五百赴之，不能遏。彥澤頓兵明德門⑳外，城中大擾。

帝於宮中起火，自攜劍驅後宮十餘人將赴火，為親軍將薛超所持。俄而彥澤自寬仁門㉑傳契丹主與太后書慰撫之，且召桑維翰、景延廣，帝乃命滅火，悉開宮城門。帝坐苑中，與后妃相聚而泣，召翰林學士范質草降表，自稱「孫男臣重貴，禍至神惑，運盡天亡。今與太后及妻馮氏，舉族於郊野面縛待罪次。遣男鎮寧節度使延煦、威信節度使延寶奉國寶㉒一、金印三出迎。」太后亦上表稱「新婦㉓李氏妾」。

傅住兒入宣契丹主命，帝脫黃袍，服素衫，再拜受宣，左右皆掩泣。帝使召張彥澤，欲與計事。彥澤曰：「臣無面目見陛下。」帝復召之，彥澤微笑不應。

或勸桑維翰逃去。維翰曰：「吾大臣，逃將安之！」坐而俟命。彥澤以帝命召維翰，維翰至天街㉔，遇李崧，駐馬語未畢，有軍吏於馬前揖維翰赴侍衛司㉕。維翰知不免，顧謂崧曰：「侍中㉖當國，今日國亡，反令維翰死之，何也？」崧有愧色。彥澤踞坐見維翰，維翰責之曰：「去年拔公於罪人之中㉗，復領大鎮，授以兵權，何乃負恩至此！」彥澤無以應，遣兵[1]守之。

宣徽使㉘孟承誨㉙，素以佞巧有寵於帝。至是，帝召承誨，欲與之謀，承誨伏匿不至。張彥澤捕而殺之。

彥澤縱兵大掠，貧民乘之，亦爭入富室，殺人取其貨。二日方止，都城為之一空。彥澤所居，寶貨[2]山積，自謂有功於契丹，晝夜以酒樂自娛，出入騎從常數百人，其旗幟皆題「赤心為主」，見者笑之。軍士擒罪人至前，彥澤不問所犯，但瞋目豎三指㉚，即驅出斷其腰領。彥澤素與閤門使高勳不協，乘醉至其家，殺其叔父及弟，尸諸門首。士民不寒而慄。

中書舍人李濤謂人曰：「吾與其逃於溝瀆而不免，不若往見之。」乃投刺㉛謁彥澤曰：「上疏[3]請殺太尉人李濤㉜，謹來請死。」彥澤欣然接之，謂濤曰：

「舍人今日懼乎？」濤曰：「濤今日之懼，亦猶足下昔年之懼也。鄉使高祖用濤言，事安至此！」彥澤大笑，命酒飲之。濤引滿而去，旁若無人。

【章　旨】以上為第十二段，寫河北諸鎮望風降敵。契丹主挾杜威南進，派降將張彥澤先入大梁清宮，張彥澤縱兵大掠。

【注　釋】❶順國　方鎮名，原為成德軍，後晉高祖天福七年（西元九四二年）改為順國軍。治所恆州，在今河北正定。❷王周　歷仕後唐、後晉、後漢。契丹滅後晉，自殺未遂，歸降。傳見《舊五代史》卷一百六、《新五代史》卷四十八。❸戊辰　十二月十二日。❹代州　州名，治所廣武，在今山西代縣。❺郭璘　歷仕後唐、後晉，官至易州刺史，加檢校太保。契丹滅晉，迫降後被殺。傳見《舊五代史》卷九十五。❻李殷　歷仕後唐、後晉、後漢，官至貝州節度使，加檢校太傅。契丹滅後晉，初降，後又逃歸。傳見《舊五代史》卷一百六。❼安國　安國軍，方鎮名，後唐莊宗同光元年（西元九二三年）由保義軍改名。治所邢州，在今河北邢臺。❽方太　歷任後晉鳳州防禦使、邢州留後。契丹滅後晉，歸降。傳見《舊五代史》卷九十四。❾麻荅　本名解里，字潑單，耶律阿保機從子。契丹勇將，所至無敵當其鋒。傳見《遼史》卷七十六。❿客省副使　官名，遼設都客省，掌外國使者的招待供應。下設客省使、左右客省使、客省副使。⓫翰林承旨　官名，翰林學士承旨的省稱，掌天子文翰之事。翰林學士承旨位在諸學士之上。⓬張礪　字夢臣，有文才，歷仕後唐與契丹。在契丹，官至右僕射、平章事、集賢殿大學士。傳見《舊五代史》卷九十八。⓭相　州名，治所鄴縣，在今河北臨漳西南鄴鎮。⓮平棘　縣名，在今河北趙縣。⓯吭　喉嚨；頸項。⓰白馬津　津名，又名黎陽津、鹿鳴津。在河南滑縣北。舊為河水分流處，今已湮。⓱壬申　十二月十六日。⓲癸酉　十二月十七日。⓳斬關　砍開城門。關，本指門閂，此代城門。⓴明德門　據《五代會要》：大梁皇城「明德門，大梁皇城南門。」天福三年（西元九三八年）十月，改大寧宮門為明德門。㉑寬仁門　據《五代會要》，大梁皇城之東門為寬仁門。㉒國寶　指晉高祖天福三年（西元九三八年）所製受命之寶。㉓新婦　古代稱兒媳為新婦。㉔天街　宮城正南門外之街，謂天街。㉕侍衛司　統率禁軍的機構。㉖侍中　此指李崧。晉高祖時，曾拜李崧為中書侍郎、同平章事。㉗拔公於罪人之中　晉高祖時張彥澤因濫殺無辜，朝野皆請誅之，高祖僅削奪其一階一爵。少帝即位，桑維翰又推舉他任節度使，掌兵權。㉘宣徽使　官名，職掌承受表奏於內中進呈，為宮廷要職。㉙孟承誨　晉權臣，官至右武衛大將軍。居第華敞，財帛累積。傳見《舊五代史》卷九十六。㉚豎三指　豎起中指，表示從中斬斷，即腰斬。三指，中指。㉛投刺　投名帖，請謁。㉜請殺太尉人李濤　李濤請殺張彥澤，事見本書卷二百八十三高祖天福七年、《舊五代史》卷九十八、《新五代史》卷五十二。

【校　記】①兵　「兵」下原有空格。據章鈺校，十二行本、乙十一行本皆無空格，今據刪。②寶貨　原無此二字。據章鈺校，十二行本、乙十一行本、孔天胤本皆有此二字，張瑛《通鑑校勘記》同，今據補。③疏　原作「書」。據章鈺校，十二行本、乙十一行本、孔天胤本皆作「疏」，今據改。

【語　譯】杜威領著契丹主到達恆州城下，把自己投降的情形告知順國節度使王周，王周也出城投降。十二月十二日戊辰，契丹主進入恆州城。派兵襲擊代州，代州刺史王暉率城投降。此前，契丹幾次攻打易州，刺史郭璘堅守抵抗。契丹主每次經過易州城下，指著州城歎息說：「我能吞併天下，卻被這個人所扼制！」等到杜威投降以後，契丹主派遣通事耿崇美到易州，勸誘郭璘的部眾，部眾都投降了。郭璘不能控制，於是被耿崇美殺害。郭璘，是邢州人。義武節度使李殷、安國留後方太都投降了契丹。契丹主任命孫方簡為義武節度使、麻荅為安國節度使，任命客省副使馬崇祚暫時掌理恆州事務。

契丹翰林承旨、吏部尚書張礪對契丹主說：「現在大遼已經取得天下，中原地區的宰相和將帥應該由中原人來擔任，不應該任用契丹人和身邊親近的人。如果政令出現差錯，人心就不服。縱然取得了天下，還會失掉的。」契丹主不聽。契丹主帶兵從邢州、相州南進，杜威率領降兵跟隨。契丹主派遣張彥澤率領二千名騎兵先去奪取大梁，並且安撫官吏和百姓，任命通事傅住兒為都監。

杜威投降契丹這件事，皇甫遇最初沒有參與謀劃。契丹主想派遣皇甫遇先率兵進入大梁，皇甫遇推辭了。回來後，對他親近的人說：「我官居將相，兵敗不能以死報國，還忍心圖謀自己的國君嗎！」到達平棘，對隨從的人說：「我不吃飯好幾天了，還有什麼臉面再向南走！」於是掐自己的咽喉而死。

張彥澤兼程速進，晚上渡過白馬津。十二月十六日壬申，晉出帝才知道杜威等人投降契丹。當天晚上，又聽說張彥澤到達滑州，便召集李崧、馮玉、李彥韜進宮議事，想詔令劉知遠派兵入京救援。十七日癸酉，天還沒亮，張彥澤從封丘門破門入城，李彥韜率領五百名禁衛兵前去，不能阻止。張彥澤駐兵在明德門外，城中大亂。

晉出帝在宮中點火，自己提劍驅趕後宮十多人將要跳入火中，被親軍將領薛超抱住。一會兒張彥澤從寬仁門傳來契丹主給太后的信，撫慰他們，並且召請桑維翰和景延廣，晉出帝這才命人滅火，打開所有的宮城門。晉出帝坐在禁苑中，和后妃們聚在一起哭泣，召翰林學士范質草擬降表，自稱「孫男臣重貴，災禍降臨，神明惑亂，氣數已盡，天命已失。現在與太后及妻子馮氏，率族人在郊外背綁待於罪位。派遣兒子鎮寧節度使石延煦、威信節度使石延寶捧持傳國璽一件、金印三枚出城迎接。」太后也上表稱「新婦李氏妾」。

傅住兒進宮宣布契丹主的命令，晉出帝脫下黃袍，穿上素色的單衣，拜了又拜接受契丹主所宣布的命令，左右的人都掩面哭泣。晉出帝讓人邀請張彥澤，想要和他商議事情。張彥澤說：「臣沒有臉面見陛下。」晉出帝又邀請他，張彥澤只是微笑，不作應答。

有人勸桑維翰逃走。桑維翰說：「我是大臣，要逃到哪裡去！」就坐著待命。張彥澤以晉出帝的命令召喚桑維翰，桑維翰走到天街，遇到李崧，停下馬來話還沒說完，有一個軍官在馬前向桑維翰作揖，請他到侍衛司去。桑維翰知道不免一死，回過頭來對李崧說：「侍中你主持國事，現在國家滅亡，反而讓我桑維翰為它去死，這是為什麼？」李崧面有愧色。張彥澤傲慢地坐著見桑維翰，桑維翰斥責張彥澤說：「去年從犯人中把你解救起來，又讓你統領重要的藩鎮，交給你兵權，怎麼竟然負恩到這種地步！」張彥澤無話可答，派兵看守桑維翰。

宣徽使孟承誨，向來靠奉迎機巧受到晉出帝的寵信。到了這個時候，晉出帝召喚孟承誨，想和他謀議，孟承誨躲藏著不來。張彥澤把他抓住殺了。

張彥澤縱兵大肆搶劫，貧窮的百姓也乘機爭著闖進富人家裡，殺人搶東西，兩天後才停下來，都城為之一空。在張彥澤的住處，財貨堆積如山，自認為對契丹有功，日夜以飲酒作樂來自我娛悅，出入時隨從的騎兵常常幾百人，他的旗幟上全都寫著「赤心為主」，看到的人都笑他。軍士捉到犯罪的人送到他面前，張彥澤不問犯了什麼罪，只是瞪著眼睛豎起中指，犯人就被推出去腰斬。張彥澤向來與閤門使高勳不和，乘著酒醉到高勳家裡，殺死他的叔父和弟弟，把屍體擺在門口。士民不寒而慄。

中書舍人李濤對人說：「我與其逃亡到溝渠而不免一死，不如前去見張彥澤。」於是送上名帖求見張彥澤，說：「上疏請求殺太尉的人李濤，恭來請死。」張彥澤欣然接見了李濤，對李濤說：「舍人今天懼怕嗎？」李濤說：「我李濤今天的懼怕，也像足下當年的懼怕一樣。以前假如高祖聽從我李濤的話，事情怎麼會到這種地步！」張彥澤大笑，命人拿酒叫他喝。李濤斟滿一杯，喝乾就走，旁若無人。

甲戌❶，張彥澤遷帝於開封府，頃刻不得留，宮中慟哭。帝與太后、皇后乘肩輿，宮人、宦者十餘人步從，見者流涕。帝悉以內庫金珠自隨，彥澤使人諷之曰：「契丹主至，此物不可匿也。」帝悉歸之，亦分以遺彥澤。彥澤擇取其奇貨，而封其餘以待契丹。彥澤遣控鶴指揮使❷李筠以兵守帝，內外不通。帝姑烏氏公主❸賂守門者，入與帝訣，相持而泣[1]，歸第自經死[2]。帝與太后所上契丹主表章，皆先示彥澤，然後敢發。

帝使取內庫帛數段，主者不與，曰：「此非帝物也。」又求酒於李崧，崧亦辭以它故不進。又欲見李彥韜，彥韜亦辭不往。帝惆悵久之。

馮玉佞❹張彥澤，求自送傳國寶，冀契丹復任用。楚國夫人丁氏，延煦之母也，有美色。彥澤使人取之，太后遲迴❺未與。彥澤詬詈❻，立載之去。是夕，彥澤殺桑維翰。以帶加頸，白契丹主，云其自經。契丹主曰：「吾無意殺維翰，何為如是！」命厚撫其家。

高行周、符彥卿皆詣契丹牙帳降。契丹主以陽城之戰為彥卿所敗，詰之。彥卿曰：「臣當時惟知為晉主竭力，今日死生惟命。」契丹主笑而釋之。己卯❼，延煦、延寶自牙帳還，契丹主賜帝手詔，且遣解里謂帝曰：「孫勿憂，必使汝有噉❽飯之所。」帝心稍安，上表謝恩。

契丹以所獻傳國寶追琢非工，又不與前史相應，疑其非真。以詔書詰帝，使獻真者。帝奏：「頃王從珂自焚❾，舊傳國寶不知所在，必與之俱燼。此寶先帝所為，羣臣備知。臣今日焉敢匿寶！」乃止。

帝聞契丹主將度河，欲與太后於前途奉迎。張彥澤先奏之，契丹主不許。有司又欲使帝銜璧牽羊，大臣輿櫬❿，迎於郊外，先具儀注⓫白契丹主。契丹主曰：「吾遣奇兵直取大梁，非受降也。」亦不許。又詔晉文武羣官，一切如故，朝廷制度，並用漢禮。有司欲備法駕⓬迎契丹主，契丹主報曰：「吾方擐甲總戎⓭，太常儀衛，未暇施也⓮。」皆卻之。

先是契丹主至相州，即遣兵趣河陽捕景延廣。延廣蒼猝無所逃伏，往見契丹主於封丘⑮。契丹主詰之曰：「致兩主失歡，皆汝所為也。十萬橫磨劍安在⑯！」召喬榮⑰，使相辯證，事凡十條。延廣初不服，榮以紙所記語示之，乃服。每服一事，輒授一籌⑱。至八籌，延廣但以面伏地請死，乃鎖之。

丙戌晦⑲，百官宿於封禪寺⑳。

【章旨】以上為第十三段，寫張彥澤遷晉出帝於開封府，晉百官宿於封禪寺。契丹主至相州。

【注釋】❶甲戌 十二月十八日。❷控鶴指揮使 近衛軍長官。❸帝姑烏氏公主 晉高祖第十一妹。❹佞 用花言巧語諂媚人。❺遲迴 遲疑不決。❻詬詈 辱罵。❼己卯 十二月二十三日。❽噉 吞吃。❾王從珂自焚 王從珂即後唐末帝李從珂（西元八八五—九三六年），本姓王，名阿三，後唐明宗養以為子，取名從珂。屢立戰功，封潞王。後殺愍帝自立。石敬瑭入洛陽，從珂自焚。西元九三四—九三六年在位。事見本書卷二百八十天福元年（西元九三六年）。傳見《舊五代史》卷四十八。❿帝銜璧牽羊二句 國君兩手反縛，銜璧為贄；大臣抬著棺材，謁見尊者。此為國君投降的儀式。⓫儀注 儀式；禮儀制度。⓬法駕 天子的車駕。⓭擐甲總戎 穿著鎧甲，總管軍事。⓮太常儀衛二句 意為如用太常的禮儀，當更換胡服而穿華服，故言未暇。太常，官名，掌宗廟禮儀。⓯封丘 縣名，在今河南封丘。⓰十萬橫磨劍安在 晉高祖死，出帝立，景延廣力主出帝向契丹只稱孫，不稱臣，且揚言晉有「橫磨大劍十萬口」，足以對抗。契丹使者喬榮讓他書於紙上以備遺忘。事見本書卷二百八十三天福八年（西元九四三年）。《舊五代史》卷八十八〈景延廣傳〉亦載此事。⓱喬榮 《新五代史》卷二十九〈景延廣傳〉作「喬瑩」。⓲籌 計數用具。⓳丙戌晦 十二月三十日。⓴宿於封禪寺 寺在大梁城東。宿於此是為了迎契丹主。

【校記】①相持而泣 原無此四字。據章鈺校，十二行本、乙十一行本、孔天胤本皆有此四字，今據補。②死 原無此字。據章鈺校，十二行本、乙十一行本、孔天胤本皆有此字，今據補。

【語　譯】十二月十八日甲戌，張彥澤把晉出帝遷移到開封府，片刻不許停留，宮中一片痛哭聲。晉出帝和太后、皇后坐轎子，宮人、宦官等十幾個人徒步跟隨，看到的人都流淚。晉出帝把內庫的金銀珠寶全都隨身帶著，張彥澤讓人暗示他說：「契丹主來了，這些東西不能掩藏。」晉出帝把它們全部送了回去，也分一部分送給張彥澤，張彥澤選那些珍奇寶物拿走，而把剩下的封好，等待契丹主。張彥澤派遣控鶴指揮使李筠帶兵看守晉出帝，使內外不能相通。晉出帝的姑母烏氏公主賄賂守門的人，進去與晉出帝訣別，相擁痛哭，回家後上吊自殺。晉出帝和太后呈送給契丹主的表章，都先出示給張彥澤，然後才敢發出去。

晉出帝讓人從內庫裡取幾段布帛，守庫的人不給，說：「這不是皇帝的東西了。」又向李崧要酒，李崧也用其他的理由推辭不進呈。晉出帝又想見李彥韜，李彥韜也推辭不前往。晉出帝傷感了很久。

馮玉巧言諂媚張彥澤，請求親自送傳國璽，希望契丹主再任用自己。楚國夫人丁氏，是石延煦的母親，容貌美麗。張彥澤派人把她取過來，太后猶豫沒有給。張彥澤大罵，立即把丁氏裝上車拉走了。當天晚上，張彥澤殺死桑維翰。把帶子套在桑維翰的脖子上，告訴契丹主，說桑維翰是上吊自殺。契丹主說：「我沒有打算殺桑維翰，他為什麼要這樣！」下令優厚地撫恤桑維翰的家屬。

高行周、符彥卿都到契丹主的牙帳投降。契丹主因為陽城那一戰被符彥卿打敗，就責問符彥卿。符彥卿說：「我當時只知道為晉主盡力，今天死生由命。」契丹主笑著把他釋放了。十二月二十三日己卯，石延煦和石延寶從契丹主牙帳回來，契丹主賜給晉出帝親手寫的詔書，並且派解里對晉出帝說：「孫子不必擔心，一定會讓你有個吃飯的地方。」晉出帝心裡才稍加安定，上表謝恩。

契丹認為晉出帝獻出的傳國璽雕刻不精，上面的文字又和以前的歷史記載不相符，懷疑那不是真的。用詔書責問晉出帝，叫他獻出真的傳國璽。晉出帝上奏說：「前不久王從珂自焚，舊的傳國璽就不知去處，一定是和他一起焚燬了。現在的這個玉璽是先帝所製，大臣們全都知道。臣現在怎敢隱藏玉璽呢！」這才作罷。

晉出帝聽說契丹主將要渡過黃河，想和太后在前面的路上恭迎。張彥澤先把這件事上奏，契丹主不允許。有關官員又想讓晉出帝口含璧、手牽羊，大臣們抬著棺木，在郊外迎接，事先把這些儀式報告契丹主。契丹主說：「我是派遣奇兵直接攻下大梁的，不是接受投降的。」也不允許。契丹主又下詔命後晉文武百官，一切照舊，朝廷制度，全部採用漢人的禮儀。有關衙門想準備天子的車駕去迎接契丹主，契丹主回答說：「我正穿著鎧甲，總管軍事，太常的儀仗，沒有功夫來用他。」都推辭掉了。

此前，契丹主到達相州，立刻派遣軍隊趕赴河陽逮捕景延廣。景延廣倉促之間沒有地方躲藏，就到封丘去見契丹主。契丹主質問景延廣說：「造成兩國君主不和，都是你幹的。所謂『十萬橫磨劍』在哪裡！」把喬榮喚來，讓他們互相辯論對質，一共十條事情。景延廣最初不承認，喬榮把當時記錄在紙上的話拿給景延廣看，景延廣這才承認。景延廣每承認一件事，就給他一支籌碼。到給第八支的時候，景延廣只是把臉伏在地上請求死罪，契丹主就命人把他用鐵鏈鎖起來。

十二月三十日丙戌，後晉文武百官在封禪寺住下。

【研　析】本卷研析契丹主藉晉奸南犯、劉知遠陰蓄異志、後晉滅亡三件史事。

契丹主藉晉奸南犯。晉出帝石重貴不滿兒皇帝的境遇，誤聽景延廣之言與契丹交惡，契丹主耶律德光連年南犯，開運元年至三年，三次大兵壓境。開運元年（西元九四四年）一月，契丹第一次大舉南犯，平盧節度使楊光遠叛晉附夷。契丹深入，被晉軍河東節度使劉知遠、右武衛上將軍張彥澤所敗，三月退還。同年十二月，契丹第二次大舉南犯，救援晉奸楊光遠，當月，楊光遠被誅。第二年三月，契丹再次敗還，六月，兩國交好。開運三年六月，河北定州人孫方簡聚眾鈔掠，趁河北饑荒，勾引契丹第三次大舉南犯。契丹主耶律德光掛帥親出，藉晉奸內應，志在滅晉。契丹在河東、定州連吃敗仗而不退兵。契丹主派出先前投降契丹的盧龍節度使趙延壽詐降晉出帝，麻痹晉軍，又誘降晉軍前敵總指揮大將杜威，張彥澤也隨後出降。數十萬大軍不戰降敵，晉於是乎亡。石敬瑭投靠契丹，割地賣國，做了兒皇帝，「名為天子，賤同僕隸」，皇帝寶座，為人所輕。楊光遠、杜威之流，前仆後繼，爭相效法石敬瑭之所為，引導契丹連年進犯。契丹第二次大舉南犯，晉出帝親征，開運二年三月，晉軍在陽城大破契丹軍，契丹北還。晉軍的兩次大勝，生動地說明契丹不是不可戰勝。由於後晉君不像君，臣不像臣，君臣驕侈荒淫，不恤民生，將士寒心，國事日非，導致契丹生出亡晉之心，正如王夫之所說：「楊光遠誘之，趙延壽導之，而中國水旱非常，上下疲於歲幣，乃敢舉兵南向。」（《讀通鑑論》卷三十）趙延壽、杜威整日盤算投靠契丹，白日做夢當兒皇帝，他們不以當晉奸為醜，反以認賊作父為榮，於是成為禍國殃民的敗類。這些晉奸，權力越大，越是急於爭當晉奸，圖謀賣國換取兒皇帝，這就是他們手握重兵不戰降敵的原因。

劉知遠陰蓄異志。劉知遠，沙陀人，稱帝後改名暠。劉知遠驍勇善戰，為石敬瑭心腹愛將。石敬瑭投靠契丹，割地做兒皇帝，本謀者桑維翰，助成者劉知遠。劉知遠未當晉奸，卻是一個野心家，一度遭石敬瑭猜疑，差點被罷官。由於劉知遠有佐命之功，天福六年（西元九四一年）石敬瑭任命劉知遠為河東節度使，鎮守北京太原放虎歸山。第二年石敬瑭死，晉出帝即位，劉知遠已成尾大不掉之勢，出帝只能用加官晉爵來籠絡劉知遠，開運二年封劉知遠北平王，加守太尉。劉知遠的威權更重，卻不出兵抗擊契丹，反而殺滅臣服晉朝，抗禦契丹的吐谷渾白承福部族，奪其資財鉅萬，良馬數千。契丹犯京師，劉知遠坐視不救，等到出帝被擄，軍將推戴，劉知遠名正言順在太原稱帝，繼續用石敬瑭的天福年號，表示自己對晉的忠心。劉知遠的這一掩耳盜鈴把戲，數年後，又為其愛將郭威所效法，在澶州發動兵變奪了後漢天下。郭威之後，宋太祖趙匡胤，照方抓藥，亦用陰謀手段發動陳橋驛兵變，從後周孤兒寡母手中奪取政權。從石敬瑭、劉知遠、郭威到趙匡胤，一個一個野心家都用手中軍權，導演軍將推戴奪權的鬧劇，如同螳螂捕蟬，黃雀在後，政權來得不正，故失之也易。五代易姓，如同走馬燈換位，可知陰謀只能得逞一時，不可欺人一世。這大概就是五代軍閥政權短命的原因吧！

後晉滅亡。後晉之亡，論者主要有兩種觀點：其一，景延廣對契丹使者大言抗拒不稱臣，挑動了契丹的怨怒，發兵滅晉；其二，稱臣、割地、輸幣，主謀者桑維翰，興晉也滅晉，成也蕭何，敗也蕭何。稱臣，做兒皇帝，貶低了天子權威；割地，削弱了中國；輸幣，疲弊了民眾。後晉之亡，桑維翰亡之。反向之論，認為景延廣恥為夷虜之臣，奮起抗敵，雖敗猶榮。桑維翰扶孱弱之主，委曲求全藉契丹之力以制禦強藩，是保國之臣。單向思維，就事論事，公說公有理，婆說婆有理，難以決是非。從後晉滅亡的過程來看，論從史出，上述論說皆為偏頗。後晉之滅，有主、客觀兩大因素。主觀因素，石敬瑭父子皆平庸凡夫，非命世之君。石敬瑭開啟了接受契丹主冊封為兒皇帝的惡例，也開啟了藩鎮效法石敬瑭唯契丹之命是從，爭為兒皇帝的野心，於是趙延壽、楊光遠、杜威爭相認賊作父，唯恐後晉不亡。出帝石重貴淫逸輕躁，無膽無略，比乃父更等而下之，焉能守國。即使無契丹南犯，亦為權臣所奪。後晉之亡，實石敬瑭父子自亡之也。客觀因素，自唐末以來，藩鎮勢強，尾大不掉，軍閥混戰不休，勢大者稱雄，此亦時勢造就野心家前仆後繼，成則為王，敗則為寇，劉知遠、郭威之流是也。契丹南犯，只是加劇了中原政權的更迭，而不是後晉滅亡的主因。

契丹南犯，野蠻燒殺，遭到中國軍民的奮起反擊，即便是衰弱的後晉，也多次打敗來犯之敵，最終契丹未能入主中原。但契丹連年侵犯，破壞了黃河兩岸，尤其是河北地區的生產力，進一步削弱了中原人民的抵抗力。稱臣、割地、納幣，沒有比這一策略更卑汙的了，所以桑維翰是中國歷史上最大的賣國賊，其罪比之秦檜有過之而無不及，晉之亡，桑維翰不能辭其咎。景延廣，手握重兵，畏敵如鼠，契丹南犯，不敢與之戰，可見其只是一個大言狂徒，與岳飛抗金不可同日而語，且甚至比南宋韓侂胄還不如，何況景延廣還是一個貪婪之徒，亦亡晉之罪人也。

卷第二百八十六

後漢紀一　起彊圉協洽（丁未　西元九四七年）正月，盡四月，不滿[1]一年。

【題解】本卷記事起於西元九四七年正月，迄於四月，僅四個月史事。當後漢高祖天福十二年元月至四月。契丹主入大梁，囚送晉出帝及太后於北方，安置在黃龍府。張彥澤縱兵大掠京都，陵虐百官，軍民怨憤，契丹主誅殺張彥澤以收民心。太原留守劉知遠，不救晉室之危，不戰契丹，坐山觀虎鬥，養蓄力量，至是稱帝，是為後漢高祖。河北、河南民眾大起反抗契丹，恥為臣虜的藩鎮也歸附後漢。契丹主大肆搜刮民財，搬運繳獲的軍器、物資及戰馬，晉室宮中珍寶也北運契丹。西元九四七年二月，劉知遠稱帝，契丹主耶律德光北還，一路燒殺屠城，病死於途中。臨終，契丹主自謂有三失：一失於搜刮民財，再失於縱胡騎搶掠，三失於不及早遣節度使回到鎮所。南唐主為群小所誤，喪失了北進中原的大好時機，派重兵入閩，越過吳越國以爭利，吳越王坐收漁人之利。南唐兵敗福州，吳越王據有閩地。

高祖睿文聖武昭肅孝皇帝上

天福十二年（丁未　西元九四七年）

春，正月丁亥朔❶，百官遙辭晉主於城北❷，乃易素服紗帽，迎契丹主，伏路側請罪。契丹主貂帽、貂裘，衷甲❸，駐馬高阜❹，命起、改服，撫慰之。左衛上將軍安叔千❺獨出班胡語，契丹主曰：「汝安沒字邪？汝昔鎮邢州，已累表輸誠，我不忘也。」叔千拜謝呼躍❻而退。晉主與太后已下迎於封丘門外，契丹主辭不見。

契丹主入門，民皆驚呼而走。契丹主登城樓，遣通事諭之曰：「我亦人也，汝曹勿懼！會當使汝曹蘇息❼。我無心南來，漢兵引我至此耳。」至明德門，下馬拜，而後入宮。以其樞密副使劉密權開封尹事。日暮，契丹主復出，屯於赤岡。

戊子❽，執鄭州防禦使楊承勳❾至大梁，責以殺父叛契丹，命左右臠❿食之。未幾，以其弟右羽林將軍承信為平盧節度使，悉以其父舊兵授之。

高勳訴張彥澤殺其家人於契丹主，契丹主亦怒彥澤剽掠京城，并傳任兒鎖之。以彥澤之罪宣示百官，問：「應死否？」皆言：「應死。」百姓亦投牒⓫爭疏彥澤罪。己丑⓬，斬彥澤、任兒於北市，仍命高勳監刑。彥澤前所殺士大夫子孫，皆經杖⓭號哭，隨而詬詈，以杖扑之。勳命斷腕出鎖，剖其心以祭死者。市人爭破其腦取髓，臠其肉而食之。

契丹送景延廣歸其國，庚寅⑭，宿陳橋⑮。夜，伺守者稍怠，扼吭而死。

辛卯⑯，契丹以晉主為負義侯，置於黃龍府⑰。黃龍府，即慕容氏和龍城也。契丹主使謂李太后曰：「聞重貴不用母命以至於此，可求自便，勿與俱行。」太后曰：「重貴事妾甚謹。所失者，違先君之志，絕兩國之歡耳。今幸蒙大恩，全生保家，母不隨子，欲何所歸！」

癸巳⑱，契丹遷晉主及其家人於封禪寺，遣大同節度使兼侍中河內崔廷勳⑲以兵守之。契丹主數遣使存問，晉主每聞使至，舉家憂恐。時雨雪連旬，外無供億⑳，上下凍餒。太后使人謂寺僧曰：「吾嘗於此飯僧數萬，今日獨無一人相念邪！」僧辭以虜意難測，不敢獻食。晉主陰祈守者，乃稍得食。

是日，契丹主自赤岡引兵入宮。都城諸門及宮禁門，皆以契丹守衛，晝夜不釋兵仗。磔犬於門，以竿懸羊皮於庭為厭勝㉑。契丹主謂晉[2]羣臣曰：「自今不修甲兵，不市戰馬，輕賦省役，天下太平矣。」廢東京，降開封府為汴州㉒、尹為防禦使。乙未㉓，契丹主改服中國衣冠，百官起居皆如舊制。

趙延壽、張礪共薦李崧之才，會威勝節度使馮道㉔自鄧州入朝，契丹主素聞二人名，皆禮重之。未幾，以崧為太子太師、充樞密使，道守太傅、於樞密院祗候以備顧問。

【章　旨】以上為第一段，寫契丹主入大梁，幽囚晉出帝於開封府封禪寺，將安置於契丹黃龍府。契丹主誅殺民憤極大的張彥澤，起用李崧、馮道以安中國。

【注　釋】❶丁亥朔　正月初一日。❷城北　大梁城北。❸衷甲　把鎧甲穿在外衣裡面。衷，本指貼肉的內衣，引申為穿在裡面。❹高阜　即後文所稱「赤岡」，在汴京北郊。❺安叔千　沙陀三部落人，狀貌堂堂，行為鄙陋，懂胡語，不通文字，人稱「沒字碑」。❻呼躍　少數民族禮節，猶如漢族群臣朝拜皇帝時做出的舞蹈。❼蘇息　困頓後得到休養生息，恢復生機。❽戊子　正月初二日。❾楊承勳　初名承貴，避少帝諱改承勳，歷任光州、濮州刺史，鄭州防禦使。其父楊光遠叛晉暗通契丹，承勳囚父降晉。後光遠被李守貞殺，故契丹主以「殺父叛契丹」責之。傳見《舊五代史》卷九十七、《新五代史》卷五十一。❿臠　切成塊的肉。⓫投牒　投送憑證。牒，公文；憑證。⓬己丑　正月初三日。⓭絰杖　絰，古代喪服中的麻帶，在首為首絰，在腰為腰絰。杖，喪棒。⓮庚寅　正月初四日。⓯陳橋　即陳橋鎮，在今開封東北。⓰辛卯　正月初五日。⓱黃龍府　故城在今吉林農安。⓲癸巳　正月初七日。⓳崔廷勳　自幼陷契丹，官至雲中節度使、侍中。耶律德光死，歸鎮州、定州，死於北蕃。傳見《舊五代史》卷九十八。⓴供億　供給儲備。億，有儲備之意。估計所需之物，隨多少而供之，以待其乏。㉑厭勝　古代方術士的一種巫術。以某種能制勝之物，施以方術，消除邪氣。㉒廢東京二句　五代後晉天福三年（西元九三八年）遷都汴州，改汴州為開封府，建號東京。契丹滅後晉，廢除東京，又把開封降為汴州。㉓乙未　正月初九日。㉔馮道　（西元八八二—九五四年）字可道，自號長樂老，五代瀛州景城（今河北交河鎮東北）人，初事劉守光，光敗事張承業，繼而歷仕後唐、後晉、契丹、後漢、後周，官至宰相、太傅、太師。時人以其事五朝七姓，多非其人品。傳見《舊五代史》卷一百二十六、《新五代史》卷五十四。

【校　記】①滿　原作「盡」。據章鈺校，十二行本、乙十一行本、孔天胤本皆作「滿」，今據改。按，《通鑑》體例，各卷此處作「不滿一年」者凡十二見，作「不盡一年」者僅此一例，作「滿」字義長。②晉　原無此字。據章鈺校，十二行本、乙十一行本、孔天胤本皆有此字，張瑛《通鑑校勘記》同，今據補。

【語　譯】高祖睿文聖武昭肅孝皇帝上

天福十二年（丁未　西元九四七年）

春，正月初一日丁亥，後晉文武百官在大梁城北遙辭後晉主，然後換上素服紗帽，迎接契丹主，匍匐在路邊請罪。契丹主戴著貂皮帽，穿著貂皮衣，鎧甲穿在衣服裡面，駐馬高丘，命百官起身、更換衣服，並安撫他們。左衛上將軍安叔千一人從百官行列中走出來，用胡語跟契丹主說話，契丹主說：「你就是安沒字吧？你以前鎮守邢州，已經多次上表向我表示忠心，我沒有忘記。」安叔千作揖示謝，呼躍退下。後晉主和太后及以下官員到封丘門外去迎接契丹主，契丹主推辭不見。

契丹主進入城門，百姓們都驚叫著跑開。契丹主登上城樓，叫翻譯官對百姓們說：「我也是人，你們不要害怕！我將會讓你們休養生息。我本無心南來，是漢兵引我到這裡來的。」到了明德門，下馬拜了一下，然後入宮。任命他的樞密副使劉密暫時代理開封府尹的職務。傍晚，契丹主又出城去，屯駐在赤岡。

正月初二日戊子，契丹主命人拘捕鄭州防禦使楊承勳送到大梁，責備楊承勳殺死父親，背叛契丹，契丹主命令左右的人把楊承勳剁成肉塊吃掉。不久，任命楊承勳的弟弟右羽林將軍楊承信為平盧節度使，把他父親的舊部交給他統領。

高勳向契丹主控訴張彥澤殺害他的家人，契丹主對張彥澤放縱士兵搶劫京城也很惱怒，就把張彥澤和監軍傅住兒一起用鐵鏈鎖起來。把張彥澤的罪行向文武百官公布，問道：「應該處死嗎？」大家都說：「應該處死。」百姓也爭相呈遞文書條述張彥澤的罪惡。正月初三日己丑，在大梁北市把張彥澤、傅住兒斬首，依然派高勳監斬。以前被張彥澤所殺害的士大夫的子孫們都纏著麻布帶子，手拿喪棒，號啕大哭，接著痛罵，用喪棒扑打張彥澤。高勳命令砍斷張彥澤的手腕，脫落鐵鎖，挖出張彥澤的心來祭奠那些被他殺害的人。街上的人搶著敲破張彥澤的腦袋，挖取腦髓，並把他切成肉塊吃掉。

契丹解送景延廣返回其國，正月初四日庚寅，住宿在陳橋。晚上，景延廣趁守兵稍微疏忽，掐自己的咽喉而死。

正月初五日辛卯，契丹以後晉主為負義侯，安置在黃龍府。黃龍府，就是慕容氏的和龍城。契丹主派人對李太后說：「聽說石重貴不聽母親的話，以致落到這種地步，你可以請求自便，不必跟石重貴同行。」太后說：「重貴侍奉我很周到。他的過錯，是違背先君的遺志，斷絕兩國的友好關係罷了。現在慶幸蒙受大恩，得以保全生命和家庭，做母親的不跟隨兒子，能回什麼地方去呢！」

正月初七日癸巳，契丹把後晉主和他的家人遷移到封禪寺，派遣大同節度使兼侍中河內人崔廷勳帶兵看守他們。契丹主多次派遣使者去撫慰，後晉主每當聽到使者到來，全家都擔憂害怕。當時接連下了十幾天的雪，外面沒有供給，一家大小受凍挨餓。太后派人對寺裡的和尚說：「我曾在這裡給幾萬名和尚供飯，今天難道沒有一個人相憐嗎！」和尚們推辭說胡虜的心意難以揣測，因此不敢進獻食物。後晉主暗地裡請求看守的人，才稍微獲得一點食物。

這一天，契丹主從赤岡領兵進入後晉宮廷。都城各門和宮廷門都用契丹兵把守，日夜都不放下兵器。在宮廷門口肢解一隻狗，在庭院中用竹竿懸掛羊皮，用以壓制邪氣。契丹主對後晉的大臣們說：「從今不治甲兵，不買戰馬，減輕賦稅，省免徭役，天下就太平了。」廢除東京的設置，把開封府降為汴州、開封府尹降為汴州防禦使。正月初九日乙未，契丹主改穿中國衣帽，百官日常生活一切按照原來的制度。

趙延壽和張礪共同推薦李崧的才能，恰好威勝節度使馮道從鄧州入朝，契丹主一向聽說兩人的名字，都很敬重他們。不久，任命李崧為太子太師、充任樞密使，馮道署理太傅、在樞密院恭候以備諮詢。

契丹主分遣使者，以詔書賜晉之藩鎮。晉之藩鎮爭上表稱臣，被召者無不奔馳而至。惟彰義節度使史匡威❶據涇州❷不受命。匡威，建瑭❸之子也。雄武節度使何重建❹斬契丹使者，以秦、成、階❺[1]三州降蜀。

初，杜重威既以晉軍降契丹，契丹主悉收其鎧仗數百萬貯恆州，驅馬數萬歸其國，遣重威將其眾從己而南。及河，契丹主以晉兵之眾，恐其為變，欲悉以胡騎擁而納之河流。或諫曰：「晉兵在它所者尚多，彼聞降者盡死，必皆拒命為患②。不若且撫之，徐思其策。」契丹主乃使重威以其眾屯陳橋❻。會久雪，官無所給，士卒凍餒，咸怨重威，相聚而泣。重威每出，道旁人皆罵之。

契丹主猶欲誅晉兵。趙延壽言於契丹主曰：「皇帝親冒矢石以取晉國，欲自有之乎，將為它人取之乎？」契丹主變色曰：「朕舉國南征，五年不解甲❼，僅能得之，豈為它人乎！」延壽曰：「晉國南有唐、西有蜀，常為仇敵，皇帝亦知之乎？」曰：「知之。」延壽曰：「晉國東自沂、密❽，西及秦、鳳❾，延袤❿數千里，邊於吳、蜀，常以兵戍之。南方暑濕，上國⓫之人不能居也。它日車駕北歸，以晉國如此之大，無兵守之，吳、蜀必相與乘虛入寇。如此，豈非為它人取之乎？」契丹主曰：「我不知也。然則柰何？」延壽曰：「陳橋降卒，可分以戍南邊，則吳、蜀不能為患矣。」契丹主曰：「吾昔在上黨⓬，失於斷割，悉以唐兵授晉。既而返為仇③讎，北向與吾戰，辛勤累年，僅能勝之。今幸入吾手，不因此時悉除之，豈可復留以為後患乎？」延壽曰：「曏留晉兵於河南，不質其妻子，故有此憂。今若悉徙其家於恆、定、雲、朔⑬之間，每歲分番使戍南邊，何憂其為變哉！此上策也。」契丹主悅曰：「善！惟大王⑭所以處之。」由是陳橋兵始得免，分遣還營。

契丹主⑮殺右金吾衛大將軍李彥紳、宦者秦繼旻，以其為唐潞王殺東丹王⑯故也。以其家族貲財賜東丹王之子永康王兀欲⑰。兀欲眇一目，為人雄健好施。

【章旨】以上為第二段，寫契丹主收繳晉兵數百萬件兵器，以及掠奪的幾萬匹馬啟運到北方，又計劃誅殺全部投降的二十餘萬晉軍，趙延壽為說，幸免於難。

【注釋】❶史匡威　正史無傳。《舊五代史》卷八十八與《新五代史》卷二十五有其父史建瑭子史匡翰傳。❷涇州　州名，治所涇川，在今甘肅涇川縣。❸建瑭　史建瑭，史匡威父，雁門人。從晉王李克用多次與後梁軍作戰，因功升任貝州、相州刺史。傳見《新五代史》卷二十五。❹何重建　後晉雄武軍節度使。後晉亡，以秦、階、成三州降後蜀，官至中書令。《舊五代史》寫作何建。傳見《舊五代史》卷九十四。❺成階　皆州名。成州，治所成縣，在今甘肅成縣。階州，治所皋蘭鎮，在今甘肅武都東南。❻陳橋　即陳橋鎮，又名陳橋驛，在開封東北。因在陳橋門外故名。❼五年不解甲　指處於戰爭狀態。天福八年（西元九四三年）始攻後晉，至天福十二年共五年。❽沂密　兩水名，指代山東沂密地區。沂，沂河，在山東南部，江蘇北部。密，密水，在山東半島。❾秦鳳　兩州名，秦州治所在今甘肅天水市西北，鳳州治所在今陝西鳳縣。❿延袤　連綿延伸。⓫上國　地方割據者稱中原為上國。當時晉奉契丹，又稱契丹為上國。⓬上黨　郡名，治所壺關，在今山西長治北。⓭朔　朔州，州名，治所招遠，在今山西朔州。⓮大王　契丹封趙延壽為燕王，故稱之為大王。⓯契丹主　即耶律德光。⓰唐潞王殺東丹王　後唐潞王即末帝李從珂。東丹王，即耶律德光兄東丹王突欲，為阿保機長子，阿保機死後，未能擁立為帝，遂率部曲四十人越海投後唐明宗，明宗賜姓東丹，名慕華，任懷化節度使，瑞、慎等州觀察使。後契丹助晉反唐，後唐潞王便派宦者秦繼旻、皇城使李彥紳殺突欲。契丹滅後晉，耶律德光為兄報仇，故又殺此二人。事見本書卷二百七十五、二百七

十七、二百八十、《新五代史》卷七十三。⓱永康王兀欲　東丹王突欲子，耶律德光姪。德光死後，兀欲嗣立，即遼世宗耶律阮，小字兀欲，西元九四七—九五一年在位。傳見《遼史》卷五、《新五代史》卷七十三。

【校　記】①成階　原作「階成」。據章鈺校，十二行本、乙十一行本、孔天胤本二字皆互乙，今據改。按，新、舊《五代史》皆作「成階」。②為患　原無此二字。據章鈺校，十二行本、乙十一行本皆有此二字，今據補。③仇　原作「寇」。據章鈺校，十二行本、乙十一行本皆作「仇」，今據改。按，《通鑑紀事本末》作「仇」。

【語　譯】契丹主分別派遣使者，頒賜詔書給後晉的藩鎮。後晉藩鎮爭相上表稱臣，被召見的人沒有一個不是奔馳而來。只有彰義節度使史匡威據守涇州不接受命令。史匡威，是史建瑭的兒子。雄武節度使何重建殺死契丹主的使者，帶著秦、成、階三州投降後蜀。

當初，杜重威率領後晉軍投降契丹以後，契丹主全部收繳他們的鎧甲、兵器數百萬件存放在恆州，把幾萬匹戰馬趕回他們的國內，派遣杜重威率領他的部眾跟隨自己南下。到達黃河，契丹主因為晉兵眾多，害怕他們叛亂，想要讓契丹騎兵把他們全部推擠到黃河裡。有人勸諫說：「晉兵在其他地方的還很多，他們聽說投降的人都死了，一定都拒絕接受命令並惹出禍端。不如暫時安撫他們，慢慢再想對付他們的辦法。」契丹主於是命令杜重威把他的部眾駐紮在陳橋。適逢久雪，官府沒有東西可供給，士卒們受凍挨餓，都埋怨杜重威，大家聚在一起哭泣。杜重威每次出來，路旁的人都罵他。

契丹主還是想殺掉後晉的士兵。趙延壽對契丹主說：「皇上親自冒著矢石奪取晉國，是想自己擁有它呢，還是要替別人奪取呢？」契丹主變了臉色，說：「朕發動全國南征，五年沒有脫過甲冑，才能夠得到它，哪裡是為了別人哩！」趙延壽說：「晉國的南面有南唐國、西面有蜀國，與晉常為仇敵，皇上也知道嗎？」契丹主說：「知道。」趙延壽說：「晉國東起沂河、密水，西到秦州、鳳州，綿延幾千里，緊挨著吳國和蜀國，常常派兵戍守那裡。南方炎熱，溼氣又重，貴國之人不能居住。以後皇上回到北方去，憑晉國這樣廣闊，沒有軍隊防守它，吳、蜀兩國一定共同乘虛入侵。這樣一來，豈不是替別人奪取晉國嗎？」契丹主說：「這些我倒還沒想到。既然這樣，那麼我該怎麼辦？」趙延壽說：「陳橋的降兵，可以分開來戍守南方的邊境，這樣吳、蜀就不會成為禍患了。」契丹主說：「我以前在上黨，決斷錯誤，把後唐兵全部交給晉國，後來反而變為仇敵，向北跟我開戰，我們辛辛苦苦好幾年，才把他們打敗。現在幸虧落在我的手中，不趁這個機會全部把他們除掉，哪能再留下他們成為後患呢？」趙延壽說：「從前把晉兵留在黃河以南，沒有把他們的妻子兒女作為人質，所以有這種憂患。現在如果把他們的家屬全部遷徙到恆州、定州、雲州、朔州一帶，每年派他們分批輪流戍守南方邊境，還怕他們叛變呢！這是最好的計策。」契丹主高興地說：「好！就按大王的辦法處置。」因此陳橋的降兵才得免於一死，分別遣送他們回營。

契丹主殺死右金吾衛大將軍李彥紳、宦官秦繼旻，因為他們替後唐潞王李從珂殺了東丹王的緣故。把他們家族和財貨賜給東丹王的兒子永康王兀欲。兀欲瞎了一隻眼睛，為人勇武有力喜歡施捨。

癸卯❶，晉主與李太后❷、安太妃❸、馮后❹及弟睿，子延煦、延寶，俱北遷。後宮左右從者百餘人。契丹遣三百騎援送之。又遣晉中書令趙瑩、樞密使馮玉、馬軍都指揮使李彥韜與之俱。晉主在塗，供饋不繼，或時與太后俱絕食，舊臣無敢進謁者。獨磁州刺史李穀迎謁於路，相對泣下。穀曰：「臣無狀，負陛下。」因傾貲以獻。晉主至中度橋，見杜重威寨，歎曰：「天乎！我家何負，為此賊所破！」慟哭而去。

癸丑❺，蜀主以左千牛衛上將軍李繼勳為秦州宣慰使。

契丹主以前燕京❻留守劉晞❼為西京❽留守，永康王兀欲之弟留珪為義成節度使，族人郎五為鎮寧節度使[1]，兀欲姊壻潘聿撚為橫海❾節度使[2]，趙延壽之子匡贊❿為護國⓫節度使，漢將張彥超⓬為雄武⓭節度使，史佺為彰義⓮節度使，客省副使劉晏僧為忠武⓯節度使，前護國節度使侯益⓰為鳳翔⓱節度使，權知鳳翔府⓲事焦繼勳⓳為保大⓴節度使。晞，涿州人也。既而何重建附蜀，史匡威不受代㉑，契丹勢稍沮㉒。

晉昌節度使趙在禮入朝㉓，其裨將㉔留長安者作亂，節度副使建人李肅討誅之，軍府以安。

晉主之絕契丹也，匡國㉕節度使劉繼勳㉖為宣徽北院使，頗豫其謀。契丹主入汴，繼勳入朝，契丹主責之。時馮道在殿上，繼勳急指道曰：「馮道為首相，與景延廣實為此謀。臣位卑，何敢發言！」契丹主曰：「此叟非多事者，勿妄引之！」命鎖繼勳，將送黃龍府。

趙在禮至洛陽，謂人曰：「契丹主嘗言莊宗之亂㉗由我所致，我此行良可憂。」契丹遣其[3]將述軋、奚王拽剌㉘、勃海將高謨翰戍洛陽，在禮入謁，拜於庭下，拽剌等皆踞坐㉙受之。乙卯㉚，在禮至鄭州㉛，聞繼勳被鎖，大驚。夜，自經於馬櫪㉜間。契丹主聞在禮死，乃釋繼勳。繼勳憂憤而卒。

劉晞在契丹嘗為樞密使、同平章事。至洛陽，詬奚王曰：「趙在禮漢家大臣，爾北方一酋長耳，安得慢之如此！」立於庭下以挫之。由是洛人稍安。

契丹主廣受四方貢獻，大縱酒作樂，每謂晉臣曰：「中國事，我皆知之，吾國事，汝曹弗④知也。」

趙延壽請給上國兵廩食㉝，契丹主曰：「吾國無此法。」乃縱胡騎四出，以牧馬為名，分番剽掠，謂之「打草穀」。丁壯斃於鋒刃，老弱委於溝壑㉞。自東、西兩畿㉟及鄭、滑、曹、濮數百里間，財畜殆盡。

契丹主謂判三司㊱劉昫曰：「契丹兵三十萬，既平晉國，應有優賜，速宜營辦。」時府庫空竭，昫不知所出，請括借都城士民錢帛，自將相以下皆不免。又分遣使者數十人詣諸州括借，皆迫以嚴誅，人不聊生。其實無所頒給，皆蓄之內庫，欲輦歸其國。於是內外怨憤，始患苦契丹，皆思逐之矣。

【章旨】以上為第三段，寫後晉帝及太后被囚送北方，契丹主縱胡騎四出劫掠，又滿載宮中府庫財物運送回國。

【注釋】❶癸卯　正月十七日。❷李太后　後唐明宗第三女，嫁石敬瑭，立為皇后。石重貴尊為皇太后。後晉滅，隨出帝北遷。傳見《舊五代史》卷八十六、《新五代史》卷十七。❸安太妃　石重貴生母，石敬瑭兄石敬儒妻。後晉滅，隨出帝北遷，死於途中。傳同上。❹馮后　鄴都副留守馮濛女，後晉權臣馮玉妹。石重貴娶之，立為皇后，後晉滅，隨出帝北遷。傳同上。❺癸丑　正月二十七日。❻燕京　遼會同元年（西元九三八年）稱今北京城西南的幽州為燕京。❼劉晞　涿州（今河北涿州）人，年輕時沒入契丹，官至同平章事兼侍中。後漢興，卒於北蕃。傳見《舊五代史》卷九十八。❽西京　後晉天福三年（西元九三八年）遷都汴州，改東都河南府為西京（即今洛陽）。後漢、後周及北宋沿襲不改。❾橫海　方鎮名，後唐同光元年（西元九二三年）改順化軍為橫海軍。治所鄺州，在今河北滄州。❿匡贊　字元輔，趙延壽子。歷仕契丹、後漢，懼漢疑己，降後蜀，復又歸後漢，並仕後周、宋。傳見《舊五代史》卷九十八。⓫護國　方鎮名，唐至德二載（西元七五七年）置。治所河中府，在今山西永濟蒲州鎮。⓬張彥超　沙陀部人。傳見《舊五代史》卷一百二十九。⓭雄武　方鎮名，五代後梁置。治所秦州，在今甘肅天水市。⓮彰義　方鎮名，五代後梁置。治所涇州，在今甘肅涇川縣。⓯忠武　方鎮名，五代後唐置。治所許州，在今河南許昌。⓰侯益　汾州（今山西汾陽）人，歷仕數朝，卒於宋。傳見《宋史》卷二百五十四。⓱鳳翔　方鎮名，唐永泰初改興平節度使為鳳翔節度使，治所鳳翔，在今陝西鳳翔。⓲鳳翔府　府名，治所天興，在今陝西鳳翔。⓳焦繼勳　字成績，許州長社（今許昌）人。傳見《宋史》卷二十六。⓴保大　方鎮名，唐中和年間置。治所鄜州，在今陝西富縣。㉑不受代　史匡威據守涇州抗拒史佺，不受取代。㉒沮　沮喪。指氣焰受到抑制。㉓入朝　指從長安入朝於大梁。㉔裨將　偏將。㉕匡國　方鎮名，唐乾元初置。治所同州，在今陝西大荔。㉖劉繼勳　衛州（今河南衛輝）人。傳見《舊五代史》卷九十六。㉗莊宗之亂　指後唐莊宗同光四年（西元九二六年），魏軍卒皇甫暉謀反，殺將校，推趙在禮為首領，大掠民家，擁立明宗。莊宗死，明宗即位，擢皇甫暉為陳州刺史。史稱「莊宗之亂」。事見本書卷二百七十四。㉘奚王拽剌　奚王去諸孫、李紹威子。紹威死，拽剌立，歸附耶律德光，常以兵從。傳見《新五代史》卷七十四。㉙踞坐　坐時兩腳底和臀部著地，兩膝上聳，即蹲坐。㉚乙卯　正月二十九日。㉛鄭州　州名，治所管城，在今河南鄭州。㉜馬櫪　馬槽。㉝廩食　官府給以糧食。㉞溝壑　坑谷、深溝。㉟東西兩畿　唐制，大梁屬縣為東畿，洛陽屬縣為西畿。畿，古代王都所在處的千里地面，後多指京城管轄的地區。㊱判三司　判，唐、宋官制，以大兼小，即以高官兼較低職位的官稱判。三司，五代、北宋稱鹽鐵、戶部、度支為三司，長官稱三司使，掌管統籌國家財政。北宋元豐後廢。

【校　記】[1]族人郎五為鎮寧節度使　原無此十字。據章鈺校，十二行本、乙十一行本、孔天胤本皆有此十字，張敦仁《通鑑刊本識誤》、張瑛《通鑑校勘記》、熊羅宿《胡刻資治通鑑校字記》同，今據補。[2]節度使　「使」下原有空格。據章鈺校，十二行本、乙十一行本、孔天胤本皆無空格，今據刪。③其 原作「契丹」。張瑛《通鑑校勘記》云「『遣』字下有『其』字，下『契丹』二字衍。」當是，今據改。④弗 原作「不」。據章鈺校，十二行本、乙十一行本皆作「弗」，今據改。按，《通鑑紀事本末》作「弗」。

【語譯】正月十七日癸卯，後晉主與李太后、安太妃、馮皇后以及他的弟弟石重睿，他的兒子石延煦、石延寶，一起向北遷徙。後宮宮人及左右近侍跟隨遷徙的有一百多人。契丹派遣三百名騎兵護送他們。又派遣後晉中書令趙瑩、樞密使馮玉、馬軍都指揮使李彥韜跟他們同行。後晉主在路上，供應接不上，有時跟太后都斷了糧，以前的大臣沒有人敢去進見的。只有磁州刺史李穀在路上迎接謁見，君臣相對落淚。李穀說：「臣乏善可陳，辜負了陛下。」於是把所有的家財都進獻給後晉主。後晉主到中度橋，見到了杜重威的營壘，歎息說：「天啊！我家虧待誰了，被這個叛賊給毀掉！」痛哭著離開。

正月二十七日癸丑，後蜀主授左千牛衛上將軍李繼勳為秦州宣慰使。

契丹主任命前任燕京留守劉晞為西京留守，永康王兀欲的弟弟留珪為義成節度使，族人耶律郎五為鎮寧節度使，兀欲的姐夫潘聿撚為橫海節度使，趙延壽的兒子趙匡贊為護國節度使，漢將張彥超為雄武節度使，史佺為彰義節度使，客省副使劉晏僧為忠武節度使，前任護國節度使侯益為鳳翔節度使，代理鳳翔府事務的焦繼勳為保大節度使。劉晞，是涿州人。不久何重建歸附後蜀，史匡威不接受別人替代他，契丹的勢力逐漸受到抑制。

晉昌節度使趙在禮入朝，留在長安的偏將作亂，節度副使建州人李肅討伐他，把他殺了，節度使府得以安定下來。

後晉主跟契丹斷絕關係時，匡國節度使劉繼勳為宣徽北院使，多參與這件事的謀劃。契丹主進入汴州，劉繼勳入朝，契丹主責備他。當時馮道在宮殿上，劉繼勳急忙指著馮道說：「馮道是宰相，實際是他和景延廣策劃了這件事。臣地位卑下，怎敢說話！」契丹主說：「這位老人不是多事的人，不要胡亂牽涉他！」下令把劉繼勳用鐵鏈鎖起來，準備送往黃龍府。

趙在禮到了洛陽，對別人說：「契丹主曾經說唐莊宗時候的亂事是由我導致的。我這次到大梁去實在叫人擔憂。」契丹主派遣契丹將領述軋、奚王拽剌、勃海將領高謨翰戍守洛陽，趙在禮去進見他們，在庭下下拜，拽剌等人都蹲坐在地，接受趙在禮的下拜。正月二十九日乙卯，趙在禮到達鄭州，聽說劉繼勳被鎖，大為驚恐。晚上，在馬槽間上吊自殺。契丹主聽說趙在禮死了，就放了劉繼勳。劉繼勳憂憤而死。

劉晞在契丹曾經擔任過樞密使、同平章事。到了洛陽，辱罵奚王說：「趙在禮是漢家大臣，你是北方的一個酋長而已，怎麼能夠傲慢到如此地步！」叫他站在庭下以折辱他，由此洛陽的人心才稍稍安定。

契丹主普遍接受四方的進貢，放肆地喝酒作樂，常常對後晉大臣說：「中國的事情，我都知道；我國的事情，你們就不懂了。」

趙延壽建議由國庫供給契丹士兵糧食，契丹主說：「我們國家沒有這種制度。」於是放縱胡人騎兵從四面八方出去，以牧馬為名，分批輪流搶劫，叫做「打草穀」。百姓中年輕力壯的人死在他們的刀下，年老體弱的人被拋棄在山溝裡，從東、西兩個京畿到鄭州、滑州、曹州、濮州的幾百里之內，百姓的錢財和牲畜幾乎被搶劫一空。

契丹主對判三司劉昫說：「契丹兵三十萬人，平定晉國後，應該有優厚的賞賜，最好趕快籌辦。」當時國家庫藏空虛，劉昫不知道賞賜從哪裡來，便建議用借貸的名義向京師的士大夫和老百姓徵收錢帛，從宰相、將帥以下都不能脫免。又分別派遣使者數十人前往各州徵收借貸，都用嚴厲的刑罰加以催逼，民不聊生。實際上契丹主並沒有把這些分發給士兵，都儲存在皇家的倉庫裡，打算運回北國。於是官民怨恨，開始對契丹感到痛苦，都想趕走他們。

初，晉主與河東[1]節度使、中書令、北平王劉知遠相猜忌，雖以為北面行營都統，徒尊以虛名，而諸軍進止，實不得預聞。知遠因之廣募士卒，陽城之戰，諸軍散卒歸之者數千人。又得吐谷渾財畜。由是河東富彊冠諸鎮，步騎至五萬人。

晉主與契丹結怨，知遠知其必危，而未嘗論諫。契丹屢深入，知遠初無邀遮❷、入援之志。及聞契丹入汴，知遠分兵守四境以防侵軼❸。遣客將❹安陽❺王峻❻奉三表詣契丹主：一，賀入汴。二，以太原夷、夏雜居，戍兵所聚，未敢離鎮。三，以應有貢物，值契丹將劉九一軍自土門❼西入屯於南川❽，城中憂懼，俟召還此軍，道路始通，可以入貢。契丹主賜詔褒美，及進畫❾，親加「兒」字於知遠姓名之上，仍賜以木拐❿。胡法，優禮大臣則賜之，如漢賜几杖之比，惟偉王⓫以叔父之尊得之。

知遠又遣北都⓬副留守太原白文珂⓭入獻奇繒⓮名馬。契丹主知知遠觀望不至，及文珂還，使謂知遠曰：「汝不事南朝，又不事北朝，意欲何所俟邪？」蕃漢孔目官⓯郭威⓰言於知遠曰：「虜恨我深矣！王峻言契丹貪殘失人心，必不能久有中國。」

或勸知遠舉兵進取。知遠曰：「用兵有緩有急，當隨時制宜。今契丹新降晉兵十萬，虎據京邑，未有它變，豈可輕動哉！且觀其所利止於貨財，貨財既足，必將北去。況冰雪已消，勢難久留。宜待其去，然後取之，可以萬全。」

昭義⓱節度使張從恩⓲以地迫懷⓳、洛，欲入朝於契丹。遣使謀於知遠，知遠曰：「我以一隅之地，安敢抗天下之大！君宜先行，我當繼往。」從恩以為然。判官高防⓴諫曰：「公晉室懿親㉑，不可輕變臣節。」從恩不從。左驍衛大將軍王守恩㉒，與從恩姻家㉓，時在上黨。從恩以副使㉔趙行遷知留後，牒守恩權巡檢使，與高防佐之，遂行[1]。守恩，建立㉕之子也。

荊南㉖節度使高從誨㉗遣使入貢於契丹，契丹遣使以馬賜之。從誨亦遣使詣河東勸進㉘。

【章旨】以上為第四段，寫契丹入侵，北都留守劉知遠觀望保存實力，圖謀帝位，坐收漁人之利。

【注釋】❶河東　方鎮名，唐開元十八年（西元七三〇年）置。治所太原，在今太原西南晉源鎮。❷邀遮　遮阻；攔擊。❸侵軼　侵襲；突擊。❹客將　職掌賓贊事務的將領。❺安陽　縣名，縣治安陽，在今河南安陽西南。❻王峻　字秀峰，相州安陽人，年輕時因「善歌事」服事梁、唐權臣。劉知遠起兵，任客將、宣徽北院使。入周為樞密使兼宰相。自認有佐命之功，極其奢侈，言多不遜，被貶為商州司馬。傳見《舊五代史》卷一百三十、《新五代史》卷五十。❼土門　也叫土門關，在河北井陘東北井陘山上，與鹿泉接界。為太行八陘的第五陘。❽南川　指晉陽（今山西太原）城南之地。❾進畫　進呈文稿，經御畫後發布施行，謂之進畫。❿木拐　木拐棍，猶如漢之杖。⓫偉王　耶律德光叔父。⓬北都　五代後唐同光元年（西元九二三年）十一月改西京太原府為北京，又稱北都，沿至晉、漢不改。⓭白文珂　字德溫，太原人。傳見《舊五代史》卷一百二十四。⓮奇繒　珍奇的絲織品。⓯孔目官　官名，唐代州鎮始設，略等於文書、事務長。⓰郭威　（西元九〇四—九五四年）邢州堯山（今河北隆堯）人，五代後周建立者。西元九五一—九五四年在位。傳見《舊五代史》卷一百十、《新五代史》卷十一。⓱昭義　方鎮名，五代後唐長興元年（西元九三〇年）改安義軍為昭義軍。治所潞州，在今山西長治。⓲張從恩女為後晉少帝前妃張氏。入北宋，封許國公。傳見《舊五代史》卷九十一、《宋史》卷二百五十四。⑲懷　懷州，州名，治所野王，在今河南沁陽。⑳高防　字修己，并州壽陽（今山西壽陽）人。傳見《宋史》卷二百七十。㉑懿親　至親，古代特指皇室的宗親。㉒王守恩　字保信，太原人，王建立子。與張從恩為親家。張從恩投契丹，王守恩權為巡檢使。後舉潞州歸劉知遠，官至西京留守。傳見《舊五代史》卷一百二十五。㉓姻家　兒女親家。㉔副使　謂節度副使。㉕建立　王建立，歷仕後唐明宗、後晉高祖，官檢校太師，進封韓王。傳見《舊五代史》卷九十一、《新五代史》卷四十六。㉖荊南　方鎮名，唐至德二載（西元七五七年）置。治所江陵府，在今湖北江陵。㉗高從誨　南平王高季興長子，唐明宗封為荊南節度使，後襲南平王。地處吳、楚之間，常掠奪過往使者財富，被劫者發兵征討，便又退還其物，素有「高賴子」之稱。傳見《舊五代史》卷一百三十三、《新五代史》卷六十九。㉘勸進　勸之即帝位。

【校　記】①遂行　原無此二字。據章鈺校，十二行本、乙十一行本皆有此二字，今據補。

【語　譯】當初，後晉主和河東節度使、中書令、北平王劉知遠互相猜忌，後晉主雖然任命劉知遠為北面行營都統，但只是用虛名來尊崇他，對於各軍的調度指揮，實際上他不能夠參與和得知內情。劉知遠藉此大量招募士卒，陽城戰役，各軍流散的士卒歸附他的有幾千人。又獲得吐谷渾的財物和牲畜。因此河東鎮的富強為各個藩鎮之首，步兵和騎兵達到五萬人。

後晉主跟契丹結下怨仇，劉知遠知道後晉一定會有危險，卻沒有說明或勸諫。契丹屢次深入中原，劉知遠根本沒有攔擊或派兵入援的意思。等到聽說契丹兵進了汴州，劉知遠分派軍隊防守四面邊境，以防備契丹的突襲。派遣客將安陽人王峻捧持三封奏表往見契丹主：第一封表，祝賀契丹進入汴州。第二封表，說明因為太原蠻夷和漢人混雜居住，戍守的軍隊集結在那裡，自己不敢離開鎮所。第三封表，說明本來是應該進貢物品的，恰逢契丹將領劉九一的軍隊從土門向西進發，屯駐在南川，太原城中的百姓擔憂害怕，等您把這支軍隊調走，道路開始暢通，就可以進貢了。契丹主頒賜詔書予以褒獎稱讚，在送呈契丹主簽發詔書時，契丹主親自在劉知遠的姓名之上加了一個「兒」字，照舊賜給他木拐棍。按照胡人的禮儀，對大臣厚加禮遇時才頒賜木拐棍，就像漢人頒賜手杖一樣，只有偉王以叔父的尊貴地位才得過木拐棍。

劉知遠又派遣北都副留守太原人白文珂進獻珍奇的絲織品和名貴的馬匹。契丹主知道劉知遠持觀望態度不肯前來，等到白文珂將要返回時，叫他對劉知遠說：「你不奉侍南朝，又不奉侍北朝，你想要等待什麼呢？」蕃漢孔目官郭威對劉知遠說：「胡虜恨我們很深了！王峻說契丹貪婪殘暴，喪失民心，肯定不能長久佔領中原。」

有人勸劉知遠起兵攻取中原。劉知遠說：「用兵有時候要緩慢，有時候要緊急，應當根據形勢制定恰當的方略。現在契丹剛剛降服了晉國的十萬軍隊，雄據京師，沒有其他的變故，怎麼能輕易舉動呢！而且看他們所貪圖的，只限於財貨，等財貨搜刮夠了，一定會回北方去。何況冰雪已經融化，他們勢必不能久留。應該等到他們走了以後，然後出兵奪取中原，可以萬無一失。」

昭義節度使張從恩因為轄區緊靠懷州和洛州，所以想去歸順契丹。打發使者來跟劉知遠商量，劉知遠說：「我憑一個小角落的地盤，怎麼敢對抗偌大的天下！君可先走一步，我將隨後就去。」張從恩認為說得有道理。判官高防勸諫他說：「您是晉室至親，不可輕易地改變為臣的氣節。」張從恩不聽。左驍衛大將軍王守恩與張從恩是親家，當時在上黨。張從恩命節度副使趙行遷掌管留後事宜，發公文給王守恩，命王守恩代理巡檢使，和高防共同輔佐趙行遷，然後就出發了。王守恩，是王建立的兒子。

荊南節度使高從誨派遣使者向契丹進貢，契丹派遣使者賜給他馬匹。高從誨同時也派遣使者前往河東勸劉知遠即位為皇帝。

唐主立齊王景遂❶為皇太弟。徙燕王景達❷為齊王，領諸道兵馬元帥。徙南昌王弘冀❸為燕王，為之副。

景遂嘗與宮僚燕集❹，贊善大夫❺元城張易❻有所規諫，景遂方與客傳玩玉杯，弗之顧。易怒曰：「殿下重寶而輕士。」取玉杯抵地碎之。眾皆失色，景遂斂容謝之，待易益厚。

景達性剛直，唐主與宗室近臣飲，馮延巳、延魯、魏岑、陳覺輩，極傾諂之態，或乘酒喧笑。景達屢訶責之，復極言諫唐主，以不宜親近佞臣。延巳以二弟立非己意，欲以虛言德之。嘗宴東宮，陽醉，撫景達背曰：「爾不可忘我！」景達大怒，拂衣入禁中白唐主，請斬之。唐主諭解，乃止。張易謂景達曰：「羣小交構❼，禍福所繫。殿下力未能去，數面折之，使彼懼而為備，何所不至！」自是每遊宴，景達多辭疾不預。

唐主遣使賀契丹滅晉，且請詣長安修復唐室[1]諸陵❽。契丹不許，而遣使報之。

晉密州❾刺史皇甫暉❿、棣州刺史王建，皆避契丹，帥眾奔唐。淮北賊帥多請命於唐。唐虞部員外郎⓫、史館修撰[2]韓熙載⓬上疏，以為「陛下恢復祖業，今也其時。若虜主北歸，中原有主，則未易圖也。」時方連兵福州，未暇北顧，唐人皆以為恨。唐主亦悔之。

【章　旨】以上為第五段，寫南唐主被馮延巳等群小所誤，喪失了趁契丹滅晉北圖中原的時機。

【注　釋】❶齊王景遂　字退身，南唐烈祖第三子，平居好客，善屬文，封齊王。又被南唐元宗李璟立為皇太弟，居東宮十三年。因常躁忿，被弘冀派人送鴆酒毒死。❷燕王景達　字子通，南唐烈祖第四子，初封燕王，後徙封齊王，南唐後主時官太師、尚書令。❸南昌王弘冀　南唐元宗李璟長子，初封東平郡公，後封南昌王，留守東都。為人剛直，處事果斷，一度為太子，早亡。諡宣武，又改諡文獻。傳見《新五代史》卷六十二。❹燕集　宴飲。❺贊善大夫　官名，唐龍朔三年（西元六六三年），於左右春坊各置贊善大夫，掌侍從翊養（輔佐養護），職比朝廷的諫議大夫。❻張易　字簡能，元城（今河北大名）人，皇太弟景遂初立，召為贊善大夫。敢直言，南唐後主即位，遷諫議大夫，復判大理事。❼交構　互相構陷。❽請詣長安修復唐室諸陵　南唐自稱是李唐之後裔，唐末喪亂，諸陵多遭破壞，故請赴長安修復。❾密州　州名，治所東武，在今山東諸城市。❿皇甫暉　魏州（治所在今河北大名）人，後唐莊宗末年發動莊宗之亂。入晉任密州刺史。後與周師作戰失敗，被俘身死。傳見《新五代史》卷四十九。⓫唐虞部員外郎　虞部，屬工部第三司，掌京都衢巷苑囿山澤草木及百官等時蔬薪炭供頓畋獵之事，長官為郎中，副職為員外郎。⓬韓熙載　（西元九〇二—九七〇年）字叔言，濰州北海（今山東濰坊）人，後唐同光進士。父光嗣為李嗣源所殺，遂亡歸南唐。喜蓄聲伎，善為文，開門館以招攬賓客，累官至中書侍郎、光政殿學士承旨等。傳見《宋史》卷四百七十八。

【校　記】①唐室　原無此二字。據章鈺校，十二行本、乙十一行本皆有此二字，今據補。②史館修撰　原無此四字。據章鈺校，十二行本、乙十一行本皆有此四字，今據補。

【語　譯】南唐主立齊王李景遂為皇太弟，徙封燕王李景達為齊王，兼任諸道兵馬元帥。徙封南昌王李弘冀為燕王，為諸道兵馬副元帥。

李景遂曾經跟宮中的僚屬飲宴，贊善大夫元城人張易有所規勸，李景遂正在跟客人傳遞著玩賞一只玉杯，沒有理睬他。張易生氣地說：「殿下重視寶物而輕視賢士。」拿起玉杯摔在地上破碎了。眾人都驚駭得變了臉色；李景遂端莊臉色向張易賠禮，對待張易更加親厚。

李景達生性剛強正直。南唐主跟宗室近臣飲宴，馮延巳、馮延魯、魏岑、陳覺一夥人，極盡諂媚之醜態，有的乘著酒興喧譁笑鬧。李景達屢次斥責他們，又直言勸諫南唐主，認為不應該親近奸邪之臣。馮延巳因為李景遂被立為皇太弟和李景達為齊王不合自己的心意，想用虛假之言讓人感激自己。有一次在東宮飲宴，馮延巳假裝喝醉，用手撫摩李景達的背說：「你不能忘記我！」李景達非常生氣，將衣袖一甩，進入宮中稟告南唐主，請求殺掉馮延巳。南唐主開導勸解，才平息下來。張易對李景達說：「一班小人互相構陷，涉及到您的禍福。殿下既然無力除掉他們，又屢次當面責難他們，使他們感到恐懼而有所戒備，什麼事做不出來呢！」從此每次遊玩飲宴，李景達大多稱病不參加。

南唐主派遣使者祝賀契丹滅掉後晉，並且請求到長安整修唐朝的陵墓。契丹沒有答應，派遣使者回覆南唐主。

後晉密州刺史皇甫暉、棣州刺史王建，都躲避契丹，率領部眾投奔南唐。淮水以北的盜賊頭目大多向南唐請求頒授官職。南唐虞部員外郎、史館修撰韓熙載上奏疏，認為「陛下恢復祖先的基業，現在正是時候。如果胡虜的首領回北方去，中原有了君主，就沒那麼容易圖謀了。」當時南唐正對福州連續用兵，沒有餘力顧及北方，南唐人對此都感到很遺憾。南唐主也很後悔。

契丹主召晉百官悉集於庭，問曰：「吾國廣大，方數萬里，有君長二十七人。今中國之俗異於吾國，吾欲擇一人君之，如何？」皆曰：「天無二日。夷、夏之心，皆願推戴皇帝。」契丹主乃曰：「汝曹既欲君我，今茲所行，何事為先？」對曰：「王者初有天下，應大赦。」二月丁巳朔❶，契丹主服通天冠❷、絳紗袍，登正殿，設樂懸❸、儀衛於庭❹。百官朝賀，華人皆法服❺，胡人仍胡服、立於文武班中間❻。下制稱大遼會同十年❼，大赦。仍云：「自今節度使、刺史毋得置牙兵❽，市戰馬。」

趙延壽以契丹主負約，心怏怏❾。今李崧言於契丹主曰：「漢天子所不敢望，乞為皇太子。」崧不得已為言之。契丹主曰：「我於燕王，雖割吾肉，有用於燕王，吾無所愛。然吾聞皇太子當以天子兒為之，豈燕王所可為也！」因令為燕王遷官❿。時契丹以恆州為中京，翰林承旨張礪奏擬燕王中京留守、大丞相、錄尚書事⓫、都督中外諸軍事，樞密使如故。契丹主取筆塗去「錄尚書事、都督中外諸軍事」而行之。

壬戌⓬，蜀李繼勳與興州⓭刺史劉景攻固鎮⓮，拔之。乙丑⓯[1]，何重建請出蜀兵與階成兵共扼散關⓰以取鳳州。丙寅⓱，蜀主發山南兵⓲三千七百赴之。

【章　旨】以上為第六段，寫契丹主耶律德光自為中國主，爽約不立趙延壽為傀儡皇帝。

【注　釋】❶丁巳朔　二月初一。❷通天冠　皇帝之冠。始於秦，終於明。唯元朝不用。凡郊祀、朝賀、宴會，皆戴此冠。《太平御覽》卷六百八十五引徐廣《輿服雜注》：「天子通天冠，高九寸，黑介幘，金博山。」歷代大同小異。❸樂懸　懸掛的鐘磬一類的打擊樂器。❹儀衛於庭　在宮廷設儀仗和衛兵。❺法服　古代禮法規定的服飾。❻立於文武班中間　文官班在東側，武官班在西側，胡人胡服立中間。❼大遼會同十年　西元九四七年。會同，耶律德光第二個年號。❽牙兵　將軍麾下掌旗之兵，即護衛親軍。❾怏怏　因不平或不滿而鬱鬱不樂。❿遷官　古代調動官職叫遷，一般指升職。⓫錄尚書事　總領尚書事。錄，總領。其權力在其他公卿大臣之上。⑫壬戌　二月初六日。⑬興州　州名，治所漢曲，在今陝西略陽。⑭固鎮　戍鎮名，在今甘肅徽縣。⑮乙丑　二月初九日。⑯散關　在陝西寶雞西南大散嶺上，當秦嶺咽喉，扼川、陝間交通孔道，為古代兵家必爭之地。宋以後稱大散關。⑰丙寅　二月初十日。⑱山南兵　山南西道興元之兵。興元，府名，山南西道治所，在今陝西漢中市。

【校　記】①乙丑　原無此二字。據章鈺校，十二行本、乙十一行本、孔天胤本皆有此二字，今據補。按，張敦仁《通鑑刊本識誤》作「乙酉」，然二月丁巳朔，「乙丑」為初九日，「乙酉」為二十九日，依記事之先後，應以「乙丑」為是。

【語　譯】契丹主把後晉的文武百官都召集在朝廷上，問他們說：「我國域土廣闊，方圓幾萬里，有君長二十七人。現在中國的習俗跟我國不同，我想選擇一個人讓他為國君，你們認為怎麼樣？」大家都說：「天上沒有兩個太陽，胡人、漢人之心，都願意擁戴皇帝您。」這樣說了多次，契丹主才說：「你們既然想讓我做君主，那麼現在所要做的，什麼事放在最前面？」大家回答說：「做帝王的新有天下，應該實行大赦。」二月初一日丁巳，契丹主頭戴通天冠，身穿深紅色紗袍，登上正殿，在庭中設置全套樂器、儀仗和衛兵。百官朝見祝賀，漢人官員都穿著法定的禮服，胡人官員仍舊穿著胡人的衣服，站在文武兩班官員的中間。下制書稱大遼會同十年，實行大赦。接著說：「從今以後，各節度使、刺史不許設置衛兵，購買戰馬。」

趙延壽認為契丹主違背了立他為帝的承諾，心裡鬱鬱不樂。讓李崧對契丹主說：「做中原皇帝，我不敢奢求，請求做皇太子。」李崧迫不得已，替他去說。契丹主說：「我和燕王之間的關係，就是割我的肉，只要對他有用，我也毫不吝惜。但是我聽說皇太子應當由天子的兒子來當，豈是燕王所能擔任的呢！」因而命令為燕王提升官職。當時契丹以恆州為中京，翰林承旨張礪上奏擬定燕王趙延壽為中京留守、大丞相、錄尚書事、都督中外諸軍事，依舊為樞密使。契丹主拿筆塗掉「錄尚書事、都督中外諸軍事」語，然後實施。

二月初六日壬戌，後蜀李繼勳和興州刺史劉景攻打固鎮，攻了下來。初九日乙丑，何重建建議派出後蜀兵和階州、成州的兵力共同把守散關，以便奪取鳳州。初十日丙寅，後蜀主派出山南兵三千七百人開赴散關。

劉知遠聞何重建降蜀，歎曰：「戎狄憑陵❶，中原無主，令藩鎮外附。吾為方伯❷，良可愧也！」於是將佐勸知遠稱尊號，以號令四方，觀諸侯❸去就。知遠不許。聞晉主北遷，聲言欲出兵井陘❹，迎歸晉陽。丁卯❺，命武節都指揮使滎澤❻史弘肇❼集諸軍於毬場，告以出軍之期。軍士皆曰：「今契丹陷京城，執天子，天下無主。主天下者，非我王而誰！宜先正位號，然後出師。」爭呼萬歲不已。知遠曰：「虜勢尚彊，吾軍威未振，當且建功業。士卒何知！」命左右遏止之。

己巳❽，行軍司馬❾潞城❿張彥威等三上牋⓫勸進，知遠疑未決。郭威與都押牙⓬冠氏楊邠⓭入說知遠曰：「今遠近之心，不謀而同，此天意也。王不乘此際取之，謙讓不居，恐人心且移。移則反受其咎⓮矣。」知遠從之。

契丹以其將劉愿為保義⓯節度副使，陝人苦其暴虐。奉國都頭⓰王晏⓱與指揮使⓲趙暉⓳、都頭侯章⓴謀曰：「今胡虜亂華，乃吾屬奮發之秋。河東劉公，威德遠著。吾輩若殺愿，舉陝城㉑歸之，為天下唱㉒，取富貴如返㉓掌耳。」暉等然之。晏與壯士數人，夜踰牙城㉔入府，出庫兵以給眾。庚午㉕旦，斬愿首，懸諸府門，又殺契丹監軍，奉暉為留後。晏，徐州；暉，澶州；章，太原人也。

辛未㉖，劉知遠即皇帝位。自言未忍改晉國[1]，又惡開運之名，乃更稱天福十二年㉗。壬申㉘，詔諸道為契丹括率㉙錢帛者，皆罷之。其晉臣被迫脅為使者勿問，令詣行在㉚。自餘契丹，所在誅之。

何重建遣宮苑使崔延琛將兵攻鳳州，不克，退保固鎮。

甲戌㉛，帝自將東迎晉主[2]及太后。至壽陽㉜，聞已過恆州數日，乃留兵戍承天軍㉝而還。

【章　旨】以上為第七段，寫劉知遠即皇帝位。

【注　釋】❶憑陵　進逼、侵陵。❷方伯　古代諸侯中的首領，為一方之長，故稱方伯。劉知遠為北平王、北面行營都統，故以方伯自喻。❸諸侯　謂諸藩鎮。❹井陘　關名，在今河北井陘西。❺丁卯　二月十一日。❻滎澤　縣名，縣治在今河南滎澤北五里。❼史弘肇　字化元，後漢權臣，劉知遠卒，受顧命，輔佐隱帝，濫用刑罰，威震人主，被隱帝處死。傳見《舊五代史》卷一百七、《新五代史》卷三十。❽己巳　二月十三日。❾行軍司馬　官名，唐代出征將帥及節度使下都設行軍司馬，總理所部事務，作戰時也負責參謀之責。❿潞城　縣名，縣治在今山西潞城市。⓫牋　文體名，上呈皇后、太子、諸王的書札、奏記。⓬都押牙　官名，唐代藩鎮均置押牙，為衙署內部的親信武職，其主官稱都押牙。⓭楊邠　魏州冠氏（今山東冠縣）人，後漢權臣，常逆隱帝之意行事，與史弘肇同日被殺。傳見《舊五代史》卷一百七、《新五代史》卷三十。⓮咎　災禍。⓯保義　方鎮名，後唐同光三年（西元九二五年）改鎮國軍節度為保義軍，治所陝州，在今河南陝縣。⓰奉國都頭　軍職名。都，親軍部伍編制，奉國為其名號。⓱王晏　保義軍節鎮親兵奉國都首領，徐州滕縣（今山東滕州）人。傳見《宋史》卷二百五十二。⓲指揮使　保義軍馬步都指揮使之省稱。⓳趙暉　字重光。傳見《舊五代史》卷一百二十五。⓴侯章　并州榆次（今山西榆次）人。傳見《宋史》卷二百五十二。㉑陝城　故址在今河南陝縣。㉒唱　同「倡」。首倡；帶頭。㉓返　胡注：

「當作『反』。」㉔牙城 唐代藩鎮主帥所居之內城，後以泛稱主將所居之城。㉕庚午 二月十四日。㉖辛未 二月十五日。㉗乃更稱天福十二年 天福為後晉高祖石敬瑭年號，此時恰當天福十二年（西元九四七年），劉知遠憎惡晉出帝「開運」年號，故改。㉘壬申 二月十六日。㉙括率 搜刮、聚斂。㉚行在 即行在所。皇帝出行所在之處。此指劉知遠所鎮晉陽，因稱帝，故稱行在。㉛甲戌 二月十八日。㉜壽陽 縣名，縣治壽陽，在今山西壽陽。㉝承天軍 軍鎮名，唐置。後改為承天寨，在今山西平定東。

【校記】①國 原無此字。據章鈺校，十二行本、乙十一行本、孔天胤本皆有此字，張敦仁《通鑑刊本識誤》同，今據補。

②主 原作「王」。據章鈺校，十二行本、乙十一行本、孔天胤本皆作「主」，今據改。

【語譯】劉知遠聽說何重建投降後蜀，歎息說：「戎狄欺陵中國，中原無主，使得藩鎮依附外邦。我作為一方之長，實在令人慚愧！」於是將帥僚佐都勸劉知遠稱帝，以號令天下，觀察各藩鎮的動向。劉知遠沒有同意。聽說後晉主北遷，劉知遠便放出話說要出兵井陘，迎接後晉主返回晉陽。二月十一日丁卯，命令武節都指揮使滎澤人史弘肇在毬場集合各軍，告訴他們出兵的日期。軍士們都說：「現在契丹攻陷京城，俘虜天子，天下沒有君主。能君臨天下的，除了我王還能有誰！應該先即帝位，稱尊號，然後再出兵。」軍士們爭著呼喊萬歲不止。劉知遠說：「胡虜的勢力還很強大，我們自己的軍威還沒有振作，應當暫且先建功立業。士兵們懂得什麼！」便命令左右制止士兵們呼喊。

二月十三日己巳，行軍司馬潞城人張彥威等人三次上表勸劉知遠稱帝，劉知遠遲疑不決。郭威和都押牙冠氏人楊邠進見劉知遠並勸說他：「現在遠近的人心，都不謀而合，這是天意呀。大王不乘這個時機取得帝位，卻謙讓不居其位，恐怕人心將會轉變。人心一變，就反而會遭受災禍了。」劉知遠聽從了他們的意見。

契丹主任命他的將領劉愿為保義節度副使，陝州百姓遭受劉愿的暴虐之苦。奉國都頭王晏和指揮使趙暉、都頭侯章商議說：「現在胡虜擾亂中華，正是我們奮發有為的時候。河東劉公，聲威和德行聞名於遠方。我們如果殺掉劉愿，攻佔陝城，歸附劉公，做天下的倡導，求取富貴就像翻轉手掌那樣容易了。」趙暉等人贊成王晏的意見。於是王晏和幾個壯士，在夜晚翻越牙城進入軍府，拿出倉庫裡的兵器發給部眾。二月十四日庚午清晨，砍下劉愿的頭，高掛在軍府的大門上，又殺掉契丹監軍，推舉趙暉為保義留後。王晏，是徐州人；趙暉，是澶州人；侯章，是太原人。

二月十五日辛未，劉知遠就皇帝位。自稱不忍心改變後晉的國號，但又討厭「開運」這個名稱，於是接著稱此年為天福十二年。十六日壬申，劉知遠下詔，令各道為契丹搜刮錢帛的，全部停止。那些晉朝的臣子被逼迫驅使的，不要追究，命他們前往皇帝所在地。其餘的契丹人，就在當地殺掉。

何重建派遣宮苑使崔延琛帶兵攻打鳳州，沒有攻下，退守固鎮。

二月十八日甲戌，漢高祖親自帶兵向東去迎接後晉主及太后。走到壽陽，聽說他們已經過了恆州好幾天，於是留下軍隊戍守承天軍，自己返回太原。

晉主既出塞，契丹無復供給，從官、宮女皆自采木實、草葉而食之。至錦州❶，契丹令晉主及后妃拜契丹主阿保機❷墓。晉主不勝屈辱，泣曰：「薛超❸誤我！」馮后陰令左右求毒藥，欲與晉主俱自殺，不果❹。

契丹主聞帝即位，以通事耿崇美為昭義節度使、高唐英為彰德節度使、崔廷勳為河陽節度使，以控扼要害❺。

初，晉置鄉兵❻，號天威軍❼。教習歲餘，村民不閑❽軍旅，竟不可用。悉罷之，但令七戶輸錢十千，其鎧仗悉輸官。而無賴子弟，不復肯復農業❾，山林之盜，自是而繁。及契丹入汴，縱胡騎打草穀。又多以其子弟及親信左右為節度使、刺史，不通政事，華人之狡獪者多往依其麾下，教之妄作威福，掊斂⑩貨財。民不堪命，於是所在相聚為盜，多者數萬人，少者不減千百，攻陷州縣，殺掠吏民。滏陽⑪賊帥梁暉，有眾數百，送款⑫晉陽求效用，帝許之。磁州刺史李穀密通表於帝，令暉襲相州。暉偵知高唐英未至，相州積兵器，無守備。丁丑⑬夜，遣壯士踰城入，啟關納其眾，殺契丹數百，其守將突圍走。暉據州自稱留後，表言其狀。

戊寅⑭，帝還至晉陽，議率民財以賞將士。夫人李氏⑮諫曰：「陛下因河東創大業，未有以惠澤其民而先奪其生生之資⑯，殆⑰非新天子所以救民之意也！今宮中所有，請悉出之以勞軍，雖復不厚，人無怨言。」帝曰：「善！」即罷率民，傾內府蓄積以賜將士。中外聞之，大悅。李氏，晉陽人也。

吳越內都監程昭悅，多聚賓客，畜兵器，與術士⑱遊。吳越王弘佐欲誅之，謂水丘昭券曰：「汝今夕帥甲士千人圍昭悅第。」昭券曰：「昭悅，家臣也。有罪當顯戮⑲，不宜夜興兵。」弘佐曰：「善！」命內牙指揮使諸溫伺昭悅歸第，執送東府⑳。己卯㉑，斬之。釋錢仁俊之囚㉒。

武節都指揮使弘肇攻代州，拔之，斬王暉。

建雄留後劉在明㉓朝于契丹，以節度副使駱從朗知州事。帝遣使者張晏洪等如晉州，諭以己即帝位，從朗皆囚之。大將藥可儔殺從朗，推晏洪權留後，庚辰㉔，遣使以聞。契丹主遣右諫議大夫趙熙㉕使晉州，括率錢帛，徵督甚急。從朗既死，民相帥共殺熙。

契丹主賜趙暉詔，即以為保義留後。暉斬契丹使者，焚其詔，遣支使河間㉖趙矩奉表詣晉陽。契丹遣其將高謨翰攻暉，不克。帝見矩，甚喜，曰：「子挈咽喉之地㉗以歸我，天下不足定也。」矩因勸帝早引兵南向以副㉘天下之望，帝善之。辛巳㉙，以暉為保義節度使，侯章為鎮國㉚節度使、保義軍馬步都指揮使，王晏為絳州㉛防禦使、保義軍馬步副指揮使。

高防與王守恩謀，遣指揮使李萬超㉜白晝帥眾大譟入府，斬趙行遷，推守恩權知昭義留後。守恩殺契丹使者，舉鎮來降。

鎮寧節度使邪律郎五，性殘虐，澶州人苦之。賊帥王瓊帥其徒千餘人，夜襲據南城，北度浮航㉝，縱兵大掠，圍郎五於牙城。契丹主聞之，甚懼，始遣天平節度使李守貞、天雄節度使杜重威還鎮，由是無久留河南㉞之意。遣兵救澶州，瓊退屯近郊，遣其[1]弟超奉表來求救。癸未㉟，帝厚賜超，遣還。瓊兵敗，為契丹所殺。

蜀主加雄武節度使何重建同平章事。

【章　旨】以上為第八段，寫河北、河南各藩民心所向歸服劉知遠，紛紛反抗契丹主。

【注　釋】❶錦州　府名，治所在今遼寧錦州。❷阿保機　即遼太祖（西元八七二—九二六年），耶律氏，漢名億。十世紀初統一契丹八部，控制鄰近女真、室韋等族。西元九一六年稱帝，年號神冊。西元九〇七—九二六年在位。傳見《遼史》卷一。❸薛超　後晉出帝親軍將。契丹滅後晉，出帝在宮中放火，攜劍驅十餘人將赴火，為薛超所抱持，免於自焚。事見上卷。❹不果　終於沒有成為事實。❺控扼要害　控制兵爭要塞之地。昭義軍駐節潞州，彰德軍駐節相州，河陽軍駐節孟州，皆阻河東軍東出，屏衛洛陽、大梁，故為要害。❻鄉兵　本土士兵。選自戶籍，或士民應募，在當地集結訓練，以資防守。❼天威軍　軍號名，後晉開運元年曾「詔諸州所籍鄉兵，號武定軍，凡得七萬餘人」。開運二年又「更名武定軍為天威軍」。❽閑　通「嫻」。熟悉。❾不復肯復農業　不願再返回又從事農業生產。❿掊斂　聚斂。⓫滏陽　古縣名，縣治在今河北磁縣。以城在滏水之陽，故名。⓬送款　表誠心。款，真誠。⓭丁丑　二月二十一日。⓮戊寅　二月二十二日。⓯李氏　後漢高祖劉知遠皇后，晉陽人，隱帝生母。高祖在位，多以停斂惠民進諫，深得高祖信賴。後周立，尊為德聖皇太后。傳見《舊五代史》卷一百四、《新五代史》卷十八。⓰生生之資　維持生存的物資。⓱殆　大概；恐怕。⓲術士　道術之士。此指占卜星相等操迷信職業的人。⓳顯戮　公開處決。⓴東府　丞相府。㉑己卯　二月二十三日。㉒釋錢仁俊之囚　程昭悅專權囚內外馬步都統軍使錢仁俊，見上卷開運二年。㉓劉在明　幽州（今北京市西南）人，歷仕後唐、後晉、後漢，官至鎮州節度使。傳見《舊五代史》卷一百六。《舊五代史》本傳無「朝於契丹」事。㉔庚辰　二月二十四日。㉕趙熙　字績臣。傳見《舊五代史》卷九十三。㉖河間　府名，治所在今河北河間。㉗咽喉之地　交通要害之地。陝州是自河東入洛、汴的必經之路，故稱「咽喉之地」。㉘副　符合；滿足。㉙辛巳　二月二十五日。㉚鎮國　方鎮名，唐上元初置。治所華州，在今陝西華縣。㉛絳州　州名，治所正平，在今山西新絳。㉜李萬超　太原人。傳見《宋史》卷二百六十一。㉝浮航　浮橋。㉞河南　古地區名，指黃河以南。㉟癸未　二月二十七日。

【校　記】①其　原無此字。據章鈺校，十二行本、乙十一行本皆有此字，今據補。

【語　譯】後晉主出塞以後，契丹不再供給東西，隨從的官員、宮女都自己採摘樹木的果實和植物的葉子充飢。到了錦州，契丹命令後晉主和后妃們祭拜契丹主阿保機的墳墓，後晉主不堪忍受屈辱，哭泣著說：「薛超害了我！」馮皇后暗中讓左右的人尋找毒藥，想跟後晉主一起自殺，結果沒有實現。

契丹主聽說劉知遠即皇帝位，任命通事耿崇美為昭義節度使、高唐英為彰德節度使、崔廷勳為河陽節度使，用以控制要害的地方。

當初，後晉設立鄉兵，號稱天威軍。教練了一年多，鄉下的百姓不熟悉戰陣之事，終於不能用。只好全部解散，只命每七戶人家捐錢十千，他們的鎧甲和兵器全部交給公家。但一些無生活依靠的年輕人，不願再回去又從事農業，山林的盜賊，從此多了起來。及至契丹進入汴州，放縱胡兵打草穀。又多任命胡人子弟及左右親近的人為節度使、刺史。他們不通曉政務，漢人中狡猾的人大多去投靠他們的旗下，教唆他們胡亂作威作福，聚斂財貨。老百姓不能活命，於是到處相聚為盜賊，人數多的達到幾萬人，少的也不下千百，他們攻陷州縣城池，搶劫殺害官吏和百姓。滏陽的盜賊首領梁暉，有部眾幾百人，向晉陽投誠以求效命，漢高祖答應了他。磁州刺史李穀祕密上表給漢高祖，叫梁暉去偷襲相州。梁暉偵察得知高唐英尚未到達，相州儲藏有兵器，沒有軍隊防守。二月二十一日丁丑晚上，梁暉派遣壯士翻越城牆進城，打開城門讓他的部眾進去，殺死幾百名契丹兵，契丹的守將突圍逃走。梁暉佔據相州，自稱留後，上表報告事情的經過。

二月二十二日戊寅，漢高祖回到晉陽，商議要向老百姓徵收錢財以犒賞將士。夫人李氏勸諫他說：「陛下憑藉河東創立大業，還沒有施恩澤給百姓，反而先剝奪他們維持生存的物資，這恐怕不是新天子用以救助百姓的用意吧！現在宮中所有的東西，請全部拿出用以犒賞軍隊，雖然還不怎麼多，人們不會有怨言。」漢高祖說：「好！」立刻停止徵收民財，把皇家府庫所儲藏的財物全部拿出來賞賜將帥和士兵。京城內外的人聽說這件事，都非常高興。李氏，是晉陽人。

吳越內都監程昭悅大量地聚集賓客，儲備武器，跟術士交往。吳越王錢弘佐想要殺掉他，對水丘昭券說：「你今天晚上帶領一千名披甲士兵包圍程昭悅的宅第。」水丘昭券說：「程昭悅，是一個家臣。有罪應該公開處死，不應該在夜晚動用軍隊。」錢弘佐說：「對！」命令內牙指揮使諸溫暗中監視程昭悅回到家中，將他抓住送到丞相府。二月二十三日己卯，將他斬首。解除對錢仁俊的囚禁。

武節都指揮使史弘肇進攻代州，攻克了，殺了王暉。

建雄留後劉在明到契丹朝拜，命節度副使駱從朗主管州事。漢高祖派遣使者張晏洪等人前往晉州，告訴他們自己已經即皇帝位，駱從朗把張晏洪等人全部囚禁起來。大將藥可儔殺了駱從朗，推舉張晏洪代理留後。二月二十四日庚辰，派遣使者向朝廷奏報這件事情。契丹主派遣右諫議大夫趙熙出使晉州，搜刮百姓的錢財和布帛，催辦得非常急迫。這時駱從朗已死，百姓聯合起來殺死了趙熙。

契丹主頒賜詔書給趙暉，任命他為保義留後。趙暉殺掉契丹使者，燒掉他的詔書，派遣節度支使河間人趙矩奉表前往晉陽。契丹派遣他的將領高謨翰進攻趙暉，沒有攻下來。漢高祖見到趙矩，極為高興，說：「您攜帶交通要害之地來歸附我，平定天下就容易了。」趙矩趁機勸漢高祖及早引兵南下，以迎合天下人的願望，漢高祖誇獎了他。二月二十五日辛巳，任命趙暉為保義節度使，侯章為鎮國節度使、保義軍馬步都指揮使，王晏為絳州防禦使、保義軍馬步副指揮使。

高防和王守恩謀劃，派遣指揮使李萬超白天率領部眾大聲喊叫著衝入軍府，殺掉趙行遷，推舉王守恩代理昭義留後。王守恩殺掉契丹的使者，率整個昭義軍前來歸降。

鎮寧節度使邪律郎五，生性殘忍暴虐，澶州的百姓怨恨他。盜賊首領王瓊率領他的部眾一千多人，夜裡偷襲攻佔南城，向北渡過德勝浮橋，放縱士兵大肆搶劫，把邪律郎五包圍在牙城中。契丹主聽到這個消息，非常害怕，這才派遣天平節度使李守貞、天雄節度使杜重威返回鎮所，從此就沒有了長久留在黃河以南的打算。契丹主派遣軍隊救援澶州，王瓊撤退到澶州近郊屯駐，派遣他的弟弟王超持表前來求救。二月二十七日癸未，漢高祖豐厚地賞賜王超，打發他回去。王瓊兵敗，被契丹殺了。

後蜀主加授雄武節度使何重建同平章事。

延州❶錄事參軍❷高允權❸，萬金❹之子也。彰武節度使周密❺闇而貪，將士作亂，攻之。密敗，保東城。眾以允權家世延帥❻，推為留後，據西城❼。密，應州❽人也。丹州❾都指揮使高彥珣殺契丹所署刺史，自領州事。

契丹述律太后❿遣使以其國中酒饌脯果賜契丹主，賀平晉國。契丹主與羣臣宴於永福殿，每舉酒，立而飲之，曰：「太后所賜，不敢坐飲。」

唐王淑妃⓫與郇公從益⓬居洛陽。趙延壽娶明宗女為夫人，淑妃詣大梁會禮⓭。契丹主見而拜之曰：「吾嫂也⓮。」統軍劉遂凝因淑妃求節鉞⓯，契丹主以從益為許王、威信⓰節度使，遂凝為安遠⓱節度使。淑妃以從益幼，辭不赴鎮，復歸于洛。

契丹主以張礪為右僕射兼門下侍郎、同平章事，左僕射和凝兼中書侍郎、同平章事。司空兼門下侍郎、同平章事劉昫以目疾辭位，罷為太保⓲。

東方羣盜大起，陷宋、亳⓳、密三州。契丹主謂左右曰：「我不知中國之人難制如此！」亟遣泰寧節度使安審琦、武寧節度使符彥卿等歸鎮，仍以契丹兵送之。彥卿至埇橋⑳，賊帥李仁恕帥眾數萬急攻徐州㉑。彥卿與數十騎至城下，揚鞭欲招諭之，仁恕控彥卿馬，請從相公入城㉒。彥卿子昭序，自城中遣軍校陳守習縋㉓而出，呼於賊中曰：「相公已陷虎口，聽相公助賊攻城，城不可得也。」賊知不可劫，乃相率羅拜㉔於彥卿馬前，乞赦其罪。彥卿與之誓，乃解去。

三月丙戌朔㉕，契丹主服赭袍，坐崇元殿㉖，百官行入閤禮㉗。

戊子㉘，帝遣使以詔書安集農民保聚山谷避契丹之患者。◯辛卯㉙，高允權奉表來降。帝諭允權聽㉚周密詣行在，密遂棄東城來奔。◯壬辰㉛，高彥珣[1]以丹州來降。

蜀翰林承旨李昊㉜謂樞密使[2]王處回㉝曰：「敵復據固鎮，則興州道絕，不復能救秦州矣。請遣山南西道㉞節度使孫漢韶㉟將兵急攻鳳州。」癸巳㊱，蜀主命漢韶詣鳳州行營。

契丹主復召晉百官，諭之曰：「天時向暑[3]，吾難久留，欲暫至上國省㊲太后㊳。當留親信一人於此為節度使。」百官請迎太后㊴，契丹主曰：「太后族大，如古柏根，不可移也。」契丹主欲盡以晉之百官自隨，或曰：「舉國北遷，恐搖人心，不如稍稍遷之。」乃詔有職事者從行，餘留大梁。復以汴州為宣武軍㊵，以蕭翰為節度使。翰，述律太后之兄子，其妹復為契丹主后。翰始以蕭為姓，自是契丹后族皆稱蕭氏。

【章　旨】以上為第九段，寫大河南北民眾紛紛反抗契丹，契丹主留蕭翰為宣武節度使，自己帶領部分後晉百官北還。

【注　釋】❶延州　州名，治所廣武，在今陝西延安東北。❷錄事參軍　官名，多設於王府、公府、州郡，掌各曹文書、糾察等事。❸高允權　初仕後晉，後漢立，授彰武節度使。❹萬金　允權父，仕後梁、後唐為延州節度使。傳見《舊五代史》卷一百二十五、《新五代史》卷四十。❺周密　字德峰。傳見《舊五代史》卷一百二十四。❻眾以允權家世延帥　指高氏祖孫世代做延州牙將、節度使等。❼西城　延州有東西二城，中間有深澗為界。❽應州　州名，治所金城，在今山西應縣東。❾丹州　州名，治所在今陝西宜川縣東北。❿述律太后　遼太祖淳欽皇后，有雄略。太祖崩，攝軍國事。太宗繼位，尊為皇太后。太宗崩，世宗兀欲自立。太后怒，遣兵擊之，敗，被軟禁。傳見《新五代史》卷七十三、《遼史》卷七十一。⓫王淑妃　後唐明宗李嗣源妃。後晉立，與郇公從益居洛陽。契丹北歸，復隨從益入汴。後被劉知遠派人處死。⓬郇公從益　後唐明宗子，王淑妃母之，封許王。後晉立，封郇國公，與王淑妃退居洛陽。契丹北歸，迫使從益入汴知南朝軍國事。劉知遠擁兵南下，派人殺從益母子，死時年十七。傳見《新五代史》卷十五。⓭淑妃詣大梁會禮　趙延壽妻原為唐明宗女興平公主，此時已死，又娶從益妹永安公主。永安公主養於王淑妃，故王淑妃詣大梁，為她主婚禮。事見《舊五代史》卷九十八、《新五代史》卷十五。⓮吾嫂也　耶律德光以唐明宗年長為兄，故尊王淑妃為嫂。⓯統軍劉遂凝因淑妃求節鉞　王淑妃年輕時賣於梁故將劉鄩為侍兒，鄩卒，方被明宗納為妃。劉遂凝與劉鄩有舊交，故託王淑妃向契丹求節鉞。⓰威信　方鎮名，五代後晉置。治所曹州，在今山東曹縣西北。⓱安遠　方鎮名，五代後唐置。治所安州，在今湖北安陸。⓲太保　官名，三公之一。多為大官加銜，並無實職。⓳宋亳　皆州名。宋州，治所宋城，在今河南商丘南。亳州，治所譙縣，在今安徽亳州。⓴埇橋　一作甬橋。故址在今安徽宿州城南古汴河上。金以後汴河湮廢，此橋亦廢。㉑徐州　州名，治所在今江蘇徐州。㉒請從相公入城　李仁恕是想劫持符彥卿為質以取徐州。㉓縋　繫在繩子上放下去。㉔羅拜　四面圍繞著下拜。㉕丙戌朔　三月初一。㉖崇元殿汴京的正衙殿。㉗入閣禮　百官朝見皇帝的儀式。一般在朔日舉行，後唐朔望皆入閣。詳見宋王溥《五代會要》「入閣儀」條。㉘戊子　三月初三日。㉙辛卯　三月初六日。㉚聽　任憑。㉛壬辰　三月初七日。㉜李昊　字窮佐，歷仕前蜀、後蜀五十餘年，官同平章事兼修國史。入宋，拜工部尚書。㉝王處回　字亞賢，彭城（今江蘇徐州）人，初事後蜀高祖孟知祥為樞密使，孟死，受顧命，輔佐後主孟昶，加兼侍中、領三鎮節度使。以太子太傅致仕。㉞山南西道　方鎮名，唐上元初置。治所興元府，在今陝西漢中。㉟孫漢韶　振武人，初從後唐明宗為武定軍節度使。降後蜀，多立功，封樂安郡王。㊱癸巳　三月初八日。㊲省　探望；問候。㊳太后　契丹主耶律德光母述律太后。㊴百官請迎太后　百官上表契丹主迎請太后來大梁，意欲契丹主不必北歸。而「省太后」，只不過是契丹主北歸的遁辭而已，故諭百官云云。㊵宣武軍　契丹入大梁，降開封府為汴州防禦使，今欲北還，又以汴州置節鎮，復盛唐之舊。

【校　記】1高彥珣　原作「高彥詢」。據章鈺校，十二行本、乙十一行本皆作「高彥珣」，今據改。按，《舊五代史・漢書・高祖紀》作「高彥珣」。2樞密使　原無此三字。據章鈺校，十二行本、乙十一行本皆有此三字，張瑛《通鑑校勘記》同，今據補。3暑　原作「熱」。據章鈺校，十二行本、乙十一行本、孔天胤本皆作「暑」，今據改。

【語　譯】延州錄事參軍高允權是高萬金的兒子。彰武節度使周密昏庸貪財，將士們發動叛亂，攻打周密。周密被打敗，據守延州東城。大家認為高允權家世代為延州的將帥，推舉他為彰武留後，佔據延州西城。周密，是應州人。丹州都指揮使高彥珣殺掉契丹所任命的刺史，自己兼管丹州的政事。

契丹述律太后派遣使者把他們國內所產的美酒、菜餚、乾肉和水果賜給契丹主，祝賀他平定晉國。契丹主跟大臣們在永福殿宴飲，每次舉起酒杯，都是站起來喝酒，說：「太后所賞賜的酒，不敢坐著喝。」

後唐的王淑妃和郇公李從益居住在洛陽。趙延壽娶唐明宗的女兒萁國長公主為夫人，王淑妃到大梁舉行見面禮。契丹主見了向她行禮說：「我的嫂夫人。」統軍劉遂凝通過王淑妃向契丹主請求擔任節度使，於是契丹主封李從益為許王、威信節度使，任命劉遂凝為安遠節度使。王淑妃因為李從益年幼，辭謝不上任，又回到洛陽。

契丹主任命張礪為右僕射兼門下侍郎、同平章事，左僕射和凝兼中書侍郎、同平章事。司空兼門下侍郎、同平章事劉昫因為患了眼疾而辭職，於是被免去職務而任太保。

東部成夥的盜賊蓬勃而起，攻下宋州、亳州和密州。契丹主對左右的人說：「我不知道中國的百姓這麼難以統治！」緊急命令泰寧節度使安審琦、武寧節度使符彥卿等人回到自己的藩鎮，仍舊派契丹兵護送他們。符彥卿到達埇橋，盜賊首領李仁恕率領部眾幾萬人猛攻徐州。符彥卿與幾十名騎兵來到城下，高舉馬鞭想勸導招撫他們，李仁恕上前抓住符彥卿的馬籠頭，要求隨從符彥卿進城。符彥卿的兒子符昭序，從城裡派遣軍校陳守習從城上用繩索繫身降於城外，在賊群中大聲呼喊：「相公已經陷入虎口，任憑相公幫助盜賊攻城，城也不能到手。」盜賊知道劫持符彥卿也沒用，就一起圍繞拜倒在符彥卿的馬前，請求赦免他們的罪過。符彥卿跟他們立了誓言，盜賊們才散去。

三月初一日丙戌，契丹主穿上赭色袍服，坐在崇元殿，百官施行入閤禮。

三月初三日戊子，漢高祖派遣使者攜帶詔書去安撫那些躲避契丹危害為自保而聚集在山谷的農民。〇初六日辛卯，高允權奉表前來歸降。漢高祖告知高允權，允許周密前來行在所。周密於是放棄東城跑來投降。〇初七日壬辰，高彥珣獻出丹州來投降。

後蜀翰林承旨李昊對樞密使王處回說：「敵人如果再佔據固鎮，那麼通往興州的道路斷絕，不能再救援秦州了。請派遣山南西道節度使孫漢韶率兵猛攻鳳州。」三月初八日癸巳，後蜀主命令孫漢韶前往鳳州行營。

契丹主再度召見後晉百官，告訴他們說：「天氣漸漸炎熱起來，我難以長久留在這裡，想暫時回到上國去探望太后。將要留一個親近的人在這裡做節度使。」百官建議迎接太后到大梁來。契丹主說：「太后的家族龐大，就像老柏樹的根一樣，不能移動。」契丹主想讓後晉的全部官員隨他北上。有人說：「整個國家的官員一起遷到北方，恐怕會動搖人心，不如逐漸遷移。」於是詔令任職的官員跟著走，其餘的人留在大梁。又把汴州改為宣武軍，任命蕭翰為宣武節度使。蕭翰是述律太后哥哥的兒子，他的妹妹又嫁給契丹主為皇后。蕭翰開始以蕭為姓，從此契丹皇后族人都稱蕭氏。

吳越復發水軍，遣其將余安將之，自海道救福州。己亥❶，至白蝦浦❷。海岸泥淖❸，須布❹竹簀❺乃可行。唐之諸軍在城南者，聚而射之，簀不得施。馮延魯曰：「城所以不降者，恃此救也。今相持不戰，徒老我師，不若縱其登岸盡殺之，則城不攻自降矣。」裨將孟堅❻曰：「浙兵❼至此已久[1]，不能進退，求一戰而死不可得。若聽[2]其登岸，彼必致死於我，其鋒不可當，安能盡殺乎！」延魯不聽，曰：「吾自擊之。」吳越兵既登岸，大呼奮擊，延魯不能禦，棄眾而走，孟堅戰死。吳越兵乘勝而進，城中兵亦出，夾擊唐兵，大破之。唐城南諸軍皆遁，吳越兵[3]追之。王崇文以牙兵三百拒之，諸軍陳於崇文之後，追者乃還。

或言浙兵欲棄福州，拔李達之眾歸錢唐，東南守將劉洪進等白王建封，請縱其盡出而取其城。留從效不欲福州之平，建封亦忿陳覺等專橫，乃曰：「吾軍敗矣，安能與人爭城！」是夕，燒營而遁，城北諸軍亦相顧而潰。馮延魯引佩刀自刺，親吏救之，不死。唐兵死者二萬餘人，委棄軍資器械數十萬，府庫為之耗竭。余安引兵入福州，李達舉所部授之。

留從效引兵還泉州，謂唐戍將曰：「泉州與福州世為仇敵❽，南接嶺海瘴癘之鄉❾，地險土瘠。比年軍旅屢興，農桑廢業，冬徵夏斂❿，僅能自贍⓫，豈勞大軍久戍於此！」置酒餞之，戍將不得已引兵歸。唐主不能制，加從效檢校太傅。

【章　旨】以上為第十段，寫南唐兵敗於福州，吳越王據有閩地。

【注　釋】❶己亥　三月十四日。❷白蝦浦　地名，在福建閩縣南。❸泥淖　泥沼。❹布　鋪墊。❺竹簀　竹席。❻孟堅　始事閩，為建州裨將。後降南唐，多立功。隨馮延魯攻福州，與吳越兵力戰而死。❼浙兵　吳越王錢弘佐所遣救李達之兵。❽泉州與福州世為仇敵　唐末王潮兄弟曾自泉州攻福州，留從效先是以泉州兵擊破福州兵，又會合南唐兵圍福州，故稱有世仇。❾瘴癘之鄉　有瘴氣瘟疫的地方。❿冬徵夏斂　指秋糧成熟，徵租至冬季；春蠶畢收，斂帛到夏季。一年收二稅。⓫自贍　供養自己。

【校　記】[1]已久　原無此二字。據章鈺校，十二行本、乙十一行本皆有此二字，張敦仁《通鑑刊本識誤》同，今據補。[2]聽　原作「縱」。據章鈺校，十二行本、乙十一行本皆作「聽」，今據改。[3]兵　原無此字。據章鈺校，十二行本、乙十一行本皆有此字，張瑛《通鑑校勘記》同，今據補。

【語　譯】吳越又調發水軍，派他的將領余安統領，從海路救援福州。三月十四日己亥，到達白蝦浦。海岸泥濘，需要鋪上竹席才能行走。南唐在城南的各軍，集中用箭射向他們，竹席無法鋪上。馮延魯說：「福州城不投降的原因，就是依賴這批援軍。現在雙方相持不戰，只會把我們的軍隊拖疲。不如任憑他們登上岸來，把他們全部殺死，那麼福州城不需攻打就會自己投降了。」偏將孟堅說：「吳越兵來到這裡很久了，不能進退，尋求拼死一戰都不可能。如果放任他們登上岸，他們一定跟我們拼死，那鋒芒銳不可擋，又怎麼能將他們全部殺掉呢！」馮延魯不聽，說：「我自己去攻打他們。」吳越兵上岸以後，大聲喊叫，奮勇拼殺，馮延魯抵擋不住，丟下部眾逃走，孟堅戰死。吳越兵乘勝前進，福州城裡的士兵也出城來，夾攻南唐兵，把南唐兵打得大敗。南唐在城南的各軍全都逃走了，吳越兵追擊他們。王崇文率領三百名衛隊阻擋追兵，各軍在王崇文的後面列陣，追趕的士兵這才回去。

有人說吳越兵想放棄福州，抽調李達的部眾回錢唐。東南守將劉洪進等人把這個消息告訴王建封，請求他們全部出城後奪取城池。留從效不願意福州被平定，王建封也怨恨陳覺等人專橫，就說：「我們的軍隊被打敗了，怎麼能跟人家爭奪城池！」當天晚上，焚燒營壘逃走，城北各軍也相繼潰散。馮延魯抽出身上的佩刀自殺，親信的官吏救了他，沒有死。南唐兵死了兩萬多人，丟棄軍用物資和器械幾十萬件，國庫因此而消耗完了。余安帶兵進入福州，李達把自己的部眾全部交給他。

留從效帶兵返回泉州，對南唐的守將說：「泉州與福州世代都是仇敵，南面連接嶺南和大海充滿瘴癘之氣的地方，地勢險峻，土地貧瘠。連年屢次爆發戰爭，農耕和蠶桑業荒廢，冬徵夏斂，百姓僅能自養，怎麼能有勞大軍長久地戍守在這裡！」於是擺設酒席，為他們餞行。南唐守將不得已，只好帶兵回去。南唐主對他不能控制，便加授留從效檢校太傅。

壬寅❶，契丹主發大梁，晉文武諸司從者數千人，諸軍吏卒又數千人，宮女、宦官數百人。盡載府庫之實以行，所留樂器儀仗而已。夕，宿赤岡，契丹主見村落皆空，命有司發牓數百通❷，所在招撫百姓，然竟不禁胡騎剽掠。丙午❸，契丹❹自白馬❺渡河，謂宣徽使高勳曰：「吾在上國，以射獵為樂，至此令人悒悒❻。今得歸，死無恨矣。」

蜀孫漢韶將兵二萬攻鳳州，軍于固鎮，分兵扼散關以絕援路。

張筠❼、余安皆還錢唐。吳越王弘佐遣東南安撫使鮑修讓❽將兵戍福州，以東府⑨安撫使錢弘倧⑩為丞相。

庚戌⑪，以皇弟北京⑫馬步都指揮使崇⑬行太原尹，知府事。

辛亥⑭，契丹主將攻相州，梁暉請降；契丹主赦之，許以為防禦使，暉疑其詐，復乘城拒守。夏，四月己未⑮，未明，契丹主命蕃、漢諸軍急攻相州，食時⑯克之。悉殺城中男子，驅其婦女而北，胡人擲嬰孩於空中，舉刃接之以為樂。留高唐英守相州。唐英閱城中，遺民男女得七百餘人。其後節度使王繼弘斂城中髑髏瘞⑰之，凡得十餘萬。

或告磁州刺史李穀謀舉州應漢，契丹主執而詰之，穀不服。契丹主引手於車中，若取所獲文書者。穀知其詐，因請曰：「必有其驗，乞顯示之。」凡六詰，穀辭氣不屈，乃釋之。

帝以從弟北京馬軍都指揮使信⑱領義成節度使、充侍衛馬軍都指揮使，武節都指揮使史弘肇領忠武節度使、充步軍都指揮使，右都押牙楊邠權樞密使，蕃漢兵馬都孔目官郭威權副樞密使，兩使⑲都孔目官南樂王章⑳權三司使。○癸亥㉑，立魏國夫人李氏為皇后。

契丹主見所過城邑丘墟，謂蕃、漢羣臣曰：「致中國如此，皆燕王㉒之罪也。」

顧張礪曰：「爾亦有力焉。」

【章旨】以上為第十一段，寫契丹主北還，一路屠城濫殺，千里沃野一片荒殘。

【注釋】❶壬寅　三月十七日。❷百通　此謂牓文百張。❸丙午　三月二十一日。❹契丹　胡注云「契丹」下脫「主」字。❺白馬　古津渡名，在今河南滑縣東北，秦、漢白馬縣西北古黃河南岸，與北岸黎陽津相對，為歷代兵家必爭之地。❻悒悒　憂悶不樂；憂愁不得志。❼張筠　海州（今江蘇東海縣）人。傳見《舊五代史》卷九十、《新五代史》卷四十七。❽鮑修讓　吳越福州戍將，入宋知福州彰武軍事、同參丞相府事。❾東府　吳越以越州為東府，在今浙江紹興。❿錢弘倧　吳越王錢鏐孫，錢弘佐弟。弘佐死，子昱年幼，立弘倧為王。對宿將舊勳不甚優禮，遂被大將囚禁，立弘倧異母弟俶為王。傳見《舊五代史》卷一百三十三。⓫庚戌　三月二十五日。⓬北京　唐和五代後唐、後晉、後漢都以它的發祥地太原府為北京，在今山西太原西南晉源鎮。⓭崇　即劉崇，高祖劉知遠母弟，初名崇，後更名旻。高祖即位，為太原尹、北京留守、同中書門下平章事。隱帝時，累加中書令。郭威建後周，劉崇於太原自立為帝，是為北漢，與契丹稱叔姪之國。西元九五一—九五四年在位。傳見《舊五代史》卷一百三十五、《新五代史》卷七十、《宋史》卷四百八十二。⓮辛亥　三月二十六日。⓯己未　四月初四日。⓰食時　吃早飯時，相當於五至七時。⓱瘞　埋葬。⓲信　劉信，劉知遠從弟。後漢立，官義成節度使、加檢校太尉、同平章事。性昏懦，黷貨無厭，喜行酷法。澶州軍變後，惶惑自殺。傳見《舊五代史》卷一百五、《新五代史》卷十八。⓳兩使　節度使與觀察使。⓴王章　魏州南樂（今河北大名南）人，後漢權臣，官至太尉、同中書門下平章事。不喜文士，賦斂苛刻，民不堪命。與史弘肇、楊邠同日被殺。傳見《舊五代史》卷一百七、《新五代史》卷三十。㉑癸亥　四月初八日。㉒燕王　指趙延壽。

【語譯】三月十七日壬寅，契丹主從大梁出發，後晉文武各部門隨從的有幾千人，各軍的官吏和士兵又有幾千人，宮女和宦官幾百人。把府庫所藏的物資全部載運上路，所留下來的是一些樂器、儀仗而已。晚上，住在赤岡，契丹主看見村落都空無一人，命令有關官員發布幾百張公告，所到之處招撫百姓，卻不禁止胡兵搶劫。二十一日丙午，契丹主從白馬渡黃河，對宣徽使高勳說：「我在上國以射箭打獵為樂，到了這裡，令人愁悶不樂，現在能夠回去，死而無憾。」

後蜀孫漢韶率領兩萬軍隊攻打鳳州，駐軍固鎮，分出一部分兵力控制散關，以切斷救援的通路。

張筠、余安都返回錢唐。吳越王錢弘佐派遣東南安撫使鮑修讓率兵戍守福州，任命東府安撫使錢弘倧為丞相。

三月二十五日庚戌，命皇弟北京馬步都指揮使劉崇代理太原尹，掌管太原府的事務。

三月二十六日辛亥，契丹主將攻打相州，梁暉表示願意投降；契丹主赦免他的罪，答應任命他為相州防禦使，梁暉懷疑契丹主有詐，又登城設防抵抗。夏，四月初四日己未，天還沒亮，契丹主命令胡、漢各軍猛攻相州，吃早飯的時候攻克相州。把城裡的男人全部殺掉，驅趕城中婦女一起向北走。胡人將嬰孩拋向空中，舉刀接住，以此來取樂。契丹主留下高唐英防守相州。高唐英巡視城裡，所剩百姓男女合起來得到七百多人。後來節度使王繼弘收斂城中死人骨架埋葬了，總共找到十多萬具。

有人告發磁州刺史李穀謀劃獻出磁州，歸附後漢，契丹主把他抓來質問，李穀不承認。契丹主把手伸進車裡，好像要拿出他所得到的文書證據似的。李穀知道他是欺詐，就向他請求說：「一定有證據，請亮出來看一看。」契丹主共質問了六次，李穀的口氣絲毫不怯懦，契丹主這才放了他。

後漢高祖命堂弟北京馬軍都指揮使劉信兼任義成節度使、充當侍衛馬軍都指揮使，武節都指揮使史弘肇兼任忠武節度使、充當步軍都指揮使，右都押牙楊邠暫理樞密使，蕃漢兵馬都孔目官郭威暫理副樞密使，兩使都孔目官南樂人王章暫理三司使。〇四月初八日癸亥，立魏國夫人李氏為皇后。

契丹主看到他經過的城市鄉村都已變成荒丘和廢墟，對蕃、漢大臣們說：「把中國弄到這種地步，都是燕王趙延壽的罪過。」又回過頭來對張礪說：「你也同樣出了力。」

甲子[1]，帝以河東節度判官長安蘇逢吉[2]、觀察判官蘇禹珪[3]為中書侍郎、同平章事。禹珪，密州人也。◯振武❹節度使、府州團練使折從遠❺入朝，更名從阮，置永安軍❻於府州❼，以從阮為節度使。又以河東左都押牙劉銖❽為河陽節度使。銖，陝人也。

契丹昭義節度使耿崇美屯澤州，將攻潞州。乙丑❾，詔史弘肇將步騎萬人救之。

丙寅❿，以王守恩為昭義節度使，高允權為彰武節度使。又以岢嵐⓫軍使鄭謙為忻州⓬刺史、領彰國⓭節度使兼忻・代二州義軍都部署⓮。丁卯⓯，以緣河巡檢使閻萬進[1]為嵐州刺史，領振武節度使兼嵐、憲⓰二州義軍都制置使⓱。帝聞契丹北歸，欲經略河南，故以弘肇為前驅，又遣閻萬進出北方以分契丹兵勢。萬進，并州⓲人也。

契丹主以船數十艘載晉鎧仗，將自汴泝河歸其國⓳，命寧國都虞候榆次武行德⓴將士卒千餘人部送之。至河陰㉑，行德與將士謀曰：「今為虜所制，將遠去鄉里。人生會有死，安能為異域之鬼乎！虜勢不能久留中國，不若共逐其黨，堅守河陽，以俟天命之所歸者而臣之，豈非長策乎！」眾以為然。行德即以鎧仗授之，相與殺契丹監軍使。會契丹河陽節度使崔廷勳以兵送耿崇美之潞州，行德遂乘虛入據河陽，眾推行德為河陽都部署。行德遣弟行友奉蠟表㉒間道㉓詣晉陽。契丹遣武定㉔節度使方太㉕詣洛陽巡檢，至鄭州。州有戍兵，共迫太為鄭王。梁嗣密王朱乙㉖逃禍為僧，嵩山㉗賊帥張遇得之，立以為天子，取嵩岳神袞冕㉘以衣之，帥眾萬餘襲鄭州，太擊走之。太以契丹尚彊，恐事不濟，說諭戍兵，欲與俱西。眾不從，太自西門逃奔洛陽。戍兵既失太，反譖太於契丹，云脅我為亂。太遣子師朗自訴於契丹，契丹將麻荅殺之，太無以自明。會羣盜攻洛陽，契丹留守劉晞棄城奔許州㉙，太乃入府行留守事，與巡檢使潘環㉚擊羣盜卻之，張遇殺朱乙請降。伊闕㉛賊帥自稱天子，誓眾於南郊壇㉜，將入洛陽，太逆擊，走之。太欲自歸於晉陽，武行德使人誘太曰：「我裨校也。公舊鎮此地，今虛位相待。」太信之，至河陽，為行德所殺。

蕭翰遣高謨翰援送劉晞自許還洛陽，晞疑潘環構㉝其眾逐己，使謨翰殺之。

戊辰㉞，武行友至晉陽。○庚午㉟，史弘肇奏遣先鋒將馬誨擊契丹，斬首千餘級。時耿崇美、崔廷勳至澤州，聞弘肇兵已入潞州，不敢進，引眾[2]而南。弘肇遣誨追擊，破之，崇美、廷勳與奚王拽剌退保懷州。○辛未㊱，以武行德為河陽節度使。

契丹主聞河陽亂，歎曰：「我有三失，宜天下之叛我也！諸道括錢，一失也。今上國人打草穀，二失也。不早遣諸節度使還鎮，三失也。」

【章旨】以上為第十二段，寫各地軍民反抗契丹，契丹主慨歎有三失：搜刮民眾，一失；放縱胡騎搶掠，二失；不早遣漢人節度使還鎮，三失。

【注釋】❶甲子　四月初九日。❷蘇逢吉　京兆長安人，後漢權臣，深得劉知遠寵信，官中書侍郎、同中書門下平章事。貪詐無行，濫殺無辜。後周郭威起兵，畏罪自殺。傳見《舊五代史》卷一百八、《新五代史》卷三十。❸蘇禹珪　字玄錫，後漢權臣。劉知遠卒，受顧命輔佐少主，任左僕射。後周立，加守司空，封莒國公。傳見《舊五代史》卷一百二十七。❹振武　方鎮名，唐乾元初置。治所在今內蒙古和林格爾。❺折從遠　字可久，初名從遠，避劉知遠諱，改名從阮，雲中（今山西大同）人，官振武等數鎮節度使。傳見《舊五代史》卷一百二十五、《新五代史》卷五十。❻永安軍　折從遠保府州以拒契丹，始置永安軍節度以賞之。❼府州　州名，為永安軍治所，在今陝西府谷。❽劉銖　陝州人，與劉知遠有舊。後漢立，官永興軍節度使、加檢校太師、同平章事，又加侍中。郭威進兵京師，銖悉殺其家屬，後被郭威所殺。傳見《舊五代史》卷一百七、《新五代史》卷三十。❾乙丑　四月初十日。❿丙寅　四月十一日。⓫岢嵐　唐縣名，五代置為岢嵐軍，治所在今山西岢嵐。⓬忻州　州名，治所秀容，在今山西忻州。⓭彰國　方鎮名，五代後唐置。治所應州，在今山西應縣東。⓮都部署　官名，五代後唐設立，為戰時指揮一部分軍隊的總指揮官。⓯丁卯　四月十二日。⓰憲　州名，治所樓煩，在今山西靜樂南七十里。⓱都制置使　官名，唐代後期在用兵前後，為控制地方秩序而設立的長官。⓲并州　州名，治所晉陽，在今山西太原西南。⓳自汴泝河歸其國　自汴溯黃河，再從河陽取道太行路歸契丹。⓴武行德　并州榆次（今山西榆次）人，歷仕後晉、契丹、後漢、後周，入宋，官至太子太傅。傳見《宋史》卷二百五十二。㉑河陰　舊縣名，縣治在今河南滎陽北古汴河口。㉒蠟表　作表置於蠟丸中。㉓間道　偏僻的小路。㉔武定　方鎮名，唐光啓中置。治所洋州，在今陝西洋縣。㉕方太　字伯宗，青州千乘（今山東博興高苑鎮）人，後晉邢州留後。契丹滅後晉，充洛京巡檢使，守鄭州。後被武行德所害。傳見《舊五代史》卷九十四。㉖朱乙　後梁太祖兄朱存之子友倫，封密王，朱乙為其後人，仍稱密王。梁亡，避禍為僧。㉗嵩山　古稱「中嶽」，在河南登封北。㉘袞冕　袞衣和冕。古代皇帝和上公的禮服。㉙許州　州名，治所長社，在今河南許昌。㉚潘環　字楚奇，洛陽人，歷仕後梁、後唐、後晉、後漢。所至以聚斂為務，後被蕃將高謨翰殺。傳見《舊五代史》卷九十四。㉛伊闕　山名，因兩山相對如闕門，伊水流經其間，故名。在今河南洛陽南。㉜南郊壇　後唐郊祀上天之壇設在洛陽城南。㉝構　挑撥離間。㉞戊辰　四月十三日。㉟庚午　四月十五日。㊱辛未　四月十六日。

【校　記】[1]閻萬進　據章鈺校，十二行本、乙十一行本、孔天胤本皆作「謙萬進」，張敦仁《通鑑刊本識誤》同。按，《舊五代史》亦作「閻萬進」，未知孰是。[2]眾　原作「兵」。據章鈺校，十二行本、乙十一行本皆作「眾」，今據改。

【語　譯】四月初九日甲子，漢高祖任命河東節度判官長安人蘇逢吉、觀察判官蘇禹珪為中書侍郎、同平章事。蘇禹珪，是密州人。○振武節度使、府州團練使折從遠入朝，改名為折從阮，在府州設置永安軍，任命折從阮為永安節度使。又任命河東左都押牙劉銖為河陽節度使。劉銖是陝州人。

契丹昭義節度使耿崇美屯駐澤州，將要進攻潞州。四月初十日乙丑，詔命史弘肇率領步兵、騎兵一萬人救援潞州。

四月十一日丙寅，任命王守恩為昭義節度使，高允權為彰武節度使。又任命岢嵐軍使鄭謙為忻州刺史、領彰國節度使，兼任忻、代二州義軍都部署。十二日丁卯，任命緣河巡檢使閻萬進為嵐州刺史，領振武節度使，兼任嵐、憲二州義軍都制置使。皇帝聽說契丹要回北方，打算謀劃黃河以南，所以命史弘肇為先頭部隊，又派遣閻萬進出兵到北方，以分散契丹的兵力。閻萬進，是并州人。

契丹主利用幾十艘船隻裝載後晉的鎧甲兵器，將從汴州逆黃河而上返回國內，命令寧國都虞候榆次人武行德率領一千多人押送。到達河陰後，武行德跟將士們商議說：「我們現在被契丹所控制，將要遠離家鄉。人總會有一死，怎麼能夠做他鄉的鬼呢！胡虜勢必不能長久留在中國，不如我們一起驅逐他們的同黨，堅守河陽，藉以等待天命有所歸的人，就去向他稱臣，豈不是良計嗎！」大家認為這話很對。武行德就把船上的鎧甲和武器交給他們，合力殺死契丹的監軍使。正好這時契丹的河陽節度使崔廷勳帶兵護送耿崇美前往潞州，武行德於是乘著州城空虛入據河陽，大家推舉武行德為河陽都部署。武行德打發他的弟弟武行友帶著裝在蠟丸中的表章，抄小路前往晉陽。

契丹派遣武定節度使方太前往洛陽巡視考察，到達鄭州。鄭州駐有守兵，他們一起逼著方太為鄭王。梁朝的後人密王朱乙，為了逃避禍亂當了和尚，嵩山的盜賊首領張遇抓住了朱乙，立朱乙為天子，把嵩岳廟神像上的龍袍和冠冕給朱乙穿上，率領一萬多人襲擊鄭州，方太把他們打跑了。方太考慮到契丹勢力還很強大，恐怕事情不能成功，於是勸導守兵，打算帶他們一起西行。大家不聽，方太自己從西門逃奔洛陽。守兵在方太跑掉以後，反而在契丹面前誣陷方太，說方太逼迫我們作亂。方太派兒子方師朗主動去向契丹解釋，契丹將領麻荅將他殺掉，方太沒有辦法表明心跡。適逢盜賊攻打洛陽，契丹留守劉晞放棄州城，跑往許州，方太便進入洛陽的府署執行留守的職務，和巡檢使潘環擊退了盜賊。張遇殺死朱乙請求投降。伊闕的盜賊首領自稱天子，在洛陽城南的祭壇上向部眾誓師，將要進入洛陽。方太迎擊，把他們趕跑了。方太想主動歸附晉陽，武行德派人誘騙他說：「我是軍中偏校，您以前鎮守過這裡，現在我空出河陽首領的位子，等待您的到來。」方太相信了他的話，到了河陽，被武行德殺死。

蕭翰派遣高謨翰援助並護送劉晞從許州返回洛陽，劉晞懷疑是潘環挑撥部眾驅逐自己，讓高謨翰殺了潘環。

四月十三日戊辰，武行友到達晉陽。○十五日庚午，史弘肇奏報說派遣先鋒將馬誨襲擊契丹，斬首一千多級。當時，耿崇美、崔廷勳到達澤州，聽說史弘肇的部隊已經進入潞州，不敢前進，帶領眾人南走。史弘肇派遣馬誨追擊，打敗了他們。耿崇美、崔廷勳和奚王拽剌退兵守衛懷州。○十六日辛未，漢高祖任命武行德為河陽節度使。

契丹主聽到河陽發生變亂，歎息說：「我有三個失誤，天下應該背叛我！向各地搜刮錢財，這是第一個失誤。叫上國的士兵打草穀，這是第二個失誤。不及早派各節度使回到自己的藩鎮去，這是第三個失誤。」

唐主以矯詔敗軍，皆陳覺、馮延魯之罪❶，壬申❷，詔赦諸將，議斬二人以謝中外。御史中丞江文蔚❸對仗彈馮延巳、魏岑曰：「陛下踐阼以來，所信任者，延巳、延魯、岑、覺四人而已。皆陰狡弄權，壅蔽聰明，排斥忠良，引用羣小，諫爭者逐，竊議者刑，上下相蒙，道路以目❹。今覺、延魯雖伏辜，而延巳、岑猶在，本根未殄❺，枝幹復生。同罪異誅，人心疑惑。」又曰：「上之視聽，惟在數人，雖日接羣臣，終成孤立。」又曰：「在外者握兵，居中者當國。」又曰：「岑、覺、延魯，更相違戾❻。彼前則我卻，彼東則我西。天生五材❼，國之利器，一日為小人忿爭妄動之具。」又曰：「征討之柄，在岑折簡，帑藏取與，繫岑一言❽。」唐主以文蔚所言為太過，怒，貶江州司士參軍❾。械送覺、延魯至金陵。宋齊丘以嘗薦覺使福州，上表待罪。

詔流覺於蘄州，延魯於舒州❿。知制誥⓫會稽⓬徐鉉⓭、史館修撰韓熙載⓮上疏曰：「覺、延魯罪不容誅，但齊丘、延巳為之陳請，故陛下赦之。擅興者不罪，則疆埸有生事者矣。喪師者獲存，則行陳無效死者矣。請行顯戮以重軍威。」不從。中書侍郎、同平章事馮延巳罷為太弟⓯少保⓰，貶魏岑為太子洗馬⓱。

韓熙載屢言宋齊丘黨與必為禍亂。齊丘奏熙載嗜酒猖狂，貶和州司士參軍。

【章旨】以上為第十三段，寫南唐主裁制群小，同時又貶抑進言直臣，猜忌一方勢盛則裁抑以平衡之。

【注釋】❶皆陳覺馮延魯之罪　事見上卷晉出帝開運三年。❷壬申　四月十七日。❸江文蔚　字君章，建安（今福建建甌）人，後唐長興中舉進士，善作賦。南唐初任御史中丞，直言上疏，彈劾陳覺等「四凶」。元宗怒，貶江州司士參軍，一年後召回。❹道路以目　路上相遇，只以目相視而不敢言。❺殄　滅絕。❻違戾　背謬、乖張。❼天生五材　語出《左傳》襄公二十七年：「天生五材，民並用之。」杜預注：「五材，謂金、木、水、火、土也。」❽征討之柄四句　意為征討的大事，全憑魏岑寫幾個字；國庫財物的取用，全憑魏岑一句話。折簡，折半之簡，謂不正規，猶今言寫個便條。帑，國庫。❾司士參軍　官名，在州縣掌工役之事。❿舒州　州名，治所在今安徽安慶。⓫知制誥　官名，掌起草詔令。⓬會稽　郡名，治所在今浙江紹興。⓭徐鉉　（西元九一六—九九一年）字鼎臣，祖籍會稽，後遷至揚州。初仕南唐，後歸宋，官至散騎常侍。與弟鍇齊名，號「大小二徐」。善屬文，有口辯，精通文字。曾與句中正等校《說文解字》。傳見《宋史》卷四百四十一。⓮韓熙載　（西元九〇二—九七〇年）字叔言，濰州北海（今山東濰坊）人，五代時學者，與徐鉉齊名，時稱韓徐。後唐同光進士，避難入南唐為史館修撰，官至中書侍郎。⓯太弟　皇帝尊其弟之稱，一般指皇帝諸弟中定為皇位繼承者的。⓰少保　輔導太弟的官。一般師、傅、保多為加官及贈官，並無實職。⓱太子洗馬　太子的侍從官。

【語譯】南唐主認為假傳聖旨，以致軍事失敗，都是陳覺和馮延魯的罪過，四月十七日壬申，下詔赦免其他將領的罪過，議定斬殺陳、馮二人，以便向全國上下謝罪。御史中丞江文蔚在朝堂當面彈劾馮延巳、魏岑說：「陛下即位以來，所信任的人，只有馮延巳、馮延魯、魏岑和陳覺等四人而已。這四個人都是陰險狡詐，濫用權力，蒙蔽皇上耳目，排斥忠良，引薦任用眾多小人，向皇上上諍言的人被驅逐，私下議論的人被處刑，上下相互蒙蔽，百姓路上相遇用眼色示意，不敢言語。現在陳覺和馮延魯即使處死，但是馮延巳和魏岑還在。根部沒有剷除，枝幹還會再生。同樣的罪，受到不同的處罰，人心將產生疑惑。」江文蔚又說：「皇上所看見聽見的只局限於幾個人，即便每天接見大臣們，最後還是陷於孤立。」又說：「在外任職的人掌握兵權，在朝廷任職的人主持國事。」又說：「魏岑、陳覺、馮延魯，交相背謬。你向前我就退後，你向東我就向西。天生的各種材質，國家的兵權，一下子成了小人憤怒相爭和輕率行動的工具。」又說：「出征討伐的大權，由魏岑片紙決定；國家府庫庫藏的取用，取決於魏岑的一句話。」南唐主認為江文蔚的話太過分，惱怒起來，把江文蔚貶為江州司士參軍。把陳覺、馮延魯戴著枷鎖解送到金陵去。宋齊丘由於曾經推薦陳覺出使福州，上表等待處分。

南唐主下詔，把陳覺流放到蘄州，馮延魯流放到舒州。知制誥會稽人徐鉉、史館修撰韓熙載上疏說：「陳覺、馮延魯罪不容誅，但宋齊丘、馮延巳卻替他們講情，所以陛下赦免了他們。擅自興兵的人不治罪，那麼邊疆上就會有製造事端的人了。喪失軍隊的人得以存活，那麼行軍作戰中就沒有以死效忠的人了。請公開殺戮陳覺和馮延魯，以嚴肅軍威。」南唐主沒有聽從。中書侍郎、同平章事馮延巳被罷免，降為太弟少保，貶魏岑為太子洗馬。

韓熙載多次說宋齊丘同黨一定作亂。宋齊丘奏言韓熙載嗜好喝酒，狂妄放肆，於是貶韓熙載為和州司士參軍。

乙亥❶，鳳州防禦使石奉頵❷舉州降蜀。奉頵，晉之宗屬也。

契丹主至臨城❸，得疾。及欒城❹，病甚，苦熱，聚冰於胸腹手足，且啖之。丙子❺，至殺胡林❻而卒。國人剖其腹，實鹽數斗，載之北去，晉人謂之「帝羓❼」。

趙延壽恨契丹主負約，謂人曰：「我不復入龍沙❽矣。」即日，先引兵入恆州，契丹永康王兀欲及南北二王❾，各以所部兵相繼而入。延壽欲拒之，恐失大援❿，乃納之。

時契丹諸將已密議奉兀欲為主，兀欲登鼓角樓受叔兄拜。而延壽不之知，自稱受契丹皇帝遺詔，權知南朝軍國事。仍下教布告諸道，所以供給兀欲與諸將同，兀欲銜之⓫。恆州諸門管鑰及倉庫出納，兀欲皆自主之。延壽使人請之，不與。

契丹主喪至國，述律太后不哭，曰：「待諸部寧壹如故，則葬汝矣。」

帝之自壽陽還也，留兵千人戍承天軍。戍兵聞契丹北還，不為備。契丹襲擊之，戍兵驚潰。契丹焚其市邑，一日狼煙⓬百餘舉。帝曰：「此虜將遁，張虛勢也。」遣親將葉仁魯將步騎三千赴之。會契丹出剽掠，仁魯乘虛大破之，丁丑⓭，復取承天軍。○冀州人殺契丹刺史何行通，推牢城指揮使張廷翰⓮知州事。廷翰，冀州人，符習⓯之甥也。

或說趙延壽曰：「契丹諸大人數日聚謀，此必有變。今漢兵不減[1]萬人，不若先事圖之。」延壽猶豫不決。壬午⓰，延壽下令，以來月朔日於待賢館上事⓱，受文武官賀。其儀：宰相、樞密使拜於階上，節度使以下拜於階下。李崧以虜意不同，事理難測，固請趙延壽未行此禮，乃止。

【章　旨】以上為第十四段，寫契丹主北還死於途中。趙延壽矯詔權知南朝軍國事。

【注　釋】❶乙亥　四月二十日。❷石奉頵　晉高祖宗屬，出帝時官鳳州防禦使。廣政十年（西元九四七年）以鳳州降後蜀，為後蜀名將。❸臨城　縣名，縣治臨城，在今河北臨城。❹欒城　縣名，縣治欒城，在今河北欒城。❺丙子　四月二十一日。

❻殺胡林　地名，在今河北欒城縣北。遼太宗病死於此，時人遂以為地名。一說唐武后時襲突厥，胡人死於此，故名。❼羓　乾肉。❽龍沙　地區名，古指我國西部、西北部邊遠山地和沙漠地區。❾南北二王　指南院大王和北院大王，均屬北面官。分掌部族軍民之政。❿恐失大援　趙延壽欲主中原，以契丹為大援，故內心恨而又不得已而納之。⓫銜之　心裡懷恨，藏而不發。⓬狼煙　烽火。古代燒狼糞以報警，故名。⓭丁丑　四月二十二日。⓮張廷翰　冀州信都（今河北冀州）人，初為冀州軍校，後漢初拜刺史，有政績。後周與北宋任數州團練使。傳見《宋史》卷二百七十一。⓯符習　趙州昭慶（今河北隆堯）人，事後唐莊宗及明宗，官天平節度使。傳見《舊五代史》卷五十九、《新五代史》卷二十六。⓰壬午　四月二十七日。⓱上事　就職；接任。

【校　記】①減　原作「下」。據章鈺校，十二行本、乙十一行本、孔天胤本皆作「減」，今據改。按，《通鑑紀事本末》作「減」。

【語　譯】四月二十日乙亥，鳳州防禦使石奉頵以鳳州投降後蜀。石奉頵，是後晉宗室成員。

契丹主到了臨城，得病。到達欒城時，病情加重，被高燒所困擾，把冰堆放在契丹主的胸部腹部和手腳上，而且還吃冰塊。四月二十一日丙子，契丹主到殺胡林就死了。契丹人切開他的肚子，塞進幾斗鹽，載著他向北去，晉人稱他為「帝羓」。

趙延壽痛恨契丹主違背讓他當皇帝的約定，對別人說：「我不能再去龍沙了。」當天先帶兵進入恆州。契丹永康王兀欲以及南北二王，各自率領所管轄的部隊也相繼進入恆州。趙延壽想抵制他們入城，又恐怕失去契丹人的支持，只好接納他們進來。

當時契丹各將領已經祕密議定擁立兀欲為契丹主，兀欲登上鼓角樓接受叔父和兄弟們的拜賀。趙延壽還不知道這件事，自稱領受契丹皇帝的遺詔，暫理南朝的軍國大事。依舊頒下告示通告各地，對兀欲的日常供給和其他將領一樣，兀欲心中痛恨趙延壽。恆州各城門的鎖和鑰匙以及倉庫的物資出入，兀欲都親自掌管。趙延壽派人去請求掌管，兀欲不給鑰匙。

契丹主的遺體送回到國內，述律太后沒有哭，說：「等到各部落像以前那樣安定統一，就安葬你了。」

漢高祖從壽陽回來時，留下一千人戍守承天軍。戍守的士兵聽說契丹回北方去了，便不作防備。契丹來偷襲他們，守兵驚慌潰散。契丹焚燒他們的城邑，一天之中，燃起烽火一百多次。皇帝說：「這胡虜將要逃走，故意虛張聲勢。」派遣親近將領葉仁魯率領三千名步兵和騎兵奔赴承天軍。適逢契丹外出搶劫，葉仁魯乘其空虛，大敗契丹。四月二十二日丁丑，又奪取了承天軍。○冀州人殺掉契丹刺史何行通，推舉牢城指揮使張廷翰掌管州府的事務。張廷翰是冀州人，符習的外甥。

有人勸趙延壽說：「契丹各部大人連日來聚會商議，這裡面一定有變故。現在這裡的漢兵不下一萬人，不如趕在他們之前採取行動。」趙延壽猶豫不決。四月二十七日壬午，趙延壽下令，在下個月初一的那天，在待賢館舉行就職儀式，接受文武百官的朝賀。朝賀的儀式是：宰相、樞密使在階上朝拜，節度使以下的官員在階下朝拜。李崧認為胡虜的意思跟我們不一樣，形勢難以預測，堅決請求趙延壽不要舉行這次典禮，趙延壽這才停止。

【研析】本卷研析張彥澤之死、趙延壽黃粱夢破滅、南唐主坐失北進中原之良機三件史事。

張彥澤之死。張彥澤，突厥人，為人驍悍殘忍，暴虐不可理喻。因與高祖石敬瑭連姻，恃寵為惡肆無忌憚。張彥澤因怒其子，囑其掌書記張式寫奏章請誅殺其子，張式不肯寫無理奏章，張彥澤毒殺張式，剖心決口，斷手足而斬之。張彥澤鎮涇州，殘害涇人，大體如此。張式之父張鐸詣闕訴冤，邠州節度使王周又上奏張彥澤不法之事二十六樁，以及涇人遭害情由。公卿大臣連章上奏請誅張彥澤，石敬瑭姑息不忍，給張式之父張鐸，張式之弟張守貞，張式之子張希範皆授官，免涇州民稅及雜役一年，下詔罪己以為張彥澤請命。後晉之君臣，君不像君，臣不像臣，全無體統。開運三年，張彥澤為馬軍都排陳使，隨杜重威投降契丹，搖身一變，打著「赤心為主」的旗幟為先鋒，入大梁清宮，縱兵大掠，都城為之一空。張彥澤掠取財物，堆積如山。又以私怨誅殺閤門使高勳的叔父及高勳之弟，把屍首擺在大門口，士民見之，不寒而慄。高勳及京都士民，向契丹主耶律德光控訴遭張彥澤之禍。張彥澤自認為有功於契丹，日夜縱酒為樂。耶律德光詢問百官，百官皆曰「彥澤當死」。契丹主命斬張彥澤於鬧市，高勳監斬，剖彥澤之心以祭冤死者，士民爭相打破張彥澤之頭，吸其腦，臠其肉，以解心頭之恨。張彥澤，衣冠禽獸不足論。石敬瑭縱之為惡，而契丹主耶律德光蠻夷之主，卻不為張彥澤「赤心為主」所迷惑，誅殺張彥澤以收民心。張彥澤之生死，如同一面鏡子，照出石敬瑭的嘴臉不若蠻夷之主。石氏父子為君，舉國之民皆為之蒙羞。

趙延壽黃粱夢破滅。契丹主耶律德光許諾趙延壽破晉之後立為中國皇帝。耶律德光召問晉朝投降的百官，誰可為帝。百官奉承曰：「天無二日，夷、夏之心，皆願推戴皇帝。」耶律德光於是自領中國皇帝。趙延壽仍不甘心，乞為皇太子。耶律德光說：「燕王趙延壽要吃我身上的肉，我可以給他。要當皇太子可不行，中國傳統，只有皇帝的親兒子才可當皇太子，燕王怎麼有這等妄想。」至此，趙延壽做兒皇帝的黃粱美夢破滅。到了夏天，契丹主難耐中土炎熱，此時劉知遠稱帝於太原，耶律德光北還，一路所過，城邑皆為廢墟。耶律德光把契丹人的暴行全都推到漢奸趙延壽身上，對蕃、漢百官們說：「禍害老百姓的都是趙延壽的功勞。」耶律德光固然無恥，而蔑視漢奸的心意卻溢於言表。無論中外之主，沒有一個人喜歡叛臣賊子。而賣國賊子，既叛主，又叛國，是雙重的背叛，要想贏得尊敬，亦是一場白日夢。趙延壽的下場，可為叛主賣國者戒！

南唐主坐失北進中原之良機。五代時，中朝之外的周邊十國，只有江、淮之間的南唐最為大國。當契丹滅晉，正值南唐第二代國主李璟即位第四年，與吳越國交兵爭閩國的控制權而難解難分。南唐史館修撰韓熙載上疏，勸李璟北進，藉北方士民之力，驅逐契丹，奪取中原，統一中國，恢復大唐基業。如果契丹退走，中原有新皇帝，不會有進取的機會。李璟同其父李昪，皆繼承楊行密、徐溫保境安民的國策，不思進取，喪失了北進中原的良機。亂世紛爭，不進則退，機會之來，稍縱即逝。漢末劉表據有荊州，帳下雄兵十萬，只圖保境，不思進取，喪失了一次又一次北進的機會，結果坐以待斃。南唐北進，未必是劉知遠的對手，而劉知遠不救晉室之危，陰圖異志，坐視中原之民遭塗炭，若此時南唐北進，解中原之民於倒懸，未必沒有機會。即使沒有成功，也無覆國的危險。當時南唐四圍，皆無強手，揮師北進，驅逐韃虜，義正氣盛，有機會則進，無機會則退。契丹滅晉，是天賜南唐的一次大好機會。機會喪失，士民之氣亦消，等到宋太祖南進，只有拱手稱臣的分。劉知遠稱帝後，南唐主李璟深以為憾。

卷第二百八十七

後漢紀二

起彊圉協洽（丁未 西元九四七年）五月，盡著雍涒灘（戊申 西元九四八年）二月，不滿一年。

【題 解】本卷記事起於西元九四七年五月，迄於西元九四八年二月，凡九個月史事。當後漢高祖天福十二年五月至高祖乾祐元年二月。此時期中原王朝又一次易主，劉知遠起兵太原，逐走契丹，建立後漢，史稱高祖。契丹永康王兀欲，諱阮，即耶律阮，小字兀欲，太宗耶律德光之兄子。太宗愛兀欲為己子，兀欲從太宗伐晉，封永康王。太宗耶律德光死於北還歸途之欒城，兀欲用詭計在鎮陽即皇帝位於柩前。遼太后蕭氏發兵抗擊兀欲返國，兀欲打敗太后之兵，回國正位，是為遼世宗。後漢高祖劉知遠撫定中原，河北諸鎮驅趕契丹人，形勢一片大好。可惜劉知遠氣識狹小，不容後唐明宗之子李從益母子，犯殺降大忌，又信用蘇逢吉、史弘肇等貪殘暴虐之臣。又濫殺幽州無辜士兵一千五百人，非仁也；誘騙張璉而誅之，非信也；杜重威罪大惡極而赦之，非刑也。司馬光評論說，劉知遠有仁、信、刑三失，是以國運不久。蜀兵犯鳳翔，吳越國發生政變，錢弘俶取代錢弘倧為國主。荊南、南唐、南漢諸小國均政治腐敗，無賢臣任政。

高祖睿文聖武昭肅孝皇帝中

天福十二年（丁未　西元九四七年）

五月乙酉朔❶，永康王兀欲召延壽及張礪、和凝、李崧、馮道於所館❷飲酒。兀欲妻素以兄事延壽，兀欲從容謂延壽曰：「妹自上國❸來，寧欲見之乎？」延壽欣然與之俱入。良久，兀欲出，謂礪等曰：「燕王謀反，適已鎖之矣。」又曰：「先帝在汴時，遺我一籌❹，許我知南朝軍國。近者臨崩，別無遺詔。而燕王擅自知南朝軍國，豈理邪！」下令「延壽親黨，皆釋不問。」間一日❺，兀欲至待賢館受蕃、漢官謁賀，笑謂張礪等曰：「燕王果於此禮上，吾以鐵騎圍之，諸公亦不免矣。」

後數日，集蕃、漢之臣於府署❻，宣契丹主遺制。其略曰「永康王，大聖皇帝❼之嫡孫，人皇王❽之長子，太后鍾愛，羣情允歸❾，可於中京即皇帝位。」於是始舉哀成服❿。既而易吉服⓫見羣臣，不復行喪，歌吹之聲不絕於內。

【章　旨】以上為第一段，寫契丹永康王兀欲用詭計即皇帝位。

【注　釋】❶乙酉朔　五月初一日。❷所館　指兀欲所住之處。❸上國　指契丹。❹籌　籌籤。❺間一日　隔了一天。❻府署　指兀欲在恆州（今河北正定）的衙署。恆州時稱中京。❼大聖皇帝　遼太祖耶律阿保機諡號。❽人皇王　阿保機長子突欲號人皇王。❾允歸　誠心歸附。❿成服　舊時喪禮，殯之明日，親屬按與死者關係的親疏，穿上不同規制的喪服，稱「成服」。⓫吉服　本謂祭服，祭祀於五禮屬吉禮，故祭服稱作「吉服」。此指吉慶禮儀所穿的禮服。

【語譯】高祖睿文聖武昭肅孝皇帝中

天福十二年（丁未　西元九四七年）

五月初一日乙酉，永康王兀欲招呼趙延壽及張礪、和凝、李崧、馮道等人到他所住的館舍裡飲酒。兀欲的妻子向來把趙延壽當兄長對待，兀欲不慌不忙地對趙延壽說：「弟妹從上國來，可想見見她嗎？」趙延壽高興地跟他一起進去。過了好一會，兀欲出來，對張礪等人說：「燕王圖謀反叛，剛才已經用鐵鏈把他鎖起來了。」又說：「先帝在汴梁的時候，交給我一個籌籤，答應由我主持南朝的軍國政事。最近臨終的時候，沒有其他遺詔。可是燕王擅自主持南朝的軍國大事，豈有這樣的道理！」下令說「趙延壽的親信黨羽全部赦免不加追究。」隔了一天，兀欲到待賢館接受蕃、漢百官的拜見祝賀，笑著對張礪等人說：「燕王假如真的在這裡舉行就職禮儀，我用鐵甲騎兵包圍他，你們各位也就不能幸免了。」

幾天以後，在恆州府署召集蕃、漢大臣，宣讀契丹主的遺詔。遺詔大意說「永康王是大聖皇帝的嫡孫，人皇王的長子，太后極為喜愛，人情誠心歸向，可以在中京即皇帝位。」於是開始放聲痛哭，穿起喪服。過了一會兒又換上禮服接見群臣，不再舉辦喪事，歌唱吹奏的聲音在府署內一直沒有停止。

辛卯❶[1]，以絳州防禦使王晏為建雄❷節度使。

帝集羣臣庭議❸進取。諸將咸請出師井陘，攻取鎮、魏❹，先定河北，則河南拱手自服。帝欲自石會❺趨上黨，郭威曰：「虜主雖死，黨眾猶盛，各據堅城。我出河北，兵少路迂❻，旁無應援。若羣虜合勢，共擊我軍，進則遮前，退則邀後，糧餉路絕，此危道也。上黨山路險澀，粟少民殘，無以供億，亦不可由。近者陝、晉❼二鎮，相繼款附，引兵從之，萬無一失。不出兩旬❽，洛、汴定矣。」帝曰：「卿言是也。」蘇逢吉等曰：「史弘肇大軍已屯上黨，羣虜繼遁，不若出天井❾，抵孟津❿為便。」司天⓫奏：「太歲⓬在午，不利南行。宜由晉、絳抵陝。」帝從之。辛卯⓭，詔以十二日⓮發北京⓯，告諭諸道。

甲午⓰[2]，以太原尹崇為北京留守，以趙州刺史李存瓌為副留守，河東幕僚真定李驤為少尹，牙將太原蔚進為馬步指揮使以佐之。存瓌，唐莊宗之從弟也。

是日，劉晞棄洛陽，奔大梁。

【章旨】以上為第二段，寫劉知遠起兵晉陽。

【注釋】❶辛卯　五月初七日。❷建雄　方鎮名，後唐同光元年（西元九二三年）由定昌軍改置。治所白馬城，在今山西臨汾。❸庭議　在朝廷討論。❹鎮魏　皆州名。鎮州，即恆州，五代後漢改恆州為鎮州。魏州，治所貴鄉，在今河北大名東北。❺石會　即石會關，在山西榆社西。❻路迂　道路迂迴曲折。❼晉　州名，治所白馬城，在今山西臨汾。❽旬　十天為旬。❾天井　即天井關，在今山西晉城市南四十五里太行山上。❿孟津　古黃河津渡名，在今河南孟津東北，孟州西南。⓫司天　官名，掌天文曆數占候推步之事。⓬太歲　古代天文學中假設的星名。由東向西運行，與歲星（木星）運行方向正相反。又稱歲陰或太陰。太歲有方位，每十二年一循環，以每年所在方位來紀年，如乙丑年，就說太歲在丑，丙午年就說太歲在午。方術士以太歲所在位置為凶方，蘇逢吉等人主張「出天井，抵孟津」，正好迎著太歲所在方向，所以司天說：「太歲在午，不利南行。」⓭辛卯　五月初七日。⓮十二日　指丙申日。⓯北京　自五代後唐以來，以太原為北京。⓰甲午　五月初十日。

【校記】[1]辛卯　原作「辛巳」。嚴衍《通鑑補》改作「辛卯」，當是，今據以校正。按，五月乙酉朔，無辛巳。[2]甲午原作「甲申」。據章鈺校，十二行本、乙十一行本、孔天胤本皆作「甲午」，嚴衍《通鑑補》同，今據改。按，五月乙酉朔，無甲申。

【語譯】五月初七日辛卯，任命絳州防禦使王晏為建雄節度使。

漢高祖召集群臣在朝廷商議進取中原。眾將都建議軍隊取道井陘，攻取鎮州和魏州，先平定黃河以北，黃河以南就會拱手臣服。漢高祖則想從石會關直奔上黨。郭威說：「契丹主雖然死了，他的手下部眾還很強盛，各自據守堅固的城池。我們出兵黃河以北，兵力缺少，道路迂迴曲折，周圍沒有接應援兵。如果各處胡虜聯合起來共同進攻我軍，那麼我們前進，他們就擋在前面；我們後退，他們就在後面攔截；運送糧草的道路斷絕，這是很危險的策略。上黨山路險峻阻塞，糧食缺乏，百姓殘破，用度無法供應，這條路也不可以走。近來陝州和晉州兩個藩鎮相繼誠心歸順，帶兵經過這裡，可以萬無一失。不出二十天，洛陽、大梁就可以平定了。」漢高祖說：「您說得很對。」蘇逢吉等人說：「史弘肇的大軍已經駐紮上黨。胡虜們相繼逃走，不如取道天井關，直達孟津最為便利。」主管天文的官員奏道：「太歲星在午的位置，不利於南行。應該經由晉州和絳州抵達陝州。」漢高祖聽從了這個建議。五月初七日辛卯，下詔定於十二日丙申從太原出發，通告各道。

五月初十日甲午，任命太原尹劉崇為北京留守，任命趙州刺史李存瓌為副留守、河東幕僚真定人李驤為少尹、牙將太原人蔚進為馬步指揮使輔佐劉崇。李存瓌，是後唐莊宗的堂弟。

這一天，劉晞放棄洛陽，逃往大梁。

武安❶節度副使、天策府都尉、領鎮南❷節度使馬希廣❸，楚文昭王希範之母弟也。性謹順，希範愛之，使判內外諸司事。壬辰❹夜，希範卒，將佐議所立。

都指揮使張少敵⑤、都押牙[1]袁友恭⑥，以武平⑦節度使知永州⑧事希萼⑨於希範諸弟為最長，請立之。長直都指揮使劉彥瑫⑩，天策府學士李弘皋⑪、鄧懿文⑫，小門使⑬楊滌⑭皆欲立希廣。張少敵曰：「永州⑮齒長⑯而性剛，必不為都尉⑰之下明矣。必立都尉，當思長策以制永州，使帖然⑱不動，則可。不然，社稷危矣。」彥瑫等不從。天策府學士拓跋恆⑲曰：「三十五郎⑳雖判軍府之政，然三十郎居長，請遣使以禮讓之。不然，必起爭端。」彥瑫等皆曰：「今日軍政在手，天與不取，使它人得之，異日吾輩安所自容乎！」希廣懦弱，不能自決。乙未㉑，彥瑫等稱希範遺命，共立之。張少敵退而歎曰：「禍其始此乎！」與拓跋恆皆稱疾不出。

丙申㉒，帝發太原，自陰地關㉓出晉、絳。丁酉㉔，史弘肇奏克澤州。始，弘肇攻澤州，刺史翟令奇固守不下。帝以弘肇兵少，欲召還。蘇逢吉、楊邠曰：「今陝、晉、河陽皆已向化，崔廷勳、耿崇美朝夕遁去。若召弘肇還，則河南人心動搖，虜勢復壯矣。」帝未決，使人諭指於弘肇㉕。弘肇[2]曰：「兵已及此，勢如破竹，可進不可退。」與逢吉等議合。帝乃從之。弘肇遣部將李萬超說令奇，令奇乃降。弘肇以萬超權知澤州。

崔廷勳、耿崇美、奚王拽剌合兵逼河陽。張遇帥眾數千救之，戰於南阪㉖，敗死③。武行德出戰，亦敗，閉城自守。拽剌欲攻之，廷勳曰：「今北軍㉗已去，得此城④何用！且殺一夫猶可惜，況一城乎！」聞弘肇已得澤州，乃釋河陽，還保懷州。弘肇將至，廷勳等擁眾北遁，過衛州㉘，大掠而去。契丹在河南者相繼北去，弘肇引兵與武行德合。

弘肇為人，沈毅寡言，御眾嚴整。將校小不從命，立撾㉙殺之。士卒所過，犯民田及繫馬於樹者，皆斬之。軍中惕息㉚，莫敢犯令，故所向必克。帝自晉陽安行入洛及汴，兵不血刃，皆弘肇之力也。帝由是倚愛之。

辛丑㉛，帝至霍邑㉜。遣使諭河中節度使趙匡贊㉝，仍以契丹囚其父延壽⑤告之㉞。

【章旨】以上為第三段，寫楚國馬希廣嗣位，侵邊之契丹兵北遁。

【注釋】❶武安　方鎮名，唐光啓初置。治所潭州，在今湖南長沙。❷鎮南　方鎮名，唐咸通中置。治所洪州，在今江西南昌。❸馬希廣　楚武穆王馬殷第三十五子，文昭王馬希範同母弟。性謹順，頗受希範喜愛。希範死，被擁立為楚王，引起馬希萼不滿，終被推翻，賜死，諡廢王。西元九四七－九四九年在位。傳見《新五代史》卷六十六。❹壬辰　五月初八日。❺張少敵　文昭王親信，希範死，力主立希萼，未果，稱疾不出。❻袁友恭　與張少敵同為文昭王親信。❼武平　方鎮名，後周廣順三年置。治所朗州，在今湖南常德。❽永州　州名，治所零陵，在今湖南零陵。按，胡三省注以為「永州」係「朗州」之誤。蓋胡氏以武平節度使置於朗州，下文又言希萼求還朗州，又希廣欲分潭、朗而治，故胡氏以為當悉改作「朗州」，嚴衍《通鑑補》據改。胡、嚴之說近是，然《舊五代史・晉書・少帝紀》記天福八年桂州節度使馬希杲兼知朗州軍州事，而希萼是時為朗州武平軍節度使，故節度使、知州事似可分授兩人。希萼既作武平節度使，所知之州亦可為永州而非朗州。❾希萼　馬希萼，馬殷第三十子，性剛狠無禮，希廣襲王位，興師爭國，破長沙後，襲楚王，委政事於弟馬希崇，後又與馬希崇爭鬥，導致楚亡，降南唐，死於金陵，諡恭孝王。西元九五〇—九五一年在位。傳見《新五代史》卷六十六。❿劉彥瑫　初仕文昭王。希範死，力主立希廣，曾率兵討希萼，失敗後投南唐。⓫李弘皋　文昭王時任天策府學士。希範死，力主立希廣，希萼立，被殺。⓬鄧懿文　文昭王時為靜江府掌書記、天策府學士。希範死，力主立希廣，後為希萼所殺。⓭小門使　官名，各軍鎮所置，掌門戶之事。軍府如有宴集，則執兵器立於門外。⓮楊滌　馬希廣將領，勇於作戰，死於戰場。⓯永州　代指馬希萼。⓰齒長　年齡大。⓱都尉　代指馬希廣。⓲帖然　帖服。⓳拓跋恆　本姓元，避景莊王偏諱，改姓。為天策府學士。切直強諫，希範死力主立希萼，未果，稱疾不出。⓴郎　藩府將吏稱府主之子為郎君。㉑乙未　五月十一日。㉒丙申　五月十二日。㉓陰地關　關名，在今山西靈石西南。今已廢，遺址猶存。㉔丁酉　五月十三日。㉕使人諭指於弘肇　劉知遠派人詢問史弘肇進退方略。㉖南阪　在太行山南麓。㉗北軍　崔廷勳等在南，稱聚集在恆州的契丹兵為北軍。㉘衛州　州名，治所汲縣，在今河南衛輝。㉙檛　擊；打。㉚惕息　戰兢恐懼，不敢出聲。㉛辛丑　五月十七日。㉜霍邑　縣名，縣治霍邑，在今山西霍州。㉝趙匡贊　趙延壽之子。㉞告之　告契丹囚其父，用以斷絕趙匡贊北顧之心。

【校　記】1押牙　「牙」下原有空格。據章鈺校，十二行本、乙十一行本、孔天胤本皆無空格，今據刪。2弘肇　二字原不重。據章鈺校，乙十一行本二字重，其義長，今據補。3敗死　張敦仁《通鑑刊本識誤》云「敗」上有「遇」字。4城　據章鈺校，十二行本、乙十一行本、孔天胤本皆無此字。5延壽　原無此二字。據章鈺校，十二行本、乙十一行本、孔天胤本皆有此二字，張敦仁《通鑑刊本識誤》同，今據補。

【語　譯】武安節度副使、天策府都尉、兼任鎮南節度使馬希廣，是楚國文昭王馬希範的同母弟弟。他性情謹慎溫順，馬希範喜愛他，讓他裁定內外各司的事務。五月初八日壬辰晚上，馬希範去世，將帥幕僚商議繼位的人選。都指揮使張少敵、都押牙袁友恭認為，武平節度使兼主持永州事務的馬希萼在馬希範各個弟弟中年紀最大，請求擁立他。長直都指揮使劉彥瑫，天策府學士李弘皋、鄧懿文，小門使楊滌都想擁立馬希廣。張少敵說：「馬希萼年歲長而性情剛烈，必定不肯居於馬希廣之下，這是很明顯的。如果一定要立馬希廣，就應當想出一個長遠的辦法控制馬希萼，使他服服帖帖不敢行動才行。否則，國家就危險了。」劉彥瑫等人不同意。天策府學士拓跋恆說：「三十五郎馬希廣雖然裁定軍府的政事，可是三十郎馬希萼年紀居長，請派遣使者對他以禮相讓。否則，一定會引起爭端。」劉彥瑫等人都說：「現在軍政大權在自己手裡，上天賜予而不取，讓別人得到，以後我們這些人在哪裡安身呢！」馬希廣怯懦軟弱，自己不能決斷。十一日乙未，劉彥瑫等人聲稱是馬希範的遺命，共同擁立馬希廣。張少敵退朝歎息說：「禍患恐怕就從此開始了吧！」與拓跋恆都推說有病不出仕。

五月十二日丙申，漢高祖從太原出發，經陰地關取道晉州、絳州。十三日丁酉，史弘肇奏報攻克澤州。當初，史弘肇攻打澤州，澤州刺史翟令奇頑強防守，攻不下來。漢高祖認為史弘肇兵力太少，想召他回來。蘇逢吉、楊邠說：「現在陝州、晉州、河陽都已歸服，崔廷勳、耿崇美不久要逃走。如果召回史弘肇，那麼黃河以南的人心就會動搖，胡虜的氣勢又會強盛起來了。」漢高祖沒有立刻作出決定，派人去把皇帝的旨意告訴史弘肇。史弘肇說：「用兵已經到這種程度，勢如破竹，只能前進，不能後退。」他的意見跟蘇逢吉等人所議一致，漢高祖便聽從了他們的意見。史弘肇派遣部將李萬超去遊說翟令奇，翟令奇便投降了。史弘肇命李萬超暫時主持澤州事務。

崔廷勳、耿崇美、奚王拽剌聯合兵力迫近河陽。張遇率領幾千名部眾援救，在南阪交戰，張遇戰敗而死。武行德出城交戰，也戰敗，便關閉城門防守。拽剌想要攻城，崔廷勳說：「現在契丹軍隊已經離去，得到這座城池有什麼用！況且殺害一個人都還可惜，何況殺一城人呢！」聽說史弘肇已經得到澤州，於是放棄河陽，回軍守衛懷州。史弘肇將要到達懷州，崔廷勳等人率領部眾向北逃走，經過衛州，大肆搶掠後離去。契丹在黃河以南的軍隊相繼北去，史弘肇領兵與武行德會合。

史弘肇為人深沉剛毅，寡言少語，統帥部眾嚴明而整齊。將校稍微不聽從命令，立刻擊殺他。士兵經過的地方，侵害百姓田地和把馬拴在樹上的，全部斬首。軍中恐懼屏息，沒有一個敢違反命令，所以兵鋒所向，一定克敵制勝。漢高祖從晉陽平平安安地進入洛陽和大梁，兵不血刃，都是史弘肇的功勞。漢高祖因此倚重他，喜歡他。

五月十七日辛丑，漢高祖到達霍邑。派遣使者曉諭河中節度使趙匡贊，並且把契丹囚禁他父親趙延壽的消息告訴他。

滋德宮❶有宮人五十餘人，蕭翰欲取之，宦者張環不與。翰破鎖奪宮人，執環，燒鐵灼之，腹爛而死。

初，翰聞帝擁兵而南，欲北歸。恐中國無主，必大亂，己不得從容而去。時唐明宗子許王從益與王淑妃在洛陽，翰遣高謨翰迎之，矯稱契丹主命❷，以從益知南朝軍國事，召己赴恆州。淑妃、從益匿於徽陵❸下宮❹，不得已而出。至大梁，翰立以為帝，帥諸酋長拜之。又以禮部尚書王松❺、御史中丞趙遠為宰相，前宣徽使甄城❻[1]翟光鄴❼為樞密使，左金吾大將軍王景崇❽為宣徽使。以北來❾指揮使劉祚權侍衛親軍都指揮使，充在京巡檢。松，徽之子也。

百官謁見淑妃，淑妃泣曰：「吾母子單弱如此，而為諸公所推，是禍吾家也！」翰留燕兵千人守諸門，為從益宿衛。壬寅，翰及劉晞辭行，從益餞於北郊。遣使召高行周於宋州❿，武行德於河陽，皆不至。淑妃懼，召大臣謀之曰：「吾母子為蕭翰所逼，分⑪當滅亡。諸公無罪，宜早迎新主，自求多福，勿以吾母子為意！」眾感其言，皆未忍叛去。或曰：「今集諸營兵[2]，不減五千，與燕兵併力堅守一月，北救⑫必至。」淑妃曰：「吾母子亡國之餘，安敢與人爭天下！不幸至此，死生惟人所裁。若新主見察，當知我無所負。今更為計畫⑬，則禍及它人，闔⑭城塗炭⑮，終何益乎！」眾猶欲拒守，三司使文安劉審交⑯曰：「余燕人，豈不為燕兵計！顧事有不可如何者。今城中大亂之餘，公私窮竭，遺民無幾，若復受圍一月，無噍類⑰矣。願諸公勿復言，一從太妃處分。」乃用趙遠、翟光鄴策，稱梁王⑱，知軍國事。遣使奉表稱臣迎帝，請早赴京師，仍出居私第。

甲辰⑲，帝至晉州。

契丹主兀欲以契丹主德光有子在國⑳，己以兄子襲位，又無述律太后㉑之命，擅自立，內不自安。初，契丹主阿保機卒於勃海㉒，述律太后殺酋長及諸將凡數百人㉓。契丹主德光復卒於境外，酋長諸將懼死，乃謀奉契丹主兀欲勒兵北歸。契丹主以安國節度使麻荅㉔為中京留守，以前武州㉕刺史高奉明為安國節度使。晉文武官及士卒悉留於恆州，獨以翰林學士徐台符、李澣㉖及後宮、宦者、教坊人自隨。乙巳㉗，發真定㉘。

帝之即位也，絳州㉙刺史李從朗與契丹將成霸卿等拒命。帝遣西南面招討使、護國節度使白文珂攻之，未下。帝至城下，命諸軍四布而勿攻，以利害諭之。戊申㉚，從朗舉城降。帝命親將分護諸門，士卒一人毋得入。以偏將薛瓊為防禦使。辛亥㉛，帝至陝州，趙暉自御帝馬而入。壬子㉜，至石壕㉝，汴人有來迎者。

六月甲寅朔㉞，蕭翰至恆州，與麻荅以鐵騎圍張礪之第。礪方臥病，出見之。翰數之曰：「汝何故言於先帝，云胡人不可以為節度使㉟？又，吾為宣武節度使，且國舅也，汝在中書乃帖㊱我！又，先帝留我守汴州，令我處宮中，汝以為不可。又，譖我及解里於先帝，云解里好掠人財，我好掠人子女。今我必殺汝！」命鎖之。礪抗聲曰：「此皆國家大體，吾實言之。欲殺即殺，奚以鎖為！」麻荅以大臣不可專殺㊲，力救止之，翰乃釋之。是夕，礪憤恚而卒。崔廷勳見麻荅，趨走拜，起，跪而獻酒，麻荅踞而受之。

乙卯㊳，帝至新安㊴，西京㊵留司官悉來迎。○吳越忠獻王弘佐卒。遺令以丞相弘倧為鎮海㊶、鎮東㊷節度使兼侍中。○丙辰㊸，帝至洛陽，入居宮中。汴州百官奉表來迎。詔諭以受契丹補署㊹者皆勿自疑，聚其告牒㊺而焚之。趙遠更名上交㊻。

命鄭州㊼防禦使郭從義㊽先入大梁清宮，密令殺李從益及王淑妃。淑妃且死，曰：「吾兒為契丹所立，何罪而死！何不留之，使每歲寒食㊾，以一盂麥飯灑明宗陵乎！」聞者泣下。

【章　旨】以上為第四段，寫後唐明宗之子李從益母子為亂世所不容的悲劇命運。

【注　釋】❶滋德宮　據胡三省注引《五代會要》，後晉天福四年（西元九三九年）改明德殿為滋德殿，因與宮城南門同名，所以改換宮名。❷矯稱契丹主命　此矯稱契丹主兀欲之命。兀欲當時尚在恆州。❸徽陵　後唐明宗陵，在洛陽。❹下宮　皇帝棺下葬之所。❺王松　唐僖宗宰相王徽子。傳見《新五代史》卷五十七。❻鄄城　縣名，縣治在今山東鄄城縣北舊城。❼翟光鄴　字化基。傳見《舊五代史》卷一百二十九、《新五代史》卷四十九。❽王景崇　邢州（今河北邢臺）人，歷仕後唐、後晉、契丹、後漢。隱帝時，叛，擁李守貞為秦王，後兵敗自焚。傳見《新五代史》卷五十三。❾北來　指隨契丹主到北邊來。❿遣使召高行周於宋州　高行周為後唐明宗親將，王淑妃欲以舊恩召之為衛。⓫分　料想；應分。⓬北救　指自北而來的契丹救兵。⓭計畫　謀劃。⓮闔　全。⓯塗炭　亦作「荼炭」。比喻極端困苦的境地。塗，泥淖。炭，炭火。⓰劉審交　字求益，文安（今河北文安東）人，少知書，通吏事。後晉高祖時官三司使，有善政。後漢隱帝立，官汝州防禦使。傳見《舊五代史》卷一百六、《新五代史》卷四十八。⓱噍類　原指能飲食的動物，此處指活著的人。⓲稱梁王　因從益稱號於大梁，故稱梁王。⓳甲辰　五月二十日。⓴德光有子在國　指耶律德光長子耶律璟，小字述律。封壽安王。兀欲死，即位，號天順皇帝。西元九五一－九六九年在位。諡穆宗。㉑述律太后　兀欲的祖母。㉒契丹主阿保機卒於勃海　西元九二六年阿保機率軍攻滅勃海，病死於扶餘城。㉓述律太后殺酋長句　事載本書卷二百七十五後唐明宗天成元年（西元九二六年）七月辛巳。㉔麻荅　耶律德光從弟，父名薩剌。㉕武州　州名，治所在今河北宣化，後改名歸化州。㉖李澣　初仕晉為中書舍人。契丹北歸，隨入上京，授翰林學士、工部侍郎。屢謀逃歸、自殺，均未果。卒於契丹，時值北宋建隆三年（西元九六二年）。傳見《遼史》卷一百三、《宋史》卷二百六十二。㉗乙巳　五月二十一日。㉘真定　五代後晉在恆州建真定府，治所在今河北正定。㉙絳州　州名，治所正平，在今山西新絳。㉚戊申　五月二十四日。㉛辛亥　五月二十七日。㉜壬子　五月二十八日。㉝石壕地名，石壕鎮，在今河南陜縣東南。㉞甲寅朔　六月初一日。㉟云胡人不可以為節度使　張礪此言見本書卷二百八十五後晉齊王開運三年（西元九四六年）。㊱帖　堂帖，即宰相所下判事文書，出自政事堂，故稱堂帖。張礪做右僕射兼門下侍郎、平章事時曾對蕭翰使用堂帖，蕭翰自以為是節度使、國舅，有損尊嚴，故責難張礪。㊲專殺　擅自殺戮。㊳乙卯　六月初二日。㊴新安　縣名，縣治在今河南新安。㊵西京　此指東都河南府。㊶鎮海　方鎮名，唐貞元中置。治所杭州，在今浙江杭州。㊷鎮東　方鎮名，五代吳越置。治所越州，在今浙江紹興。㊸丙辰　六月初三日。㊹補署　補任官職。㊺告牒　告發的文書。㊻趙遠更名上交　避劉知遠諱改。㊼鄭州　州名，治所管城，在今河南鄭州。㊽郭從義　其先沙陀部人，事後唐，賜姓李，後晉初復姓郭。有謀略，多技藝。歷仕後唐、後晉、後漢、後周。入宋，官左金吾衛上將軍。傳見《宋史》卷二十五。㊾寒食　節令名，清明前兩天（一說前一天）。相傳起源於晉文公悼念介之推故事，以介之推抱木焚死，便定此日為寒食節，禁火寒食。

【校　記】①鄄城　原作「甄城」。胡三省注云：「『甄』當作『鄄』。」嚴衍《通鑑補》改作「鄄城」，今據以校正。按，新、舊《五代史》翟光鄴本傳皆作「鄄城」。②兵　原無此字。據章鈺校，十二行本、乙十一行本皆有此字，今據補。

【語　譯】滋德宮有宮人五十多人，蕭翰想奪取她們，宦官張環不給。蕭翰砸壞門鎖，搶走宮人，把張環抓起來，用燒紅的鐵塊烙他，張環腹部被燒爛致死。

當初，蕭翰聽說漢高祖擁兵南下，想回到北方去。又擔心中原沒有君主，一定會大亂，自己不能輕鬆地離去。當時後唐明宗的兒子許王李從益與其母王淑妃在洛陽，蕭翰派高謨翰把他們接來，假稱契丹主的詔命，命李從益主持南朝軍政大事，召自己前往恆州。王淑妃、李從益躲藏在唐明宗徽陵的地宮中，不得已才出來。到了大梁，蕭翰立李從益為皇帝，率領各酋長向他下拜。又任命禮部尚書王松、御史中丞趙遠為宰相，前任宣徽使鄄城人翟光鄴為樞密使，左金吾大將軍王景崇為宣徽使，任命隨契丹主北來的指揮使劉祚暫任侍衛親軍都指揮使，充任在京巡檢。王松，是王徽的兒子。

百官拜見王淑妃，王淑妃哭著說：「我們母子二人這樣孤弱，卻被各位所擁戴，這是害我們家啊！」蕭翰留下一千名燕兵防守各城門，為李從益擔任警衛。五月十八日壬寅，蕭翰及劉晞辭行，李從益在城外北郊為他們餞行。李從益派遣使者到宋州徵召高行周，到河陽徵召武行德，結果都不來。王淑妃害怕起來，召集大臣商量說：「我們母子被蕭翰逼迫，料當死去，你們大家沒有罪，應該盡早迎接新的君主，自求多福，不要以我們母子兩人為念了！」大家被她的話所感動，都不忍心背叛離去。有人說：「現在集合各營的士兵，不下五千人，跟燕兵合力堅守一個月，北方契丹的救兵一定會到來。」王淑妃說：「我們母子兩人是亡國的遺民，怎麼敢跟人家爭奪天下！不幸落到這種地步，死生只有聽任別人決定，如果得到新的君主體察，會知道我們沒有對不起人的地方。現在如果再作別的打算，就會禍害連累到別人，全城的人都受摧殘，最終有什麼好處呢！」大家還是想固守抵抗，三司使文安人劉審交說：「我是燕人，怎能不為燕兵考慮！但是事情有無可奈何的情況。現在城中處在大亂之後，官府和民間都已經窮盡，留下的百姓沒有多少，如果再被包圍一個月，那就沒有活人了。希望大家不要再說了，一切遵從太妃的安排。」於是採用趙遠、翟光鄴的計策，李從益改稱梁王，主持軍國政事。派遣使者奉表稱臣，迎接漢高祖，請漢高祖早日前往京師，接著李從益移出宮禁住到私宅裡。

五月二十日甲辰，漢高祖到達晉州。

契丹主兀欲認為契丹主耶律德光有兒子在國內，自己以姪子的身分承襲帝位，又沒有述律太后的詔命，擅自即位，內心感到不安。當初，契丹主阿保機死在勃海，述律太后殺死酋長和眾將共幾百人。契丹主耶律德光又死在境外，酋長及眾將怕死，於是謀劃擁奉契丹主兀欲勒兵北歸。契丹主任命安國節度使麻荅為中京留守，前任武州刺史高奉明為安國節度使。後晉文武官員和士兵全部留在恆州，只讓翰林學士徐台符、李澣以及宮女、宦官、教坊的樂師跟隨自己。五月二十一日乙巳，從真定出發。

漢高祖即位時，絳州刺史李從朗和契丹將領成霸卿等人抗命。漢高祖派遣西南面招討使、護國節度使白文珂攻打他們，沒有攻下。漢高祖到達城下，命令各軍四面布陣而不攻打，用利害關係來勸諭他。五月二十四日戊申，李從朗率城投降。漢高祖命令親信的將領分別守護各城門，士兵一個人也不許進城。任命偏將薛瓊為防禦使。二十七日辛亥，漢高祖到達陝州，趙暉親自駕御帝馬進城。二十八日壬子，到達石壕，大梁百姓有前來迎接的。

六月初一日甲寅，蕭翰到達恆州，和麻荅帶領鐵甲騎兵包圍張礪的住宅。張礪正臥病在床，出來會見他們。蕭翰數落他說：「你為什麼對先帝說，胡人不可以做節度使？還有，我擔任宣武節度使，而且又是國舅，你在中書省竟敢用堂帖處置我！還有，先帝留下我防守汴州，叫我住在宮中，你認為不行。還有，在先帝面前中傷我和解里，說解里喜歡掠奪人家的財物，說我喜歡掠奪民間的子女。今天我一定要殺了你！」下令把張礪用鐵鏈鎖起來。張礪大聲抗辯說：「這些都是國家的根本，我是實話實說。要殺就殺，還鎖起來幹什麼！」麻荅認為大臣不可以擅自殺戮，盡力解救、阻止，蕭翰這才放了張礪。當晚，張礪憤恨而死。崔廷勳見到麻荅，小步跑上前去下拜，起身，跪著獻酒，麻荅蹲坐著接受了。

六月初二日乙卯，漢高祖到達新安，西京留守各司的官員都來迎接。○吳越忠獻王錢弘佐去世。遺命以丞相錢弘倧為鎮海、鎮東節度使兼侍中。○初三日丙辰，漢高祖到達洛陽，進入宮中居住。汴州文武百官持表前來迎接。漢高祖下詔告訴接受契丹補任官職的人都不要自我疑慮，把所有的告發文書堆在一起燒掉。趙遠改名為趙上交。

漢高祖命令鄭州防禦使郭從義先進入大梁清理宮殿，祕密命令他殺掉李從益和王淑妃。王淑妃即將死去時，說：「我的兒子是被契丹立為皇帝的，有什麼罪而要處死！為什麼不留下他，讓他在每年的寒食節，用一碗麥飯祭灑明宗的陵墓呢！」聽到的人都流下了淚來。

戊午❶，帝發洛陽。樞密院吏魏仁浦❷自契丹逃歸，見於鞏❸。郭威問以兵數及故事，仁浦強記精敏，威由是親任之。仁浦，衛州人也。辛酉❹，汴州百官竇貞固❺等迎於滎陽❻。甲子❼，帝至大梁，晉之藩鎮相繼來降。○丙寅❽，吳越王弘倧襲位。

戊辰❾，帝下詔大赦。凡契丹所除節度使下至將吏，各安職任，不復變更。復以汴州為東京❿，改國號曰漢，仍稱天福年，曰：「余未忍忘晉也。」復青、襄、汝三節度⓫。壬申⓬，以北京留守崇為河東節度使，同平章事。

契丹述律太后聞契丹主自立，大怒，發兵拒之。契丹主以偉王為前鋒，相遇於石橋⓭。初，晉侍衛馬軍都指揮使李彥韜從晉主北遷，隸述律太后麾下，太后以為排陳使。彥韜迎降於偉王，太后兵由是大敗。契丹主幽太后於阿保機墓⓮。改元天祿，自稱天授皇帝，以高勳為樞密使。

契丹主慕中華風俗，多用晉臣，而荒于酒色，輕慢諸酋長。由是國人不附，諸部數叛，興兵誅討。故數年之間，不暇南寇。

初，契丹主德光命奉國都指揮使南宮王繼弘⓯、都虞候樊暉以所部兵戍相州，彰德節度使高唐英⓰善待之。戍兵無鎧仗，唐英以鎧仗給之，倚信如親戚。唐英聞帝南下，舉鎮請降。使者未返，繼弘、暉殺唐英。繼弘自稱留後，遣使告云唐英反覆，詔以繼弘為彰德留後。庚辰⓱，以暉為磁州刺史。安國節度使高奉明聞唐英死，心不自安。請於麻荅，署馬步都指揮使劉鐸為節度副使、知軍府事，身歸恆州。

帝遣使告諭荊南⑱。高從誨上表賀，且求郢州⑲，帝不許。及加恩使⑳至，拒而不受。

唐主聞契丹主德光卒，蕭翰棄大梁去，下詔曰：「乃眷中原㉑，本朝故地。」以左右衛聖統軍、忠武節度使、同平章事[1]李金全㉒為北面[2]行營招討使，議經略㉓北方。聞帝已入大梁，遂不敢出兵。

秋，七月甲午㉔，以馬希廣為天策上將軍、武安節度使、江南諸道都統，兼中書令，封楚王。

或傳趙延壽已死。郭威言於帝曰：「趙匡贊，契丹所署，今猶在河中㉕。宜遣使弔祭，因起復移鎮。彼既家國無歸，必感恩承命。」從之。會鄴都㉖留守、天雄節度使兼中書令杜重威、天平節度使兼侍中李守貞皆奉表歸命。重威仍請移它鎮。歸德㉗節度使兼中書令高行周入朝。丙申㉘，徙重威為歸德節度使、以行周代之，守貞為護國節度使、加兼中書令。徙護國節度使趙匡贊為晉昌㉙節度使。後二年，延壽始卒於契丹。

吳越王弘倧以其弟台州㉚刺史弘俶㉛同參相府事。○李達以其弟通㉜知福州留後，自詣錢唐㉝見吳越王弘倧。弘倧承制㉞加達兼侍中，更其名曰孺贇。既而孺贇悔懼，以金筍二十株及雜寶賂內牙統軍使胡進思，求歸福州。進思為之請，弘倧從之。

【章　旨】以上為第五段，寫契丹主兀欲返國正位，是為遼世宗。漢高祖劉知遠撫定中國。

【注　釋】❶戊午　六月初五日。❷魏仁浦　字道濟，衛州汲（今河南衛輝）人，為人謹厚強記，郭威任樞密使時問他闕下兵數，他能親手寫出六萬人名。歷仕後晉、後漢、後周。入宋，官右僕射。傳見《宋史》卷二百四十九。❸鞏　鞏縣，縣治在今河南鞏縣。❹辛酉　六月初八日。❺竇貞固　字體仁，同州白水（今陝西白水縣）人，持重寡言，深明禮儀。歷仕後晉、後漢、後周。官至司徒，封沂國公。傳見《宋史》卷二百六十二。❻滎陽　縣名，縣治在今河南滎陽。❼甲子　六月十一日。❽丙寅　六月十三日。❾戊辰　六月十五日。❿復以汴州為東京　後漢高天福十二年（西元九四七年）正月，「廢東京，降開封府為汴州。」至此，又以汴州為東京。⓫復青襄汝三節度　恢復青州、襄州、汝（應為安）州三節度使。青州屬平盧軍，晉開運元年（西元九四四年）十二月因楊光遠叛，廢。至此又恢復。襄州屬山南東道，晉天福七年（西元九四二年）因安從進叛，廢。至此又恢復。安州屬安遠軍，晉天福五年七月因李金全叛，廢。至此又恢復。⓬壬申　六月十九日。⓭石橋　位於沙河，在今內蒙巴林左旗南。⓮阿保機墓　位於祖州，在今內蒙古自治區巴林左旗西南石房子村。⓯王繼弘　冀州南宮（今河北南宮）人，歷仕後晉、契丹、後漢、後周，官同平章事。常見利忘義，希求富貴，時人頗輕之。傳見《舊五代史》卷一百二十五。⓰彰德節度使高唐英　高唐英守相州，為彰德節度使，係契丹委任。⓱庚辰　六月二十七日。⓲荊南　五代十國之一。西元九〇七年高季興任後梁荊南節度使，西元九二四年受後唐封為南平王，史稱荊南或南平，建都荊州（今湖北江陵）。⓳郢州　州名，治所長壽，在今湖北鍾祥。⓴加恩使　自唐以來新君即位，便派使加恩於諸鎮，稱加恩使。㉑乃眷中原　懷念中原。乃，語助詞，無義。眷，本意為回顧，引申為關心、懷念。㉒李金全　其先出於吐谷渾，後仕後唐、後晉，不久叛投南唐，官潤州節度使。㉓經略　籌劃進取。㉔甲午　七月十一日。㉕河中　趙延壽子趙匡贊受契丹任命為河中節度使。河中，方鎮名，以位在黃河中游得名。唐至德二載（西元七五七年）置。治所河中府，在今山西永濟蒲州鎮。㉖鄴都　後晉天福二年（西元九三七年）改興唐府為廣晉府，三年復以廣晉府為鄴都，故址在今河北大名東北。㉗歸德　方鎮名，後唐同光二年（西元九二四年）置。治所宋州，在今河南商丘南。㉘丙申　七月十三日。㉙晉昌　方鎮名，治所長安。為後晉所置。㉚台州　州名，治所臨海，在今浙江臨海。㉛弘俶　（西元九二九—九八八年）名俶，字文德，初名弘俶。吳越文穆王元瓘第九子，忠遜王弘倧弟。初為台州刺史。胡進思廢弘倧，擁立弘俶，襲吳越國王。西元九四七—九七八年在位。宋平江南，他出兵策應，後入朝。太平興國三年（西元九七八年）獻所據兩浙十三州之地歸宋。諡忠懿王。傳見《舊五代史》卷一百三十三、《新五代史》卷六十七、《宋史》卷四百八十。㉜通　李達弟，初名弘通，因犯吳越王諱，止名通。㉝錢唐　舊縣名，秦始置，縣治在今杭州西靈隱山麓。唐代以「唐」為國號，遂加「土」，為錢塘。㉞承制　秉承皇帝旨意。

【校　記】①同平章事　原無此四字。據章鈺校，十二行本、乙十一行本、孔天胤本皆有此四字，今據補。②面　原作「向」。據章鈺校，十二行本、乙十一行本、孔天胤本皆作「面」，今據改。

【語　譯】六月初五日戊午，漢高祖從洛陽出發。樞密院吏魏仁浦從契丹逃歸，在鞏縣進見漢高祖。郭威問魏仁浦契丹的兵力及前代制度，魏仁浦博聞強記，精明敏捷，郭威因此親近信任他。魏仁浦，是衛州人。初八日辛酉，汴州文武百官竇貞固等人在滎陽迎接漢高祖。十一日甲子，皇帝到達大梁，後晉的藩鎮相繼前來投降。〇十三日丙寅，吳越王錢弘倧繼承王位。

六月十五日戊辰，漢高祖下詔大赦。凡是契丹所任命的節度使下至將吏，各自安守職位，不再變更。又以汴州為東京，改國號為漢，依舊稱「天福」年號。漢高祖說：「我不忍心忘記晉國。」恢復青州、襄州、安州三州節度使。十九日壬申，任命北京留守劉崇為河東節度使、同平章事。

契丹述律太后聽說契丹主自立為皇帝，非常惱怒，發兵抵抗他。契丹主使偉王為前鋒，兩軍在石橋遭遇。當初，後晉的侍衛馬軍都指揮使李彥韜隨從後晉主北遷，隸屬在述律太后的部下，太后任命他為排陣使。李彥韜迎接偉王並向他投降，太后的軍隊因此大敗。契丹主把太后幽禁在阿保機的陵墓。改年號為天祿，自稱天授皇帝，任命高勳為樞密使。

契丹主仰慕中華的風俗，任用很多後晉大臣，卻沉迷於酒色，對各部落的酋長態度傲慢。因此契丹人不歸附，各部落屢次叛亂，契丹主興兵討伐。所以幾年內沒有顧得上南下侵略。

當初，契丹主德光命令奉國都指揮使南宮人王繼弘、都虞候樊暉用各自統領的士兵戍守相州，彰德節度使高唐英對待他們很好。守兵沒有鎧甲兵器，高唐英就給他們鎧甲兵器，倚重、信任他們如同親人。高唐英聽說漢高祖南來，率領本鎮請求投降。派去的使者還沒有回來，王繼弘和樊暉就殺了高唐英。王繼弘自稱留後，派遣使者去報告說高唐英反覆無常。漢高祖下詔任命王繼弘為彰德留後。六月二十七日庚辰，任命樊暉為磁州刺史。安國節度使高奉明聽說高唐英死去，心裡自己感覺不安穩。向麻荅請求委任馬步都指揮使劉鐸為節度副使、主持軍府的事務，自己回到恆州。

漢高祖派遣使者通告荊南。高從誨上表祝賀，並且要求得到郢州，漢高祖不答應。等到漢高祖派遣的加恩使來到的時候，高從誨拒絕使者而不接受投降。

南唐主聽說契丹主德光去世，蕭翰放棄大梁逃走，頒布詔書說：「我們眷念中原，那是本朝的故土。」任命左右衛聖統軍、忠武節度使、同平章事李金全為北面行營招討使，商議籌劃北方。聽說漢高祖已經進入大梁，於是不敢出兵。

秋，七月十一日甲午，任命馬希廣為天策上將軍、武安節度使、江南諸道都統，兼中書令，封為楚王。

有傳言說趙延壽已經死了。郭威對漢高祖說：「趙匡贊是契丹所任命，現今還在河中。應該派遣使者前往弔祭，乘此機會起用他，並調換鎮所。他既然無家無國可歸，一定會感恩而接受詔命。」漢高祖同意他的建議。適逢鄴都留守、天雄節度使兼中書令杜重威、天平節度使兼侍中李守貞都上表歸順。杜重威並請求調到其他的藩鎮。歸德節度使兼中書令高行周入朝。七月十三日丙申，調杜重威為歸德節度使，命高行周代替他為天雄節度使，任命李守貞為護國節度使、加兼中書令。調護國節度使趙匡贊為晉昌節度使。兩年以後，趙延壽才死在契丹。

吳越王錢弘倧任命他的弟弟台州刺史錢弘俶共同參與相府的事務。〇李達以他的弟弟李通主持福州留後的事務，自己前往錢唐進見吳越王錢弘倧。錢弘倧秉承皇帝旨意加李達兼侍中，把他的名字改為李孺贇。不久，李孺贇又後悔又恐懼，用二十根金竹筍和各種寶物賄賂內牙統軍使胡進思，請求返回福州。胡進思替他請求，錢弘倧答應了。

杜重威自以附契丹，負中國，內常疑懼。及移鎮制下，復拒而不受，遣其子弘璲質於麻荅以求援。趙延壽有幽州親兵二千在恆州❶，指揮使張璉將之，重威請以守魏。麻荅遣其將楊袞將契丹千五百人及幽州兵赴之。閏月庚午❷，詔削奪重威官爵，以高行周為招討使，鎮寧節度使慕容彥超副之，以討重威。

辛未❸，楊邠、郭威、王章皆為正使❹。時兵荒之餘，公私匱竭，北來兵與朝廷兵合❺，頓增數倍。章白帝罷不急之務，省無益之費以奉軍，用度克贍❻。庚辰❼，制建宗廟。太祖高皇帝、世祖光武皇帝，皆百世不遷❽。又立四親廟❾，追尊諡號。凡六廟。

麻荅貪猾殘忍，民間有珍貨、美婦女，必奪取之。又捕村民，誣以為盜，披面❿、抉目⓫、斷腕、焚炙而殺之，欲以威眾。常以其具自隨，左右前後[1]懸人肝、膽、手、足，飲食起居於其間，語笑自若。出入或被黃衣，用乘輿服御物，曰：「茲事漢人以為不可，吾國無忌也。」又以宰相員不足，乃牒馮道判弘文館，李崧判史館，和凝判集賢，劉昫判中書。其僭妄如此。然契丹或犯法，無所容貸⑫，故市肆⑬不擾。常恐漢人亡[2]去，謂門者曰：「漢有窺門者，即斷其首以來。」麻荅遣使督運於洺州⑭。洺州防禦使薛懷讓⑮聞帝入大梁，殺其使者，舉州降。帝遣郭從義將兵萬人會懷讓攻劉鐸於邢州，不克。鐸請兵於麻荅，麻荅遣其將楊安及前義武節度使李殷⑯將千騎攻懷讓於洺州。懷讓嬰城⑰自守，安等縱兵大掠於邢、洺之境。

契丹所留兵不滿二千⑱，麻荅令所司給萬四千人食，收其餘以自入。麻荅常疑漢兵，且以為無用，稍稍廢省，又損其食以飼胡兵。眾心怨憤，聞帝入大梁，皆有南歸之志。前潁州⑲防禦使何福進⑳、控鶴指揮使㉑太原李榮，潛結軍中壯士數十人謀攻契丹，然畏契丹尚彊，猶豫未發。會楊袞、楊安等軍出，契丹留恆州者纔八百人。福進等遂決計，約以擊佛寺鐘為號。

辛巳㉒，契丹主兀欲遣騎至恆州，召前威勝㉓節度使兼中書令馮道、樞密使李崧、左僕射和凝等，會葬契丹主德光於木葉山㉔。道等未行，食時，鐘聲發。漢兵奪契丹守門者兵擊契丹，殺十餘人，因突入府中。李榮先據甲庫㉕，悉召漢兵及市人，以鎧仗授之，焚牙門㉖，與契丹戰。榮召諸將并力，護聖左廂都指揮使、恩州㉗團練使白再榮㉘狐疑，匿於別室。軍吏以佩刀決幕，引其臂，再榮不得已而行。諸將繼至，煙火四起，鼓譟震地。麻荅等大驚，載寶貨、家屬，走保北城。而漢兵無所統壹，貪狡者乘亂剽掠，懦者竄匿。八月壬午朔㉙，契丹自北門入，勢復振，漢民死者二千餘人。前磁州刺史李穀恐事不濟，請馮道、李崧、和凝至戰所慰勉士卒，士卒見道等至，爭自奮。會日暮，有村民數千譟於城外，欲奪契丹寶貨、婦女。契丹懼而北遁，麻荅、劉晞、崔廷勳皆奔定州，與義武節度使耶律忠合。忠，即郎五也。

【章旨】以上為第六段，寫河北諸鎮驅趕契丹人。

【注釋】❶趙延壽有幽州親兵句　趙延壽被契丹主兀欲鎖之北去，其親兵未散，尚留在恆州。❷庚午　閏七月十八日。❸辛未　閏七月十九日。❹楊邠郭威王章皆為正使　後漢高祖即位之初，以楊邠權樞密使，郭威權樞密副使，王章權三司使，今皆為正使。❺北來兵與朝廷兵合　北來兵指與劉知遠、史弘肇從太原來者；朝廷兵指晉朝舊兵。❻用度克贍　經費能充足。克，能。❼庚辰　閏七月二十八日。❽百世不遷　帝王家廟中祖先的神主，世數遠的要依次遷於祧廟（遠祖廟）中合祭，但始祖神主不遷。劉知遠尊劉邦、劉秀為始祖，故「百世不遷」。❾四親廟　即高祖、曾祖、祖父、父四人家廟。據《五代會要》，劉知遠追尊高祖湍，明元皇帝，廟號文祖；曾祖昂，恭僖皇帝，廟號德祖；祖僎，昭獻皇帝，廟號翼祖；父琠，章聖皇帝，廟號顯祖。❿披面　割裂臉面。披，分解。⓫抉目　挖出眼睛。⓬容貸　寬容；饒恕。⓭市肆　市中店鋪。⓮洺州　州名，治所廣年，在今河北永年東南。⓯薛懷讓　其先戎人，徙居太原。傳見《宋史》卷二百五十四。⓰李殷　薊州（今天津市薊縣）人。傳見《舊五代史》卷一百六。⓱嬰城　環城。⓲契丹所留兵不滿二千　謂留恆州之兵。⓳潁州　州名，治所汝陰，在今安徽阜陽。⓴何福進　字善長，太原人。傳見《舊五代史》卷一百二十四。㉑控鶴指揮使　禁衛軍長官。㉒辛巳　閏七月二十九日。㉓威勝　方鎮名，後唐同光元年（西元九二三年）改宣化軍為威勝軍。治所鄧州，在今河南鄧州。㉔木葉山　在今內蒙古自治區西拉木倫河與老哈河合流處，是契丹族的先世居地，山上建有遼始祖廟。㉕甲庫　兵器鎧甲庫。㉖牙門　古代軍營門口置牙旗，故營門也叫牙門。㉗恩州　州名，治所恩州，在今廣東恩平北。時為南漢地，由白再榮遙領。㉘白再榮　本蕃部人，歷仕契丹、後漢。貪而多疑，時人稱「白麻荅」。官義成軍節度使，後被周太祖兵所殺。傳見《舊五代史》卷一百六、《新五代史》卷四十八。㉙壬午朔　八月初一日。

【校　記】①前後　原無此二字。據章鈺校，十二行本、乙十一行本皆有此二字，今據補。②亡　原作「妄」。據章鈺校，十二行本、乙十一行本、孔天胤本皆作「亡」，張敦仁《通鑑刊本識誤》、張瑛《通鑑校勘記》同，今據改。

【語　譯】杜重威自己認為曾經歸附契丹，愧對中國，內心常常疑慮恐懼。等到調換藩鎮的詔令下達，他又拒不接受，打發他的兒子杜弘璲到麻荅那裡做人質，藉以求得麻荅的援助。趙延壽有幽州的兩千名親兵在恆州，由指揮使張璉統率，杜重威請求用他們防守魏州。麻荅派遣他的部將楊袞率領契丹兵一千五百人和幽州兵前往魏州。閏七月十八日庚午，皇帝下詔削奪杜重威的官爵，任命高行周為招討使，鎮寧節度使慕容彥超為副招討使，討伐杜重威。

閏七月十九日辛未，楊邠、郭威、王章都由原暫理職位改為正使。當時在兵荒馬亂之後，國家和民間都資財匱乏，北方來的士兵和後晉朝廷的士兵合起來，數量一下子增加了幾倍。王章建議漢高祖取消不緊迫的工作，節省無益的費用來供給軍隊，費用才能夠充足。

閏七月二十八日庚辰，漢高祖下制書建立宗廟。太祖高皇帝劉邦和世祖光武帝劉秀，其神主百世不遷移。又建立四代親廟，追尊謚號。一共立了六廟。

麻荅貪婪狡猾殘忍，民間有珍寶、美女，一定搶奪過來。又抓捕村民，誣陷他們是盜賊，割裂臉面、挖眼、砍手、用火燒烤致死，想以此來威脅民眾。麻荅常把刑具隨身帶著，周遭懸掛著人的肝、膽、手、腳，他在其中飲食起居，談笑自如。出入有時身穿黃袍，乘坐皇帝坐的車子，使用天子用的器物，他說：「這些事漢人認為不可，在我國是沒有禁忌的。」又認為宰相員數不夠，於是發公文命馮道兼管弘文館，李崧兼管史館，和凝兼管集賢院，劉昫兼管中書。他的僭越狂妄到了如此地步。可是契丹人有犯法的，麻荅也不加寬恕，所以市中店鋪沒有受到騷擾。麻荅常擔心漢人逃跑，對守門的人說：「漢人有窺探城門的，就砍掉他的頭拿過來。」

麻荅派遣使者在洺州督運糧草。洺州防禦使薛懷讓聽說漢高祖進入大梁，殺掉了麻荅的使者，率領全州投降。漢高祖派遣郭從義率領一萬士兵會合薛懷讓一起在邢州攻打劉鐸，沒有攻下。劉鐸向麻荅請求援兵，麻荅派遣他的部將楊安以及前任義武節度使李殷率領一千名騎兵在洺州攻打薛懷讓。薛懷讓環城自守，楊安等人縱容士兵在邢、洺二州境內大肆搶劫。

契丹留在恆州的兵力不足兩千人，麻荅命令有關官員提供一萬四千人的糧食，把多出來的部分收歸自己所有。麻荅經常猜疑漢兵，並且認為他們沒用途，就逐漸裁減，又減少他們的糧食給胡兵吃。漢兵心裡怨恨憤怒，聽說漢高祖進入大梁，都有向南歸順的想法。前任潁州防禦使何福進、控鶴指揮使太原人李榮，暗中聯絡軍中的幾十名壯士，謀劃攻打契丹，然而又畏懼契丹勢力還強大，猶豫沒有動手。適逢楊袞、楊安等的軍隊開拔，契丹留在恆州的兵力只有八百人。何福進等人於是決定按照計畫行事，相約以敲佛寺鐘為信號。

閏七月二十九日辛巳，契丹主兀欲派遣騎兵到恆州，召來前任威勝節度使兼中書令馮道、樞密使李崧、左僕射和凝等人，在木葉山一起安葬契丹主耶律德光。馮道等人還沒有上路，吃早飯的時候，寺廟的鐘聲響了起來，漢兵奪取契丹守門人的武器攻擊契丹，殺了十幾個人，趁機衝進府中。李榮先佔領軍械庫，叫來所有的漢兵和市民，把鎧甲、兵器發給他們，焚燒營門，和契丹兵交戰。李榮叫漢人眾將合力作戰，護聖左廂都指揮使、恩州團練使白再榮遲疑不決，躲在偏室裡。軍吏用佩刀劃破布幕，拉住他的手臂，白再榮不得已而跟著軍吏走。眾將相繼來到，煙火四處燃起，喧譁呼叫聲震動大地。麻荅等人大為驚恐，載上寶物和家屬逃到北城防守。而漢兵沒有統一的指揮，貪婪狡猾的人趁亂搶劫，懦弱膽怯的人逃匿。八月初一日壬午，契丹兵從北門進城，勢力又振作起來，漢人死了兩千多人。前任磁州刺史李穀擔心事情不能成功，請馮道、李崧、和凝到戰鬥場地慰問勸勉士兵，士兵看到馮道等人來了，人人爭先奮力。正好天色已晚，有村民幾千人在城外鼓噪呼喊，打算奪取契丹的寶貨、婦女。契丹害怕而向北逃走，麻荅、劉晞、崔廷勳都跑往定州，與義武節度使邪律忠會合。邪律忠，就是邪律郎五。

馮道等四出安撫兵民，眾推道為節度使。道曰：「我書生也，當奏事而已，宜擇諸將為留後。」時李榮功最多，而白再榮位在上，乃以再榮權知留後。具以狀聞，且請援兵，帝遣左飛龍使❶李彥從❷將兵赴之。

白再榮貪昧，猜忌諸將。奉國廂[1]主華池王饒❸恐為再榮所併，詐稱足疾，據東門樓，嚴兵自衛。司天監趙延乂❹善於二人，往來諭釋，始得解。再榮以李崧、和凝久為相❺，家富，遣軍士圍其第求賞給。崧、凝各以家財與之，又欲殺崧、凝以滅口。李穀往見再榮，責之曰：「國亡主辱，公輩握兵不救。今僅能逐一虜將，鎮民❻死者幾三千人，豈獨公之力邪！纔得脫死，遽欲殺宰相，新天子若詰公專殺之罪，公何辭以對？」再榮懼而止。又欲率民財以給軍，穀力爭之，乃止。漢人嘗事麻荅者，再榮皆拘之以取其財。恆人以其貪虐，謂之「白麻荅」。

楊袞至邢州，聞麻荅被逐，即日北還，楊安亦遁去。李殷以其眾來降。○庚寅❼，以薛懷讓為安國節度使。劉鐸聞麻荅遁去，舉邢州降。懷讓詐云巡檢，引兵向邢州，鏵開門納之，懷讓殺鏵，以克復聞。朝廷知而不問。

辛卯❽，復以恆州順國軍為鎮州成德軍❾。○乙未❿，以白再榮為成德留後。踰年，始以何福進為曹州防禦使，李榮為博州⓫刺史。

赦盜賊毋問贓多少，皆抵死。時四方盜賊多，朝廷患之，故重其法，仍分命使者逐捕。蘇逢吉自草詔，意云「應⓬賊盜，并四鄰同保⓭，皆全族處斬。」眾以為盜猶不可族，況鄰保乎！逢吉固爭，不得已，但省去「全族」字。由是捕賊使者張令柔殺平陰⓮十七村民。

逢吉為人，文深好殺⓯。在河東幕府，帝嘗令靜獄⓰以祈福，逢吉盡殺獄囚還報。及為相，朝廷草創，帝悉以軍旅之事委楊邠、郭威，百司庶務委逢吉及蘇禹珪。二相決事，皆出胸臆⓱，不拘舊制。雖事無留滯，而用捨黜陟⓲，惟其所欲。帝方倚信之，無敢言者。逢吉尤貪詐，公求貨財，無所顧避。繼母死，不為服。庶兄⓳自外至，不白逢吉而見諸子，逢吉怒，密語郭威，以它事杖殺之。

【章　旨】以上為第七段，寫節鎮白再榮、宰臣蘇逢吉貪酷。

【注　釋】❶左飛龍使　掌管宮廷御馬的長官。❷李彥從　字士元，仕後漢，官至濮州刺史，有政聲。傳見《舊五代史》卷一百六。❸王饒　字受益，華池（今甘肅華池縣）人，歷仕後晉、後漢、後周。傳見《舊五代史》卷一百二十五。❹趙延乂字子英，歷仕前蜀、後唐、後周，為司天監，善相人。傳見《舊五代史》卷一百三十一、《新五代史》卷五十七。❺李崧和凝久為相　本書卷二百八十一後晉高祖天福二年（西元九三七年）正月載以李崧為中書侍郎、同平章事，充樞密使。而《新五代史》卷五十七〈李崧傳〉載高祖入京師即召崧為戶部侍郎，拜中書侍郎、同中書門下平章事兼樞密使，為相似在天福元年。和凝為相則在天福五年。二人為相均久歷年月，故此處云「久為相」。❻鎮民　指恆州之民。恆州舊為鎮州。❼庚寅　八月初九日。❽辛卯　八月初十日。❾成德軍　方鎮名，唐置。治所恆州，在今河北正定。後晉高祖天福七年改為順國軍，後又復原名為成德軍。❿乙未　八月十四日。⓫博州　州名，治所聊城，在今山東聊城市東。⓬應　接應。⓭保　舊時戶籍編制單位，猶如「里」、「甲」等。⓮平陰　縣名，縣治在今山東平陰。⓯文深好殺　用法峻刻，喜歡殺人。文，法令條文。⓰靜獄　清理獄囚。⓱胸臆　主觀臆斷。⓲黜陟　亦寫作絀陟。指官吏的進退升降。黜，罷黜貶斥。陟，升遷進用。⓳庶兄　父妾所生的哥哥。

【校　記】①廂　原作「軍」。據章鈺校，十二行本、乙十一行本皆作「廂」，今據改。按，《舊五代史・白再榮傳》作「廂」。

【語　譯】馮道等人到各地安撫軍民，大家推舉馮道為節度使。馮道說：「我是個書生，只適合奏報事情而已，應該從眾位將領中選取留後。」當時李榮功勞最多，而白再榮地位在他之上，於是就由白再榮暫時主持留後事務。把詳細的情形上報漢高祖，並且請求派兵援助。漢高祖派遣左飛龍使李彥從帶兵前往。

白再榮貪婪財貨，猜忌眾將。奉國廂主華池人王饒害怕被白再榮吞併，謊稱腳有病，據守東門樓，嚴密部署軍隊守衛。司天監趙延乂和他們二人都很要好，往來於兩人之間說明解釋，兩人才得和解。白再榮認為李崧、和凝長時間做宰相，家裡一定很富有，就打發士兵包圍他們的住宅，要求賞賜。李崧、和凝各自拿出家財給他們，白再榮又想殺李崧、和凝滅口。李穀去見白再榮，責備白再榮說：「國家滅亡，君主受辱，你們手握兵權不去救援。現在只是驅逐一個虜將麻荅，鎮州的民眾死了將近三千人，難道是你一個人的力量嗎！剛剛得以死裡逃生，馬上想殺了宰相，新天子如果追究你擅自殺人的罪過，你用什麼話來回答？」白再榮害怕而住手了。白再榮又打算徵收民眾的財物來供給軍隊，李穀極力勸阻，他才停止。漢人曾經替麻荅做過事的，白再榮都把他們拘禁起來索取財物。恆州人因為白再榮貪婪暴虐，稱他為「白麻荅」。

楊袞到達邢州，聽說麻荅被趕走，當天返回北方。楊安也逃走了。李殷率領他的部眾前來投降。〇八月初九日庚寅，任命薛懷讓為安國節度使。劉鐸聽說麻荅逃走，率領邢州投降。薛懷讓假稱巡視檢查，領兵前往邢州，劉鐸打開城門讓他進來，薛懷讓殺掉劉鐸，以攻取邢州上報朝廷。朝廷知道真相而不予過問。

八月初十日辛卯，又把恆州順國軍改為鎮州成德軍。〇十四日乙未，漢高祖任命白再榮為成德留後。第二年，才任命何福進為曹州防禦使，李榮為博州刺史。

漢高祖敕令盜賊不論贓物多少，全都判處死刑。當時四方盜賊眾多，朝廷很擔憂，所以加重處罰盜賊的刑法，同時分別命令使者追捕。蘇逢吉親自草擬詔書，意思是說「接應盜賊的，連帶他的四周鄰居以及同保的人，都全族處以斬首。」大家認為盜賊尚且不可以滅族，何況是鄰居同保人呢！蘇逢吉堅持力爭，不得已，只刪掉「全族」兩字。根據這一法令，捕賊使者張令柔殺了平陰縣十七村的百姓。

蘇逢吉為人，用法峻刻，喜歡殺人。在河東幕府的時候，漢高祖曾經命他清理獄囚來求福，蘇逢吉殺掉所有的囚犯來向漢高祖覆命。等到當了宰相，朝廷剛剛創始，漢高祖把全部軍事事務交給楊邠、郭威，所有部門事務交給蘇逢吉和蘇禹珪。兩位宰相處理事務，完全出於自己的想法，不拘守舊有的制度。儘管事情沒有積壓耽誤，但是對事情的取捨，對人物的升降，只憑自己的意願。漢高祖正依賴信任他們，沒有人敢說話。蘇逢吉尤其貪婪狡詐，公開地索要財貨，毫無迴避。他的繼母去世，他不為她服喪。他的異母哥哥從外面回來，沒有告訴他就去見姪子們，蘇逢吉發怒了，祕密告訴郭威，藉口其他的事情用杖把哥哥打死。

楚王希廣庶弟❶天策左司馬希崇，性狡險，陰遺兄希萼書，言劉彥瑫等[1]違先王❷之命，廢長立少，以激怒之。希萼自永州來奔喪，乙巳❸，至跌石。彥瑫白希廣遣侍從都指揮使周廷誨等將水軍逆之，命永州將士皆釋甲而入，館希萼於碧湘宮❹，成服於其次，不聽入與希廣相見。希萼求還朗州，周廷誨勸希廣殺之。希廣曰：「吾何忍殺兄，寧分潭、朗❺而治之。」乃厚贈希萼，遣還朗州。希崇常為希萼詗❻希廣，語言動作，悉以告之，約為內應。

契丹之滅晉也，驅戰馬二萬匹[2]歸其國。至是漢兵乏馬，詔市❼士民馬於河南諸道不經剽掠者。◯制以錢弘倧為東南兵馬都元帥、鎮海・鎮東節度使兼中書令、吳越王。

高從誨聞杜重威叛，發水軍數千襲襄州❽，山南東道❾節度使安審琦擊卻之。又寇郢州，刺史尹實大破之。乃絕漢，附于唐、蜀。初，荊南介居湖南、嶺南、福建❿之間，地狹兵弱。自武信王季興⓫時，諸道入貢過其境者，多掠奪其貨幣。及諸道移書詰讓⓬，或加以兵，不得已復歸之，曾不為愧。及從誨立，唐、晉、契丹、漢更據中原，南漢、閩、吳、蜀皆稱帝，從誨利其賜予，所向稱臣。諸國賤之，謂之「高無賴」。

唐主以太傅兼中書令宋齊丘為鎮南節度使。

南漢主⓭恐諸弟與其子爭國，殺齊王弘弼、貴王弘道、定王弘益、辨王弘濟、同王弘簡、益王弘建、恩王弘偉、宜王弘照，盡殺其男⓮，納其女充後宮。作離宮⑮千餘間，飾以珠寶，設鑊湯⑯、鐵牀、刳剔⑰等刑，號「生地獄」。嘗醉，戲以瓜置樂工之頸試劍，遂斷其頭。

【章　旨】以上為第八段，寫南方割據小國楚、荊南、南唐、南漢等國事務。

【注　釋】❶庶弟　父妾所生的弟弟。❷先王　指楚王馬殷。馬殷死時曾「遺命諸子，兄弟相繼」，還「置劍於祠堂，曰：『違吾命者戮之。』」見本書卷二百七十七。❸乙巳　八月二十四日。❹碧湘宮　在長沙府西北碧湘門之側。❺潭朗　潭州與朗州。潭州，五代改為長沙府，治所在今湖南長沙。朗州，治所在今湖南常德。❻詗　偵察；刺探。❼市　買。❽襄州　州名，治所襄陽，在今湖北襄樊。❾山南東道　方鎮名，唐至德元載（西元七五六年）置。治所襄州，在今湖北襄樊。❿湖南嶺南福建　此指三個道。湖南，方鎮名，唐廣德二年（西元七六四年）置。治所潭州，在今湖南長沙。唐末馬氏據為楚國。嶺南，方鎮名，唐至德元載（西元七五六年）置。治所廣州，在今廣東廣州。唐末劉氏據為漢國。福建，方鎮名，唐至德元載置福建經略使。治所福州，在今福建福州。唐末王氏據為閩國。⓫武信王季興　（西元八五八—九二八年）字貽孫，陝州硤石（今河南三門峽市南）人，少隨朱全忠，因軍功為潁州防禦使，後升為荊南節度使。後唐同光二年（西元九二四年）受封為南平王，謚武信王。西元九二四—九二八年在位。傳見《舊五代史》卷一百三十三、《新五代史》卷六十九。⓬移書詰讓　移送文書進行責備。⓭南漢主　南漢中宗劉晟，初名弘熙，南漢高祖劉龑第四子，殺其兄劉玢（弘度）自立。西元九四三—九五八年在位。傳見《舊五代史》卷一百三十五、《新五代史》卷六十五。⓮盡殺其男　指南漢主弘熙殺盡諸弟。劉龑共有十九子。長子邕王耀樞，次子康王龜圖早卒。劉龑死，第三子弘度立，昏暴，被弘熙弒殺。弘熙為劉龑第四子，猜忌諸弟，除萬王弘操戰死之外，其餘十五個弟弟先後皆為弘熙所殺，齊王弘弼等八弟在弘熙五年同日被害。齊王弘弼為第六子，貴王弘道為十六子，定王弘益為十九子，辨王弘濟為十五子，同王弘簡為十三子，益王弘建為十四子，恩王弘偉（《新五代史》寫作「暐」）為十一子，宜王弘照（本書卷二百七十八作「弘昭」）為第十七子。⓯離宮　皇帝正宮以外臨時居住的宮室。⓰鑊湯　開水鍋。鑊，古時指無足的鼎。⓱刳剔　剖開挖空。

【校　記】①等　原無此字。據章鈺校，十二行本、乙十一行本皆有此字，張敦仁《通鑑刊本識誤》同，今據補。②匹　原無此字。據章鈺校，十二行本、乙十一行本、孔天胤本皆有此字，張敦仁《通鑑刊本識誤》同，今據補。

【語　譯】楚王馬希廣的異母弟天策左司馬馬希崇，生性狡詐陰險，暗中給哥哥馬希萼寫信，說劉彥瑫等人違背先王的遺命，廢黜年長的哥哥，擁立年少的弟弟，以此來激怒馬希萼。馬希萼從永州前來奔喪，八月二十四日乙巳，到達趺石。劉彥瑫稟告馬希廣派遣侍從都指揮使周廷誨等人率領水軍前去迎接，命令永州來的將士全部脫下鎧甲入城，安置馬希萼住在碧湘宮，在住的地方穿上喪服，不讓他進宮與馬希廣相見。馬希萼要求返回朗州，周廷誨勸告馬希廣殺了他。馬希廣說：「我怎麼忍心殺死哥哥，寧願把潭州和朗州分開各自治理一州。」於是送給馬希萼豐厚的禮物，送他返回朗州。馬希崇常常替馬希萼偵察馬希廣，馬希廣的言論行動，全部都告訴馬希萼，相約做他的內應。

契丹滅了後晉，驅趕走兩萬匹戰馬回到他們國內。到了這時，漢兵缺乏馬匹，漢高祖下詔命到河南各道沒被搶劫過的地方購買百姓的馬匹。〇漢高祖下制令任命錢弘倧為東南兵馬都元帥、鎮海・鎮東節度使兼中書令、吳越王。

高從誨聽說杜重威反叛，便派出幾千名水軍襲擊襄州，山南東道節度使安審琦打退了他。高從誨又侵犯郢州，郢州刺史尹實把他打得大敗，高從誨於是跟後漢斷絕關係，歸附南唐和後蜀。當初，荊南地處湖南、嶺南、福建之間，土地狹窄，兵力薄弱。從武信王高季興時起，各道入貢朝廷過荊南境的，就經常搶奪人家的錢財。等到各道移送文書責備他，或者出兵去討伐他時，他才不得已把財物歸還人家，一點也不感到羞愧。等到高從誨繼位，後唐、後晉、契丹、後漢相繼佔據中原，南漢、閩、吳、後蜀都稱帝。高從誨貪圖各國的賞賜，無論對哪一國都稱臣，各國都看不起他，稱他為「高無賴」。

南唐主任命太傅兼中書令宋齊丘為鎮南節度使。

南漢主害怕弟弟們和自己的兒子爭奪天下，就殺了齊王劉弘弼、貴王劉弘道、定王劉弘益、辨王劉弘濟、同王劉弘簡、益王劉弘建、恩王劉弘偉、宜王劉弘照，同時把他們家中的男子全部殺死，收捕他家女子充實後宮。南漢主建造了一千多間離宮，用珠寶裝飾，設置熱水鍋、鐵床、剖挖等酷刑，號稱「活地獄」。曾經醉酒，開玩笑地把一個瓜放在樂工的脖子上試劍，就這樣砍下了樂工的頭。

初，帝與吏部尚書竇貞固俱事晉高祖，雅相知重。及即位，欲以為相，問蘇逢吉：「其次誰可相者？」逢吉與翰林學士李濤善，因薦之，曰：「昔濤乞斬張彥澤❶，陛下在太原，嘗重之，此可相也。」會高行周、慕容彥超共討杜重威於鄴都，彥超欲急攻城，行周欲緩之以待其弊。行周女為重威子婦，彥超揚言：「行周以女故，愛賊不攻。」由是二將不協。帝恐生它變，欲自將擊重威，意未決。濤上疏請親征。帝大悅，以濤有宰相器。

九月甲戌❷，加逢吉左僕射兼門下侍郎，蘇禹珪右僕射兼中書侍郎，貞固司空兼門下侍郎，濤戶部尚書兼中書侍郎，並同平章事。○戊寅❸，詔幸澶、魏勞軍，以皇子承訓❹為東京留守。○馮道、李崧、和凝自鎮州還，己卯❺，以崧為太子太傅，凝為太子太保。○庚辰❻，帝發大梁。

晉昌節度使趙匡贊恐終不為朝廷所容，冬，十月，遣使降蜀，請自終南山路出兵應援。

戊戌❼，帝至鄴都城下，舍於高行周營。行周言於帝曰：「城中食未盡，急攻，徒殺士卒，未易克也。不若緩之，彼食盡自潰。」帝然之。慕容彥超數因事陵轢❽行周，行周泣訴於執政❾，掬糞壤實其口❿。蘇逢吉、楊邠密以白帝，帝深知彥超之曲⓫，猶命二臣和解之。又召彥超於帳中責之，且使詣行周謝⓬。

杜重威聲言車駕至即降，帝遣給事中陳觀往諭指，重威復閉門拒之。城中食浸竭，將士多出降者。慕容彥超固請攻城，帝從之。丙午⓭，親督諸將攻城。自寅至辰⓮，士卒傷者萬餘人，死者千餘人，不克而止。彥超乃不敢復言。

初，契丹留幽州兵千五百人[1]戍大梁。帝入大梁，或告幽州兵將為變，帝盡殺之於繁臺⓯之下。及圍鄴都，張璉將幽州兵二千助重威拒守，帝屢遣人招諭，許以不死。璉曰：「繁臺之卒，何罪而戮？今守此，以死為期耳。」由是城久不下。十一月丙辰⓰，內殿直韓訓獻攻城之具，帝曰：「城之所恃者，眾心耳。眾心苟離，城無所保，用此何為！」

杜重威之叛也[2]，觀察判官金鄉王敏⓱屢泣諫，不聽。及食竭力盡，甲戌⓲，遣敏奉表出降。乙亥⓳，重威子弘璉來見。丙子⓴，妻石氏來見。石氏，即晉之宋國長公主也。帝復遣入城。丁丑㉑，重威開門出降，城中餒死者什七八，存者皆尩瘠㉒無人狀。張璉先邀朝廷信誓，詔許以歸鄉里，及出降，殺璉等將校數十人。縱其士卒北歸，將出境，大掠而去。郭威請殺重威牙將㉓百餘人，并重威家貲籍㉔之以賞戰士，從之。以重威為太傅兼中書令、楚國公。重威每出入，路人往往擲瓦礫詬之㉕。

臣光曰：「漢高祖殺幽州無辜千五百人，非仁也。誘張璉而誅之，非信也。杜重威罪大而赦之，非刑也。仁以合眾㉖，信以行令㉗，刑以懲奸㉘。失此三者，何以守國！其祚運㉙之不延㉚也，宜哉！」

【章　旨】以上為第九段，寫後漢高祖劉知遠仁、信、刑三失，是以國祚不久。

【注　釋】❶昔濤乞斬張彥澤　事見本書卷二百八十三晉高祖天福七年。❷甲戌　九月二十三日。❸戊寅　九月二十七日。❹承訓　字德輝，劉知遠長子。官至開封尹、檢校太尉、同平章事。年二十六卒，追封魏王。傳見《舊五代史》卷一百五、《新五代史》卷十八。❺己卯　九月二十八日。❻庚辰　九月二十九日。❼戊戌　十月十七日。❽陵轢　欺陵。❾執政　執政大臣，即蘇逢吉、楊邠等。❿掬糞壤實其口　用手掬取糞土塞進嘴裡，表示受陵辱而不敢言。⓫曲　理虧。⓬謝　謝罪。⓭丙午　十月二十五日。⓮自寅至辰　從寅時到辰時，相當於早晨三時至九時。⓯繁臺　在大梁，本為師曠吹臺，梁孝王增築。後有繁氏居其側，里人便以其姓稱之為繁臺。⓰丙辰　十一月初六日。⓱王敏　字待問，金鄉（今山東金鄉）人，少力學攻文，登進士第。後依杜重威，歷數鎮從事。重威叛於鄴，採納敏言，降劉知遠。入後周，官給事中、刑部侍郎。傳見《舊五代史》卷一百二十八。⓲甲戌　十一月二十四日。⓳乙亥　十一月二十五日。⓴丙子　十一月二十六日。㉑丁丑　十一月二十七日。㉒尩瘠　瘦弱、瘠病。㉓牙將　此指杜重威的親兵將領。㉔籍　登記入冊。此指籍沒，清查沒收。㉕路人往往擲瓦礫詬之　這是因為杜重威在藩鎮貪黷無厭，為將則賣國害民。詬，辱罵。㉖合眾　聚合萬眾為一心。㉗行令　執行命令。

㉘懲奸　懲罰奸佞。㉙祚運　國運。㉚不延　沒有延續。後漢建國前後四歲而亡，為五代最短祚之國。

【校　記】①人　原無此字。據章鈺校，十二行本、乙十一行本、孔天胤本皆有此字，張敦仁《通鑑刊本識誤》同，今據補。②也　原無此字。據章鈺校，十二行本、乙十一行本、孔天胤本皆有此字，今據補。

【語　譯】當初，漢高祖和吏部尚書竇貞固一起侍奉後晉高祖，素來互相賞識和敬重。及至漢高祖即位，想讓竇貞固當宰相。漢高祖問蘇逢吉說：「其次誰可以當宰相？」蘇逢吉跟翰林學士李濤很要好，藉此機會推薦李濤，說：「過去李濤請求殺掉張彥澤，陛下那時在太原，曾經對李濤很推重，這人可以任宰相。」適逢高行周和慕容彥超一起在鄴都討伐杜重威，慕容彥超想要加緊攻城，高行周想推遲進攻，等待敵人自行崩潰。高行周的女兒是杜重威的兒媳，慕容彥超揚言說：「高行周因為女兒的緣故，憐惜敵人，不肯進攻。」由此兩位將領不和。漢高祖害怕引起其他變故，打算親自率兵攻打杜重威，想法還沒有定下來。李濤上疏建議皇上親征。漢高祖非常高興，認為李濤有宰相的才識。

九月二十三日甲戌，加封蘇逢吉為左僕射兼門下侍郎，蘇禹珪為右僕射兼中書侍郎，竇貞固為司空兼門下侍郎，李濤為戶部尚書兼中書侍郎，全都為同平章事。〇二十七日戊寅，皇帝下詔親臨澶州和魏州慰勞軍隊，任命皇子劉承訓為東京留守。〇馮道、李崧、和凝從鎮州返回。二十八日己卯，任命李崧為太子太傅，和凝為太子太保。〇二十九日庚辰，漢高祖從大梁出發。

晉昌節度使趙匡贊擔心最終不能被朝廷所接納。冬，十月，派遣使者投降後蜀，請求後蜀從終南山路出兵接應救援。

十月十七日戊戌，漢高祖抵達鄴都城下，住在高行周的軍營裡。高行周對漢高祖說：「城裡糧食還沒吃完，急於進攻，白白地傷害士卒，又不容易攻下。不如延緩攻城，等到他們糧食光了，自然會崩潰。」漢高祖認為是對的。慕容彥超多次藉事端欺壓高行周，高行周向執政大臣哭訴自己好比被人捧糞土塞進嘴裡。蘇逢吉、楊邠把這些情況祕密報告漢高祖，漢高祖深知慕容彥超理屈，但還是讓蘇、楊二人為他們和解。又把慕容彥超叫到帳中來責備他，並且要他到高行周那裡道歉。

杜重威聲稱漢高祖一到，他立即投降。漢高祖派遣給事中陳觀前去告訴他皇帝的旨意，杜重威又關閉城門拒絕使者。城裡的糧食漸漸地沒有了，將士有很多出城投降的。慕容彥超堅決要求攻城，漢高祖同意了。十月二十五日丙午，漢高祖親自監督眾將攻城。從寅時到辰時，士兵受傷的有一萬多人，死亡的一千多人，城沒有攻下而停止。慕容彥超這才不敢再說攻城。

當初，契丹留下一千五百名幽州兵戍守大梁，漢高祖進入大梁時，有人報告說幽州兵將要叛亂，漢高祖把他們全都殺死在繁臺下。等到這次包圍鄴都，張璉率領兩千名幽州兵幫助杜重威防守抵抗。漢高祖多次派人招撫勸告，答應不殺他們。張璉說：「繁臺的士兵，有什麼罪而被殺戮？現在防守此地，到死為止。」因此鄴城很久不能攻下。十一月初六日丙辰，內殿直韓訓獻上攻城的器具，漢高祖說：「城池所依賴的，是眾人的決心。眾人的心一旦渙散分離，城池就不能守護，要這些器具幹什麼！」

杜重威背叛時，觀察判官金鄉人王敏屢次哭著勸阻他，杜重威不聽。等到糧食吃完兵力用盡，十一月二十四日甲戌，杜重威派遣王敏奉表出城請降。二十五日乙亥，杜重威的兒子杜弘璉前來進見。二十六日丙子，杜重威的妻子石氏前來進見。石氏就是後晉的宋國長公主。漢高祖又送他們進城。二十七日丁丑，杜重威打開城門投降，城裡餓死的人十分之七八，存活下來的人也都瘦弱得不成人樣。張璉首先請求朝廷發誓，漢高祖下詔承諾讓他們回到自己家鄉去。等到他們出城投降，便殺了張璉等將校幾十人。放他們的士兵向北回家。這些士兵們將要出魏州地界時，大肆搶劫後離去。郭威請求殺掉杜重威的牙將一百多人，並沒收杜重威的家財來獎賞戰士，漢高祖同意了。漢高祖任命杜重威為太傅兼中書令、楚國公。杜重威每次出入，路上的人常常向他投石頭瓦塊，辱罵他。

史臣司馬光說：「後漢高祖殺死一千五百名無辜的幽州士兵，這不是仁心。誘騙張璉投降而把他殺死，這不是誠信。杜重威罪惡大而赦免他，這不是刑罰所當。仁用來團結眾人，信用來推行政令，刑用來懲罰奸邪。失去這三項，還用什麼來治理國家！他的國運不能延續長久，是理所應當的啊！」

高行周以慕容彥超在澶州，固辭鄴都。己卯❶，以忠武節度使史弘肇領歸德節度使、兼侍衛馬步都指揮使，義成節度使劉信領忠武節度使、兼侍衛馬步副都指揮使，徙彥超為天平節度使，並加同平章事。

吳越王弘倧大閱水軍，賞賜倍於舊。胡進思固諫，弘倧怒，投筆水中，曰：

「吾之財與士卒共之，奚多少之限邪！」

十二月丙戌❷，帝發鄴都❸。

蜀主遣雄武都押牙吳崇惲以樞密使王處回書招鳳翔節度使侯益。庚寅❹，以山南西道❺節度使兼中書令張虔釗❻為北面行營招討安撫使，雄武節度使何重建副之，宣徽使韓保貞❼為都虞候，共將兵五萬，虔釗出散關❽，重建出隴州❾，以擊鳳翔。奉鑾肅衛都虞候李廷珪❿將兵二萬出子午谷⓫，以援長安。諸軍發成都，旌旗數十里。

辛卯⓬，皇子開封尹承訓卒。承訓孝友忠厚，達於從政，人皆惜之。○癸巳⓭，帝至大梁。○威武節度使李孺贇與吳越戍將鮑脩讓不協，謀襲殺脩讓，復以福州降唐。脩讓覺之，引兵攻府第。是日，殺孺贇，夷其族。○乙未⓮，追立皇子承訓為魏王。

侯益請降於蜀，使吳崇惲持兵籍、糧帳西還，與趙匡贊同上表請出兵平定關中。

己酉⑮，鮑脩讓傳李孺贇首至錢塘，吳越王弘倧⑯以丞相山陰吳程⑰知威武節度事。

吳越王弘倧，性剛嚴，憤忠獻王弘佐⑱時容養諸將，政非己出。及襲位，誅杭、越侮法吏三人。內牙統軍使胡進思恃迎立功，干預政事。弘倧惡之，欲授以一州，進思不可。進思有所謀議，弘倧數面折之。進思還家，設忠獻王位，被髮慟哭。民有殺牛者，吏按之，引人所市肉近千斤。弘倧問進思：「牛大者肉幾何？」對曰：「不過三百斤。」弘倧曰：「然則吏妄也。」命按其罪。進思拜賀其明。弘倧曰：「公何能知其詳？」進思踧踖⑲對曰：「臣昔未從軍，亦嘗從事於此。」進思以弘倧為知其素業，故辱之，益恨怒。進思建議遣李孺贇歸福州，及孺贇叛，弘倧責之，進思愈不自安。

弘倧與內牙指揮使何承訓謀逐進思，又謀於內都監使水丘昭券。昭券以為進思黨盛難制，不如容之，弘倧猶豫未決。承訓恐事洩，反以謀告進思。庚戌⑳，弘倧夜宴將吏。進思疑其圖己，與其黨謀作亂，帥親兵百人戎服執兵入見於天策堂，曰：「老奴無罪，王何故圖之？」弘倧叱之不退，左右持兵者皆憤怒。弘倧猝愕不暇發言㉑，趨入義和院。進思鎖其門，矯稱王命，告中外云：「猝得風疾㉒，傳位於同參相府事弘俶。」進思因帥諸將迎弘俶于私第，且召丞相元德昭。德昭至，立於簾外不拜，曰：「俟見新君。」進思亟出褰簾㉓，德昭乃拜。

進思稱弘倧之命，承制授弘俶鎮海、鎮東節度使兼侍中。弘俶曰：「能全吾兄，乃敢承命。不然，當避賢路。」進思許之。弘俶始視事。進思殺水丘昭券及進侍㉔鹿光鉉。光鉉，弘倧之舅也。進思之妻曰：「它人猶可殺。昭券，君子也，柰何害之！」

是歲，唐主以羽林大將軍王延政為安化㉕節度使、鄱陽王，鎮饒州。

【章旨】以上為第十段，寫後蜀犯鳳翔，吳越國發生政變。

【注釋】❶己卯　十一月二十九日。❷丙戌　十二月初六日。❸帝發鄴都　指劉知遠從鄴都回大梁。❹庚寅　十二月初十日。❺山南西道　方鎮名，治所興元，在今陝西漢中市。❻張虔釗　先仕後唐，又投後蜀，與蜀軍攻鳳翔，無功，慚忿而死。❼韓保貞　字永吉，隨父入後蜀，官至檢校太尉兼侍中。❽散關　關名，宋以後習稱大散關。在陝西寶雞西南大散嶺上，當秦嶺咽喉，扼川、陝交通孔道，為古代兵家必爭之地。❾隴州　州名，治所汧源，在今陝西隴縣。❿李廷珪　并州太原（今山西太原）人，幼隸孟知祥帳下。知祥建後蜀，廷珪補軍職，累遷奉鑾肅衛都虞候，後為侍中、武信節度使等職。領兵與後周、宋軍作戰屢敗，遂與後主一起降宋。傳見《宋史》卷四百七十九。⓫子午谷　地名，在陝西長安南秦嶺山中，為川、陝間要道。⓬辛卯　十二月十一日。⓭癸巳　十二月十三日。⓮乙未　十二月十五日。⓯己酉　十二月二十九日。⓰弘倧　字隆道，吳越文穆王錢元瓘第七子，繼王位不足一年便被大將胡進思廢。幽居二十年後始卒，諡忠遜王。⓱吳程　字正臣，山陰（今浙江紹興）人，仕吳越，任丞相、威武軍節度使。⓲弘佐　字元祐，吳越文穆王錢元瓘第六子。西元九四一—九四七年在位。溫柔好禮，恭勤政務，諡忠獻王。⓳踧踖　恭敬而局促不安的樣子。⓴庚戌晦　十二月三十日。㉑猝愕不暇發言　急促驚慌之間來不及說話。㉒風疾　中風；癱瘓。㉓褰簾　掀起簾幕。㉔進侍　吳越所設置的在王左右的官。㉕安化　方鎮名，五代十國南唐置。治所饒州，在今江西鄱陽。

【語　譯】高行周因為慕容彥超在澶州，堅決推辭鎮守鄴都。十一月二十九日己卯，漢高祖任命忠武節度使史弘肇兼領歸德節度使、兼任侍衛馬步都指揮使，義成節度使劉信兼領忠武節度使、兼任侍衛馬步副都指揮使，調任慕容彥超為天平節度使，都加授同平章事。

吳越王錢弘倧大舉檢閱水軍，賞賜比以前加倍。胡進思極力勸阻，錢弘倧很生氣，把筆扔到水中，說：「我的錢財和士兵共同所有，哪有多少的界限呢！」

十二月初六日丙戌，漢高祖從鄴都出發。

後蜀主派遣雄武都押牙吳崇惲，帶著樞密使王處回的信去招撫鳳翔節度使侯益。十二月初十日庚寅，任命山南西道節度使兼中書令張虔釗為北面行營招討安撫使，雄武節度使何重建為副使，宣徽使韓保貞為都虞候，總共率領士兵五萬人，張虔釗從散關出發，何重建從隴州出發，攻打鳳翔。奉鑾肅衛都虞候李廷珪率領士兵二萬人從子午谷出發，來援救長安。各路軍從成都出發，旌旗數十里。

十二月十一日辛卯，皇子開封尹劉承訓去世。劉承訓孝順友愛，忠誠厚道，通曉政事，人人都惋惜他。

〇十三日癸巳，漢高祖回到大梁。〇威武節度使李孺贇與吳越守將鮑脩讓不和，謀劃偷襲殺死鮑脩讓，再以福州投降南唐。鮑脩讓察覺出來，帶兵攻打福州府署。這天，殺了李孺贇，滅了他的全族。〇十五日乙未，追立皇子劉承訓為魏王。

侯益請求投降後蜀，讓吳崇惲帶著士兵名籍、糧食帳目向西返回，與趙匡贊一起上表請求出兵平定關中。

十二月二十九日己酉，鮑脩讓把李孺贇的首級傳送到錢塘，吳越王錢弘倧使丞相山陰人吳程主持威武節度的事務。

吳越王錢弘倧性情剛強嚴厲，憤恨忠獻王錢弘佐時常容忍姑息眾將，政令不由自己頒發。等到他繼承王位，殺了杭州、越州輕慢法令的三名官吏。內牙統軍使胡進思倚仗迎立錢弘倧為國君的功勞，干涉朝政。錢弘倧厭惡他，想授給他一個州的官職，胡進思不同意。胡進思有什麼謀劃建議，錢弘倧多次當面斥責他。胡進思回到家裡，設置忠獻王錢弘佐的靈位，披頭散髮地痛哭。百姓有殺牛的，官吏予以查辦，帶來一個人所賣的牛肉將近一千斤。錢弘倧問胡進思：「牛大的有多少肉？」回答說：「不超過三百斤。」錢弘倧說：「那麼官吏是胡說的了。」命令胡進思治那官吏的罪。胡進思恭賀吳越王的明察。錢弘倧說：「你怎麼知道其中的底細呢？」胡進思侷促不安地回答說：「我以前還沒有參軍的時候，也曾經幹過這種營生。」胡進思認為錢弘倧知道他以前的職業，故意侮辱他，就更加痛恨憤怒。胡進思建議遣送李孺贇回福州，等到李孺贇叛亂，錢弘倧責備他，胡進思更加內心不安。

錢弘倧與內牙指揮使何承訓謀劃驅逐胡進思，又和內都監使水丘昭券商議。水丘昭券認為胡進思黨羽強大，難以制服，不如容忍他，錢弘倧猶豫不決。何承訓害怕事情洩露，反而把謀劃告訴了胡進思。十二月三十日庚戌，錢弘倧晚上宴請將領官吏。胡進思懷疑他要謀害自己，就和自己的黨羽圖謀作亂，率領一百名親兵，身穿軍服，手拿武器，進入天策堂見錢弘倧，胡進思說：「老奴沒有罪，大王為什麼要謀害我？」錢弘倧呵斥胡進思，胡進思不退去，左右拿兵器的人都很憤怒。錢弘倧卻驚慌失措說不出話來，跑進義和院。胡進思鎖上義和院的門，假傳王命，告示中外說：「皇帝突然中風，傳位給同參相府事錢弘俶。」胡進思於是率領眾將到私宅去迎接錢弘俶，並且叫來丞相元德昭。元德昭來了，站在簾外不下拜，說：「等著見新君主。」胡進思趕緊出來掀起簾子，元德昭才下拜。

胡進思說是錢弘倧的詔命，稟承皇帝旨意任命錢弘俶為鎮海、鎮東節度使兼侍中。錢弘俶說：「要能保全我的哥哥，我才敢接受王命。不如此，我將讓開賢路。」胡進思答應了。錢弘俶才開始處理政事。胡進思殺掉水丘昭券和進侍鹿光鉉。鹿光鉉，是錢弘倧的舅父。胡進思的妻子說：「其他人還可殺。水丘昭券是個君子，為什麼把他殺了！」

這一年，南唐主任命羽林大將軍王延政為安化節度使、鄱陽王，鎮守饒州。

乾祐元年（戊申　西元九四八年）

春，正月乙卯❶，大赦，改元。○帝以趙匡贊、侯益與蜀兵共為寇，患之。會回鶻❷入貢，訴稱為党項所阻，乞兵應接。詔右1衛大將軍王景崇、將軍齊藏珍❸將禁軍數千赴之，因使之經略關西❹。

晉昌節度判官李恕久在趙延壽幕下，延壽使之佐匡贊。匡贊將入蜀，恕諫曰：「燕王入胡2，豈所願哉！今漢家新得天下，方務招懷。若謝罪歸朝，必保富貴。入蜀非全計也。『蹄涔不容尺鯉❺』，公必悔之。」匡贊乃遣恕奉表請入朝。景崇等未行而恕至，帝問恕：「匡贊何為附蜀？」對曰：「匡贊自以身受虜官❻，父在虜庭，恐陛下未之察，故附蜀求苟免耳。臣以為國家必應存撫，故遣臣來祈哀。」帝曰：「匡贊父子，本吾人也，不幸陷虜。今延壽方墜檻穽❼，吾何忍更害匡贊乎！」即聽其入朝。侯益亦請赴二月四日聖壽節❽上壽。景崇等將行，帝召入臥內，敕之曰：「匡贊、益之心，皆未可知。汝至彼，彼已入朝，則勿問。

若尚遷延顧望⑨，當以便宜從事。」

己未⑩，帝更名暠⑪。○以前威勝節度使馮道為太師。

壬戌⑫，吳越王弘俶遷故王弘倧於衣錦軍⑬私第，遣匡武都頭薛溫⑭將親兵衛之。潛戒之曰：「若有非常處分⑮，皆非吾意，當以死拒之。」

帝自魏王承訓卒，悲痛過甚。甲子⑯，始不豫⑰。○趙匡贊不俟李恕返命，已離長安，丙子⑱，入見。

王景崇等至長安，聞蜀兵已入秦川⑲，以兵少，發本道⑳及趙匡贊牙兵千餘人同拒之。景崇恐匡贊牙兵亡逸，欲文其面㉑，微露風旨㉒。軍校趙思綰㉓首請自文其面以帥下，景崇悅。齊藏珍竊言曰：「思綰凶暴難制，不如殺之。」景崇不聽。思綰，魏州人也。

蜀李廷珪將至長安，聞趙匡贊已入朝，欲引歸。王景崇邀之，敗廷珪於子午谷。張虔釗至寶雞㉔，諸將議不協，按兵未進。侯益聞廷珪西還，因閉壁拒蜀兵，虔釗勢孤，引兵夜遁。景崇帥鳳翔、隴、邠、涇、鄜㉕、坊㉖之兵追敗蜀兵於散關，俘將卒四百人。

丁丑㉗，帝大漸㉘。楊邠忌侍衛馬軍都指揮使、忠武節度使劉信，立遣之鎮㉙。

信不得奉辭，雨泣而去。帝召蘇逢吉、楊邠、史弘肇、郭威入受顧命㉚，曰：「余氣息微，不能多言。承祐幼弱，後事託在卿輩。」又曰：「善防重威。」是日，殂㉛于萬歲殿，逢吉等祕不發喪。

庚辰㉜，下詔，稱：「重威父子，因朕小疾，謗議搖眾，并其子弘璋、弘璉、弘璨皆斬之。晉公主㉝及內外親族，一切不問。」磔㉞重威尸於市。市人爭啖其肉，吏不能禁，斯須而盡。

二月辛巳朔㉟，立皇子左衛大將軍、大內都點檢承祐㊱為周王、同平章事。有頃㊲，發喪，宣遺制，令周王即皇帝位。時年十八。

蜀韓保貞、龐福誠引兵自隴州還，要何重建俱西。是日，保貞等至秦州，分兵守諸門及衢路㊳，重建遂入于蜀。

丁亥㊴，尊皇后曰皇太后。○朝廷知成德留後白再榮非將帥才，庚寅㊵，以前建雄留後劉在明代之。○癸巳㊶，大赦。

【章　旨】以上為第十一段，寫後漢大敗蜀兵，後漢高祖駕崩，次子劉承祐嗣位，是為隱帝。

【注　釋】❶乙卯　正月初五日。❷回鶻　即回紇，維吾爾族的古稱。唐貞元四年（西元七八八年）回紇可汗請唐改稱回紇為回鶻，取「回旋輕捷如鶻」之意。開成五年（西元八四〇年）為黠戛斯人所破，部眾分為三支西遷。一支遷吐魯番盆地，稱高昌回鶻或西州回鶻，一支遷蔥嶺西楚河一帶，即蔥嶺西回鶻；一支遷河西走廊，稱河西回鶻。❸齊藏珍　歷仕後漢、後周，官至濠州行州刺史。貪婪善辯，人多畏其利口。後因冒稱檢校官罪，被周世宗處死。傳見《舊五代史》卷一百二十九。❹關西　古地區名，漢唐時代泛指函谷關或潼關以西地區。❺蹄涔不容尺鯉　存水少的蹄窩，容不下一尺多長的鯉魚。比喻蜀國小，容不下趙匡贊。涔，本指連日下雨所積的水。❻身受虜官　謂先受契丹主耶律德光之命鎮河中府。❼檻穽　陷阱。趙延壽被契丹所鎖，落入陷阱。事見上年五月。❽聖壽節　劉知遠生於唐乾寧二年（西元八九五年）二月四日，故稱這一天為聖壽節。❾遷延顧望　拖延觀望。❿己未　正月初九日。⓫暠　「皓」的異體字。⓬壬戌　正月十二日。⓭衣錦軍　唐昭宗升錢鏐所居營為衣錦軍，在今浙江臨安。⓮薛溫　吳越將領，以勇武著稱。因保護弘倧不被胡進思害有功，官鎮國都指揮使。⓯非常處分　指意外的處置。弘俶估計胡進思必害弘倧，故密囑薛溫倍加防備。⓰甲子　正月十四日。⓱不豫　舊稱帝王有病。⓲丙子　正月二十六日。⓳秦川　地區名，指今陝西關中渭河平原地帶。因春秋、戰國時地屬秦國而得名。⓴本道　指晉昌。㉑文其面　在臉上刺字。文，本指花紋，在此作動詞用。㉒微露風旨　稍稍透露其旨意。㉓趙思綰　魏州（今河北大名東北）人，牙將出身，投後漢，不久叛；又投李守貞盤踞永興。守貞敗，又欲投蜀，被郭威擒殺。傳見《舊五代史》卷一百九、《新五代史》卷五十三。㉔寶雞　縣名，縣治陳倉，在今陝西寶雞。㉕鄜　州名，治所鄜縣，在今陝西富縣。㉖坊　州名，治所中部縣，在今陝西黃陵。㉗丁丑　正月二十七日。㉘大漸　病情加劇。㉙鎮　指許州。許州為忠武節度使駐地。㉚顧命　本為《尚書》篇名，有臨終遺命之意。後世稱天子之遺詔為顧命。㉛殂　死亡。㉜庚辰　正月三十日。㉝晉公主　即後晉高祖妹石氏，杜重威妻。㉞磔　古代的一種酷刑，即分屍。㉟辛巳朔　二月初一日。㊱承祐　後漢高祖第二子，封周王。高祖死，即位。郭威起兵，被殺，諡隱帝。西元九四八—九五〇年在位。傳見《舊五代史》卷一百一、《新五代史》卷十。㊲有頃　不久；不一會兒。㊳衢路　四通八達的路。此指交通要道。㊴丁亥　二月初七日。㊵庚寅　二月初十日。㊶癸巳　二月十三日。

【校　記】①右　原作「左」。據章鈺校，十二行本、乙十一行本、孔天胤本皆作「右」，今據改。按，《舊五代史・漢書・隱帝紀》作「右」。②胡　原作「朝」。據章鈺校，十二行本、乙十一行本、孔天胤本皆作「胡」，今據改。

【語　譯】乾祐元年（戊申　西元九四八年）

春，正月初五日乙卯，大赦，改年號為乾祐。〇漢高祖因為趙匡贊、侯益和後蜀軍隊一起入侵，很擔憂。

正遇上回鶻來朝貢，訴說被党項所攔阻，請求朝廷發兵接應。皇帝詔命右衛大將軍王景崇、將軍齊藏珍率領禁衛軍幾千人前往，乘此機會讓他們謀略關西。

晉昌節度判官李恕長期在趙延壽的幕府中，趙延壽讓他輔佐趙匡贊。趙匡贊將要入後蜀，李恕勸諫他說：「燕王歸附契丹，難道是他願意的嗎！現在漢家剛剛得到天下，正致力於招徠安撫。如果謝罪回歸朝廷，一定能夠保有富貴。入蜀不是萬全之策，『馬蹄窩裡的水，容納不了一尺長的鯉魚』，您一定會後悔的。」趙匡贊就派遣李恕奉表請求來朝見。王景崇等人還沒有啟程，李恕就到了大梁。漢高祖問李恕：「趙匡贊為什麼要歸附蜀國？」李恕回答說：「趙匡贊自己認為本人接受胡虜任命的官職，父親又在胡虜朝廷，恐怕陛下不能明察，所以歸附蜀國求得苟且免難罷了。臣認為國家一定會存恤安撫，所以派臣前來請求陛下哀憐。」漢高祖說：「趙匡贊父子本來就是我們中原人，不幸陷身於胡虜。現在趙延壽正陷於胡人的陷阱，我怎能忍心再加害趙匡贊呢！」當即答應他入朝。侯益也請求參加二月四日的聖壽節，給漢高祖祝壽。王景崇等人將要出發，漢高祖把他們召到臥室，命令他們說：「趙匡贊和侯益的心，都還不能摸清，你們到了那裡，他們如果已經入朝，就什麼也不用說；如果還拖延觀望，就該見機行事。」

正月初九日己未，漢高祖改名為暠。〇漢高祖任命前任威勝節度使馮道為太師。

正月十二日壬戌，吳越王錢弘俶把前王錢弘倧遷到衣錦軍的私宅，派遣匡武都頭薛溫率領親兵護衛錢弘倧。錢弘俶祕密告誡薛溫說：「如果有異常的處置，都不是我的意思，你要拼死抵擋。」

漢高祖自從魏王劉承訓去世之後，悲痛過度，正月十四日甲子，開始生病。〇趙匡贊不等李恕回來覆命，就已離開長安，二十六日丙子，入朝拜見漢高祖。

王景崇等人到達長安，聽說後蜀軍隊已經進入秦川，因為兵力少，就徵調該道的兵力以及趙匡贊的牙兵一千多人一起抵抗後蜀軍隊。王景崇擔心趙匡贊的牙兵逃跑，想在他們的臉上刺字，稍稍透露了想法。軍校趙思綰首先請求在自己臉上刺字給部下作表率，王景崇很高興。齊藏珍私下對王景崇說：「趙思綰兇狠殘暴，難以控制，不如殺了他。」王景崇不同意。趙思綰，是魏州人。

後蜀李廷珪即將到達長安，聽說趙匡贊已經入朝，想帶兵回去。王景崇在半路攔擊他，在子午谷打敗李廷珪。張虔釗到達寶雞，眾將意見不一致，按兵不動。侯益聽說李廷珪向西返回，就關閉營門拒絕後蜀軍隊進來；張虔釗勢力孤單，率領軍隊夜間逃走。王景崇率領鳳翔、隴州、邠州、涇州、鄜州、坊州的軍隊追趕，在散關打敗後蜀軍隊，俘虜將領士卒四百人。

正月二十七日丁丑，漢高祖病危。楊邠嫉恨侍衛馬軍都指揮使、忠武節度使劉信，立即派遣劉信回他的鎮所。劉信不能向漢高祖行告別之禮，淚流如雨而離去。漢高祖召請蘇逢吉、楊邠、史弘肇、郭威等人進宮接受臨終遺命，說：「我氣息微弱，不能多說話。承祐年幼弱小，以後的事委託在諸位身上了。」又說：「要好好地防備杜重威。」當天，漢高祖在萬歲殿去世，蘇逢吉等人保密，沒有發布喪事消息。

正月三十日庚辰，下詔說：「杜重威父子，趁朕小病，誹謗惑眾，連同他的兒子弘璋、弘璉、弘璨全部斬首。晉公主以及內外親族，一概不加追究。」把杜重威分屍陳之於市。市人爭吃他的肉，官吏無法禁止，一會兒就吃光了。

二月初一日辛巳，立皇子左衛大將軍、大內都點檢劉承祐為周王、同平章事。不一會兒，公告喪事，宣布遺詔，命周王即皇帝位。當時劉承祐十八歲。

後蜀韓保貞、龐福誠帶兵從隴州返回，約何重建一起西行。當天，韓保貞等人到達秦州，派兵分別把守各個城門和重要的通道，何重建於是進入後蜀。

二月初七日丁亥，尊皇后為皇太后。〇朝廷知道成德留後白再榮不是當將帥的材料，初十日庚寅，任命前任建雄留後劉在明代替他。〇十三日癸巳，實行大赦。

吳越內牙指揮使何承訓復請誅胡進思及其黨。吳越王弘俶惡其反覆❶，且懼召禍，乙未❷，執承訓，斬之。

進思屢請殺廢王弘倧以絕後患，弘俶不許。進思詐以王命密令薛溫害之，溫曰：「僕受命之日，不聞此言，不敢妄發。」進思乃夜遣其黨方安等[1]二人踰垣而入。弘倧闔戶拒之，大呼求救。溫聞之，率眾而入，斃安等于庭中。入告弘俶❸，弘俶大驚，曰：「全吾兄，汝之力也。」

弘俶畏忌進思，曲意下之❹。進思亦內憂懼，未幾，疽❺發背卒。弘倧由是獲全。

詔以王景崇兼鳳翔巡檢使。景崇引兵至鳳翔，侯益尚未行，景崇以禁兵分守諸門。或勸景崇殺益，景崇以受先朝密旨，嗣主未之知，或疑於專殺，猶豫未決。益聞之，不告景崇而去，景崇悔，自詬。戊戌❻，益入朝，隱帝問：「何故召蜀軍？」對曰：「臣欲誘致而殺之。」帝哂❼之。

蜀張虔釗自恨無功，癸卯❽，至興州，慙忿而卒。

侍衛馬步都指揮使、同平章事史弘肇遭母喪，不數日，復出朝參❾。

【章旨】以上為第十二段，寫吳越國主錢弘俶友愛兄弟。

【注釋】❶弘俶惡其反覆　錢弘俶曾與何承訓謀逐胡進思，後何承訓又把此事密告胡進思，故弘俶憎惡他。❷乙未　二月十五日。❸入告弘俶　謂薛恩從臨安去錢唐告其事。❹曲意下之　委屈己意，甘居下位。❺疽　癰疽。❻戊戌　二月十八日。

❼哂　譏笑。❽癸卯　二月二十三日。❾朝參　官吏上朝參見皇帝。古代禮教規定，官吏遭父母喪事應辭官守孝三年，到期再起復任用。史弘肇母死，既不守孝，又不經起復，便參見皇帝，說明當時朝章十分紊亂。

【校　記】[1]等　原無此字。據章鈺校，十二行本、乙十一行本、孔天胤本皆有此字，張敦仁《通鑑刊本識誤》同，今據補。

【語　譯】吳越內牙指揮使何承訓又請求誅殺胡進思和他的黨羽。吳越王錢弘俶痛恨他反覆無常，而且害怕召來禍患，二月十五日乙未，拘捕何承訓，將他斬首。

胡進思屢次請求殺掉被廢的吳越王錢弘倧，以絕後患，錢弘俶不答應。胡進思詐稱王命，祕密讓薛溫殺害錢弘倧。薛溫說：「我接受詔命的時候，沒有聽到叫殺他的話，不敢妄自動手。」胡進思於是在晚上派遣他的黨羽方安等兩人翻牆而入。錢弘倧關住房門抵擋，大聲呼喊救命。薛溫聽到，率領眾人衝進去，在院子裡打死方安等人。薛溫入內稟報錢弘俶，錢弘俶大驚，說：「保護我哥哥得以安全，是你的功勞。」錢弘俶又害怕又嫉恨胡進思，常常委屈自己，甘居下位。胡進思內心也憂慮恐懼，不久，背上毒瘡發作而死。錢弘倧從此得以活下來。

朝廷下詔任命王景崇兼任鳳翔巡檢使。王景崇帶兵到達鳳翔，侯益還沒有啟程。王景崇派禁衛軍分別把守各個城門。有人勸說王景崇殺掉侯益，王景崇認為自己接受了先帝的密旨，繼位的君主不知道，或許會被懷疑為擅自殺人，猶豫不決。侯益聽說，不告訴王景崇就離去了，王景崇很後悔，自己罵自己。二月十八日戊戌，侯益入朝，漢隱帝問：「為什麼要召來蜀國軍隊？」回答說：「臣是想引誘他們來而殺掉他們。」漢隱帝微微地笑了笑。

後蜀張虔釗自恨沒有功勞，二月二十三日癸卯，到達興州，羞愧憤恨而死。

侍衛馬步都指揮使、同平章事史弘肇遭逢母親去世，沒過幾天，就又上朝參見皇帝。

【研　析】本卷研析唐明宗子李從益母子為亂世所不容、河北諸鎮驅趕契丹人、司馬光論劉知遠治國三失三件史事。

唐明宗子李從益母子為亂世所不容。後唐滅亡，明宗之子許王李從益與其母王淑妃守陵洛陽，閉門不出，與世無爭。突然間，天降餡餅，契丹北還，不甘心劉知遠從容進大梁，於是策立一個傀儡皇帝來抗衡劉知遠，至少遲滯劉知遠的追擊。李從益被選中為傀儡皇帝。李從益拒不從命，藏匿在明宗寢殿之中，被使者綁架至大梁，強立為帝。百官謁見王淑妃，王淑妃泣對眾官說：「我母子單弱，眾卿推戴我的兒子，不是為福，實為災禍。」王淑妃明白大體，天不會降餡餅，這送上門的皇帝是無妄之災。王淑妃與百官計議，李從益去帝號，只稱梁王，權知軍國事務，遣使奉表稱臣於劉知遠，請新皇帝早早到京，梁王母子仍回自家去守陵。劉知遠氣度偏狹，竟然不容孤兒寡母活命，命鄭州防禦使郭從義入大梁清宮，密令殺害李從益及王淑妃。王淑妃臨死對郭從義說：「我的兒子是契丹人強立的，有什麼罪過！為何不留下他在每年的寒食節給明宗皇帝送一碗麥飯呢！」聽到的人沒有一個不流淚的。

河北諸鎮驅趕契丹人。留鎮恆州的契丹將麻荅，貪猾殘忍，劫掠民間珍寶、婦女，捕殺村民，誣為盜賊，割臉挖眼，剖屍懸掛人肝、人膽、手腳肢體於車上，用以恫嚇民眾，殘暴之狀，目不忍睹。恆州軍民奮起反抗，邢、洺等州守將亦舉州反正，驅趕契丹，麻荅等倉皇遁逃。河北州縣易旗歸漢，契丹人的肆虐，恰恰是為劉知遠做了驅除。

司馬光論劉知遠治國三失。契丹北還，留幽州兵一千五百人守大梁，幽州兵隨從梁王李從益投降劉知遠。劉知遠入都大梁，不僅密令殺害李從益母子，還藉口幽州兵將反叛，將一千五百名幽州兵將全部殺死。反覆之臣杜重威聞聽消息，在鄴都叛變，幽州將張璉率領二千名幽州兵助杜重威留守鄴都，劉知遠發重兵往討，久攻不克。劉知遠下詔親征，喪師萬餘，仍未攻克。劉知遠又誘降張璉，下詔不死，許以歸鄉里。等到杜重威和張璉投降後，劉知遠爽約，殺張璉及親將數十人，而罪大惡極又反覆無常的杜重威，劉知遠以許其不死為由，任用為太傅兼中書令、楚國公。杜重威出入朝廷，路人見之，無不詬罵，還隨手拾起破瓦碎石投擲，如此小人，劉知遠卻信用之。司馬光情不自禁評論說：「漢高祖殺戮幽州無辜將士一千五百人，是不仁道。誘騙殺死張璉，是不誠信。杜重威罪大惡極而赦免，是用刑不當。仁是用來團結民眾，信是用來推行政令，刑是用來懲治奸邪。這三樣東西全都喪失，還靠什麼維繫國家！漢朝國運不長，應當的啊！」劉知遠稱帝，兩年死亡；兒子繼位，兩年亡國。後漢立國四年即亡，是中國歷史上最短命的一個朝代。劉知遠沒有像石敬瑭那樣向契丹人稱兒皇帝，而是從契丹人手中撿了一個漏，他的為人品性和治國失序，連石敬瑭都不如，他沒有及身亡國，算是便宜他了。

◎新譯容齋隨筆選

朱永嘉、徐連達、李春博／注譯

《容齋隨筆》是南宋文史大家洪邁所撰，宋代首屈一指的學術筆記。書中涉及面向極廣，包括文學、史學、哲學，乃至天文、地理、醫學、佛道、典章制度等。內容無論史論或文論，皆有其獨到之處，為後世提供豐富的文化遺產和寶貴的歷史經驗。本書精選其中一百餘則，以文史為主，兼顧諸子以及一些趣味性較強的社會風俗等篇目。除了詳盡的注釋和研析，並結合洪邁當時的歷史背景，總結出其中的歷史經驗與教訓，幫助讀者觸類旁通，開拓思路。